太极拳心传与体悟

二水居士 著

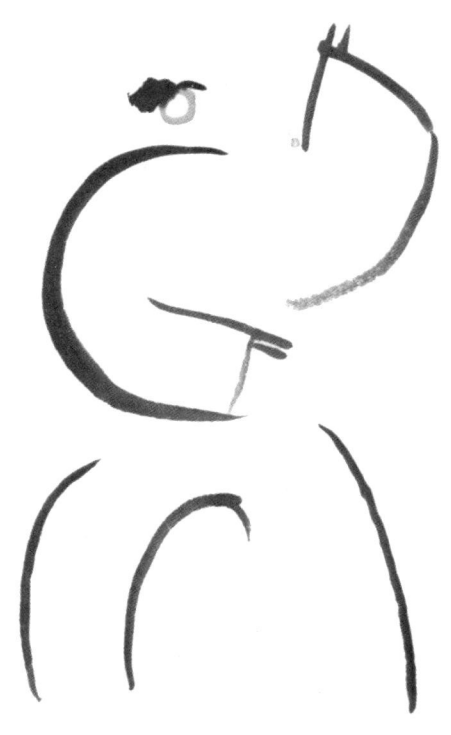

人民体育出版社

序一　一个半世纪太极拳总览

翟金录

太极拳，这一充满中华民族智慧的武术文化现象，究竟孕育了多长时间才形成完备的体系，这一问题到现在还探讨不清。但杨露禅在19世纪中叶把其带到京城公布于世以后，一个半世纪以来的传播情况，大体是明朗的。特别是在20世纪，社会巨变，太极拳从少数武术家和上层的生活小圈子走入社会，形成陈、杨、武、吴、孙、赵堡这风格鲜明的六大流派，且都有自己相对完备的理论体系和训练方法，体现了华夏文明的博大精深。随着20世纪后半期中国经济的崛起，东学西渐，大势所趋。太极拳，作为中国人的一张名片，迅速传遍世界的各个角落。信息传播越远，追根问祖、正本清源的要求越强烈。这时，对太极拳从理论和实践的结合上进行一个总览和概括，成为一种时代的呼唤。二水居士的《太极拳心传与体悟》，就是一部高水平的世纪回应著作。

我有幸首先得以通读全书，喜出望外，爱不释手。

这部书文采飞扬，体量硕大，内容丰富，涉猎太极拳文化的各个方面。全书层次分明而又浑然一体。我大体把它分为四个部分：第一部分，讲太极拳的架；第二部分，讲太极拳的神；第三部分，讲太极拳的史；第四部分，讲太极拳的质。

关于太极拳的架

人体是大自然孕育出的最美的花朵，极其精密、生动、神秘。太极拳是先贤对此领悟的形体表现。太极拳健身、御身、娱身、修身、养身、塑身的功能，都要通过拳架来实现。拳架的核心是什么？二水把属阳性的劲路，从两足生起，沿腿外侧足三阳经向上，走丹田，对穿至命门，顺督脉过玉枕，一支沿手三阳贯于手指，另一支虚领顶劲，直达百会。这里把拳论"其根在脚，发于腿，主宰于腰，形于手指"诠释得清清楚楚。属阴的气，一路由百会过人中而下行，另一路由两手劳宫穴沿手三阴经运行。两路在膻中相会，通过含胸拔背，走任脉，气沉丹田，对穿至命门，沉至会阴，然后沿两腿内侧足三阴，沉至涌泉入地。沿阴阳动静的路线，精、气在神的指引下，在周身走了一个"8"字形，便成了太极图中两尾生生不息的阴阳鱼。

根据《易经》宇宙全息论，宇宙是大人身，人身是小宇宙。人身一太极，人身处处皆太极。其他所有的"虚灵顶劲""舌抵上腭""含胸拔背""沉肩坠肘""松腰落胯"等，都是围绕这一基本太极展开的，也都是更小的太极。《太极拳心传与体悟》把每个小太极都解读得细致入微。

为了精细解读，二水把练拳中的"米字架""丰字狼毫"，以及走架中的"永字八法""隶书结构"等程序问题讲得很完整。关于拳架的风度和意境，书中讲了"荷叶承露""大块文章"等，讲得真真切切。这是二水练拳的境界和特色，也是本书的可贵之处。这些问题，他从太极文化的大视野和现实练拳的具体视角方面，结合得非常得体。比如"丰字狼毫"，他结合道家"三桥"之说，讲气血跨越尾闾、夹脊、玉枕三关的路径，讲前后穴位的对应和拳架要求上的功能意义，最后概括出：上至百会经会阴，下至涌泉入地的虚拟中轴线，"贯穿上、中、下三个丹田，恰似象形的'丰'字，这便是拳家所谓的'三田合一'。做到了'三田合一'，便是大周天的功夫了"。道理讲得形象、真切，好把握。

关于太极的神

精气神，不好界定，也不好量度。据说，武术入奥运的一大难题，是精气神的量度标准不好确定。但是，精气神在太极思维中，却是很重要、很精准的范畴。它既是追求的目标，又是衡量的标准，是可以实实在在感受到的东西。这也正是东方文明区别于又高明于西方科学的特色所在。二水对精气神有他独到的理解，他从晚清蒙学教材"身者，神之舍"出发，把精气神视作传统文化的人格结构。他说，人的身体是"神"居住的殿堂。"神"居住的殿堂是由"精"这种特殊的原材料组成。"任物者谓之心。心有所忆，谓之意；意之所存，谓之志；因志而存变，谓之思；因思而远慕，谓之虑；因虑而处物，谓之智"。二水从《黄帝内经》里解读到了"神"的工作模式，并从三十二目老拳论"口、目、鼻、舌、神、意使之六合，以破六慾也"和"手、足、肩、膝、肘、胯亦使六合，以正六道也"中，破译了内外皆修及内破六慾、外正六道的人格结构。且由此向我们展现了太极拳从搭建间架结构开始，到调整脏腑器官的合理运动、疏通经络、提高五官的工作效率，乃至开发奇恒之腑的效能，这样一条由拳入道、以假修真的性命践行之路。

杨氏太极有大、中、小架之分，也有孰优孰劣之争。二水用《楞严经》的话来诠释："如人以手，指月示人。彼人因指，当应看月。若复观指以为月体，此人岂唯亡失月轮，亦亡其指。"他认为，倘若心无昭朗，纵使每年练一万遍拳，亦徒亡失月轮之举，无"神"而已。

杨氏太极的云手，庄重典雅，沉着练达。然不得要领者，手随步移，眼从手转，形似模鬼。原因何在，不得其神。二水结合叶家太极的传承，讲了云手右运时能有左顾，左搬时也能右盼，上架有下护之意，上惊寓下取意，含蓄中见端倪，云岫出见洞天，使云手带上神。为了使云手带神，具体讲了三个云手的特征：第一个云手，一掤一攦，一截一切一穿掌，一铺一陈，一挥一撤一剪裁，剪裁出翻云覆雨的意味；第二个云手，中间中轴顺势转动45°，多一个反复，多一个折叠，有了变化；第三个云手，掌变为空心拳，一拽一扯，一鼓一捣，一提一放，"捣得玉琼为良药"，真是玄妙至极。这些都从形而上的道来论述形而下的术，有血有肉有神。

二水花大力气旁征博引，"旨在显示太极拳中细微之事，说明隐幽之理，使之显见著明"。周敦颐："发微不可见，充周不可穷之谓神。"把太极讲得发必中诠，言必合数，神乎其神，真是难能可贵。庖丁解牛是庄子精彩的寓言代表之作，二水用它来诠释"以神遇而不目视，官知止而神欲行"的太极道理，告诉人们"松空从间架中来，融通自规矩中出"，最终达到"无感而应，无为而为"的境界。

二水有临晨一梦的奇遇：从梦杨氏老谱三十二目中的"分明火候七十二，天然乃武并乃文"句，到梦中拿出《诗经》，翻到"允文允武，昭假烈祖"。想继续查阅，却已醒来。我在过去，看到如此记载，多以为渲染。包括张三丰等人拳术神授之说，多视为编造。十年前，我听台湾中华书学会会长刘炳南先生讲创编新隶书的过程，才知世上确有才智神助之事：刘先生是国际隶书界的一面旗帜。他固守传统，但又感需跟随时代前进。他长期思考创编新隶书，以满足现代人节奏快、喜欢细长苗条的审美情趣，讲列不讲行，只要上下对齐即可，左右不求一致。在他整日冥思苦想、反复笔试之际，一日晚上，忽然梦中飘来很多宣纸，纸上书满一种新的书法，书体细长瘦美，他惊喜万分。后来他应张炳煌会长的提议，当场把字体风格书写下来，得到大家的首肯。现在他的新隶书，就是这样定格的。此事和二水"允文允武"之梦相似，故记于此。

另外，二水还浓墨重彩地向我们展示了苏东坡的"破琴梦"，他的用意一方面是破译太极拳界的神秘人物"仲殊"，同时向我们揭示太极拳理论界如许宣平之于李白、宋僧仲殊之于苏东坡（一显一隐）所弥漫着的同气相求、同声相应、同心相知的仙道气息。太极拳界的这份仙道气息，直指性命。诚如二水书中所说，人除了动物所具有的生命属性，还具有性命属性。生命，无法超越生老病死这一时间维度的，而性命，则能超越时空的局限。这是太极拳作为性命哲学的本质，这是中国的传统文化特有的体系，与西方的所谓科学不搭边。

关于太极的史

很多人重视史学研究。因为预见事物的未来，除了把握它的过去轨迹加以推演以外，没有别的办法。人们的思维需要训练，训练的方法，除了研究人们思维走过的历史之外，至今没有别的办法。从这个意义上讲，历史学就是未来学。只有对过去的历史认识得真切，才能洞若观火一样看清未来。对太极拳史的研究，其意义也在于此。二水对太极拳史上标志性的人物事件，都无一例外进行了深入探讨和拓展性研究，且他的视角已经触摸到了太极拳的理论发展史层面。尤其他对三个阶段老拳论的研究，成果颇丰。二水在研读老拳论时写到，三个阶段老拳论，像是三位性情迥异的智慧老人。二水严格遵循朱子"读书，须将心贴在书册上，逐句逐字，各有著落"之训，天天与书为伴，枕书而眠，心境专静纯一，然后将自己一颗向学之心，贴在老拳谱的每一字、每一词、每一句中，跟先贤先圣作心与心的交流。二水的研究方法、治学态度和奉献精神，很值得赞许。

由于王宗岳太极拳论几近太极立论的开山始祖，所以历来关于"王宗岳""山右王宗岳""王宗岳太极拳论"等，一直在讨论。二水用"王宗岳之谜""王宗岳与山右王先生的嫁接""王学定其人""闷来时造拳"等几个专题，澄清了人为的迷雾，纠正了武术史界不讲信史但求猎奇的不良倾向，维护了王宗岳《太极拳论》在太极拳发展史上的崇高地位，给了我们研究这段历史一个很好的抓手。

太极拳界还有很多杜撰、造假，影响着世人。二水在《太极拳心传与体悟》中花了相当大的功夫进行澄清。例如，关于唐豪有陈王廷闷来时造拳之说，与陈鑫"明洪武七年，始祖讳卜，耕读之余，（造拳）……理根太极，故名曰太极拳"，这二者之间的矛盾分析；关于张三丰与张邋遢其人其事的辨析；关于赵堡太极拳郑悟清《太极拳序》如何源于1929年上海《康健指南》褚民谊序言的史料分析；关于《浮生六记》卷六的托名伪作；关于河南唐村的乾隆"伪谱"；关于"九诀八十一式"的辨伪等历史，二水都提供了可信史料和鞭辟入里的分析，使我们有豁然开朗的感觉。

尤其可贵的是，二水提出王宗岳太极拳论，以两个途径流传于世。他细校杨家诸本与李亦畬抄本之间的异同，指出了"禹襄初文以授禄禅者"的文本与李亦畬老三本在文本上的细微差别，提取了这两个途径文本中各自的"文化基因"。这无疑给太极拳史论研究指明了方向。

太极拳历史梳理得越清晰，我们对其风格形成的文化背景就会越清楚。这样更易于对其特点进行把握和传承。真正想悟透太极者，这一段笨路是不可超越的。值得高兴的是，二水给我们搭了一座桥。

关于太极的质

在学术界，很多领域本身都存着难以界定的概念。比如，哲学领域中何为"哲学"？信息领域中，信息是物质的还是精神的？太极拳领域也是如此，关于太极拳的定义，关系到其发展方向。"太极拳是什么？"有人认为武术是其本质，所以技击是其生命，出手见红是最高目标；有人认为导引是其本质，延年益寿不老春是根本，击打是技艺之末；有人认为技击和导引均不是根本，这两个领域都还有更高的功法。太极辩证思维的承载，是其本质特征。世界各国不同阶层的人们之所以学习太极拳且趋之若鹜，正是中国太极文化辩证思维的魅力吸引。对于这些问题的回答，需要高水平的学者。二水的回答是令人赞赏的。

该书详细考察了太极概念的演变过程：从最早庄子作为空间概念的"太极"，到"易有大恒"误作为"易有太极"的演变；从汉代、南北朝到隋唐从宇宙生成之序来解释太极，再到宋代周敦颐"太极图说"的创立，并且用简洁的文字来表述自己的创造，大大推动了太极思维在知识界的普及。明以后，开始了太极的通俗化进程，中晚期后，儒者和士大夫到了言必称太极的地步。这就为"太极拳"的产生提供了土壤。

关于太极与武技的结合，二水作了考证：五公山人王余佑（1615—1684年）所编著被后人称为"太极连环十三刀"，徐哲东曾说："以太极为者，用于技击，始见此书。"到19世纪中叶，1854年，挚爱太极拳的武禹襄到河南舞阳县省兄，从北舞度盐店得到王宗岳太极拳论，结合自己从杨露禅和陈清平处学到的拳架，精心揣摩和实践，顿悟升华，创编出"武式太极拳"。1866年，杨露禅受武汝清举荐到京城授拳，这一带有儒学价值观及礼制纲常的武术，就从农村走到京城，并从京城扩散到全国。

太极拳经过一百五十来年的历练，现在鲜活地存在世人之中。到底该如何界定太极拳呢？是武术？是气功？是舞蹈？是体操？二水定义为：一门调控身心的学问。从研究对象来讲，"太极拳是将自己的身体作为研究课题的一门学问"。从功能上讲，"调控自己身心的同时，还能调控对手的身心"。从悟道的角度讲，"能够让习练者逐渐进入一种'太极'生活状态"。他接着阐述道："太极拳像是一个台阶，让习练者由下往上，沿着台阶，一步步地走上去，一直上到一个境界，这个境界，叫作'神明'。"他还引用《淮南子》里的话，解释何为"神明"："见人所不见，谓之明；知人所不知，谓之神。神明者，先胜者也。"

二水仅关于"气"这一概念,他就讲了五行学说中的气,中医经络层面上的气,拳论"布形候气"层面上的气,练拳中的调息之气,外在层面的硬气等。紧接着,二水从"阴阳"这一基本概念出发,解释了"身心""经络""补泻""调控""方圆""理气""劲势"等太极拳这些大根大本的问题,使"太极拳为何物"这一问题,得到有血有肉的回答。二水关于太极拳具体范畴的回答,深刻、丰满、辩证、有用。二水从"宇宙"概念入手,解释了"性命",提出"三不朽"理论,是中华传统文化里最为精髓的文明之光。他说,我们的先祖之所以能直面生死,在于他们内心深处另有"延年药在身",在于他们内心深谙"死而不朽""元善从复始"之道。二水提出,中华的先贤和圣人,可以把华夏文明的基因,像"软件"一样存放到宇宙空间。谁通过修炼,激发出场的效应,在特定的条件下,就能够打开这个"信息包",所谓"把握阴阳,提携天地,思接千载"。我对这一思想,深表赞同。而且我心目中,"太极拳文化"就是能使人类获得超常智能并能由术进道的神奇之功。二水这一层面的理论阐述,旨在揭示蕴含在老拳论三十二目内的文化宝藏,为我们指明了太极拳修为"以拳入道"的终极归途。

太极拳,作为修身养性、调控身心、反求诸己、性命践行的学问,每一位修炼者身上所浸润的传统文化因素,诸如独具太极文化特质的价值观、思维模式以及行为模式,日益被亿万太极拳爱好者所崇尚和景仰。太极拳这种春风雨露、潜移默化、润物细无声的力量,开始以"阴阳相济""负阴而抱阳""冲气以为和""以柔克刚""后发先至"等独具太极文化特色的方式,向世界发出自己的声音,为人们提供解决诸多纷争和矛盾的另一种方案。每一位太极拳修炼者,当他生命的长度,他生命的广度,他生命的纵深度,达到了某个点,他的生命体量就会发生质变,他的一言一行、一举一动,足以启迪百姓,足以馈赠后世,这样的人,也就可能超越时空,成为"死而不朽"。

师徒三代人的心血

二水的文章，是自己体悟的结晶。他讲的东西，大都不单是他人研究成果的综合，而是把各家研究成果，经过自己亲身体悟和经验的审视、过滤、鉴别，然后概括出结论，这就很难得。众人的成就，需要有人总结。但这种总结，加上自己的体验，就感到不飘、不空、不虚，有根，且可以循着路径走下去，有用。

与二水结缘，先是从他的网络文字开始，之后就顺着他的文字按图索骥，从此莫逆而忘年。记得2010年上海世博会期间，同时举办上海市武术博览会高峰论坛，国家武协秘书长康戈武先生，一到上海，就打听二水，他说虽未能与之谋面，但早就拜读了他在网上的各类太极拳文章。二水的文字功底扎实，知识积淀深厚，立意高，史料足，见解深远，且文字中散发一股正气，让人读之难忘。在与二水的交往中，我深深感到他学问的扎实和做学问的严谨。他的书房硕大，收集材料极广，他所交往的朋友和拜访的师长很多。他的书，都不是摆放着观赏的书，而是研读的书。他写这部书，引用书目之多，涉猎领域之多，都是令人叹为观止的。

太极拳的先人，曾有愚钝之人不收为徒的规矩。倒不是鄙视这些人，而是太极拳极细腻精微，愚钝之人难以学成。二水是极聪慧之人，其知识架构，古今中外各个领域，涉猎颇多。太极史料和理论著作烂熟于心，名人掌故、典型事件多有考证。读书破万卷后，下笔如有神助，所以二水的文章写得顺畅，读起来也开心，如饮甘露。二水的文章有一股正气，不邪。他不贬低他人，语言不污；不编造事件，语言不虚；欲给人以福祉，所以面貌吉祥。读这样的书，可以在灵的层面与作者沟通，与古人神交，收获良多。

《太极拳心传与体悟》实际上是杨氏叶派师徒三代人心血的结晶。包含了二水的老师金仁霖、师爷叶大密在内，是近一个世纪的精研成果。

叶大密先生（1888—1973年），名百龄，号柔克斋主，浙江文成县人。他于1917年在浙江军政府任职时，从杨澄甫高徒田兆麟习练杨氏中架太极拳。1918年，他与到军营教内功拳的孙存周结为金兰，切磋拳艺，并得到孙父孙禄堂老先生的口授身传。1926年11月，叶先生在上海望志路创办"武当太极拳社"。1927年11月，向时称"剑仙"的李景林学习武当剑。1928年，杨少侯、杨澄甫先后来到南京，叶先生即向杨氏兄弟学习拳架、剑、刀、杆子。后来，叶先生把杨氏大、中、小架的特点糅在一起，吸取武式、孙式太极起承转合的节律，吸取八卦掌里的斜开掌转身法，以及武当对剑中的转臂捷用等功法，创编了沉着松净、轻灵活泼、舒展大方的杨氏叶家拳。叶大密先生是罕见的精通拳术、中医、婆罗门导引术的大家。他是近代少有的太极高人。

叶师的高徒中，金仁霖老师是文武全才。金仁霖，字慰苍，1927年出生于浙江嘉兴。1947年始学太极拳。1950年，作为新中国首届大学毕业生，毕业于华东纺织工学院。1953年，拜叶大密先生为师，悉心研究太极拳和武当对剑。1958年，奉师命又就学于田兆麟老师。一生笔耕不辍，在海内外发表论文多篇。他以工程科技人员严密精细的眼光，对太极拳作缜密入微的研究，收获甚丰。1961年，他即着手于太极拳史的资料收集和著述上的准备，是少有的太极拳史专家。

二水有这两位泰斗级人物作前导，虚心好学，站在前人的肩膀上，所以有高瞻远瞩的视角和高屋建瓴的识见。他的很多体悟，有广度，更有纵深度，且——带有叶味和金味。

二水平时走架叶家拳的"提沉转合"，源于孙式从武式继承过来的"起承转合"。"纯阴纯阳"说，也是叶大密先生受教于婆罗门导引术的痕迹。二水讲的拳中金石的高雅之味，以及练拳中的"临帖的技巧""永字八法"等用语，应是其师金仁霖先生的体悟。金仁霖老师是书法篆刻名家，曾师从陈澹如、邓散木等大家，成就斐然。金仁霖的太极体悟，带着金石味，由极有天赋的二水继承下来，就是顺理成章的事了。

凡是牵涉民族核心价值观的文化现象，总要吸引这个民族的文化精英，持续一代接一代地探讨下去。太极拳文化，从清中叶显世以来，就一直吸引着文化巨匠，进行着跟踪研究，留下了诸多光辉灿烂的研究成果。一种严肃的、博大的文化现象，在其相当长的历史过程中，都要呈现由"自在文化走向自觉文化，再走向文化自觉"这么一个飞跃过程。二水居士花大力气对太极拳老拳谱的梳理和校释，并将研读老拳谱的心得和体悟增订成《太极拳心传与体悟》，就是太极拳的文化自觉。他无私地为我们提供了一顿丰盛的文化大餐。我从心里感激这位年轻的学者。

江南福地，师徒三人，天资极高，耕耘勤奋，历经百年，结出硕果。我们今天站在丰收的田野边，享受太极盛宴，真是一大幸事。我们应感谢他们师徒三代的辛劳，感恩时代提供的文化大餐。

最后，我摘录余秋雨的两段话，来类比和感悟本书的价值：

"中国文脉，是指中国文学几千年发展中最高等级的生命潜流和审美潜流。这种潜流，在近处很难发现。只有从远处看去，才能领略大概。就像那一条倔强的山脊所连成的天际线，正是这条天际线，使我们知道那个天地之大，以及那个天地之限，并领略了一种注定要长久包围我们生命的文化仪式。"

"在目前必然寂寞的文化良知领域，应该重启文脉之思……为此，应努力拨去浮华热闹，远离滔滔口水，进入深度探讨。选择自可不同，目标却是同归，那就是清理地基，搬开芜杂，集得高墙巨砖，寻获大柱石础，让出疏朗空间，洗净众人耳目，呼唤亘古伟步，期待天才再临。由此，中华文化的复兴，才有可能。"

（翟金录：中国永年国际太极拳联谊会创会秘书长，南开大学历史系兼职教授）

序二　太极拳文化的当代再审视

刘嗣传

二水居士的《太极拳心传与体悟》，既有古传引子、近代身影，又有当代文化审视气息的经论解读，是当代文化语境下的正能量新解，更是新时代的文化自信和文化自觉，也是太极拳的一次真实回归和太极拳文化当下解读的标杆。

二水在社会变革的大背景下，在传统文化回归的氛围中，考量太极拳命名的社会基础，不偏颇，不随波逐流，亦不掩恶之批评，逐步清理出太极拳的市场定位，分析这一文化现象的内在规律，用浅显的语言、通俗的比喻乃至幽默的比方来解释历史现象。二水居士的太极拳心传与体悟，不仅信息量大，引经据典多，而且颇有学术真理的味道。一种"道"的精髓，留存在真诚者的字里行间。

无论是武林一支笔的吴文翰呼吁给太极拳定义，还是武坛怪杰于志钧的《中国太极拳史》，还有太极网络联谊红人余功保先生的辞典式罗列和他的太极文化产业推手，以及文化名人梅墨生先生的丹功养生研义引发的思考，都对我们太极拳界的文化视角有着浪花般闪现。而二水居士对于太极拳的解读和体悟（包括他自身杨式叶派太极的相关拳技），则是具有划时代意义的太极文化展现。

二水居士在校注解读经典之中，对考古学和文献学的涉及，把握精准，客观理性，细致比较，公证说明，体现法官出身的学者型太极传人之严谨。他从理性和信史的角度来分析太极拳理论经典的本来面目，不尚玄谈，重视事实和理论渊源。他引经据典，大有"文必隋唐，诗有李杜"之风。他重点推崇杨家"三十二目"，是正宗太极拳技术方法论的集合；《王宗岳太极拳论》是不可推翻的不朽经典；《太极功源流支派论》是其境界变迁或提升。二水笔力深厚，利用新儒家说，把《周易》中关联太极哲学的文辞，譬如"流行""对待"等，作了恰到好处的解释，挖掘和认同道家根底与太极内涵，同时指出修炼过程中与道家气学、仙家丹学的关联；他也引据佛家诸说，极大丰富了解读内容。对于武学拳架的考证，同样用正史提及、信史笔记等权威资讯而求解，偶有对已有研究的名家论说进行存而不论的对比分析。他有注释的发挥，可见其文化的广泛涉猎，加上文化考据的新辞，各自呈现、各显千秋，促成了这些当代文化视野下的太极文化新解读，为我们当代文化自信的人们增添新气象。

二水居士以其学究风范，在研究太极拳史和太极拳经典理论上有独特建树。对绕不开的道家人物张三丰与太极拳的关系上，二水严谨客观，据理为证，梳理脉络，虽不定论某一绝对观点，但见真情其中。他从"信史中的张三丰""太极拳界的张三丰"等章节，从民俗学角度来确立张三丰在太极拳界的偶像地位，类比炎黄之于华夏子民、鲁班之于百工，这一观点具有前瞻意义。尤其是他还公开了1932年南北太极拳界在北京白云观的"重修丰真殿记"，这对于太极拳界重振张三丰信仰有现实意义。

二水通过解读"三十二目"老拳论的"张三丰承留"一文，提出这是一篇太极拳的主旨宣言，笔者深以为然。他说，果实是大自然炼就的仙丹。他说，仙尊张三丰以"愿至戌毕字，水火既济焉"句，为每一位太极拳习练者，呈现了最为美好的愿景：夏正建寅，正月为寅，九月为戌。时序九月，"毕入于戌"，万物敛华就实，是个丰收的季节。希望到了"戌毕字"之时，每位太极拳的修炼者，历经周天火候，心肾相交，戊己合圭，水火既济。就像是到了时序深秋，生命之树也就结了果实。

太极拳文化代表了传统文化的一个符号标志，是阴阳统一规律的反应。贯穿中国几千年文化的精髓，形式上就变化出各自体系的学说和分支文化。又反过来用这种中国式的太极观辨思其他，对应其他文化。作为武术的拳种之一的太极拳，就是这样在中华文化的大蒸笼里熏陶出的拳术结晶。

我们当下综合分析太极拳文化的体用功能，把理、法、术、功的层次分清，也就是把太极拳"学与练、用与养、演与打"的构架清晰起来。练、养、打、用这个架构说法，是笔者在反思太极拳热潮下的文化分类定位。看到像二水居士这样以高大上文化解读太极拳经典，我们心通神往。只有学习这样的太极拳经典书文，才是学有所用，才能把握太极拳发展的主流方向，把继承优秀传统文化落在实处。让习练者从太极拳的操练中，明白太极原理，学会人生修养，锻炼身心，加强内练体验和人生毅力，然后成就人生目标，用于社会生活。既继承文化传统，又自信体用好处，更践行健养功力，就是完善当代太极拳的现实价值，也是践行太极拳这门调控身心的学问。

（刘嗣传：紫云观住持，江门市道教协会会长，广东省道教协会副会长，中国道教协会理事）

序三 写在《太极拳心传与体悟》前的话

唐才良

阅读二水的文稿，常常让我想起"武界孔门"陈微明先生。二水对陈微明研究颇深，曾受北京科技出版社之邀校注《陈微明武学辑注》，且撰写过十几万字的《陈微明：性命之学的践行者》一文，详细地论述了陈微明由儒学转益老庄、复从老庄遁入佛门、以太极拳融合儒释道、探究性命践行之路的历程。陈微明的孙子陈文成先生曾说："他对我爷爷的研究，比我们亲属知道的还要多。"

除了拜读文字，我还有幸听二水侃侃而谈太极拳理法、掌故和蕴含于太极拳经典老拳论里的性命哲学。

2016年5月，我与二水同访邯郸太极学院，院领导临时决定请二水来录制一档访谈节目，谈谈他对三十二目老拳论的理解，以作为教育资料存档。录像室除了一名摄像，一位老师采访二水外，我是唯一的听众。二水从性命践行入手，剖析杨家三十二目老拳论的历史背景，随口说来，却又引经据典，洋洋洒洒。我听得畅快淋漓，佩服得五体投地。

2017年12月，我和二水赴北京科技出版社，接受长达一天半时间的录像采访。晚上又随出版社去采访一位著名的养生专家，一起讨论仙道学说的周天运行。当专家谈到"羊车""鹿车"却一时忘词，二水就接口谈"牛车"运行以救场。随后大家畅聊仙道学说，二水谈到内气通关这一阶段时，言所用的意念和呼吸必须都更加专注，用一意不散、一心不二的调息，勇猛精进，方可通过这一关云云。二水侃侃而谈，在场的专家都聚精会神地倾听，对二水的博学无不钦佩。

2018年9月，我和王鸿义等朋友组织了闵行区两岸武术交流会，请二水再次大谈他的太极拳性命之学。而二水却以《求真悟道，洗心藏密》为题，洋洋洒洒，一口气讲了三个半小时，详细阐述了叶大密老师的生平和武学源流，层层递进，环环相扣，脉络清晰，引人入深，堪称是叶大密武学思想精准的导航。叶大密老师的遗孀金琳女士对二水也敬佩不已，时年九十六岁的金女士，她当我的面说："我说二水好，不是礼节性的应和，他写的文章，我可以大段大段背给你听。"

能写、能说，二水的功夫究竟如何？这或许是更多人所关心的话题。2016年11月在大理，姜存兵驾车，载梅墨生、二水、丁尔和我环绕洱海观光。在海边看景时，梅先生也一样对这问题很好奇，他说："二水，你的文章写得好，不知你的功夫怎样？来，我们摸摸手。"说完伸手往二水手上一搭。还没等我看明白，梅先生已收回手，笑着说："二水，你不但文章写得好，功夫也了得！"这次推手，我是唯一的见证人。当时他俩只是轻轻一接手，外人几乎看不出所以然来，而他们两人之间，早已心知肚明了。这事使我对二水更加信服。而梅先生能欣赏他人，不忌讳他人胜过自己，他的这种光明磊落的胸襟，也令人敬佩不已。后来，梅墨生弟子杨大卫也说："梅先生临终前跟我说过，在世的，能够与他推几下的没几个人了，一个是于志钧，另一个就是二水。"

最近，二水的微信视频号陆续发了百来集系列小视频，获众多年轻观众的好评点赞。当然也有人对二水演示的杨式叶派太极拳拳架表示疑惑，问我如何看待杨式叶派太极拳。叶大密一脉传承的太极拳，融合了刀剑、婆罗门气功等元素，且每一动作都有明确的技术含义。

二水演示的太极拳重"形"。二水常说，形是"神之舍"，所以他讲拳时，特别重视"间架结构"。"形"之外，二水更重"势"，形与势，相得益彰。

二水居士在《太极拳心传与体悟》卷一，写了"拳中金石味""拳中刀味""拳中剑味"。在"拳中金石味"里说："近代书法家对篆刻情有独钟，原因是书法的金石味须从碑拓的点、画、方截形态的临摹，让自己的线条、质地，透出筋肉骨气的生命现象。这便是书法中的金石味。书法如此，太极拳更如此。"

有一次，二水向我介绍金仁霖老师是怎样把刀法融入拳架中的，加深了我对叶氏拳的认识。二水说："我在行功走架时，时常意想自己手中时而有刀、时而有剑、时而为枪、时而为棒。竟然有意想不到的巧妙效果。可见书法中的金石味，便是太极拳中的刀剑枪棒味。"他又举潘天寿先生1960年作《松石图轴》自题款识"偶然落笔，辄思古人屋漏痕、折钗股、石积太古雪、树飞铁铸青者，不胜涓涓"句，二水说这是对书法金石味的参悟，也是太极拳刀剑棍棒味的写照……二水所说的"味"是什么？是"韵味"，是艺的境界。"味"，如同书法中的笔势、笔意，"使其形势，递相映带"；"味"，是拳术的形势，乃拳势拳意；"味"，是阶及"神明"的阶梯，也是太极拳"性命之学"的门槛。

《孙子兵法》说："故善战人之势，如转圆石于千仞之山者，势也。""善战者，求之于势，不责于人，故能择人而任势。"势，是历来兵家所看重的第一要素。苦心营势，以求一战而胜。所以有势如破竹、势不可挡之说。

说到拳势，明代唐顺之在《武编》中也有较为详细的阐述，如"拳有势者，所以为变化也。横斜侧面，起立走伏，皆有墙户，可以守，可以攻，故谓之势。拳有定势，而用时则无定势。然当其用也，变无定势，而实不失势，故谓之把势"。可是今人很少有人注重"拳势"，原因是武术被体操化了。

杨式叶派太极拳重视拳势，从而使习练者能从一拳一脚的拳术上升为拳艺。二水的微信小视频，详细介绍了他所演示太极拳的形与势，以及拳、势在敌我攻防体系内如何相互作用，如何造势、借势、得机得势等。他把太极拳真正当成了一门学问。

叶大密老师的功绩是他看到全国上下推行简化太极拳，而太极拳被"去技击化"，简化成体操、舞蹈时，一种文化使命感促使他立誓在有生之年，把他所理解的真正传统的太极拳记录下来，为太极拳界保存独具特色的杨式叶派太极拳的"种子"。金仁霖老师的功绩是完成叶大密的心愿，把杨式叶派太极拳整理成文，并开枝散叶传承下去，以求"生生不息"。二水居士，作为金仁霖老师的亲传弟子，十数年如一日，系统承继杨式叶派太极拳的拳技、拳艺、拳理、拳史和教学法，并以他太极拳学的"一"与"多"的理念，来精确定义太极拳的文化内核，将太极拳定位在"性命践行的哲学"这"一"上，从"间架""脏腑""经络""五官""奇恒之府"五个方面来释"多"，以此诠释一多庐以及太极拳学应该具备的内涵，为传播太极文化作出了新的贡献。

二水居士和他的一多庐，日渐璀璨，未来可期。

是为序。庚子金秋。

（唐才良：太极拳学者，杨式太极拳第五代传人）

目 录

1

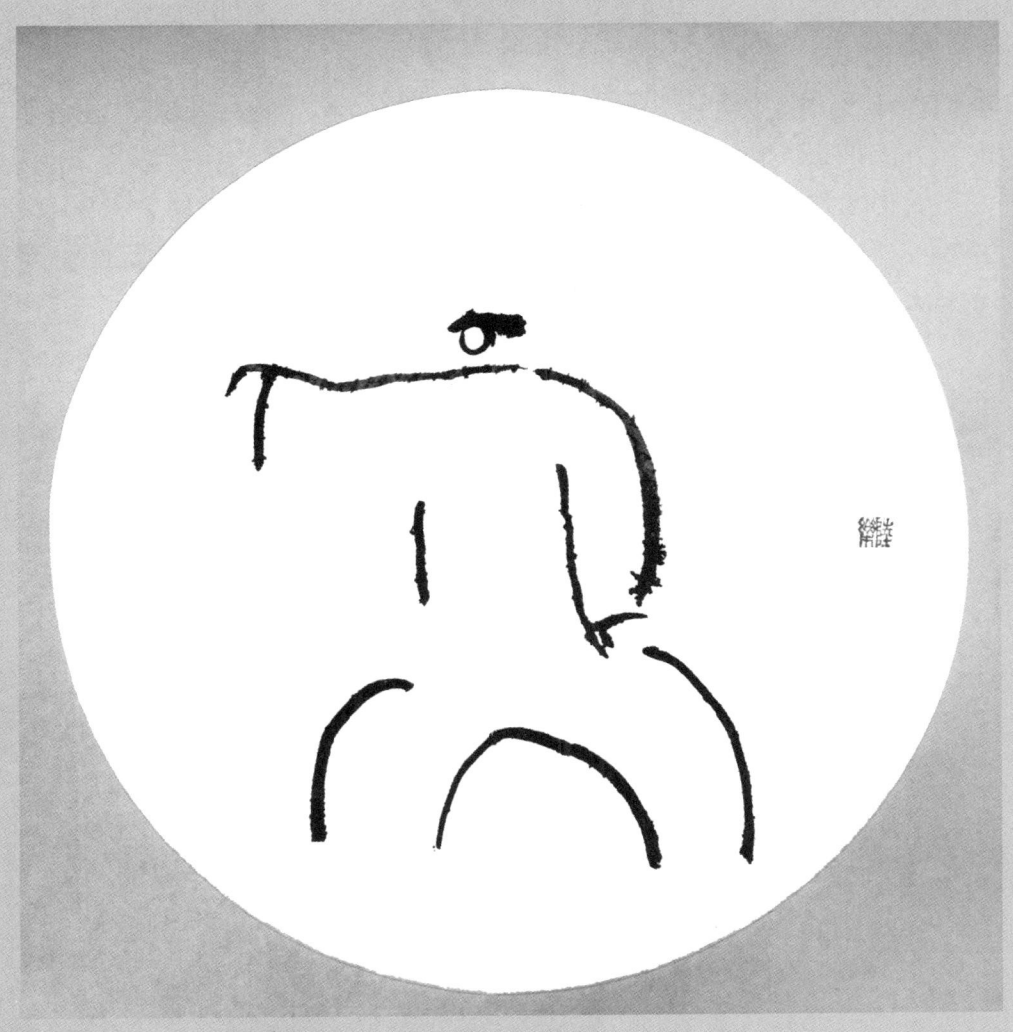

1. 无极而生

王宗岳《太极拳论》开篇明旨，阐明太极大道，云："太极者，无极而生。"

望文生义，太，有两义：一，太者，大点也。意即比大还大一点儿，可谓至大无外也；其二，太者，点大也。意即只有一点儿大，可谓至小无内也。极者，栋也。屋脊之栋，至高至端者也。譬之宇宙，方隅四极，洪范六极，天运八极矣。

用形象的譬喻，太极就像是数字零：0＝0＋0，0＝1＋（-1），0＝2＋（-2）……乃至0＝∞＋（-∞）。零的内涵如此的丰富，可谓"至大无外，至小无内"。可见太极是讲求不着形相的了。

无极者，浑沌也！《庄子》里有关浑沌的寓言，有助于理解无极的实质（图1）。

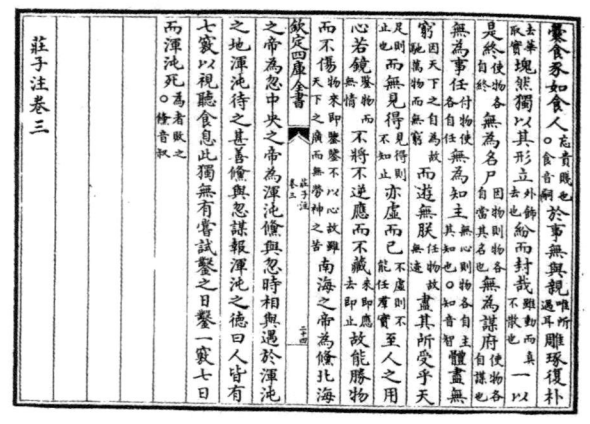

图1　文渊阁四库全书子部郭象《庄子注》卷三 应帝王第七

南海之帝为倏（shū），北海之帝为忽，中央之帝为浑沌。倏与忽时相与遇于浑沌之地，浑沌待之甚善。倏与忽谋报浑沌之德，曰："人皆有七窍，以视听食息。此独无有。尝试凿之，日凿一窍，七日而浑沌死。"

倏与忽，在寓言里，可以代表空间与时间，在方位上可以代表南方与北方，当然也可以理解为阴与阳。在其他的一些考证资料里，有说浑沌有两子，即倏与忽。就像太极有一子一女，即阴与阳（太极者，阴阳之母也）。这大概是中国古代人文精神的的体现了。简文帝（南朝梁）萧纲曾说：倏、忽以神速为名，浑沌以合和为貌。神速，譬之有为，合和则喻无为。所以，在"最高管理者"简文帝眼里，倏、忽与浑沌，代表了两种截然不同的治理方式。浑沌以无为、合和为原则通领洪荒；而倏与忽，则以时机的把握和空间的丈量，来治理天运八极之所，一则无为无不为，一则有所为，有所不为。这便是无极与太极的区别。

可见，时机的把握和空间的丈量，便是太极拳得机得势的根本，也是太极拳的灵魂所在。有所为，有所不为，为与不为，一切均取决于神速之中，机的把握与势的运用。

2.动静之机

《阴符经》云："天性人也，人心机也。"徐灵胎注释："人者，天之所生。天，性无可见，生人而性即存乎人身矣。故人性乃天性之所寄也。"这是中国古人经典的天人合一的思维方式！"人有心，当其未动，全无所见；一有感触，而心即于此见端矣，所谓机也"。

可见，机，是天地万物动静（阴阳生息为之动静）之将发而未发、预动而未动的端倪，反映于人心的一种感触；机，是万物萌动状态的端倪；机，是人心于万物动静的观照和感触。

邵康节云："一阳初起处，万物未生时。"说的就是阴阳消长的机。

此般理解《太极拳论》，便可直指人心了。太极拳练的就是人心观照"天地万物动静之将发未发端倪"的感触。所以说，太极拳是练心智的拳，练敏感的拳，练轻灵的拳，练把握动静端倪的拳。

《太极拳论》由此阐明了太极拳的圭臬："太极者……动静之机，阴阳之母也。"

陈鑫云："拳者，权也。"权，秤也。权者，铢两斤钧石也。权轻重而不失黍絫（lěi），可谓丝毫无爽矣。到了近代，太极拳成了一柄权衡动静变化的天平！《太极拳论》云："立如平准，活如车轮。""三十二目"老拳论解释说："顶如准""两手即平（天平）左右之盘也，腰即平之根株也。"李亦畬《五字诀》云："能从人，手上便有分寸，平彼劲之大小，分厘不差；权彼来之长短，毫发无差。"

天地万物动静变化，是一个阴阳生息的过程。《易经》诸象数所阐述的，就是这一动静变化过程中，阴阳消长的规律。因而，把握了阴阳消长规律，也就能够明了太极之理。

如果说，太极拳是一杆秤，阴阳，则是秤杆上的准星！

3. 人身一太极

根据传统天人合一的理论，天地一太极，人身一太极。人身的太极，也必然遵循天地这一太极的运行规律。

细细体悟己身气血与劲路的运行路线，发现己身原本就是一个太极图。

劲，属阳，从两足生，沿腿外侧足三阳上，走丹田，对穿至命门，顺督脉过玉枕，一路沿手三阳贯于手指，另一路虚领顶劲，直达百会。拳论云"其根在脚，发于腿，主宰于腰，形于手指"，指的就是属阳的劲路。

气，属阴，一路由百会过人中下行（自身的劲化为气血），另一路来自两手心劳宫穴（对敌时，对手的劲力可转化为自身气血），两路气血沿手三阴至膻中，通过含胸拔背，走任脉，气沉丹田，对穿至命门，沉至会阴，然后沿两腿内侧足三阴，沉至涌泉入地。所谓浊气下降，指的便是气血。

陈鑫所谓"胸膈横气卸到脚底，即不能，也应卸至丹田。"（图2）由此可见，气沉丹田的最终目的，是要让胸膈横气卸到脚底，而不只是卸在丹田。

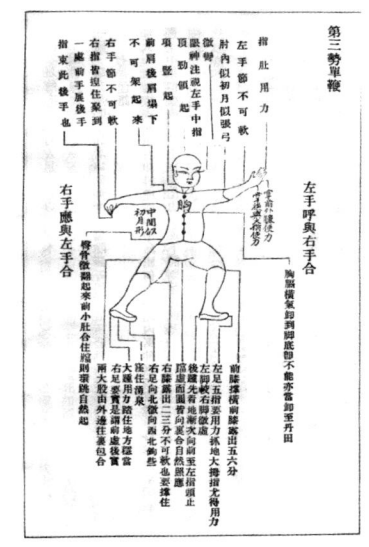

图2　陈鑫《陈氏太极拳图说》卷一单鞭

太极因神而分精、气；精、气由神而合三为一。精、气，这看不见摸不着的阴阳动静的路线，在神的指引下，在周身走一"8"字形，便成了太极图中两尾生生不息的阴阳鱼。人身一太极，讲的便是精、气、神的运行变化。阴阳者，气血与劲路也。

由此可见，太极拳是通过体察自己与对手的阴阳变化，来把握动静端倪的一门艺术。

4. 分合应对

"动之则分，静之则合"，在拳论中被引用的最多，误解的也最多。误解的原因在于不熟悉古人的行文习惯。

许多拳家、拳理家，只是将动与静、分与合，简单地对应起来。有的甚至将该句简化为"动则分，静则合"。其实古汉语中，有一种特殊的语法结构，叫"互文"。前后辞章，参互成文 合而见义。

譬如"打情骂俏""翻手为云，覆手为雨"等，我们不能简单地理解为"情则打，俏则骂"或"翻为云，覆成雨"，而应理解成"打骂情俏"或"手的翻覆，辄成云雨"。

同样，"动之则分，静之则合"句，也应该理解为"动静则分合"。

熟悉了这一语法特点，结合拳论，我们不难理解这一"秘诀"的真实内涵了。

"太极者，无极而生，动静之机，阴阳之母也。"这一节，阐明了太极拳是一架权衡动静变化的精巧"天平"，那么"动之则分，静之则合"应理解为，当我们一旦称得对手动静端倪时，如何以分合之道而应对之。

太极拳如何应对动静变化？无他，"分合"而已！

孙禄堂先生将太极拳称为"开合太极"，着实悟透了"动之则分，静之则合"的深刻内涵。

天地万物动静变化，是一个阴阳消长的过程。因而，应对对手的阴阳变化，或分或合，全凭权秤对手阴阳消长的个中消息，"分毫尺寸，须自己细辨，默识揣摩，融会于心，迨之精熟，自能随感斯应"矣。

"内开外合"，讲的便是分合应对的基本原则。

5. 神明之路

《太极拳论》云："由著熟而渐悟懂劲，由懂劲而阶及神明。然非用力之久，不能豁然贯通焉！"这句话不但指明了太极拳的方向，更为我们提供了习练太极拳的行为模式。

"著熟"是第一阶段，这一阶段要求习练者通过刻苦的描红，熟悉太极十三势的每一动、每一招的劲路变化，轻扶"米"字架，用自身的"丰"字狼毫，在"米"字架中行功走架。这一阶段靠的主要是勤奋。

"由著熟而渐悟懂劲"是第二阶段。这一阶段是"渐悟"的过程。所谓"渐悟"，一方面是指需花费一段漫长的时间，另一方面除了自身的身体力行、刻苦训练外，还需时时用脑、刻刻用意。这更需要一个人的智慧。

"由懂劲而阶及神明"是第三阶段。这一阶段没有时间概念。但与渐悟不同的是，"渐悟"是一种模糊思维，而"阶及"却有了一条明确的路径。只是这条路径在我们看来，犹如一架天梯。目标虽然明确，方向犹在前面，不再迷途，但却是一条永无止境的通天长梯。欲到达"神明"境界，除了勤奋和智慧，还远远不够，重要的是一个人的人格魅力。

古人说，太极拳不是单纯的武艺，而是一种道艺。如果不注重自身人格的修为，"阶及神明"之路只能是神话中的一架"天梯"。

可见，太极拳不但要练心智、练敏感、练轻灵，还必须修为人格，磨炼境界。

6. 松腰落胯

古人腰胯不分，以"腰隙""腰间"或"腰膝"通概之。后学者不明要害，不明腰与胯的分别，只会摇腰扭臀。腰胯不分，贻误殊多。腰不宜前俯后仰摇动，臀部不能左右扭摆，水蛇腰，中轴易弯，脚也不得灵便；扭臀，腰背辄宜为人制。

"落胯"之"落"，系"落实政策"之"落"。《尔雅》训诂：落，始也。腰宜松塌，胯便找到了原先固有的位置。胯一旦找到了自己的位置，盆骨就能摆正，命门就略微外凸，脊背"上下如一线串起"。立身如置高凳状，两脚方能灵便，活如车轮。田本《杨家传抄老拳谱》云："车轮二，命门一，彝摇又转，心令气旗，使自然，随我便。"

腰胯分离后，身躯如磨盘呈上下两盘，"磨转心不转"，讲的是上半身转腰时，胯部依然如坐高凳之上，不能扭动臀部。所谓上盘转动，下盘相对不动。另外，上盘转动时，其实也不是腰在转动，而是身躯内的"轴线"带着腰在转动。而这里的轴线，就像是铰链中的轴线，铰链的开合，轴线是不随之而动的。

收臀、敛胯、提肛，目的是盆骨摆正，命门略微外凸。如此，下丹田成矣。

田者，基也。基者，灶也。有了灶，盆骨摆正了，方能炼丹。仙道之流，百日筑基，其实也只是此番要领。此为下盘功夫。

7. 含胸拔背

胸宜左右开展，日久胸膈肌隆起，膻中穴气门自然封闭。胸内如掏空状，两肩里根便自然舒展，气血得以畅通下行。背则上下拔伸（如小孩脱紧身毛衣），劲路得以贴背而行。神道穴日久自能蓄劲。灵机得以随意发动。十字中心点在胸为膻中，在背为神道。此为中丹田。

膻中自闭，任脉方能总"任"全身阴脉。神道蓄劲，督脉方可总"督"周身劲路。此仙道之所谓文武二火。

任督两脉，通领全身气血与劲路。全身手足阴面皆宜如胸涵空，全身手足阳面也宜如背拔伸。如此方得含胸拔背要义。

8. 虚灵顶劲

神贯于顶，自有灵趣在其中。
虚，若有意若无意，有意无意是真意。虚，则万物悄无声息。

灵，也作领，通领全身之意。领了，方见灵。灵，则一阳易于发动。一气真阳，如春雨滋润万物，悄无声息。所谓"人不知我，我独知人"。

顶，在百会与囟门之间。顶礼膜拜，意也须过此处。阳气过此不能停留，颈部轻贴后衣领，微收颌，脸如大象卷鼻，喉头永不抛矣。如是，督脉气息如河车逆运，循环往复，周流不息。

脚心涵空，蹈之如履薄冰，胸腹掏空，触之如临深渊。全身精神领起，神贯于顶，如鸡鸣时，引颈卷尾，胸腹通透轻便，了无挂碍。

所谓"如一袭空衣，挂于树梢"者，如此方见上丹田的功夫。

9. 中正安舒

《打手要言》云："立身中正安舒，支撑八面。"中正安舒，便利其身，一片神行。

"中正"一词，典出《易经》（图3）。钱大昕说："《彖传》之言中者三十三，《象传》之言中者三十。其言中也，曰中正，曰时中……故尝谓六十四卦，三百八十四爻，一言以蔽之，曰中而已矣。"信守阴阳两极，立身适得其位，开合适得其时，方能适得太极拳阳刚阴柔之美。望文生义：全身三丹田，由一轴线贯穿，如"丰"字狼毫，便能泼墨挥洒，洋洋得意，是为"中"。

"正"，则要求每式拳势，准星对齐，目标明确。所谓"尾闾如行舟之舵"者也。

三丹田的一分一合，生息掤、捋、挤、按、採、挒、肘、靠八卦劲路。

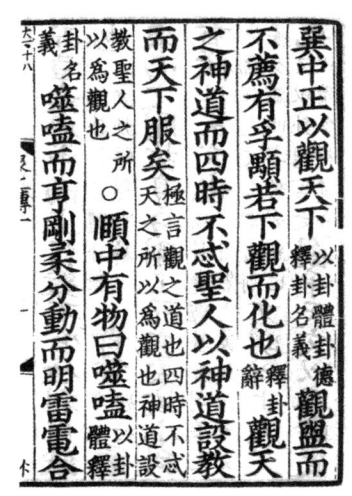

图3　宋刊本朱熹《周易本义》彖上传第一

六断：眼球、乳头、肾。阴面气血通畅过程中此三关的"开"，所谓"坤六断"者也。

三连：肩圈、胯圈、膝圈。劲路在阳面经过此三圈时的"合"，开合自如，中轴如蟒涌动，气象顿生，此所谓"乾三连"者也。

六断的坤卦如"畺"，三连的乾卦如"三"。"三畺"者，阴阳也。

阴阳生息，如双龙戏珠。珠者，拳势所致，身外鹄星一闪，如呼云邀月。情景所致，气氛浓烈。一问一答，感人及己。

10. 舌抵上腭

任督二脉，上交会于口腔，下交会于会阴。舌尖轻抵上腭，谷道微敛，鹊桥相连，阴阳交泰，津液自生，此为"金津玉液"。舌抵上腭，要轻，如开关，两端轻轻一碰，电流就能贯通。津液下咽，舌尖自然呈抵腭态。

津液内含消化酶、溶菌酶，有助于消化，宜分口咽下。否则，"鼎内若无真种子，犹将水火煮空铛"。口干舌燥，有害身心。

11. 肩肘腕指

手的各个关节，要求节节分散，然后节节贯穿。落实到肩肘腕指，应做到：开肩、坠肘、立腕、腆掌、舒指。目的是劲路畅通。

"其根在脚，发于腿、主宰于腰、形于手指，由脚而腿而腰，总须完整一气"。同时，气血也随之下行。气血布于全身，劲路达于四梢。

开肩旨在含胸，锁骨往两边对拉，略微撑开如门闩。肩背的劲路达于肘尖。此乃锁骨之"锁"意。黄百家云："斗门深锁转英豪。"（图4）坠肘，旨在肘的敏捷，如长眼睛，也便于劲路达于手腕。立腕，旨在肘的相对定位，劲路得以贯穿掌根。腴掌旨在涵空掌心，劲路达于指尖。舒指，旨在牵动鹄星，意念随之达于对手中轴的某一点，如呼云邀月。如是始得完整一气意。

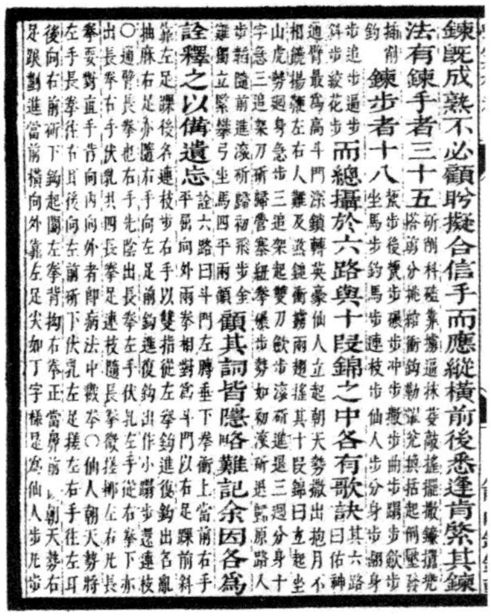

图4 四部丛刊《南雷集·附学箕初稿》之王征南先生传

12. 阴阳虚实

虚实、开合、沉拔、提纵、吞吐，皆为阴阳。

身躯手脚，肌肤处处，皆应分清阴阳。含胸拔背，手心手背、脚心脚背，也应有含胸拔背的意思。

虚：非全然无力，内中要有腾挪。预动而未动，待发而未发之势，谓之腾挪。

实：非全然占煞，内中要精神贯注，有上提之意。两足任何时候都不要全然占煞，应该分清虚实，旋转轻灵。

脚步虚实，在脚踵、涌泉与前脚掌之间，似可分作三块。一足，左右可分两半。如是一足之内，便能呈前中后、左右六部分来调控虚实变换。

劲路为阳，气血为阴。神也可分阴阳，"敷、盖、对、吞"，得神之阳；"灵、敛、静、整"，得神之阴。

13. 折叠顾盼

在劲为折叠。有上即有下，有前必有后，有左即有右。如意欲向上，即寓欲向下意。意欲向下，即寓欲向上意。前后左右，皆是如此。拳论云："如意要向上，即寓下意，若物将掀起，而加以挫之之力，斯其根自断，乃坏之速而无疑。"

在神为顾盼。拳的劲路转换，上下、前后、左右须有顾盼之意，方见灵便。对手意气也随之左右。眼能所见，则手随眼动。视线不及处，则以耳听之。所谓"眼观六路，耳听八方"。

14. 松、固、凝

体松：肌肤放松，为初学太极第一要着。肌肤松柔，血脉畅通，拙力收敛入骨，劲始蓄于脉络之间。全身始有泥牛入海的沉劲。沉则与地气贯通，能借地心之反馈。此为易筋要旨。筋者，精也。

气固：体松而气不散漫，始能节节拔伸，周身才能完整一体。横气下沉，不浮隔于胸间，劲路方能沿脉络而布于全身。肢体百骸之间，有内在的联络照应。此为敛气要旨，为太极第二步功夫。

神凝：凝则内外相合。所谓内外相合，肩与胯合，肘与膝合，手与足合，谓外三合。心与意合，意与气合，气与力合，谓内三合。能凝，则体松气固，能心之所到，即身之所到。内外相合，方能心身一气。凝，为练神还虚的功夫，是为太极拳第三步功夫。

易筋、敛气、凝神。精、气、神，三要俱矣，行拳走架方能绵绵不断，如长江大河，滔滔不绝，周而复始。

15. 三节与三窍

欲通三节，必开三窍。三窍松开，三节自然融通，节节贯穿如流。

"膻中穴"，为三大节"中节"身躯之中窍。古人有"掏心掏肝"之说。郝少如有剖鱼晒鱼干之喻。二水喜欢用"挖空心思"一词。

眉心为三大节"中节"身躯之梢窍，两眼内视，两耳廓如回音壁，如作反听状。反听之谓聪，内视之谓明。

"腰隙""腰间""腰胯"，老拳论腰胯不分，而腰胯所处，乃三大节"中节"之根节，也是三大节"根节"之根节。老辈拳家又有"丹田上手"之说，意思也是要将梢节的手，"长在"腰胯之间，让腰胯处也成为梢节之根节。拳论所指，可见腰胯之重。中医认为两肾，左属水，右属火，犹如北方之虫，有龟有蛇，乃一身真武所居。其府则胞门子户。女子胞则，地气之所生也，藏于阴而象地，名曰奇恒之腑。此处，无论练武修真，皆不二法门（图5）。

"松胯"一词，常有误解，二水喜欢用"松腰落胯"一词。落胯后，胯找到了原先固有的位置，如坐高凳。环跳穴不凹，而呈松圆状态。环跳为三大节"根节"腿之根窍。孩童遇扎针，环跳紧张，成"凹"状，根节就不通畅。

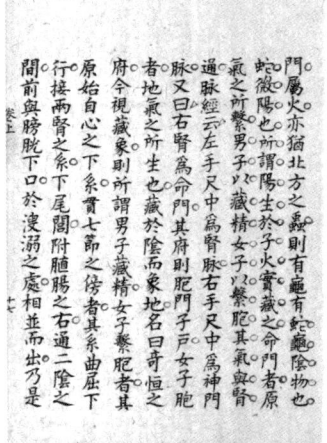

图5 玄门脉诀内照图之命门

对尾闾的要求，各门各派有不同的说法，有"尾闾"下插，成为第三只脚之说。有"尾闾"前翘或前扣，如枪指使之说。有"尾闾"如撑船之篙一说。叶大密老师称："尾闾如行舟之舵。"此舵，更像是南方运河里通行的"挂桨"，是一种方向，而不是一种动力。或"篙"或"舵"或"三只脚"或"翘扣如枪"，都有动力之嫌，失之于僵硬。

肩井为三大节"梢节"手之根窍。田兆麟有"咕噜沉"一说，胸腹间掏空，如所抱冬瓜，咕噜下沉。郑曼青有"断臂之梦"，两臂所系之筋络，如玩具洋娃娃赖一松紧带维系。二水常以"作揖打恭"来松开手节根窍。

曲池为"梢节"手之中窍，曲池松开，不丢不顶，迎来送往，便利自在。所谓"肘化一大片，肘打一大片"者也。

劳宫为"梢节"手之梢窍，松开劳宫，直达指梢，郑曼青所谓"美人手"者也。

16. 逢转必沉

"逢转必沉"，是叶大密老师授拳要诀。

沉：两肩里根、两胯里根，往内抽劲，往外扩张，身躯随其自重下坠。犹如小孩脱毛衣，两手扯住毛衣下端，无力上拉，却靠身体本能的下坠来将毛衣脱去。金仁霖老师曾说，有如老式的洋囡囡，两手足系着松紧带，将手足暂且固定，在其头部略加一些力，其身躯部位整体下沉。二水譬之热水瓶瓶底托架坏后，内胆下沉，而外壳不变动。

沉者，可取其虚，可助其势。拳势在起承转合中，"转"，是身体内部阴阳生息的关键。两足的虚实，两手的走化，都有赖，一"沉"时，肩胯里根的松展，同时为"合"铺垫了基础。

17. 起承转合

起，须五心相应；承，应中节相随；转，必松沉流连；合，则根追能留。

行拳走架，摸手喂劲，每一式势起，两手心、足心及头顶心（五心，全身梢节之至阴者也。阴极，则阳生）须有呼应，劲路便有联络。构园作画强调"山无脚，水有源"，也同理。山有脚，则生硬，情趣全无；水无源，则竭涸，灵机顿失。呼应忌生硬、忌断续、忌凸凹、忌缺陷。一呼一应，宜犹蜻蜓点水，一沾而起，所谓"肥不臃肿"者也。

拳势既起，一阳真气自海底生发，须有肘、背、膝，中节相随，劲路得以贯之。内中存一提一拔一牵引。如运笔泼墨，细小精微处，须凝神静气，刻刻留意，不敢草率造次。行拳走架倘能举轻若重，推手应敌则能举重若轻，所谓"瘦无纤弱"者也。

一呼应一牵引，以对手的半个阴阳圈相合，即成了一个完整的太极阴阳图。一己之行拳走架，还只是半个8字，此时为己身阴阳生息之机，当刻刻留意。稍有不慎，或过或不及。两脚的虚实，两手的走化，全系于此机的把握。书法至此，常用按、颤法，笔锋铺开，或按或颤，复以中锋行笔，方能入木三分，力透纸背。拳势至此，须松开两肩、两胯里根，自然沉着，拳势也流连无涩。所谓"其流自畅，其势则疾"者也。

拳势自梢节而起，中节相随，转沉引化，"合"成破竹之势。转合之间，内含一迎一送。迎来送往，须与对手节拍相合，方不失人情世故，也不能庸落世俗客套。如是方显待客之道。所谓"牵动四两拨千斤"者，关键在于要恰如其分地牵动对手的四两劲。不足四两，则待客不周，难以牵动对手；过于盛情，对手长驱直入，反客为主，也难以承当东道之宜。所谓"请神容易，送神难"。拳势至此，根节自然成"追敌"之势，剩勇能留，莫作穷寇之追。对待穷寇，兵书有"黄金铺道"，讲的就是送客之理。书法至此，则有顿、挫用笔，藏锋逆收，所谓"笼天地于形内，挫万物于笔端"者也。

拳势有起承转合，拙中藏巧，巧中又寓拙，便无赳赳武夫气，书卷味飘然逸出。

18. 鲜活流转，任运随缘

太极拳界素有"杨家的拳技，武派的理论"一说。意思是，近代太极拳发展史中，杨家在京沪等地公开传授拳技，为太极拳继承与发扬作出了杰出的贡献。杨季子诗赞"都门太极旧尊杨，迟缓柔和擅胜场""谁料豫北陈家拳，却赖冀南杨家传"。

武禹襄昆仲三人从学杨露禅，于舞阳盐店得王宗岳《太极拳论》后，烛幽发微，为杨家传授的陈家拳，冠以太极拳之名，开近代太极拳理论之先河。

后世杨式太极拳诸学者，在武派拳论的前提下，对太极拳理论也多有贡献。

武禹襄《打手要言》："每一动，惟手先着力，随即松开，尤须贯穿，不外起承转合，始而意动，既而劲动，转接要一线贯穿。"杨式太极拳从学者辄将此改作："一举动，周身俱要轻灵，尤须贯串。"从"先着力随即松开""意动既而劲动"，到"轻灵""贯串"，周身有了一个质的飞跃。这一举动，旨在将"轻灵"作为运动纲领。力矫黏滞于空境，将太极拳推向了"机趣活泼"的境界。

轻灵，不只是对步法的要求，也不只是对身法的要求。上下相随，左右相连，全身完整一气，了无挂碍。不留驻于圣境、不黏滞于悟境。而要从圣境、悟境里超越出来，展开现象界的一系列活动，生发出鲜活流转、任运随缘的天机活趣。

着眼于鲜活永动的生命之流，知空而不住。从空灵之境中折返回来，将一己之我，转化为宇宙之我。视"满目青山起白云"为家风，随缘任运，洒脱无拘，使个体与宇宙合而为一，时间与空间铸成一体，渐臻真美，无拘无束，所谓"天人合一"者也。

"秋到林叶落，春来树开花。"忘却一己之小我，体现至大至全的我，因而也具备至醇至美之道。至此，既有宁静淡远、繁华落尽的静谧之美，又有鸢飞鱼跃、生机勃发的流动之美。鲜活流转，开合洒脱。只要任运随缘，放开心怀，即可尽情品味拳艺拳道。"一举动，周身俱要轻灵，尤须贯串"，由此也弥漫着洒脱无拘的个性，高蹈着自由骏发的意志。

镜湖老先生云："轻则灵，灵则动，动则变，变则化！"此则，从根本上确立了"轻灵"为杨式太极拳的运动总纲。

19. 丹田种种

针灸学上的丹田，指腹部脐下的阴交、气海、石门、关元，四个穴位皆别名丹田。

气功家认为，丹田有上丹田、中丹田和下丹田之分野。上丹田又称"泥丸"，在头顶百会穴，有说在两眉间印堂穴。中丹田叫"绛宫"，在胸部膻中穴。下丹田在脐下小腹部相对较大的一块体积，包括关元、气海、神阙、命门等穴位。还有人认为丹田在脐上，又称"祖窍"。也有人说巨阙穴为中丹田，又名"灵台"。下丹田为"涌泉"。其说不一。

古人认为丹田是滋养全身的重要部位，故有"无火能使百体皆温，无水能使脏腑皆润，关系全身性命，此中一线不绝，则生命不亡"的说法。

上丹田在督脉的循行路上，属阳，是阳气集中的地方，是藏神之所，主管意识活动，是练功入静的主要部位。上丹田的作用是锻炼神经系统，控制自己的意识，通过调节、增强神经中枢，抑制整体代谢机能，从而发挥贮能性效应。

中丹田在胸部，意守中丹田，但容易引起胸闷，所以，要求胸膈膜下降，胸膈横气，要卸到脚底。

下丹田，是练功诱导得气的主要部位，其作用是锻炼体液系统，激发体内的能量物质，通过调节、充实体液循环，提高整体代谢机能，从而发挥激能性效应。这对充实下元，防止早衰，延年益寿起重要作用。

下丹田的坐标所在是：横坐标线为脐与命门连线，纵坐标线为百会和涌泉连线，脐后约一寸三分处，前三后七之地，此为两线交接点。正如《丹经》所云："前对脐轮后对肾，中间有个黄金鼎。"《脉望》亦云"天机者，脐下一寸三分也，圣人下手养胎仙之处。《难经》注云，脐下肾间动气者，丹田也。人之性命也。""脐下一寸三分者，谓仰卧而取之。入里又一寸三分者为是，即肾间也。"（图6）

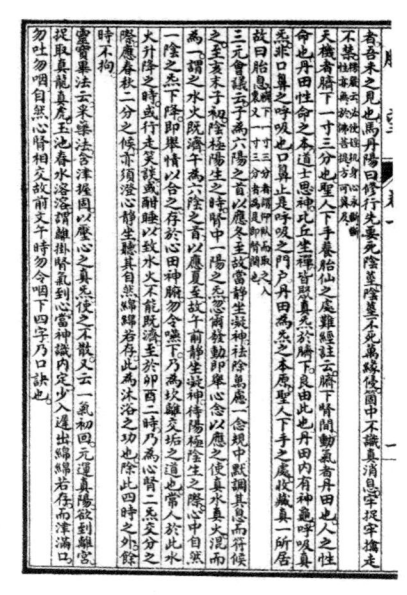

图6 宝颜堂秘笈之赵合鼎
《脉望》卷一

了解道家传统升汞的提炼过程，就容易明白这个道理。轻粉以水银为母材，注水银入坩锅中，坩锅口覆一底部粗糙的陶碗，四周以泥封固，坩锅下加以武文二火，反复烹炼，锅内水银升华。精华凝结于陶碗底部，结霜为粉，可入药、可养颜。此为外丹。喻之人体，则会阴为炉，耻骨上小腹区为坩锅，盆骨构形，犹似半边锅状。《丹经》云"半边锅里煮江山"，即指此意。脐后一寸三分处的神气穴，拟似覆于坩锅之上的陶碗粗底部。鼎者，顶也。此字的偕音何其玄妙！此处乃精气神精华凝结之所在，下丹田的秘密就在于此。此为内丹。

丹田这一名称，一方面是因为脐腹腰圆周走向之带脉，构成田字之外廓，而中脉与脐和命门之连线构成十字，其状似汉字"田"字，故名丹田。

20."丰"字狼毫

人身气血运动路线有三个关卡，仙道家认为需要修筑"三桥"，以跨越尾闾、夹脊、玉枕。

其一，劲自两足上行至丹田时，难以对穿至命门。气血自任脉下行至丹田时，也难以对穿至命门。《黄庭经》云："上有黄庭，下有关元，前有幽阙，后有命门，嘘吸庐外，出入丹田。"（图7）这一关卡历来是练精练气者的"嘘吸庐外，出入丹田"之所在。过这一关卡的要领便是"开胯、敛腹、收臀、提肛"。历代练家都对此有精辟的描述，"如坐高凳""如坐马桶""如任便状"等。过了这一关卡，便是下丹田的功夫了。"定之方中足有根"，整劲由此而来。

其二，胸前两乳间膻中，背后两脊间神道，也会阻滞气血和劲路的通畅。过不了这一关，上行的劲难以分为两路，两路气血也难以由此汇流下行。克服这一关的动作要领便是"含胸拔背"。含胸使气血下行，拔背使劲路上行。含胸和拔背不是两个动作要求，而是一个硬

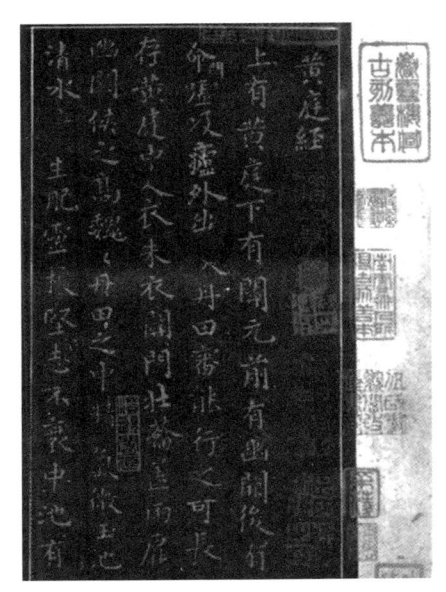

图7　美国安思远藏本王羲之《黄庭经》

币的两个面，是同时完成的一个要求。能做到这一点，便是中丹田的功夫了，柔化、卸力都由此而生。

其三，前人中，后神府（两风池穴中），是"神"之所藏，是指导精气互生互化的总指挥部，俗称"上丹田"。过这一关的动作要领是"虚领顶劲""如象卷鼻""收颌""猴头永不抛"。做到这一点便能以意领气，以气运身。

而贯穿三个丹田，一以贯之的，是上至百会，下至会阴，由涌泉入地的一根虚拟中轴。这根虚拟的中轴，贯穿上、中、下三个丹田，恰似象形的"丰"字。这便是拳家所谓的"三田合一"。做到了"三田合一"，便是大周天的功夫了。就像写毛笔字，有了一根运用自如的"丰"字狼毫。

21. "米"字架

学练毛笔字，米字格的重要性不言而喻。同样，对习拳者而言，太极拳是立体的书法艺术。学拳时我们不能只靠一个平面的米字格，而是需要寻找一个"米字架"，一个有脚踝外展、腰胯外展、肩肘腕指外展而形成的，由三个米字格搭建而成的一个"米字架"。当然，这也是一个虚拟的架子。所谓盘架子，行拳时盘的架子，便是这样一个虚拟"米字架"。历代练家虽没能明示这一"米字架"的存在，但都对此有许多生动的描述，如"四正四隅""立牌位""搬马桶""扶八方线"等。

明师教拳，从不主张学生跟在他背后比划。而是三两天一招、三两天一式，手把手地讲解每一动、每一招的动作要领和劲路走向。并且特别注重腰胯如何带动四肢在三个平面米字格上的点、横、撇、捺，甚至将每一劲路的起承转合处都一一讲透。与此同时，还必须通过"喂劲"，来导引学生对劲路的了解，就像给孩子喂奶。

时下，公园里常见许多拳师领着一帮学员比划拳架，往往不得要领，就像没有掌握运笔技巧，不懂点、横、撇、捺时毛笔的起、提、顿、收，就急于去临帖写碑。那是一辈子学不到真功夫的。

初学者切忌贪多，宁精勿滥。力求认真地将老师的身形变化在自身的米字架中一一临摹，力求做到每一动、每一招都将老师的"喂劲"吃下，细细消化了，便是自身的功夫了。所以说"师父领进门"，师父的职责并非只是领路人，而更像喂孩子吃饭的"奶妈"。

22. "永" 字八法

习练毛笔字，一个"永"字，包含了书法中八种基本笔画。所以时时习练"永"字八法，能事半功倍。同样，太极拳中一招"揽雀尾"，也包含了太极十三势中不动步的八种劲别。太极拳基本劲法就是劲路八法、手眼身法步腿五行。这十三势相互组合，便可演绎无数招法。所谓太极无招无式，便是在熟练十三势的基础上，根据对手劲别变化而随心所欲地发挥。因此，初学者必须认真在米字架中去细心揣摩太极的"永"字八法，去揣摩"掤、捋、挤、按、採、挒、肘、靠"的劲路走向。《打手歌》"掤捋挤按须认真"，认真两字，须悉心揣摩。

譬如"掤劲"，可理解为由米字架中心点向四周荡开去的膨胀劲，即由里往外、由后往前的劲。"捋劲"，是米字架中上一层面米字格的东北角向下一层面米字格西南角的劲，或上米字格西北角向下米字格东南角的劲等。只要细细揣摩太极拳中的"永"字八法，假以时日，便能"著熟"。拳论云："由著熟而渐悟懂劲，由懂劲而阶及神明。"这里的"著熟"并非单指全套的太极拳套路，而是指你对太极拳十三势中的劲路是否烂熟于心。

23. 临帖的技巧

临帖的目的，并非跟哪位老师学习何种风格。而是扩大视野，欣赏别人的风格特点，以便为自身定位。同样，习练太极拳，"著熟"之后，具有了一定的基本功，也应有一个扩大视野，与别家别派拳师良友切磋交流的过程。故步自封，囿于一家之言，无异于坐井观天。但是，临帖又不是广收并蓄。广收并蓄的结果是失去个性，迷失自己。精一而博众。只有惟精惟一，才能博采众长。

24. 隶书与结构

初学拳者，经过一个阶段的学习后，云里雾里，神乎陶陶，感觉变得十分良好。其实，这正是拳架走样、劲路走偏的时候了。每一动、每一招，时过时不及，而自我感觉却十分良好，以为自己天天神速提高。这时，如果没有师友及时提醒，或即便旁人提醒了，自己依然陶然其间，不能醒悟，那么便会产生种种太极之病。所谓"过犹不及""顶匾丢抗"等。拳论云"斯技旁门甚多"，无外乎由此步入歧途。初学者不可不慎。

究其原因，是"米字架"肩、胯、踝三圈不协调所致。拳家所称"外三合"指的便是行拳走架的间架结构，也便是三个米字格的内在调和问题。而许多孤家寡练者、闭门造车者往往会犯这种错误。

跟金仁霖老师学拳一年后，我去黄山授拳，其间闭门造车，而自我感觉又特别的好，以为得了太极真谛。而事实上，自己的劲路已经走形。回来后，重新跟着金老师一招一式地矫正。拳家云，"学拳容易，改拳难"啊！好在矫正劲路，重改拳架的过程中，我又想到了习练书法。传统习练书法者，为了掌握字的结构，点、横、撇、捺的相互协调和字的重心，常会去练隶书。隶书的特点便是结构中正，波磔（zhé）鲜明。运笔时起、提、顿、收，来龙去脉清晰。因而，矫正拳架也必须像学练书法隶书一样，力求中正安舒、不偏不倚，然后放慢拳速，力求每招每式的起、承、转、合交代清楚。每一定式，可稍作停滞，所谓"劲断意不断"。之后常常推倒重来，重起炉灶，先后跟金老师学练拳架不下八次。

25. 拳中金石味

近代书法名家对碑刻情有独钟，原因是书法的金石味须从碑拓中来。书法家通过对碑拓的点、画、方截形态的临摹，让自己的线条、质地，透出筋肉骨气的生命现象。这便是书法中的金石味。书法如此，太极拳更如此。

我常有一种幼稚的念头，以为太极拳并非某一古人创造的。而是历代武士、将领年老体衰后，偶尔"老夫聊发少年狂"，徒手轻松地习练刀剑棍棒枪杆，而无意中形成的。陈式中的"搬拦肘"，便是徒手掷棒的动作。杨式的肩通背、白鹤亮翅、上步七星、退步跨虎等都是徒手运刀的动作。手挥琵琶、提手上势等便是徒手使剑的动作。

我在行功走架时，时常意想自己手中，时而有刀，时而有剑，时而为棍，时而为棒。竟然有意想不到的奇妙效果。可见书法中的金石味，便是太极拳中的刀剑棍棒味。

叶大密老师晚年总结自己的学拳经历，颇多感慨。其中"拳从剑出"一句，道破了其拳艺渊源。他将剑仙李景林的武当对剑捷用法，融入杨式太极拳拳艺之中。

太极拳是一个大熔炉，手中无刀，无刀胜有刀；手中无剑，无剑胜有剑；手中无棍棒枪杆，而身上无处不显见棍棒枪杆。个中奇妙，只有习练者细细揣摩，方能一一得来。

潘天寿先生1960年作《松石图轴》，自题款识曰："偶然落笔，辄思古人屋漏痕、折钗股、石积太古雪、树飞铁铸青者，不胜涓涓。"（图8）这是对书法金石味的参悟，也是太极拳刀剑棍棒味的写照。

习练太极拳者，只有领悟了拳中的刀剑棍棒味后，才称得上"懂劲"。所谓"著熟而渐悟懂劲，由懂劲而阶及神明"。可见，懂劲，只是太极拳的入门功夫。你懂劲了，你方入了太极拳之门，不至于迷失方向。而登堂入室，还有无数路要走。

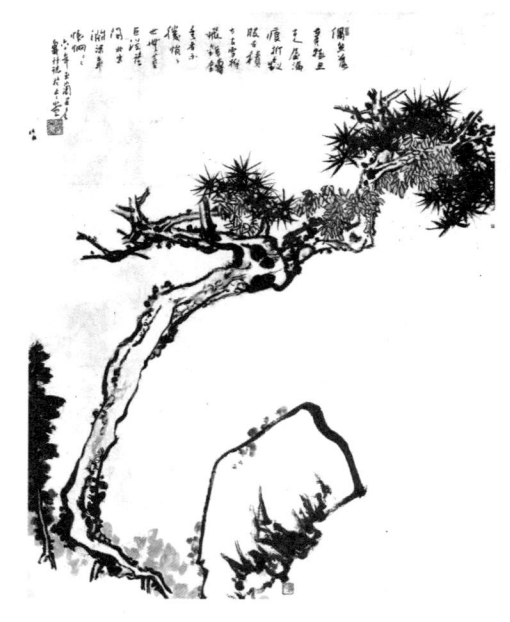

图8　潘天寿先生《松石图轴》

26. 拳中刀味

刀以劈、剁、磕、缠、砍、扎、提、撩、削为技法特征。藏头裹脑，拦撩邪刺并用。体现在身上主要是腰胯劲为主，练的是虎背熊腰，俗称"刀背劲"。

五公山人所谓"以身运刀""以刀引力""吾之用刀，力在筋骨，骨软筋硬，周身气脉相连，而周身气力全在刀上，虽不用力于刀，而力自在刀焉。如水银之在竹筒中，运之则至首，收之则至尾"。与人对敌，若发现对手中轴稳固如山，又游动如蟒时，这便是刀背劲。

27. 拳中剑味

剑以抽、带、提、格、击、刺、点、崩、搅、压、劈、截、洗为技法特征。讲究的是轻灵潇洒，游龙搅尾、绞柱射燕并施。体现在身上主要是以腕指劲为主。练的是神态和意气，俗称"剑指劲"。如将太极拳的一些动作，以徒手持剑的意识行功走架，便会练就飘逸的"剑指劲"。

与人对敌，若发现对手沉拔自如，拎称洒脱，吞吐无常，剑器轻清，而其势锐不可当，那便是剑指劲。

28. 拳中棍棒枪杆劲

棍棒枪杆以开、合、点、崩、拨、撩、掷、截为特征。风扫梅花、铁牛耕地并用。採、挒、肘、靠，均系棍棒枪杆的常用手法。在身上主要体现为"肩臂劲"，俗称"棍臂劲"。与人对敌，见对手纵横跋扈，横扫千马，採挒肘靠，雄健奇纵，开合八面，气宇轩昂，那便是"棍臂劲"。

29. 听问欺吃

听：实则为肌肤神经末梢的感知能力。多与人接手摸劲，多听，方能懂。可见，听劲，是懂劲的基础。听劲，首先得听劲源；其次，听劲之方向；再次，听劲力大小、厚薄；最后，听对手劲的真假虚实。

问：以细微的感触，或轻或重，去探知对手的劲路的虚实变化。听后没懂，不能不懂装懂，不懂则问。一问对手中轴藏否，二问对手劲的真假，三问对手功力大小。

欺：施以假象，诱使对手失势。听了，懂了，方有所作为。一用指欺，二用肘欺，三用肩欺，四用身欺。

吃：得机得势，全盘照收。"开"吃、"沉"吃、"提"吃、"引"吃。个中滋味，还得靠自己在推手中摸索。

30. 骨头劲

早年在上海中山公园遇徐老师，一接手，他便说："你有骨头劲！硬了！"

一开始，我总不服气，我便放松整条手臂，想推他个措手不及。没想到竟被他轻飘飘地打飞了。他还是扔下一句话："你有骨头劲！硬了！"有大半年时间，我常常体会着被他打飞的感觉，也常常想起他的这句话。百思不得其解。

若干年之后，在与拳友的推手喂劲过程中，我突然领悟了这一点。奇怪的是，一旦悟透，自己的太极拳艺也上了一个台阶。这或许就像禅宗的顿悟吧。

其实，骨头劲，意思是说自身的劲是透过骨头传出后，给对手有硬顶的感觉。也正是这种感触，你的一举一动，或将发未至，悉数在对手掌控之中。因而，对手只要稍加利诱，便能引动我的劲源，将我打飞。

那么，如何才能避免劲出骨头呢？

初练太极者，一出手便像棍棒，整条手，不分手心手背，也无尺骨桡骨之分，更不知阴侧阳侧之用。经过多年的太极拳训练，逐渐厘清了指、掌、捶、手，也开始分清了手心手背、阴侧阳侧，逐渐也能体会尺骨与桡骨的细微转折变化。以尺度势，以桡楫舟，其妙无穷。

与人推手，用手心敷着对手的手腕或肘时，掌面尽可能地黏贴住对手，但手心应尽量涵空。如手套一般敷着对手，己身的劲不能用手心或手掌外显。手背上的劲一旦透过骨头传到手心或掌面，劲便出了骨头。正确的做法应该是，涵空手心，通过舒指，将劲从手指背渗透到对手的背后或脚跟，乃至对手命门后远处的某一点。这样的劲，就不会出骨头。

反之，用手背黏接对手的手腕时，也不能直接用手背劲抗拒对手。因为，手背属阳，黏着对手的手腕，也属阳，阳劲相碰，便是双重。对手会借你来劲作自然反弹。正确的做法，肘部稍加定位，食指稍稍领劲，手臂略微翻卷，拳心斜上，劲路作内敛状。自己的手臂便有了如剑的锷刃，尺骨与桡骨的略微转折，呈现剑脊的贯穿及锐利之势。

这种感觉，越练越细腻，身体各处，日渐"骨肉分离"，劲与气血的感觉，也越发清晰，触觉越发敏捷，听劲也自然提高了。

31. 用"地球"打人

徐老师手臂上有刺青，据说早年曾做过戴笠的随从。退休后常在中山公园后门附近推手。他一开心，便会让你摸摸他身上的"物事"，还会怂恿你用尽全身力气推他。当我用尽全力推他时，他矮小的身材，竟然成了一座大山，纹丝不动。而在我不经意之间，就被他打飞起来，随即便是爽朗的笑声。可他似乎什么也没动呀。当年的我还算执着，缠着问他究竟，他却只是诙谐说："我用地球打你的啊！"

"用地球打人"，是我初学推手一年时，最不可思议的事了。

若干年之后，我悟透"骨头劲"后，在一个偶然的机会，与拳友推手，我也突然体悟了"用地球打人"的道理。

两人前后脚川字步站定，一手在前，手背朝上，敷住对手肘窝。一手在后，手心朝下，扶住他的肘端。立身中正，如坐高凳，手脚的阴阳分了，胸腹涵空了，任凭对手大力推来，我自岿然不动。对手所有整劲都被我"吃掉了"，如铁牛沉海。2003年，上海体院某拳家来嘉兴，他曾连续六年获得全国中量级推手冠军。与二水接手，二水如是接住他的来劲，他百般推拉扳摇，无计可施，两只眼睛直往我的两脚察看，以为二水的双脚与地面撬了螺丝。其实我的双脚依然能腾腾然进退裕如。稍一进步，对手便被抛起。我也能借地球打人了啊！

双手接实对手来劲，将手心手背阴阳分离，胸腹掏空，即便承受重力，己身的间架均摊了对手的来劲，胸中横气，便能顺对手来劲而下沉至地心。此时，两脚底平蹭地面，尽量让脚底板与地面的触面放大一些，如吸盘一般，涵空脚底心，脚底便有了阴阳虚实。引动发机时，只要脚底"吸盘"平伏贴地，便能将己身及对手来劲窜入地心，也能如篮球触地反弹一般，发动地心的反馈力作用于对手。

此时，虚领顶劲，更能将地心的反馈力放长、放远、放松、放透。悟透这个道理后，根本无须用弓步将重心放低。平时随意一站，也能做到这一点。

32. 肘尖长眼睛

推手试劲，肘的重要性不言而喻。所谓"肘空一大片、肘打一大片"。

如何做好"肘空一大片、肘打一大片"呢？徐老师说："肘尖要长眼睛！"

初听此语，以为是玩笑。俗语"拳头不长眼睛"，肘尖又如何长得了眼睛啊？若干年的推手实践，逐渐地养成接手时的攻防意识，发现自己的双手有了手掌、肘、肩三道门户。而肘部的门户，开合自如，接手时，就会攻防裕如，而且对手的一举一动，悉数掌控在"肘"。肘尖似乎真的长了眼睛（两只肘尖各长了一只眼睛）。

初练推手的人知道，肘是最容易被对手拿住劲路，也是最容易化却劲路的所在，必须刻刻留意。倘若肘的活动范围变宽了，也最善于欺骗对手的劲路。留意于肘尖粘黏对手劲路，也最容易引诱对手手腕的来劲。

用肘尖的"眼睛"，注视对手的面门（如右手腕黏住对手的右手腕时，稍侧身，略抬肘，有用肘尖击打对手面门的意念，你非真打），对手会惊慌失措。同时，你的神贯穿对手的命门，两肩肘一抖索，便将对手发放出去。

倘若对手黏住了你的左肘，你只要用肘尖的"眼睛"注视对手的面门，便会反黏住对手的左手掌，这时，你的右手只要轻轻拈拿对手左手的其中两点，用神贯穿对手左肩胛，像手握剑般，将对手的整条手臂当成是你的剑，对手的左肩胛便是你的剑尖，用对手的手臂之剑点发对手（我将它称为：拿两点打第三点）。

后来跟金仁霖老师学拳，听得最多的就是："学会用肘接劲，就比对手多出一只手来。"

33. 向孩儿讨教听劲

女儿出生一个星期后，我开始跟蔡光圻老师学推手。于是也常常会在与女儿的玩耍中，去感悟粘黏的道理。

与孩子玩耍时，用手心轻轻敷住小手，小手动，大手便跟，大手得随小手的动而动。小手不动，大手得逗小手动，动急则急随，动缓则随缓。大手不得脱离小手，也不得弄疼小孩。大手敷小手，其实练的是脑子的功夫。必须心存吝惜，心细如丝，听劲也自然提高了。

34. 欣赏别人打拳

学会欣赏别人打拳，有两层含义。其一是对别人的尊重。尊重别人也就尊重自己。不管别人拳打得如何，一有机会，你应静静地看完他的行功走架。由此也能结交各派拳友。其二，看别人的优点，也看别人的缺点。陈、杨、孙、武、吴、赵堡诸派拳艺，皆有优点；少林、武当、八卦、形意、南拳各派，皆有特点。相对具体习练者而言，人人皆有优点，人人也难免有欠缺。学会优缺点一同欣赏法，会提高你的识见，提高你的听劲。“外行看热闹，内行看门道”。理故在此。

做到这两点，先得抛弃囿于本家拳艺的有色眼镜。之后静下心来，看看别人的行功走架，米字架的三个平面，在一招一式之间，是否协调一致。这是“外三合”的功夫了。再看看别人“丰”字狼毫这根中轴是否散乱，虚拟的中轴是粗或细，还是顶天立地的伸拉舒展。再者，看他一招一式间，气血与劲路的生息转化是否自然、安舒。吴修龄《手臂录》谓：“钟王之手，亲纸以成字者，毫端也，为毳为絭为胶为管，皆所以成此者也。”（图9）“丰”字狼毫在招式之

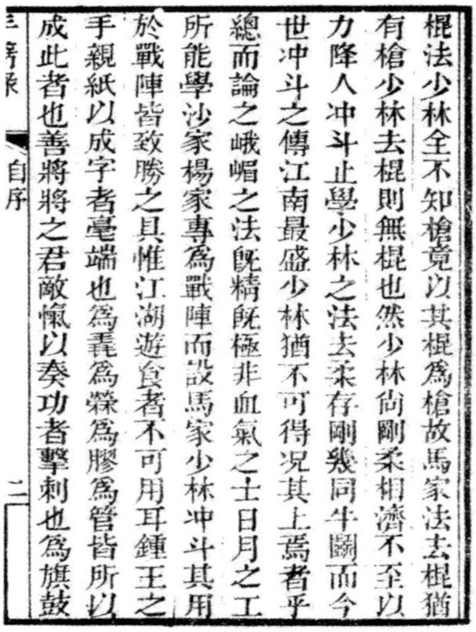
棍法少林全不知槍竟以其棍爲槍故馬家法去棍猶
有槍少林去棍則無棍也然少林尚剛柔相濟不至以
力降人冲斗止學少林之法去柔存剛幾同牛鬬而今
世冲斗之傳江南最盛少林猶不可得況其上焉者乎
總而論之峨嵋之法既精既極非血氣之士日月之工
所能學沙家楊家專爲戰陣而設馬家少林冲斗其用
於戰陣皆致勝之具惟江湖遊食者不可用耳鍾王之
手親紙以成字者毫端也爲毳爲縈爲膠爲管皆所以
成此者也善將將之君敵愾以奏功者擊刺也爲旗鼓

手臂录 自序 二

图9 指海本吴殳《手臂录》自序

间，诚“亲纸以成字者”也。最后，看他是否神内敛、意外扬。《吴越春秋》越女论剑所谓“布形候气，与神俱往”（图10），道尽手战之道最高层面的要义。

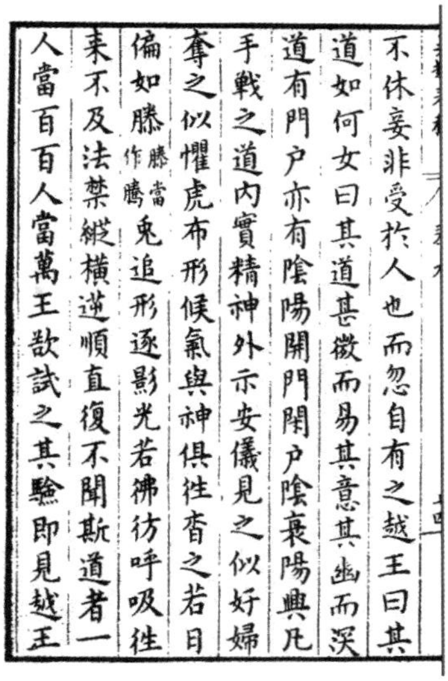

不休妾非受於人也而忽自有之越王曰其
道如何女曰其道甚微而易其意甚幽而深
道有門戶亦有陰陽開門閉戶陰衰陽興凡
手戰之道內實精神外示安儀見之似好婦
奪之似懼虎布形候氣與神俱往杳之若日
偏如滕滕當作騰兔追形逐影光若彿彷呼吸往
來不及法禁縱橫逆順直復不聞斯道者一
人當百百人當萬王欲試之其驗即見越王

图10　四部丛刊《吴越春秋》之勾践阴谋外传第九

35. 神分阴阳

精，属阳，气，属阴，而统率精、气的“神”，也分阴阳。

属阳的神，是意气奋发的。若见高人，随意站定，他的意气便张扬四周，似乎周身皆属他的领地，所谓“气压天风吞海雨”，使得旁人无法近身，这便是属阳的神。武禹襄《太极四字不传秘诀》“敷、盖、对、吞”，得神之阳。

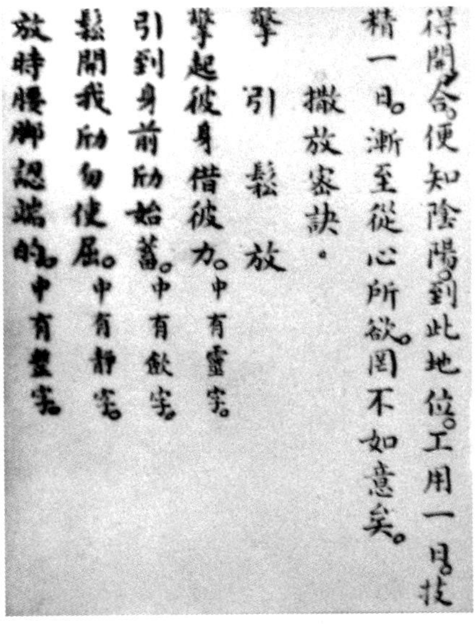

得開合便知陰陽。到此地位。工用一日技
精一日。漸至從心所欲。罔不如意矣。
撒放密訣.
擎　引　鬆　放
擎起彼身借彼力。中有靈字
引到身前勁始蓄。中有斂字
鬆開我勁勿使屈。中有靜字
放時腰腳認端的。中有整字

图11　老三本“郝和藏本”之撒放秘诀

属阴的神，是内敛入骨的。是神情内敛、眼神内聚的神。见高人行功走架，所谓“若轩辕古圣，端冕垂裳，如昆刀刻玉，但见浑美”。所谓“端凝拙朴的古佛之容，敧正收放的自然之态”，指的便是这种属阴的神。李亦畬《撒放秘诀》中的“灵、敛、静、整”，得神之阴。（图11）

“敛神听细雨，满身轻灵意”，何等境地！！

36. 大块文章

　　早些年游历黄山，过鳌鱼峰，黄山胜景，美不胜收，妙不可言，幽不能笔，雄无可比，奇不能状之时，刹那间眼前一亮，见一摩崖巨石，上书邹鲁先生"大块文章"四个苍劲大字，我由衷快感，一并喷发。（图12）

图12　邹鲁先生题刻于鳌鱼峰之摩崖石刻"大块文章"

　　"天地者，万物之逆旅。光阴者，百代之过客。""阳春召我以烟景，大块假我以文章。"浮生若寄，为欢如斯耳！

　　而同为天下美景，桂林就少了这份况味。初到桂林，心中为之一惊。半小时过后，眼睛开始出现审美疲倦。厌了！腻了！像是民国期间，南京中央电台的女播音员的语调，同样的频率，同样的语速，不分句读、不分情绪地念读文章。

　　走遍了名山大川，开始感悟，太极拳何尝不像黄山一般的"大块文章"呢?

欣赏高手行拳走架，就如同登游黄山，欣赏"大块文章"！文章有段落，太极拳也同样如此。文章有句读，太极拳也复有句读。文章有情有景，行拳走架何尝不是如此！文章气势磅礴，太极拳亦如浩浩长江。文章有问有答，行拳走架也应与天地、白云、花草相呼相应……

初学太极拳，老师要求"绵绵不断""一气呵成"，其实，这是对小学生作文的要求。练拳三五年后，就应该开始注意文章的段落、句读、层次、意境……倘若，依然像小学生一般的"绵绵不断""一气呵成"，那么，整套拳架，其实只是一个动作，像是讲一句没有句读、谁也听不懂的长句子，而不是一个完整的故事。

杨澄甫老师之后的杨式太极拳，分作三节，以十字手作为段落的划分。就像文章有三个段落。每一段落，均是另起一行，空两格行文。行拳走架也复如此。每一段落结束，神情必须有一个交代，不能"绵绵不断""一气呵成"下去。神情向谁交代？向天地、白云、花草交代。你应该舒展你的意气，再开始你的第二段行文。

每一段落，有十几句乃至几十句话组成。每一句话的结束要么是句号，要么是问号，要么是感叹号。太极拳的每一节中，也有不同的招式组成。每一招式的结束，你的神情必须有一个交代。劲路略作停顿，意念无限放长。每一个意念都能表达你对拳的理解。

一句完整的话，有时有几个逗号，也不能"一气呵成"。行拳走架也同样如此。太极拳中的每一式中，有几动或十几动。每一动之间，劲须"折叠"，意须"顾盼"。所谓有上必有下、有左必有右。左顾听右，右盼思左。

如此行拳走架，就觉得太极拳实在太难。行拳二十来年，没有一遍是我满意的拳架。正像我的文章，写了之后，不再有看的勇气。

我想，太极拳的魅力或许也在于此吧。文章千古事，太极拳何尝不是如此？！

37. 顾盼有序

顾盼二字理解容易，体悟实难。早年见何基洪老师行拳，动则如灵猫捕鼠，印象之深，而始终不得要领。黄山回来，我发现拳中一切灵机，全在"顾盼"二字。

顾盼在上下相随、左右折叠、前进后退间，顾盼在每一动的转换间，顾盼在每一式的变化间，顾盼在动静之间，顾盼在劲断意连间。

有顾盼，拳始有灵性；有顾盼，拳便生发气势。

顾盼二字，虽只是对眼神的描述，其实全在耳朵与眼睛的相互转化之间。何基洪老师说，每见行拳数十年，不知耳朵在拳中的妙用者，难以登堂入室。苦口婆心矣。

38. 鼓荡无常

鼓，春分之音，万物郭皮甲而出，故谓之鼓。《周礼·鼓人》中载："以金镯和鼓，以金镯节鼓，以金铙止鼓，以金铎通鼓。"

盪、荡两字，简化为荡。盪：上汤下皿，从皿汤声，如水在器皿上煮沸的状态。《广韵》训"摇动貌"，《史记·乐书》谓："音乐者，所以动荡血脉也。"荡：艹部汤音。《礼·月令》云，"仲冬诸生荡"，荡，谓物动萌芽也。鼓荡的荡，显然是上汤下皿的荡。像是平静的水面，在某种作用力之下，产生向四周、上下翻腾、荡漾的状态。

武禹襄《打手要言·又曰》："气宜鼓荡，神宜内敛。无使有缺陷处，无使有凹凸处，无使有断续处。"鼓荡两字用来解释太极拳理，十分形象，而误解亦多。

鼓是击打，荡是声的传播。鼓是投石于水面，荡是水面泛起的涟漪。鼓是器皿加热，荡是水的沸腾。鼓是因，荡是果。得矣。

行拳走架，鼓是敛，是整，是合，是凝；荡是通，是空，是散，是透。鼓荡是身躯前移后荡、阴阳生息变幻的结果。鼓荡无常，拳意气象万千。

了明鼓荡，始知吞吐。海纳百川，才能气吞山河。

39. 圈内圈外

苏轼《题西林壁》诗："横看成岭侧成峰，远近高低各不同。不识庐山真面目，只缘身在此山中。"几乎成了庐山旅游业的广告词。（图13）

东坡诗，一改东坡词的豪放，而以理趣见长。这或许就是中国文人品性的双重特征。诗言志，词则抒风花雪月。古代文人，在他们的诗词之中，出圈入圈，把玩着太极。

图13　庐山西林寺民国老照片

庐山可以做如是观，因为庐山是置身其内的玩法。而黄山则不同。登临黄山，不但有小天下的感觉，所谓"岱宗逊色"，而且顿生无我忘我的境界。所谓"超乎象外"。

没有了"我"，何来"横看成岭侧成峰"的"看"，何来"不识庐山真面目"的"识"呢？黄山归来，不只是"黄山归来不看岳"，而是"登黄山，天下无山"。清风朗月，尽得造物之无尽藏也。

究其原因，黄山不是看的，也不是识的，黄山是让人"仙"了一把，过足了梦境、仙境的瘾！置身于光明顶，我常疑惑："我是谁。谁又是二水居士？"

这便是黄山！

早年学太极拳，常用理性去穷究太极为何物，太极做何解？也常幻想有朝一日，己身成为一个"至大无外，至小无内"的太极球体。后来发现，自己一直是在瞎子摸象，扪烛揣龠（yuè），不得要领。"只缘身在此山中"矣！

在黄山，观何基洪老师行拳，发现太极其实是蕴于内而形于外的。执着于己身求太极，呆板无所得，置身于外寻太极，更是缘木求鱼。己身之内、己身之外实无太极可寻，惟有"得乎象中，超乎象外"而已。

记得儿时把玩滚铁圈，一杆铁钩黏着一个大铁圈，可以前行，可以后退，可以左传，可以右旋。熟练者得心应手，圈人合一，不知圈随人转抑或人随圈移。初学者或执着于圈或执着于杆或执着于己身，终究圈是圈，人是人。即便人仰圈翻，也无法滚动铁圈。

人圈合一，而意超圈外，是把玩铁圈的诀窍。铁杆是手臂的延伸，着手轻灵，步随圈移，铁杆与铁圈成流离状，这是玩铁圈的基本功。

把玩铁圈如斯，把玩太极拳也如斯！把玩太极，懂得圈内圈外的道理，也许是黄山给予我的灵感了。

40. 情景与气氛

闲来重读陈从周先生《说园》,悟得"风花雪月,客观存在,构园者能招之即来,听我驱使,则境界自出"一句,方知自己丢失了拳架之外的"风花雪月"。

行拳盘架要有情有景。拳架之中,"情景"二字,绝非行拳之人的刻意作秀,而是拳至妙境的自然流露。身心中正安舒了,神清意爽了,气韵自然生动,情景自然呈现出来。

早年,我常探究"太极味"为何物,就像我常探究"何为诗意"一般。诗与散文的区别,绝对不是语句的排列以及是否压韵。散文像是闲庭信步,诗则是梦中即景。太极拳有别于他拳,自然在于这种雅致的情景。

这份情景,一旦与人推手,出现的是另一种景象。那便是拳架常说的"气氛"。气氛是指由己身散发的能够调动周遭氛围的一种略带神秘色彩的无形物质。一份雅致的情景,流露出生动活泼的气韵,自然能生发出调动对手,影响周遭的气氛来。所谓"打人如亲嘴""太极拳是讨打的拳"云云,我想这就是受气氛感染所致。

拳家说"抽空了你的气",事实上就是他的气氛影响了对手,而对手也便随之左右,像是稻草人一般。

气氛由情景而生。情景由气氛而活。

情景所致,周遭天地、草木皆有灵性,一招一式均与之有交流。陈从周先生在其构园原则中称之为"借景",在太极推手之中就是"借力"。借力不但是借对手的劲力,重要的是巧借天地草木之情景。"风花雪月……听我驱使,则境界自出。"信矣。

41. 长江黄河

叶大密老师讲拳，常常长江黄河诸喻答之。迷者云里雾里，不知所云，悟者会心开怀，颇富禅机。

太极拳如长江黄河者，视角不同，景致各异。

置身于空中，俯瞰长江黄河，长练挂空，吴风当带。身临绝顶，临顶远眺，川流不息，周而复始。近身悬岸，贴岸观之，如置身长江黄河波浪间，惊涛拍岸，汹涌澎湃也。

42. 解纽扣

金仁霖老师讲拳很有特点。他在讲解含胸拔背时，往往让你的手去触摸他含胸与不含胸的不同感觉，而后再讲解老一辈拳师对有关含胸的论述。谈到尽兴处，他会讲述一些老一辈名家的掌故。他说，含胸要求有"掏心掏肺"的感觉。按田兆麟老师的说法是"将胸腔肋骨掏空"，郝少如老师说得文明一些，说是将衬衣第二、三两粒纽扣解开。

二水触摸了金仁霖老师的含胸之后，觉得含胸一说，其实在于两肩里根的打开，而心中有"释怀"之感。这种"释怀"的感觉，来自一种压抑后的放松，如有将纽扣解开的舒畅。

解第三扣简单，解第二扣却难。解开了第二扣，胸无挂碍矣。

43. 荷叶承露

金仁霖老师讲拳，谈到"轻灵"，引用叶大密师《柔克斋太极传心录·语录》："太极轻灵，如荷叶承露，有倾即泻。"二水茅塞顿开。二水以为此句较之"水银泻地，无孔不入"，其境界也高，其意境也远，不可同日而语。

此般境界的论述，大凡与叶大密师高超的医术密不可分。李时珍《濒湖脉学》有云："滑脉往来前却，流利展转，替替然如珠之应指，漉漉如欲脱。""替替然""漉漉如"等句比之于太极拳听劲，何其生动！徐灵胎《洄溪脉学》更是将这一理论发挥得淋漓尽致："滑脉应指替替然，往来之势流利圆活，如盘中走珠，如荷叶承露。"叶师将原本喻诸脉学的"荷叶承露"，用以描述太极拳的流利圆活，何等灵机！

就脉象的借喻，足以阐发太极拳的听劲，概之轻灵，尚嫌不及。荷叶一说，二水以为应与佛道切切相关。

浮邱祖云："玄中之静，作如是观……静之入路，玄之奥区。莲花出水，亭亭承露。团圆一珠，凝于花跗（fū）。碎而破之，成无数珠。露之初零，点滴颗珠。岂知剖碎，滴滴成珠。荷华初著，含而不舒。荷叶抛散，不沾而须。唯不沾故，灵著成珠。静之妙相，玄之要枢。言难罕譬，略泄天机。"

此章阐发玄中虚静之旨，以"莲花出水，亭亭承露"为喻，层层剖析，理得以穷矣。叶师修密经年，自然对"玄中之静"深有感悟，借"莲花承露"以宣太极拳轻灵妙相，"有倾即泻"，泻毕复原，不离虚静，不住虚静，分合无碍，妙无以加哉！

44. 《虚实开合图》一得

此图的胸部是俯视截面图（图14、图15）。

从此图看来，古人对于含胸，要求极高。郝少如先生所谓"将胸扒开"，金仁霖老师说："究其实，胸背之理，内胎贴外胎也。"其理一也。

当年唐豪先生极力反对含胸说，以为：含胸后，胸腔受压，肺活量减少，不利于身体健康。二水以为，此为唐豪露底之言。足以说明，唐豪其人，不懂内家拳。吴文翰先生虽注意了含胸截面图旁的运动两字，但也没有准确把握此中精髓。太极拳在注重"先在身，后在手"的运动过程中，其实是靠"运动"胸腔，来带动手的传动。胸腔的运动，犹如反复不停的人工呼吸，不但增加了肺活量，而且在实战中，才能真正做到"守身如处子"。

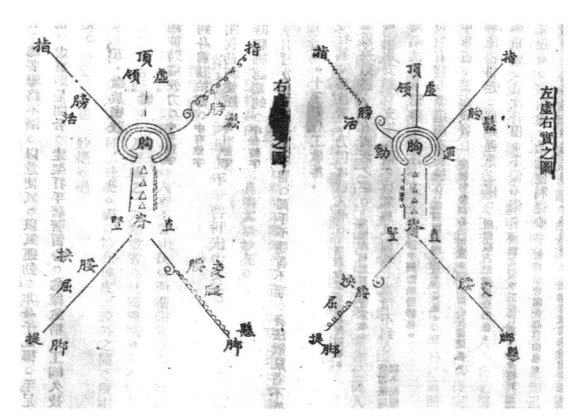

图14 老三本"启轩藏本"之论虚实开合

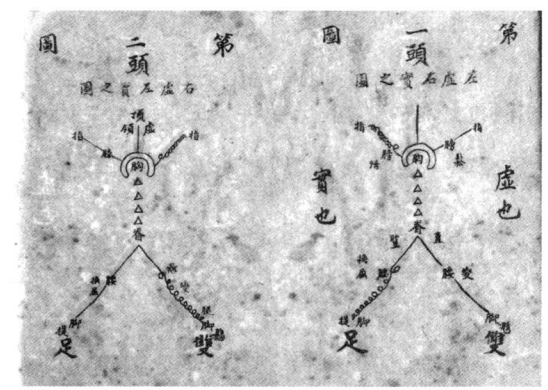

图15 民国二十二年十二月一日初版彭广义《太极拳详解》之虚实开合论附图

平时在训练含胸时，必须注意开胯。真正含胸的感觉，类似在菜场里剖开昂刺鱼（黄颡鱼），熟练的人，两指掐在鱼腮处，另一手一把将鱼胸带肚子一起撕掉。

45. 太极拳的"榫头"

将太极拳譬之为高耸入云的摩天大厦，那么，我们必须扎扎实实地做好地基的施工。将太极拳譬之为一辆高级轿车，那么我们必须注重车身中基础的动力系统和传动系统。将太极拳譬之为中国古典的木结构房子，那么我们必须架构好梁与柱。万丈高楼平地起，太极拳也必须从基本的架子盘起。

正像古人造房子，我们在盘架子时，身上几大节（有说三大节、九大节或十二节等，其实所有关节之处均可节节拔松分开，脚趾手指之处何其重要）便是柱与梁。古人不用铁钉，梁柱之间的连接，全凭榫头。入榫与否，关系着结构的牢固。显而易见，在太极拳盘架时，身上几大节的连接也全凭"榫头"的作用。这些"榫头"是否"入榫"关系着劲路是否到位，也自然关联我们的太极大厦能否"高耸入云"！

榫头有大有小。梁柱之间便是大榫。这些大榫一旦脱榫，房屋顷刻间倒塌。其他小榫一旦脱榫，房屋结构也会不完整。在太极拳盘架中，大榫倘若不"入榫"，身形散乱，上下无法相随，左右不能相连，身体也自然无法完整一气。身形散乱，意气如何呼之欲出呢？倘若小榫头没有入榫，劲路不畅通，意气也无法敷布四周。

一己之中，四大榫头，关联房屋的架构。这四大榫头，一有"脱榫"或"松动"，太极的房屋便会倒塌。那便是两肩、两胯的里根。

四大榫的"入榫"与否，可以通过"喂劲"来检验。

胯里根入榫的标准是"松腰落胯"。腰宜松塌，胯便找着了固有位置。胯一旦"入榫"，感觉上有游子回家的意味。无须拧动膝盖，中轴自会灵动，进退得便。"喂劲"的方法是，在盘架时任何的进退开步动作中，一人用力按住后，看能否进退自如。同时，胯一旦入榫了，腰才能进入松的状态，丹田气才能不鼓而盈，意气才能不动而动，灵机才得以自由地弥漫开来。

肩里根入榫的标准是"开肩沉肘"。肩开了，肩与胸大肌之间的肌腱才能真正进入松的状态。胸腔才得以了无挂碍。别人要什么，才能给他什么。佛说："无挂碍故无恐怖。"一席空衣者，才能两袖清风。检验肩里根是否入榫，其实很简单，自己任何一个动作里，开肩后，用另一只手摸摸肩与胸大肌之间的肌腱，看看是否做到了像一滩泥，摸不到肌肉也摸不到骨架，能够将你摸的那只手陷于其间不肯自拔时，肩里根真正地入榫了。

46. 凉台捞物与听筒探胸

武林门晨练，陶长林老师与其学生吴金豪讲拳，两人以杭州话对答，语多俚俗，而拳理颇多发微处。吴问搂膝拗步意，陶曰：如凉台捞物。吴问含胸拔背意，陶答：如听筒探胸。

二水按：衣挂诸物落于凉台之外，楼层殊高，虽隔有护栏，探手取之，心存恐惧，身自有回缩意。此说与老拳论"如临深渊"句，一俚一文，一俗一雅，而理一贯焉。练拳如此，大凡得其真意矣。求医问病，医生取听筒入内衣，病者受听筒冷激，胸口自然收束，此是含胸。能含胸，自能拔背矣。二水讲拳，有问含胸拔背，答曰：狭巷过客，贴壁避让状。两喻可相发明。

47. 手舞足蹈

太极拳在每一阶段都会犯不同的"病"。只有逐渐治愈了这些"病"，太极才可以"出门"。手舞足蹈就是常见的太极病。

初学太极拳，照样画瓢，常常感觉手不是手、脚不是脚。手足无措也。勉强学会了，手只是手，脚只是脚。手足分离也。太极拳要求腰带四肢，一动无有不动。意思是，太极拳是以人的中轴线为轴心，带动手脚的整体运动。所以，手舞足蹈的结果，便会将太极拳演变为太极操。

检验自己是否犯有此病的方法：其一，原地不开步打拳。在原地不开步的情况下，能将一套拳顺利打下来了，说明你的脚上没有这个毛病了。其二，开步不动手打拳。将手保持无极桩姿势，用脚能将一套拳顺利打下来了，说明你的手上没有了这个毛病。其三，不动手、不动脚，用意念将一套拳顺利想一遍，说明你的整体没有了这个毛病。

治疗方法：多走猫步，多诸式单练拳架。

48. 前俯后仰

纠正了手舞足蹈的"病"之后，练拳时，丹田开始充盈，周身开始一家，逐渐也学会以腰胯带动四肢的运动方法了。这时，许多人会犯另一种"病"，那便是"前俯后仰"。田本《杨氏太极拳老谱·懂劲先后论》所谓"未懂劲之先，易犯顶匾丢抗之病，既懂之后，又恐犯断接俯仰之病"者也。

原因是，刚刚学会腰带四肢的人，腰胯与整个身体是连成一体的，腰胯一动，他的整个胸背部也随之运动起来。加上这一阶段的习拳者，开始品味太极拳中绵绵不断的内涵了，打拳的自我感觉也好了起来。时间一长，他的胸背部幅度越来越大，而他自己常常陶醉其中，自以为得到了太极拳的精髓。拳论所谓的过犹不及，讲的就是这种现象。

纠正的方法：一是，像提线木偶人一般演拳法。用意念将自己模仿成一只木偶，头上、手上、脚上、身体腰胯部位均有几个绳子吊拉着，腰胯部位一发动，其他部位像木偶般跟着运动。宁拙勿巧，保证身体胸背部位的中正安舒。二是，重新回到老师身边，把自己当成一个初学者，从头开始学拳。就像日本南院法师要求某修禅者一样，将自己脑子的"杯子"倒空，重新装进禅理。三是，每一式单练动作，让拳友均力按住你的双手，看看能否顺利地行拳走架。

纠正了"前俯后仰"的太极病之后，你便真正学会了什么叫"含胸拔背"，你的中丹田也开始运转起来了。

49. 顾此失彼

顾此失彼的毛病，常常发生在太极拳的中级阶段。那时，习练者的太极拳架已经中正安舒了，下丹田的劲路也顺畅了，中丹田的气血也开始能够沉降了。劲路也由紧变松，架子也开始舒展开来。外人看他打拳，能够感觉得到他的一些神韵来。

一般的人，逐渐开始独立行功走架，脱离老师，所谓"功夫无息法自修"，很多拳友开始走入"路漫漫其修远"的"法自修"之路。

这时，倘若没有人及时提醒他"顾此失彼"的毛病，可能他的太极修为，就此停顿下来。许多习练太极拳的，"十年不出门"，或者几十年也没有多少修为，原因就在于此。许多大师级的太极拳师，也会犯同样的毛病，而他们自己往往觉察不到。

许多习练太极拳的人，不敢与其他门派的人交手，多半是因为他的推手只能在同门内进行，一旦离开太极推手的规则，便无所适从。

自己觉察不到顾此失彼的原因，是因为，这种病不是形体上的毛病。中正安舒了，形体上还会有病吗？！

毛病出在习练者的"意念"上。

因为在这一阶段之前，他们过多地注意了自己的劲路与气血，过多地注意了自己的身体语言，相对忽视了意念。

从来不知道"耳朵"在打拳中作用的人，就有这种太极病。

知道了病因，也就能够对症下药了。

耳朵与眼睛在行功走架中的作用很重要。原则上有以下几点分工：

一是，眼观六路、耳听八方。

眼，观静态的上下左右四面与运动过程中的"顾盼"。

耳，听上述六路外，更重要的是背后命门、神道两处的圆润饱满。

二是，耳朵与眼睛配合运动中的手足"交替轮班"。

三是，耳朵敛内，眼睛含外。仙道所谓"内视反听"。反听之谓聪，内视之谓明，自胜之谓强。

学会了眼睛与耳朵的作用，太极拳的修为自然上了一个层次。

50. 神不守舍

学会耳朵在行功走架中的运用，其实不算太难。眼睛的运用，确实是一件头疼的事。

太极高手听劲，其实是听你的眼神。你的眼神过了，对手便会乘机打你的回劲。你的眼神丢了，对手便会敷盖你的劲源。你的眼神正了，对手会顾盼，你的眼神斜了，对手便能腾挪闪赚。之所以你的眼神常被对手所制，原因是，你在拳架中，眼神的运用没有掌握好！这种太极之病，姑且称之为"神不守舍"。

翻开任何一本太极拳书籍，对耳朵在拳架中的功用，只字不提。对眼神在拳架中的运用，无非有两种观点：其一，眼随手移；其二，手随眼转。

其实，眼随手移的结果，会造成眼神的"丢"；手随眼转的结果，会造成眼神的"过"。大多太极拳师只讲劲路上的不丢不顶、不即不离，其实，眼神上的不丢不顶、不即不离更为重要！因为劲路上的丢顶，可以用眼神来补救，而眼神上的丢顶，是无法弥补的。

田本《杨家传抄老拳谱》云"劲断意不断，意断神可接"，眼神的过或不及就是意念的丢与顶，很难补救了。

行功走架时，内敛眼神（眼睛内视至脑后），意念想象自己脑后对应眼球的两点仿佛能够看见东西，然后，将"脑后眼睛"的视线，沿自己的两个耳廓方向朝前面笼罩。余光管住自己的手指与脚尖。脸部肌肉放松，略带微笑，之后，虚灵顶劲，如"神龟出水"状，俗语"头顶三尺有神明"，仙道所谓头顶出元神者也。

1."经注合一"的文本

叶大密老师,师承剑仙李景林。拳术上先后又承田兆麟、杨澄甫、杨少侯、孙禄堂、孙存周诸位名家。他能兼得诸家之长,复从武当对剑中翻出新声,以剑入拳,别具风韵。他演示的太极拳,时人称之为"叶家太极拳"。诚如金老师所言,叶家太极拳,"是在原杨家太极拳大架基础上,于原架子极大多数式势之上下衔接处,求其极自然地介入了原杨家中、小架子,并孙家、吴家、陈家等诸家太极拳架中,拳技作用肯定而清彻之动作,以及八卦掌中之斜开掌转身法、武当对剑中之反臂(倒捶)捷用法等,用以帮助学员对原来杨家大架太极拳之所以姿势洒脱、气势磅礴加深认识,换言之,迺是一种实作注解法"。

严格意义上说,叶大密老师传授的间架,是一种教学架。叶大密老师从1926年开始就在上海开设武当太极拳社,他的教拳经验十分丰富。他发现,很多学生在学练杨澄甫老师的架子时,一些要点难以掌握,就像很多学生学习古汉语一样。杨澄甫老师的架子,就像是四书五经。所以,叶老师就开始做逐字注解的工作。叶老师将杨式中架、小架、孙式、吴式、陈式中一些技击含义明确的动作,用来解释杨澄甫老师的大架子。所以,叶派的拳架就成了既有杨老师的原本"经文",又有其他武术来"注解"的白话解释。等于说,这是一套"经注合一"的文本。

2. 拳架只是指月之手

市井素有大架、中架、小架之争。时俗以为大架善健身,小架主技击,而中架则兼而有之,由此也显得神秘莫测。其实这一论争，就像是成长期综合征一样，不可避免地伴随着每一习拳者在其拳龄成长期中的某段岁月。20世纪初期，北京体育研究社的学员也分成了意见截然不同的两派：一派以为大架是长功夫的架子，另一派以为小架具有技击作用。两派矛盾最后直指大架的代表人物杨澄甫老师与小架的另一名师。当时的北京太极拳界，没有式派之争，大架、小架、中架，都是杨家三代人所传授的架子。因为少了门派之争，什么问题就显得简单化了。所以，后来由许禹生出面，请两位老师手谈一次，最后由赢家这一风格的架子，来作为北京体育研究社统一推广传授的拳架。手谈之前，杨澄甫老师还附加了一个条件：输者须跟从赢者改拳，日后不得再练原先架子。

有兴趣研究拳史的人，不妨去仔细阅读许禹生先生编著的《太极拳势图解》（图16），不妨将书中采用的拳势绘图与陈微明先生编著的《太极拳术》中杨澄甫老师的中年拳架一一对照（图17）。结果显而易见：许禹生为北京体育研究社编著的这本太极拳推广教材，最终是以杨澄甫老师的拳势作为推广范例的。

图16　1921年12月初版许禹生著《太极拳势图解》

图17　1925年夏陈微明编著《太极拳术》

　　整个事件，少侯先生看在眼里，他知道自己的弟弟虽然赢了，但是要求另一名师一辈子不练小架，明显有恶搞的成分。但是那位拳师却信守诺言，之后真的一辈子不再练他原先的小架了，而是跟着杨澄甫老师亦步亦趋，练成了大架子。若干年之后，少侯先生又将小架太极拳重新传回给了该名家的后人。这是后话。

　　其实，杨家三代在传授太极拳过程中，已经形成了科学的教学体系。"田本"杨家老拳谱云："由下乘长拳四手起，大开大展，练至紧凑屈伸自由之功，则入上中乘之境矣！"先求舒展，后至紧凑，这是杨家老辈拳家教拳时的共识。那么，让一业已成名的拳家，放弃他的小架，改学大架，显然是带有意气纷争。

　　二水赘述这段往事，不为宣泄陈年意气。只是想传达一种观念。二水以为，不管是大架、中架还是小架，也不管是新架、老架，还是其他架子，拳架，只是指月之手。《楞严经》云："如人以手，指月示人。彼人因指，当应看月。若复观指以为月体，此人岂唯亡失月轮，亦亡其指。"每一位太极拳习练者，在天心月圆之前，或许心存阴霾，须得明师指月相示。无论指月之手，是大拇指、食指、中指，还是无名指、小指，我们不能死盯着这根手指，而错失皓月当空。"每年练一万遍拳，二十年不懈"云云，在二水看来，倘若心无昭朗，亦徒亡失月轮之举。

3. 懒扎衣一说

与人推手，首先要虚怀守中，敛神扬意。太极拳起势后第一式叫"揽雀尾"，陈式沿用戚南塘拳经，称"懒扎衣"。戚南塘拳经的"懒扎衣"只有一动，即左手将自己的长衫下摆撩至背后，右手同时随腰胯由左向右前方伸出，作"请"状。"懒扎衣出门架子变"，是标准经典的实战预备式。

其一，在撩长衫下摆的同时，虚灵顶劲，精神领足，而胸腹掏空，随时有"请君入瓮"状。右手作"请"时，虚怀沉气，直入涌泉。神情内敛，邀对手上场，而意气外扬，业已管住对手中心轴线了。可惜这一式势，在目前流传下来的各门太极拳中已不复存在了。推手时必须时时贯穿太极拳守中要义：守中、用中、打中。守中，目的是守住自己的中轴，虚藏起来，不让对手摸碰。用中，用手轻扶对手时，听其劲的来龙去脉，然后用自身的中心轴去击打对手。打中，则是指用自身中轴的劲，贯穿对手的中心轴，通过对手的指腕肘肩，打击对手。可见，与人推手，首要的是将自己的中心轴固守起来，虚藏起来，而将对手的中心轴牢牢地管住。

其二，听着对手中轴线时，可以通过进退顾盼四劲去"欺一欺""问一问"，听听对手的反应。一问一答、一欺一化，其乐无穷。

其三，拔一拔、沉一沉，看看对手三田能否合一。

其四，管一管对手劲路，管一管对手气血，不让对手劲路上升，不让对手气血下沉。

其五，没骨听劲。送给对手一只手，任凭对手提拿自己的劲路，将其一一化却。

其六，拎一拎、称一称。发现对手听不到你的劲路变化时，你可以拎住对手，将意念直贯对手脚跟，看看能否像拎篮子一样将对手拎起。如同杆秤称物，拎住秤钮，将重物称起。

其七，跳跳太极之舞。当你能化却对手一切来劲时，你可以将意念管住对手背后一米周身，舒展你的进退顾盼定，跳跳太极的华尔兹，这更能提高自身的精、气、神。

4. 有关云手

云手，又称运手、抎手、金剪手、梅花手等，是中国传统武术中攻守皆备的常用招数。上架下护、上惊下取、左顾右盼、右进左闪、前行后随、后撤前范，堪称经典。在查拳、小洪拳中，更是注重剪字与缠字，具有守中带拿的用法。

杨式太极拳的云手，看似简单平实，动作要求在于左搬右运，庄重典雅，沉着练达。不得要领者，只重其形，手随步移、眼从手转，形似摸鬼，了无生趣。倘若右运时能有左顾，左搬时也能右盼，上架有下护意，上惊寓下取意。如此含蓄中方见端倪，云岫出始见洞天。

叶大密老师深得杨式太极拳云手要旨，将这层内功心要的窗纸一指点破，又将这层意义发挥至极致。像是书法大家沈伊默的隶书，一波三折，在折叠中见真章。

叶老师晚年的拳架里，三个云手各有千秋，侧重也各有不同。二水在习练过程中，每每有所思，亦似有所得，可是每每执笔，犹如隔靴搔痒。

第一个云手，是中轴带动阴阳手的交替运行，一掤一擓，一截一切一穿掌；一铺一陈，一挥一撤一剪裁。与通常的左搬右运，大相异趣。犹如玉女裁衣，"裁得云霓作嫁衣"，剪裁出翻云覆雨的意味。

第二个云手，只是在第一个云手基础上，稍有变化。早年叶老师回乡，徜徉在雁荡山，见云岫舒卷于洞天之间，颇多心得。于是在第一个云手一掤一擓，一截一切之后，中轴顺势转动四十五度，劲路如云岫穿岩。拳势亦多一个反复，多一个折叠。

第三个云手，改云手为云捶，中轴带动阴阳两个"空心拳"，交替运行。单捶、劈身、双捶，双捶的变化，如翻动筋斗，又名"筋斗捶"。一拽一扯，一鼓一捣，一提一放，犹如玉兔捣药，"捣得玉琼为良药"，"捣"字之中见"鼓荡"。

5. 中四平、高四平与井栏四平

戚南塘《纪效新书》（十八卷本）卷第十四《拳经捷要》云："择其拳之善者三十二势，势势相承，遇敌制胜，变化无穷，微妙莫测，窈焉冥焉。"

南塘驰骋沙场，胸次高朗，识见深邃，超拔时流。三十二势拳经，显然是戚南塘阅尽"满片花草"，去芜存精，择其拳之善者的结晶。而这势势相承的三十二势拳势中，四平势前后凡三见：中四平、高四平、井栏四平。四平势之要意，由此得知。

"中四平势实推固，硬攻进快腿难来，双手逼他单手，短打以熟为乖。"此拳势重在全身间架结构的搭建。下盘的稳固、中轴的信守、双手的活便，周身一家。即便对手"硬攻"抑或"进快"，即便对手"手逼"疑惑"腿来"，完整的间架结构，便能产生超于寻常的承载力。此拳势类似体用合一的三体式，更像是太极拳的整劲训练。此式，不但全身完整一气，内外也自合成一家。何其重要！

"高四平身法活变，左右短出入如飞，逼敌人手足无措，恁我便脚踢拳捶"。此势在戚南塘图势中，虽与中四平只变换了一个方向，左右手脚相换，实际上的差异在于身法的调整。中四平重在下丹田的训练，高四平重在上丹田的训练。由中四平的前后脚的撑，改为高四平的肩胯里根的开。立身中正安舒，支撑八面矣！此势类似太极拳中的中定劲训练。悟透中定，才能领悟十三势要义。理固明矣。

"井栏四平直进，剪臁踢膝当头，滚穿劈靠抹一钩，铁样将军也走"。此势重在四平式的进退变化。类似于披身靠、撇身捶、进步搬拦捶的各种过渡劲路。这些劲路的舒展运用，全赖中四平与高四平的基本训练。

四平式不但攻守皆备，而且在不同的阶段自有不同的体用。戚将军自不诳人矣！

洪均生《陈式太极拳实用拳法》第四章《式名考释动作着法要领说明》之"白鹤亮翅类"一节云："陈式二路原有这个式名为'井拦直入'。各陈式书亦同名。但我对'井拦'二字取义不能理解，按其动作、作用，是直接拦截对手按我右手，我身随势右转进步採按的。可能是字误，所以改名'径拦直入'。'径'是直截了当，毫不迟疑的意思。是否合适，尚待研究。"

二水按：陈式二路"井拦直入"之"井拦"当系"井栏"之误植。"井栏直入"，显然是由戚南塘"井栏四平直进"派衍而来。拳势在传抄过程中，"井栏"误作"井拦"，"直进"误作"直入"，鲁鱼亥豕，在所难免。而从技法含义而论，"井栏直入"，需要挖空自身的胸腹，手脚膝肘的定位构建成"井栏"，胸腹之处，俨然是口深不可测的井，对手触之如临深渊。杨梦祥（少侯）先生云："初学化劲，方向宜斜。上乘功夫，则向自身化之，所谓引进落空是也。或曰'以夫子之道，反制夫子'，即借敌人之力，以打敌人，借敌人之劲，以还制敌人也。"倘若自身尚未挖掘成深不可测的井，就难以体会"上乘功夫，则向自身化之"之深意。而洪先生的"径拦直入"，显然是有"硬攻进快"的意味，顶牛摔抱，应不能免也。一字之差，判若云泥。

6. 穿凿附会的掤劲

掤字，一直困扰着历代太极拳学者。

许禹生的《太极拳势图解》第四章之《推手术八法释名》云："掤，捧也。上承之意。膨也，如蓄气于皮球中，用力按之，则起，膨满不已，令力不得下落也。《诗·郑风》：抑释掤忌。杜预云：箭筒也。又通作冰。《左传·昭二十五年》：执冰而距。注：箭筒，盖可以取饮。又以手扶矢，亦曰掤。太极功，搭手诀内，逆敌之势，承而向上，使敌力不得降者，皆谓之掤。"

之后姚馥春、姜容樵编撰《太极拳讲义》，其第九章之《推手八字诀》也沿袭许说，云："掤，架也。烘托也。《诗》：抑释掤忌。《杜预》：箭筒也。在太极拳中，由下而上掤架敌力，使不得着我，又由下而上烘托敌人之手足，皆掤也。"

台湾张肇平在其《论太极拳之掤》专文中，依然云："掤，读peng，与捧同义。如果对方打来，我因彼力斜而上掤之，使其力复还于身而不得下降。掤时两臂圆撑如弹簧，两肩下肢部似置弹簧球，两臂之掤力似是受此弹簧球支持，如蓄气之皮球，接触彼手，此按彼起，逆彼之势，承而向上，使彼力不得下降。所以掤字从手、从双月，恰似云手的双掤，而接手时双方各出一手相承，又宛如新月两个，说明掤字兼具形声和会意两义。掤古读冰，系指圆形的箭筒盖，《左传·昭公二十五年》注：箭筒盖可以取饮。又读peng，朋音。两月两粘，是友非敌。是以掤字列为八法之首，说明掤法不只是一个式所独有，即所有太极拳八法，甚至太极拳任何之一手都含有掤劲。太极拳出手就掤，其意即在防御，无意与人为敌，这与两朋相交为友，粘而不抗，寓守于攻同其意义。”

二水按，张先生前述除了“掤字从手、从双月，恰似云手的双掤，而接手时双方各出一手相承，又宛如新月两个，说明掤字兼具形声和会意两义”句，纯属望文生义，穿凿附会之外，其他言辞，不过是对许禹生一节文字用白话作了直白的翻译罢了。另，“掤古读冰”，是对的，“读peng，朋音”，自然也是张先生的臆造。

7. 掤劲源出枪棍技法

明戚继光《纪效新书》卷十之《长兵短用说篇》，综合杨家梨花枪、沙家竿子、马家长枪的特点，编着六合之法并二十四势绘录。二合云：“我掤退救护拿你枪，你扎我，我拦下，我摇花枪，乃凤点头。”四合云：“先有白拿枪，掤退枪救护，后有白拦进步，如猫捉鼠救护。闪赚是花枪，名曰铁扫帚”“我白拿进步，上扎你，你拿枪还枪，我掤退救护拿枪。”（图18）

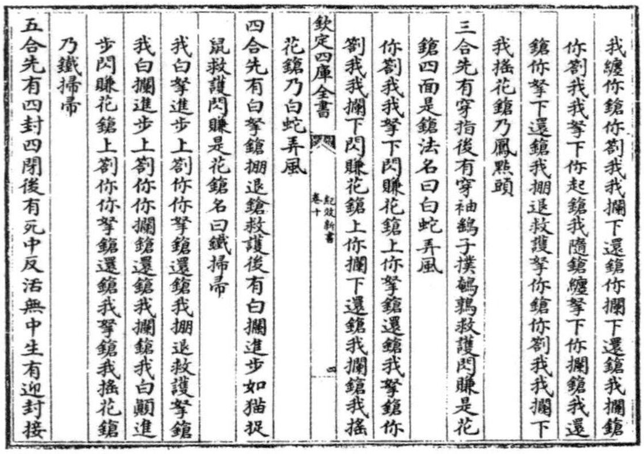
我纏你鎗你劄我我攔下還鎗你攔下還鎗我攔鎗
你劄我我拏下你起鎗我隨鎗纏拏下你攔鎗我還
鎗你拏下還鎗我掤退救護拏你鎗你劄我我攔下
我搖花鎗乃鳳點頭
三合先有穿指後有穿袖鷂子撲鵪鶉救護閃賺是花
鎗四面是鎗法名曰白蛇弄風
你劄我我拏下閃賺花鎗上你拏鎗還鎗我拏鎗你
劄我我攔下閃賺花鎗上你攔下還鎗我攔鎗我搖
欽定四庫全書
紀效新書 卷十
四
花鎗乃白蛇弄風
四合先有白拏鎗掤退鎗救護後有白攔進步如猫捉
鼠救護閃賺是花鎗名曰鐵掃帚
我白拏進步上劄你你拏鎗還鎗我掤退救護拏鎗
我白攔進步上劄你你攔鎗還鎗我攔鎗我白顛進
步閃賺花鎗上劄你你拏鎗還鎗我拏鎗我搖花鎗
乃鐵掃帚
五合先有四封四閉後有死中反活無中生有迎封接

图18　文渊阁四库全书子部戚继光《纪效新书》长兵短用说篇第十

新都程冲斗（今安徽黄山休宁人）编著《秘本长枪法图说》，其中，《长枪势图目》中就有"活掤对进枪势、活掤对退枪势、死掤对枪势、翻身掤退枪势"四势（图19）。另外，在"青龙献爪枪势""勾枪势""铁牛耕地势"等图目的文字解释中，都出现有"掤"字。

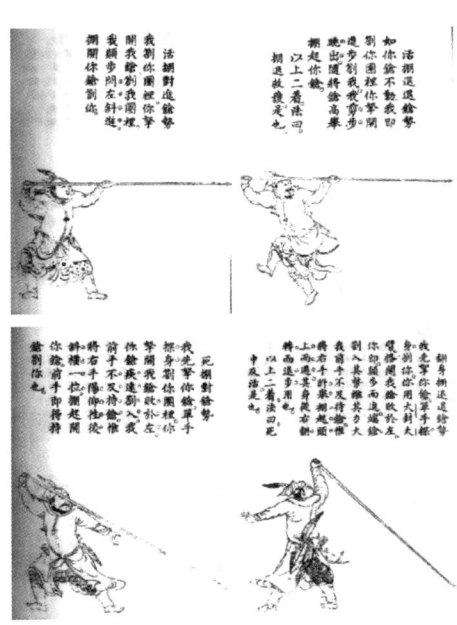

图19　民国十八年秋《国术四书》之长枪法选

吴修龄《手臂录》卷二之《马家枪二十四势说》之苍龙摆尾势云："古诀云，乃掤退救护之法，电转风回，惊破梨花闪赚""彼若单杀手来，我掤起即胜。"白猿拖刀势后，吴修龄批语云："戚公云迴伏之枪，俱是诱我发戳，彼即掤起还枪。此势不能发戳。"另青龙献爪势批语、鹞子扑鹌鹑势、跨剑势等古诀中均有掤法。《手臂录》卷四之《行著》篇，吴修龄对"掤法"相关的术语作了简要的解释，"掤：揭之大者，从下而起"。"掤靠：拖刀势。诱敌戳来，我从下掤起其枪，反戳"。另有"活掤对""死掤对""活掤退""翻身掤退"等的释义（图20）。另附录

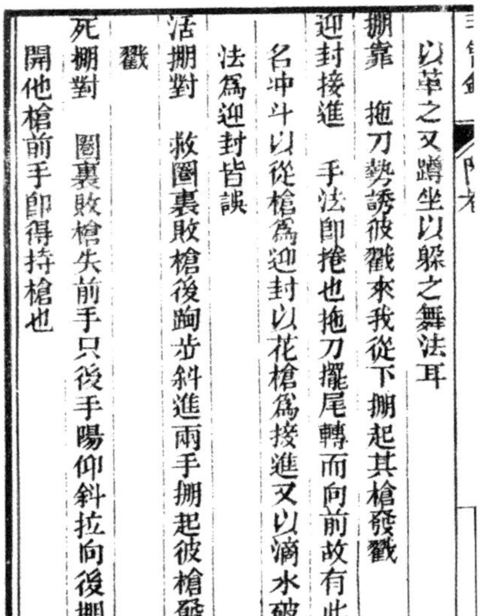

以革之又蹲坐以躲之无法耳

掤靠　拖刀势诱彼戳来我从下掤起其枪发戳

迎封接进　手法即捲也拖刀摆尾转而向前故有此

名冲斗以从枪为迎封以花枪为接进又以滴水破

法为迎封皆误

活掤对　救圈裹败枪後趦步斜进两手掤起彼枪发

戳

死掤对　圈裹败枪失前手只後手暘仰斜拉向後掤

开他枪前手即得持枪也

图20　指海本吴及《手臂录》卷四之行著

《程冲斗十六势枪势》也多有"搠法"介绍。

从现有资料可以梳理一下简单的脉络：戚继光六合枪法与二十四势，虽然无法确证一定就是吴修龄《手臂录》之《马家枪二十四势说》，但是从戚继光的《长兵短用说篇》来分析，确实是继承了马家枪法。程冲斗的《秘本长枪法图说》以及吴修龄编著的《程冲斗十六势枪势》，侧重"搠法"，这一点与《马家枪二十四势说》是一脉相承的。吴修龄《马家枪二十四势说》云："马家枪本带棍法。"吴修龄评批程冲斗，更是不留脸面。青龙献爪势后的批语云："此敬岩、真如秘奥。冲斗以活搠对等，为此势救手，总是手太猛，足不进耳。"《行著》中在释义"活搠对""死搠对""活搠退""翻身搠退""钩枪势"后，按语云："前此五法皆出斗冲。前四势已疏，钩枪更谬。留此以破执迷者，非枪法也。"就吴修龄的识见而言，此搠法都系棍法，与枪法无涉。

2004年5月，二水游黄山得程冲斗《少林棍法阐宗》明抄本之复本（图21）。该抄本字迹工整，图势绘工精到。装订线内有"侄子颐抄本顿首撰"字样。此本虽不能确证由程子颐手抄，但从纸张、文字、装帧等综合分析，应系程子颐辈帮助程冲斗编印《少林棍法阐宗》时的抄本之一。此书之"铁牛耕地势"云："铁牛耕地甚刚强，搠上打下最难当，扑鹌鹑来硬打硬，莫若变势另思量。""黑风雁翅势"云："雁翅先勾圈外枪，锁口刮来搠打易。""霸王上弓势"云："上弓搠打雁翅同，须知左足虚实异。若从圈里赚外穿，惟有缠拦是救地。"三处的搠字，皆写作"搠"。搠字《康熙字典》不见收

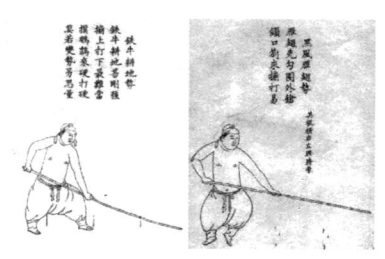

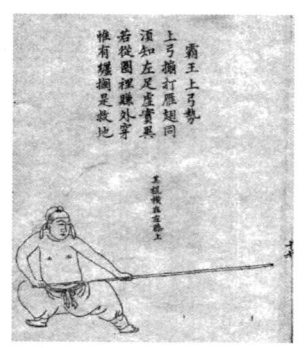

图21 程冲斗《少林棍法阐宗》明抄本之复本

录，或许是程子颐辈在手抄时，据形声合造的字体。

而今广泛使用于太极拳界，成为太极拳主要技术术语的"掤"，究竟是念"bing"还是"peng"，或是"beng"，这些或许并不重要。但是，掤法等四正四隅的技法，出自枪棍等技法，这一点是无可置疑的。

8. 你抄我袭的撦劲

撦字，也像掤字一样，《康熙字典》也不见收录。而今，电脑造字功能异常强大，而全球一亿多太极拳爱好者，似也无人抽时间去造出这个字来。

许禹生的《太极拳势图解》第四章之《推手术八法释名》云："撦：读作吕，字典中无此字。疑系摅之讹，舒也。班固《答宾戏》：'独摅意乎宇宙之外。'又布也。司马相如《如封禅书》：'摅之无穷'。又散也。杨雄《河东赋》：'奋六经以摅颂。'又犹腾也。张衡《思玄赋》：'八乘摅而超骧。'太极功搭手时，凡敌掤挤我时，用摅字诀以舒散其力，使敌力腾散而不得复聚者，皆是。"

许禹生组织的这帮编辑班子，几以搜尽整部《康熙字典》，将此字典"摅"字条目下的所有凡是与太极拳相关的注释、出典，一一全盘照搬。姚馥春、姜容樵编撰《太极拳讲义》，也沿袭许说，只是少了文人气象。此书第九章之《推手八字诀》云："摅，舒也。展布也。《班固赋》：'独摅意乎宇宙之外'。《张衡赋》：'八乘摅而超骧'。《苏轼诗》：'怀抱几时摅'，又'应无愤可摅'。太极拳中，遇敌交手时，用摅法以化散其劲谓之'摅'。"

《班固赋》《张衡赋》，概系班固《答宾戏》与张衡《思玄赋》的缩写。显而易见，许禹生的编辑班子是以《康熙字典》作为满腹经纶的后台技术支撑，而姚馥春、姜容樵的之乎者也，显然没有查阅《康熙字典》，只是直接依据许禹生的引述，作些剪裁。

时隔三十余年，人民体育出版社出版的吴孟侠、吴兆峰编著的《太极拳九诀八十一式注解》一书，以姚馥春、姜容樵《太极拳讲义》第十章所附的所谓乾隆本《太极拳谱》以及释义为蓝本，如法炮制了所谓的《杨氏秘传太极拳九诀》，可谓以其人之道，还治其人之身。

9. 搌劲源自八母枪法之"搌"

杨澄甫老师《太极拳使用法》揽雀尾之搌法云："将右足向右前迈出，曲膝踏实，左脚变虚，身亦同时向右拗转。眼随往前看，左右手同时圆转，往前出动，右手在前，手心侧向里，左手在后，手心侧向下。转至右手手心向下，左手手心向上时，速将我右腕里面贴彼肘上臂部外侧，左腕外面贴彼肘下臂部外侧，全身坐在左腿，左腿变实，右脚变虚，往我胸前左侧搌之，则彼之身法即随之倾斜矣。"

这段文字，拳势至"右手在前，手心侧向里，左手在后，手心侧向下"。通常在杨老师学生所著述的书中，皆作揽雀尾掤势（即右掤），而后面的一段才被称作揽雀尾搌势。而在行拳走架中，这两节其实是一气呵成的，像是按着笔画顺序在写"8"字，这两节其实只是起笔由左而右，再由右而左，两手一翻一覆，画了半个"8"字而已。杨澄甫老师将这半个"8"字，统称为揽雀尾之搌。

这一技法，二水以为与吴修龄辑编、由少林僧洪转编著的《梦绿堂枪法》之《枪法八母》"搊"势的技法要领极为相近："我立高势，彼于圈里扎我膝脚，我两手离胸，前手一覆，后手一仰，腰力向前一摆，搊开彼枪于圈里，就势将彼手压下，前手抬上，扎彼心穴。"（图22）

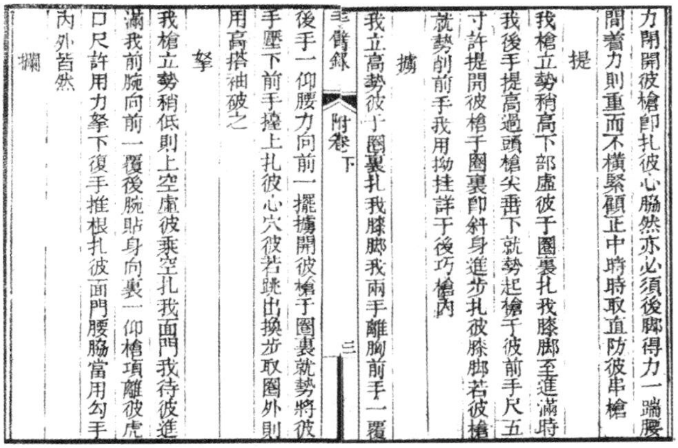
力閘開彼槍即扎彼心脇然亦必須後脚得力一蹦腰
間着力則重而不横緊顧正中時時取直防彼串槍
提
我槍立勢稍高下部虛彼于圈裏扎我膝脚至進滿時
我後手提高過頭槍尖垂下就勢起槍于彼前手尺五
寸許提開彼槍于圈裏即斜身進步扎彼膝脚若彼槍
就勢削前手我用拗挂詳于後巧槍內
擄
我立高勢彼于圈裏扎我膝脚我兩手離胸前手一覆

手臂錄 附卷下 三

後手一仰腰力向前一擺擄開彼槍于圈裏就勢將彼
手壓下前手撞上扎彼心穴彼若跳出換步取圈外則
用高搭袖破之
拏
我槍立勢稍低則上空虛彼乘空扎我面門我待彼進
滿我前腕向前一覆後腕貼身向裏一仰槍項離彼虎
口尺許用力拏下復手推根扎彼面門腰脇當用勾手
內外皆然
攔

图22　指海本吴殳《手臂录》附卷《梦绿堂枪法》

吴修龄在《手臂录》卷二之《革法》中，对“掳”有进一步的阐述：“沧尘子曰，封、闭、提、拿，古人立此四法，非独摄尽诸法，亦欲人知上下来枪，皆同于无，而专注力于中平之封闭也。洪转补之以‘掳’，而又加拦、还、缠，以为八枪母。夫‘掳’，即提之次。”沧尘子系修龄自号。在同书卷一之《圆圈分形详注》中，合计十三形枪势圆圈，有两形提及“掳”法。

1929年出版的禹城傅秀山编著的《捷拳图说》十二字诀云：“弔（diào，同“吊”）掳者，沉潜之势也。先贤谓沉机以观变，潜行以观理。穷理以接物。拳术的弔掳手，乃顺敌手之来，我乃以手弔之掳之，故能乘敌人之势以应之。敌之来势愈猛，其仆也愈快。其跌也愈远矣。”弔，吊之俗体字。《梦绿堂枪法》提掳并论，《捷拳图说》吊掳合议，而《太极拳使用法》，则掤搌合一矣。“乘敌人之势以应之。敌之来势愈猛，其仆也愈快。其跌也愈远矣”，则与太极拳“掤”之含义全然相吻合。

明程冲斗曾从少林僧洪转习少林棍法，《少林棍法阐宗》云：“师年逾八十耆老，棍法神异，寺众推尊。”程冲斗《秘本长枪图说》之《八母枪》在表述上与吴修龄《梦绿堂枪法》之《枪法八母》不同：“枪以八名者何？盖以圈里枪、圈外枪、圈里底枪、圈里高枪、圈外低枪、圈外高枪、吃枪、还枪八着故名""如习书家，有先习永字之说，亦以永字八法皆备，而余字不外此八笔法耳。明于习永字者，即明八母枪之说。"虽然表述不一，因为传承一致，内里还是有很多共同之处。在《秘本长枪图说》之《六合原论并注》中有载："你圈外扎我脚，我撸枪。"在此书《散扎拔萃》中有云："撸枪，势如提枪，破你圈外扎我脚用者，用法具提枪图中。"圈里圈外，两者恰反。

二水按：撸、掳则同音。况且，洪转为少林僧，冲斗、修龄皆江南人，音转音讹也自难免。再者，冲斗直接得到洪转之亲炙，冲斗亲聆师命之时，洪转已界八秩，而修龄小冲斗五十足岁，自然无法得到洪转之亲授。由此，两者虽然同脉相承，在文字表述上的这些差异，自不足为奇。在吴修龄《手臂录》之《马家枪二十四势说》中，评述冲斗之"撸"时，吴修龄皆写作"掳"。

不论是擩、撸，还是掳，二水以为，虽然没有了"擤"的文化底蕴，但是更加贴近于太极拳作为武术的技击特征。倘若擩、撸、掳三字，一旦进入太极拳界，或许依然替代不了人们心中"擤"的地位。所以，我们还是希望有一天，我们能在自己的电脑旁，轻轻松松地敲录出魅力无穷的擤字，也希望有朝一日，在我们的字典里也能收录"掤"字的太极拳发音及含义。

10. 与太极拳毫不相干的种种挤劲

许禹生《太极拳势图解》第四章之"推手术八法释名"云："挤，《说文》：排也，推也。以手向外挤物前进也。《左传》：小人老而无知，挤于沟壑矣。《史记·项羽本纪》：汉军却为楚军挤。《庄子·人间世》：其君因其修以挤之。凡以手或肩背挤住敌身，使不得劲，从而推掷之，皆挤也。"

许禹生依然沿袭《康熙字典》的“挤”字注释。《说文》中，“挤”字下只有“排也。从手，齊（qí，齐）聲（声）。子計（计）切”，没有“推也。以手向外挤物前进也”的字义。《康熙字典》“挤”字注释在引用《说文》时载：“《说文》排也。一曰推也。”而“以手向外挤物前进也”，则是许禹生的衍生意义。许文引述《左传》《史记》《庄子》等例句，依然是照搬《康熙字典》“挤”字注释条目下的例句。只是作者在引用《左传》时，传抄有误，以致面目全非。《康熙字典》“挤”字引用《左传》时载：“《左传·昭公十三年》小人老而无子，知挤于沟壑矣。注：挤，坠也。子细反。”

中国的老百姓，一直以来没有社会保障体系，养儿赖以防老。一旦战火纷飞，老年丧子，无疑如坠入沟壑之中，道尽途穷矣。《孟子·梁惠王下》：“君之民，老羸转乎沟壑，壮者散而之四方者……”（图23）《孟子·滕文公下》：“志士不忘在沟壑，勇士不忘丧其元。”沟壑一词，典出于此。孟子藉此以关注民生。可见，《左传》例句中之“挤”，意为“坠入”。而《史记·项羽本纪》之“汉军却为楚军挤”，此挤，意为“排挤”。《庄子·人间世》之“其君因其修以挤之”，讲述的是纣王杀害龙逄、比干的事，此“挤”显然已经不是“以手或肩背挤住敌身”的意思了。所以，上述的种种挤法，纯系许禹生先生雅博之举，与太极拳八法之“挤”，竟无丝毫瓜葛的。

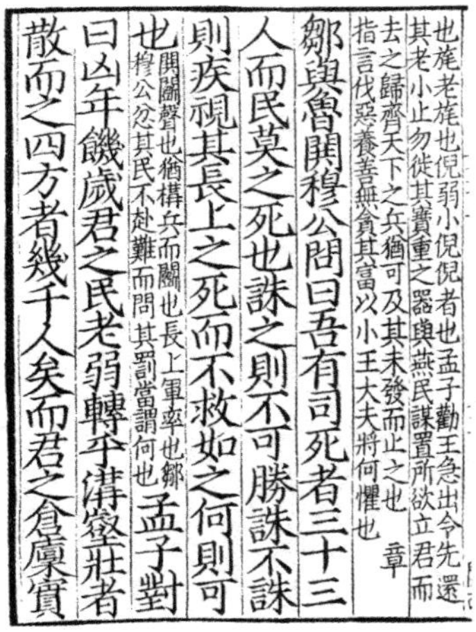
也旄老旄也倪弱小倪倪者也孟子勸王急出令先還其老小止勿徙其寶重之器與燕民謀置所欲立君而去之歸齊天下之兵猶可及其未發而止之也章指言伐惡養善無貪其富以小王大夫將何懼也
鄒與魯鬨穆公問曰吾有司死者三十三人而民莫之死也誅之則不可勝誅不誅則疾視其長上之死而不救如之何則可也鬨闘聲也猶構兵而鬭也長上軍卒也鄒穆公忿其民不赴難而問其罰當謂何也孟子對曰凶年饑歲君之民老弱轉乎溝壑壯者散而之四方者幾千人矣而君之倉廩實

图23　续古逸丛书《宋椠（qiàn）大字本孟子》卷二梁惠王章句下

11. 纠缠不清的挤劲

陈微明先生《太极拳术》第四图，采用杨澄甫老师中年拳照，释文曰："承揽势，右手随动，手心随转，向上向内，左手随动，手心随转，向下向外，左手心距离右手脉门二寸许（此即是挤），两手同时向西挤出。"

许禹生《太极拳势图解》之揽雀尾式图二，采用杨澄甫老师中年拳照勾勒成图，倘与陈微明先生《太极拳术》第四图对比参照，神形俱似。其图解曰："进右步，向右方，同时右臂曲肱向外前挤，垂肘，大指约对鼻部，右腿随同前屈。"文辞稍简约，文义亦同。

杨澄甫老师《太极拳使用法》第三节之"揽雀尾挤法"，图片采用杨澄甫老师晚年拳照，拍摄角度、动作阶段均与其中年拳照同，而间架气势与中年大异，其磅礴气势，非中年拳架堪比。图片说明云："由前势，设敌人往回抽其臂，我即屈右膝，右脚变实，左腿伸直，左脚虚。腰身长起，随之前进，眼神亦随往前略往上看去，同时速将右手心翻向上向里，左手心翻向下，合于我之右腕上，乘其抽臂之际，往出挤之，则敌必应手而跌矣。"此文与陈微明先生《太极拳术》如出一辙，而文辞更为精确。踏位后，先在心，后在身。由腿而腰而身而手，一一加以详解细说。

令人生疑的是，上述三本所摹状之动作，在二水看来，酷似他本揽雀尾之右掤势。难怪郑曼青《郑子太极拳自修新法》之"揽雀尾挤"，在描述此动作后，加注"若右掤式"四字，可见这一疑虑也同样困扰着郑曼青先生。

无独有偶，吴志青《太极正宗》第十一图文字说明中，谓此系揽雀尾第八动式（右掤系第六动式），"同时左脚伸直，右脚弯曲，两臂同时顺身势向西掤出。两手仍如捧球状"云云，干脆不讲挤劲，只重复讲"右掤式"了。

　　种种疑惑，在田兆麟老师口述、陈炎林编著的《太极拳刀剑杆散手合编》中，得以——释疑。此书掤、捋、挤、按单独作为太极拳架势名称，列入他的太极拳名称中。是书第六势"挤"云："捋之劲将尽时，右手掌随转翻向胸部（较掤式为低），左手掌贴于右肱内部（左手臂较掤式为平），随腰腿势，两臂向前挤出。屈右膝成弓步，右步实，左步虚，沉肩垂肘、虚灵顶劲、含胸拔背、眼神前视，尾闾中正，气沉丹田。"右手掌较掤式为低，左手臂较掤式为平，一低一平，两手合作挤压之势，就与右掤势之向上向外的"掤退救护拿枪"势截然不同了。

　　其实，与掤、捋一样，挤劲也同样源出自枪法。吴修龄《手臂录》卷二《行著》之"挤"条云："挤：敬岩杨六郎镇守边墙势中，开枪手法也。两腕略转向右，下纤（xiān，纤）月形。"卷一之《圆圈形分详注》中载（图24）："挤此形，左畔少，纤月形也。近身处，关系重，不可用巧法也。只用左偃月。"吴修龄《器王正眼无隐录》之《游场革法》载："挤：扳栏窥井手法。"纤，"纤"之异体字。倘若徒手作枪势，依照上述动作要领——比划，不难发现，身形手势俨然是左手掌翻向胸前，右手臂贴向左臂的左挤式。这左挤式，常见于推手训练之四正规矩手中。

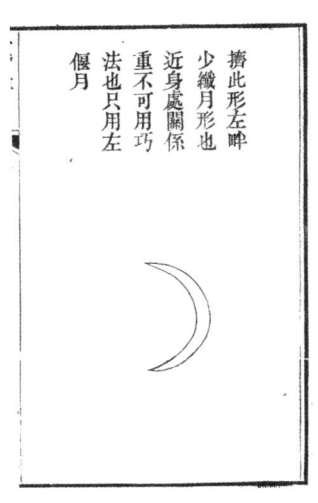

图24　道光戊申孟秋瓶花书屋校刊《手臂录》卷一

12. 按、捺同源

许禹生先生《太极拳势图解》之《推手术八法释名》中，依然沿用《康熙字典》之"按"条目下的辞意，云："《说文》下也。《广韵》抑也。《梁·文帝筝赋》陆离抑按，磊落纵横。《尔雅·释诂》止也。《史记·周本纪》王按兵毋出。《诗·大雅》以按徂旅。释遏制也。《前汉·高帝纪》吏民皆按堵如故。注：按次第墙堵，不迁动也。又据也。《史记·白起传》赵军长平，以按据上党民。又抚也。《史记·平原君传》毛遂按剑，历阶而上是也。又按摩也。古有按摩导引之术。《前汉·艺文志》黄帝岐伯按摩十卷。盖太极拳术，遇敌挤进时，用手下按，遏抑以制止之，使不得逞，谓之按。"

姚馥春、姜容樵《太极拳讲义》一书《推手八字诀》之"按"字释义中，虽然没有全文蹈袭许禹生先生所沿袭的《康熙字典》字义，只是有目的地引用了几条注解，云："按，抑也、据也、捺也。《管子》按强助弱。《史记》王按兵毋出。《汉书》黄帝时岐伯著按摩十卷。《唐书》太医署有按摩博士。太极拳遇敌袭击时，用劲抑按敌人各部，使其劲失效，曰按。"

两书将"按劲"训为"遏制对手劲势，使不得逞"。在这一点上，虽然文字表述不同，内在含义却惊人地相似。姚、姜本"按，捺也"释义，则为公开出版的诸本太极拳谱之先。

按、捺音近，词意也有共通处。1933年4月，开封开明书店出版陈鑫编著的《陈氏太极拳图说》卷首，标题为"七言俚语"云："掤掘挤捺须认真，引进落空任人侵，周身相随敌难近，四两化动八千斤。""掤掘挤按"之"按"也作"捺"。

　　陈鑫沿袭形意拳谱九要论而杜撰的所谓《三三拳谱》或《刚柔十要论》，也都将"按"写作"捺"。之后陈家两仪堂本拳谱、陈绩甫《陈氏太极拳汇宗》、陈子明《陈氏拳械汇编》之"挤手歌诀"等，所谓"据别本抄录"，"按"字也作"捺"。

　　二水按：捺之本义，手重按也。为书法基本笔画之一。明潘之淙《书法离钩·八磔》云："捺之祖，磔（zhé）法也，今人作捺""微斜曰捺""其法首抢起，中驻而右行，末驻笔蹲锋，如兰叶之状，皆含蓄而不露，最为高也""有欣字燕尾者，乃急就章之波法也。如水自泉口流出，其下遇石激而过，故曰激石波也。"吴修龄《手臂录》卷二《马家枪二十四势说》之"铁牛耕地势"云（图25）："此势手法有二：硬枪捣碓而入，软枪捺弯而入。""捺弯"之意，似借用书法磔法。另外，1930年上海大声图书局纂辑出版的《少林拳术专集》第1卷拳经总目，也载有"残、推、援、夺、牵、捺、逼、吸、贴、擸（là）、圈、插、抛、托、擦、撒、吞、吐"十八字诀。捺，也系此十八字诀之一。1933年，上海作者书社出版的由胡遗生编著的《字门正宗》一书，将"残、推、援、夺、牵、捺、逼、吸、贴、擸、圈、插、抛、托、擦、撒、吞、吐"列为"字门十八字艺"。书中每字皆有图解。其中捺字图注云："捺者，按也。乃演吾手练就一股沉劲，至手坚紧，随按不离，交手切莫离身，彼左亦左，彼右亦右，就其虚动之势，隐撒推疾去其速也。""按""捺"之演绎为拳艺技法，也由来已久。

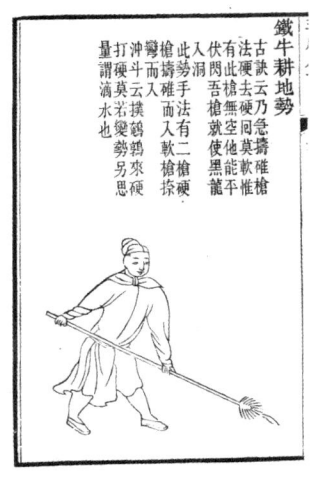

图25　道光戊申孟秋瓶花书屋校刊《手臂录》卷二

13. 发微之名，允称不易

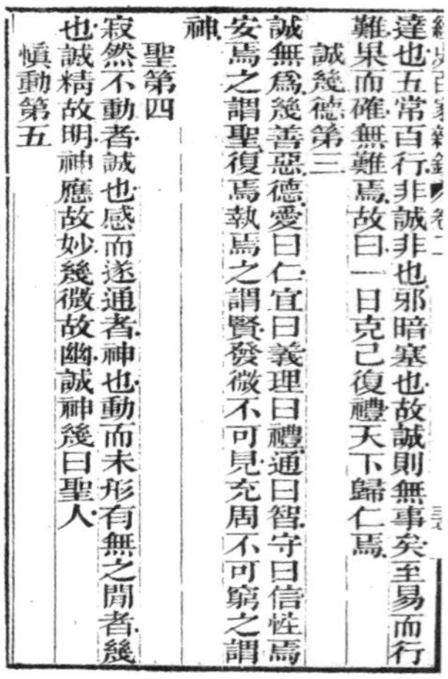
達也五常百行非誠非也邪暗塞也故誠則無事矣至易而行
難果而確無難焉故曰一日克己復禮天下歸仁焉
誠幾德第三
誠無爲幾善惡德愛曰仁宜曰義理曰禮通曰智守曰信性焉
安焉之謂聖復焉執焉之謂賢發微不可見充周不可窮之謂
神
聖第四
寂然不動者誠也感而遂通者神也動而未形有無之間者幾
也誠精故明神應故妙幾微故幽誠神幾曰聖人
愼動第五

图26　光绪二年曾国藩《经史百家杂钞》卷二

发微者，阐发幽微。周敦颐《通书》（图26）诚几德第三章云："发微不可见，充周不可穷之谓神。"于人不可见处，阐发幽微，此谓神。《易·系辞下》有："夫《易》彰往而察来，而微显阐幽。"孔颖达疏："而微显阐幽者，阐，明也。谓微而之显，幽而阐也。"哲东先生著《太极拳发微》一文，旨在显示太极拳中细微之事，说明隐幽之理，使之显见著明。可谓神人之举！张士一先生为其作序，谓："发微之名，允称不易。"信矣！

《淮南子·兵略》云："发必中诠，言必合数，动必顺时，解必中揍，通动静之机，明开塞之节，审举措之利害，若合符节。"哲东先生以总诠为十三篇之首，其发微抉隐，"发必中诠，言必合数"矣！诚如先生在《序志第十三》所言："十二篇中，上五篇，主言义；下七篇，主言法。法之中有义焉，义之中，法存焉。"《太极拳发微·总诠第一》是先生证道传道的纲领性文字。

14. 清明在躬

《太极拳发微·总诠第一》："清明在躬，志气如神，能定能应，不将不迎，弁术之妙，有逮此者乎？"

清明，语出《礼记·孔子闲居》："天有四时，春秋冬夏，风雨霜露，无非教也；地载神气，神气风霆，风霆流形，庶物露生，无非教也。清明在躬，气志如神。嗜欲将至，有开必先。"又《礼记·乐记》："是故清明象天，广大象地。"天有四时，概一一合于法度，有条不紊。清明两字，取象于天，用诸于人，乃合天人合一之理。意思是人的行为规范也合乎法度，有条不紊。志气，即气志。《礼记·孔子闲居》也时而并用："孔子曰，志之所至，诗亦至焉……志气塞乎天地，此之谓五至。"哲东先生沿用礼记语，清明两字，重在描述形体，志气两字，重在描述神意。由形入神，描述一种境界。

能定能应，语出《荀子·劝学第一》："生乎由是，死乎由是，夫是之谓德操。德操然后能定，能定然后能应，能定能应，夫是之谓成人。"哲东先生字字皆有出典，借用是语，意在定、应二字。此"定"系《宿钟山知觉院》中"宿投林下寺，中夜觉神清。磬罢僧初定，山空月又生"之"定"。此处的"应"字，也系《庄子·知北游》中"其用心不劳，其应物无方"之"应"。"磬罢僧初定，山空月又生。"不是一种绝对的静止状态，是"中夜觉神清"的结果，是一种禅悟。山空自有月初生，何等清澈！"应物无方"，也不是刻意的追求，而是用心不劳，无感而应！

不将不迎，语出《庄子·应帝王》："至人之用心若镜，不将不迎，应而不藏，故能胜物而不伤。"（图27）将者，送也。将迎为迎送之意。哲东先生用典，旨在"用心若镜""用心不劳"以及"应而不藏"。《庄子·知北游》载，颜渊问乎仲尼曰："回尝闻诸夫子曰：'无有所将，无有所迎。'回敢问其游。"仲尼曰："圣人处物不伤物。不伤物者，物亦不能伤也。唯无所伤者，为能与人相将迎。"

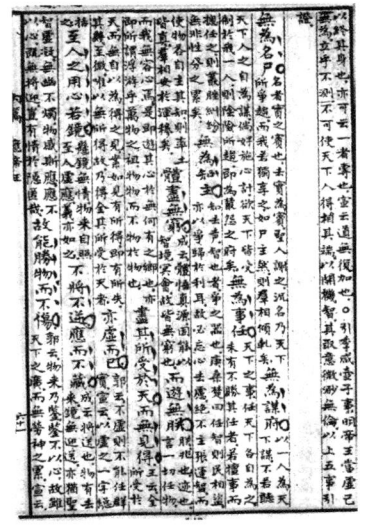

图27 阮毓崧《庄子集注》之《庄子·应帝王》

进一步说明将迎之理，在于处物不伤物，无为而为！

哲东先生再次以反问形式，揭示太极拳之理：清明在躬，志气如神，无感而应，无为而为。那么，哪种拳术能够达到这种境界呢？！

15. 合于变，因于物，动而时，发也机

《太极拳发微》："合于变，因于物，动而时，发也机。"

《史记·建元以来侯者年表》："行权合变，度时施宜，希世用事。"变，为事物在时空中的转换。太极拳是主动调控阴阳平衡的拳，先生首先强调的就是在动态中去把握。

王弼《老子注》云："因物之数，不假形也""因物之性，不以形制物也""因物自然，不设不施""因物而用，功自彼成。"合变的行为，也必须合乎物之数、物之性乃至物之道（自然），只有因物而用，因物自然，其功自乃彼成。

动而时，发也机。语出《庄子·天道》："似系马而止也，动而持，发也机，察而审。"哲东先生改"动而持"为"动而时"，进一步强调时空概念。动者，《孙子兵法》谓："故善动敌者，形之，敌必从之；予之，敌必取之。以利动之，以卒待之""合于利而动，不合于利而止。"陈鑫云："当时而动，如龙如虎，出乎而尔，急加电闪。当时而静，寂然湛然，居其所而稳如山岳。"理固明矣！

《阴符经》云："天性人也，人心机也。"（图28）徐灵胎注曰：

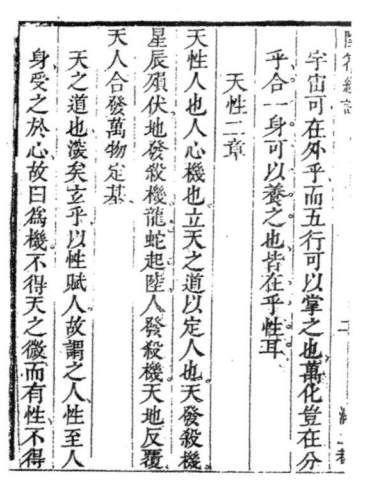

图28 乾隆五十三年白云山房刻本《重刻黄庭阴符经注》

"人者，天之所生。天，性无可见，生人而性即存乎人身矣。故人性乃天性之所寄也。""人有心，当其未动，全无所见；一有感触，而心即于此见端矣，所谓机也。"

二水以为，机，是天地万物动静（阴阳生息为动静）之将发而未发、预动而未动的端倪反映于人心的一种感触。机，是万物萌动状态的端倪。机，是人心对万物动静的观照和感触。

邵康节云："一阳初发动，万物未生时。"说的就是阴阳消长的机。

16. 弁术之用

《太极拳发微》："弁（biàn）术之用，有如是者乎？"

《说文》："弁，冕也。"这种帽子，大凡与古代的军服有关，所以，后世有"兵弁""武弁"之称。"股战若弁"，弁，训手搏。汉代后将"手搏""角力"，或称为"卞""弁"。

《论语·学而》"礼之用，和为贵。"用，与体，后世并用为中国哲学的重要概念之一：体用。

体用的概念常见于太极拳各家著作中。体用两字作为一个哲学名词，最早或见诸《荀子·富国》"万物同宇而异体，无宜而有用"。物各有体，复有其用。《老子》"反者道之动，弱者道之用"，指出道的运动方式和作用方式，太极拳理与道家理论一脉相承，法家、兵家都与老子有渊源。王弼《老子注》"虽贵以无为用，不能舍无以为体也"。讲的应该是"道体"与"功用"的关系。体、用二元的对立统一，为后世的理学兴起打下了基础。唐玄宗《道德真经疏》"道者德之体，德者道之用"。唐人以体、用二字为惯语。程朱理学，以"理"为体，以"象"为用。程伊川在《易传序》中说："至微者理也，至著者象也。体用一源，显微无间。"这在二水看来，类似于现代西方哲学意志与表象的关系。

哲东先生谈及的弁术之用，应该是源自与道体相对应的功用而言。"合于变，因于物，动而时，发也机"，哪一门武术的功用能达到此境界呢？先生以诘问的方式，来赞赏太极拳技近乎道体的功用！

17. 庖丁解牛

《太极拳发微》："吾读庄子养生主，于庖丁之解牛，而得太极拳之说焉……正心以成德，道亦不越乎是矣。"

《庄子·养生主》载，文惠君闻庖丁之言，而得养生之旨。哲东先生则"于庖丁之解牛，而得太极拳之说。"所谓仁者乐山，智者乐水。

"所见无非牛者""未尝见全牛也"，乃至"官止神行"，自然是庖丁解牛所经历的三个阶段，哲东先生以此来印证太极之学的始、中、究三步功夫。悉心禅悟，必有所得。

时下，一些初学太极者，动辄求松空，言必称融通，倘若不知松空从间架中来，融通自规矩中出，缘木求鱼，枉费工夫耳！

"以神遇而不以目视，官知止而神欲行。依乎天理，批大郤（同隙），道大窾（kuǎn），因其固然。技经肯綮（qìng）之未尝，而况大軱（gū）乎。"这节文辞是庖丁在描述其最高境界的解牛功夫，我们不妨从中去寻找一些太极之学的门径。官，感知器官。天理，牛身上自然的肌理结构。郤，隙也。这里指肌肉群之间的缝隙。窾，骨节之间的空穴处。技，据清俞樾考证，当是"枝"之误植，指的是支脉。经，经脉。《灵枢·脉度》（图29）云："经脉为里，支而横者为络。络之别者为孙。"技经两字，指的是牛身上的经络。肯，紧附在骨上的肉。啃骨头的啃字，大凡与肯有渊源了。綮，筋肉盘结处，相当于肌腱部位。軱，股部大骨。

庖丁说：最高境界的解牛，是用神气来敷盖对吞，而根本不用眼睛注视牛了。身上的感知器官静止下来了，心神便会活跃起来，于是，我就顺应牛的肌理，顺应牛的脾气，从肌肉缝隙中下刀，在牛不知痛痒时，将它的肉一块一块地批了下来，再顺着牛骨节之间的空穴，在牛不知不觉中，将它的骨架子导开拆散。牛之所以能够不与我抵牾，是因为我连牛的经络、紧贴骨头上的肉和筋肉盘结的地方都没有碰上，更何况牛屁股上的大骨头。

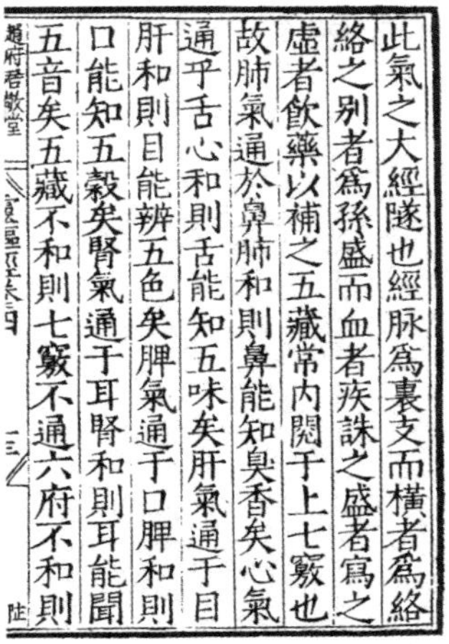
此氣之大經隧也經脉爲裏支而横者爲絡
絡之別者爲孫盛而血者疾誅之盛者寫之
虚者飲藥以補之五藏常内閲于上七竅也
故肺氣通於鼻肺和則鼻能知臭香矣心氣
通乎舌心和則舌能知五味矣肝氣通于目
肝和則目能辨五色矣脾氣通于口脾和則
口能知五穀矣腎氣通于耳腎和則耳能聞
五音矣五藏不和則七竅不通六府不和則

图29　四部丛刊子部《灵枢经》赵府居敬堂刊本卷四

这种高超的解牛功夫，来自对对手身体架构、肌理脾气、经络纹理的了如指掌。不经过“始则谨于法度，中则因于变化”的过程，不可能达到无感而应、无为而为的境界！

记得杨澄甫老师有个譬喻：四两拨千斤者，就是用一条四两的绳子，去牵动一头千斤的牛。倘若你将绳子系在牛角、牛腿或牛尾巴上，纵使你用千斤力也拉不动四两的绳。倘若将绳系在牛鼻子上，你只要轻轻一牵，牛就跟着你来。而且这头牛还必须是活的，死牛不行，石牛、铁牛、铜牛也不行。这般解释，“则不知力之在彼乎？在我乎？彼我都忘，心形相融，而心得为物之主矣”。

渊兮，语出老子《道德经》“道冲而用之，或不盈。渊乎，似万物之宗”。邃兮，语出《淮南鸿烈》“邃兮洞兮，不虚动兮；与柔刚卷舒兮；与阴阳俯仰兮”。

“弁术之用，有如是者乎”“弁术之妙，有逮此者乎”，哲东先生两个感叹语词，情绪激昂：武术能够达到这种境界，又怎能说还有比武术更神奇的呢？太极拳其实学的就是正心以成德的功夫，是一门以假修真、以拳入道的功夫。

18. 气何以直养

武禹襄主张"养气"而不"尚气"。他的"养气"源自《孟子》（图30）的浩然之气："其为气也，至大至刚，以直养而无害，则塞于天地之间。"这冲塞于天地间的"浩然之气"，"心勿忘，勿助长"，非刻意求得，否则就是"揠苗助长"。

图30　续古逸丛书《宋蜀大字本孟子》卷三公孙丑章句上

19. "乃文乃武"与"允文允武"

临晨忽发一梦，记忆犹新：梦境中，二水在翻阅吴本杨氏老拳谱。该吴本似乎不像二水藏《太极拳讲义》本中的工楷体，而是行草。其中"分明火候七十二，天然乃武并乃文"句中，两个"乃"字，像是"允"字的误植。二水想仔细辨认，分明写着："分明火候七十二，天然允武并（并）允文。"找文中所有"乃文""乃武"处，皆为稍稍草写的"允"字。该"允"字，第一笔落笔较轻，似乎随意一带，与上一字略有连笔，最后一笔却左折后，与下一字有连笔，初看也像是"乃"字。于是二水想找藏本来对照互校，情急之中，拿到的却是一部《诗经》。随手翻到，正是《鲁颂·泮水》一诗（图31），云：“穆穆鲁侯，敬明其德。敬慎威仪，维民之则。允文允武，昭假烈祖。靡有不孝，自求伊祜。”二水兴奋异常，想继续查阅，却已醒来。

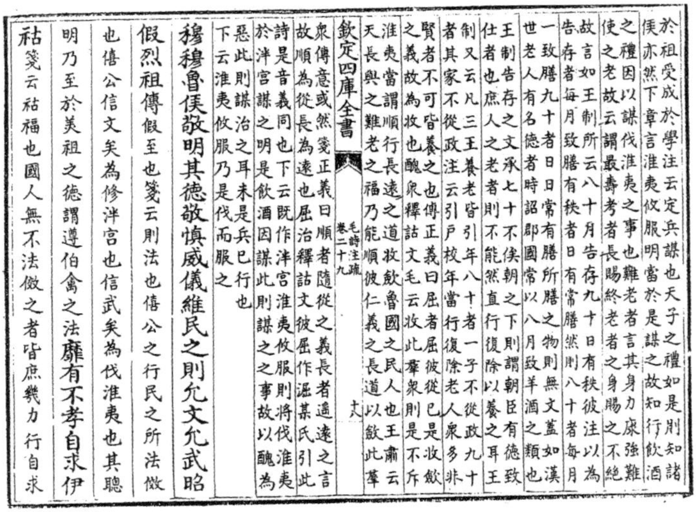
於祖受成於學注云定兵謀也天子之禮如是則知諸侯亦然下章言淮夷攸服明當於是謀之故知行飲酒
之禮因以謀伐淮夷之事也難老者言其身力康強難使之老故云謂最壽考者長賜終老者之身賜之不絕
故言如王制所云八十月告存九十日有秩彼注以為告存者每月致膳有秩者日有常膳然則八十者每月
一致膳九十者日日常有膳所膳之物則無文蓋如漢世老人有名德者時詔郡國常以八月致羊酒之類也
王制告存之文承七十不俟朝之下則謂朝臣有德致仕者也庶人之老者則不能然直行復除以養之耳王
制又云凡三王養老皆引年八十者一子不從政九十者其家不從政注云引戶校年當行復除老人衆多非
賢者不可皆養之也傳正義曰屈者屈彼從己是收斂之義故為收也醜衆釋詁文毛云收此羣衆則是不斥
淮夷當謂順行長遠之道收斂魯國之民人也王肅云天長與之難老之福乃能順彼仁義之長道以斂此羣
欽定四庫全書
毛詩注疏卷二十九
衆傳意或然箋正義曰順者隨從之義長者遥遠之言故順為從長為遠也屈治釋詁文彼屈作淈某氏引此
詩是音義同也下云既作泮宮淮夷攸服則將伐淮夷於泮宮謀之明是飲酒因謀此則謀之之事故以醜為
惡此則謀治之耳未是兵已行也下云淮夷攸服乃是伐而服之
穆穆魯侯敬明其德敬慎威儀維民之則允文允武昭
假烈祖傳假至也箋云則法也僖公之行民之所法傚
也僖公信文矣為修泮宮也信武矣為伐淮夷也其聰
明乃至於美祖之德謂遵伯禽之法靡有不孝自求伊
祜箋云祜福也國人無不法傚之者皆庶幾力行自求

图31　文渊阁四库全书经部郑玄笺《毛诗注疏》卷二十九

先祖有梦笔生花之说，二水多年来才思枯竭，卧则瞑，寝无梦，庸庸碌碌，常作江郎才尽叹。盖日来点校之苦，感动梦神故焉！

20. 武术的三大功能

杀人：那也只是在冷兵器行将没落时产生的杀人末技罢了。

生人：生人有两层含义，狭路相逢，以武止戈而求自保，其一也；延年益寿，其二也。

娱人：武术在战国时代，在权贵的歌舞升平的宴席里，剑客之间的残斗，就像是西方的决斗士。武术几乎已经延伸出“娱人”的功能。血淋淋的场面可能更能刺激权贵们的食欲吧。到了宋朝，仁宗沉迷于女子相扑，司马光虽上书《论上元令妇人相扑状》劝谏（图32）而无果。到了南宋，武术的娱人功能已经市场化。武术产业的市场游戏规则也日趋成熟。甚至出现了以“吸引眼球”为“顾客导向”的观念，譬如“女子相扑”运动。

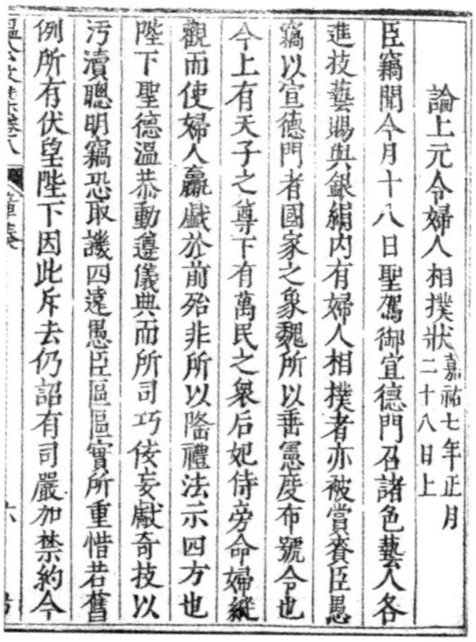
論上元令婦人相撲狀 嘉祐七年正月二十八日上
臣竊聞今月十八日聖駕御宣德門召諸色藝人各進技藝賜與銀絹內有婦人相撲者亦被賞賚臣愚竊以宣德門者國家之象魏所以垂憲度布號令也今上有天子之尊下有萬民之衆后妃侍旁命婦縱觀而使婦人贏戲於前殆非所以隆禮法示四方也陛下聖德溫恭動遵儀典而所司巧佞妄獻奇技以汙瀆聰明竊恐取譏四遠愚臣區區實所重惜若舊例所有伏望陛下因此斥去仍詔有司嚴加禁約今

图32 《司马温公文集》卷八论上元令妇人相扑状

21. 武术的三次失败

中国武术在其发展史上经历过三次失败：

第一次，武术与权贵的较量，最后被庄子巧论三剑，剑客们因失宠而纷纷自杀。

第二次，武术与金钱的较量，最后在南宋的勾栏中，被女子赤裸裸的身体吸尽了眼球。纯武术团体纷纷解体。

第三次，几乎是最彻底的失败。武术与时间的较量，几无生机。那是在明朝，热兵器在战场上的运用，武术几无用武之地。连戚继光这个中国武术的集大成者，在他晚年修订的《纪效新书》十四卷本里，干脆将《拳经》删除了。

22. 考量武技的四要素

其一，先发制人，还是后其发，先其至？

这里涉及一个“借”字。所谓顺人之势，借人之力。善借之人，势必把握一个机字，俞大猷《剑经》云：全书总要只是乘他

“旧力略过，新力未发”八字耳，至妙至妙……语到此，则不能复加一言矣。

其二，攻其实，抑或击其虚？

这里自然涉及奇正阴阳变化。杨澄甫老师在解释“四两与千斤”问题时，曾譬喻，四两是一条牛绳，千斤是一头牛。牛绳牵在牛角、牛腿、牛鼻子，其效果各各不同。

其三，用榔头敲击还是针扎刺？

这里涉及压力与压强的问题。田兆麟老师曾用“洋龙”来譬喻太极拳。用高压水龙头打人自然是外家拳的习气，用高压水龙头中的水冲人，则是太极拳的劲路。

其四，制人与被制？

吴修龄谓石敬岩枪法，以对扎入手，厚缚纸竹于肋下，革戳三年者，形似蛮练，实则道破内功捷要。以枪对扎，杆以苇絮封其端，而又厚缚纸竹于前肋，以护胸肋，久亦内伤。惟以胸肋贴背，下沉入地，枪接地气，方能“致人而不致于人”。（图33）

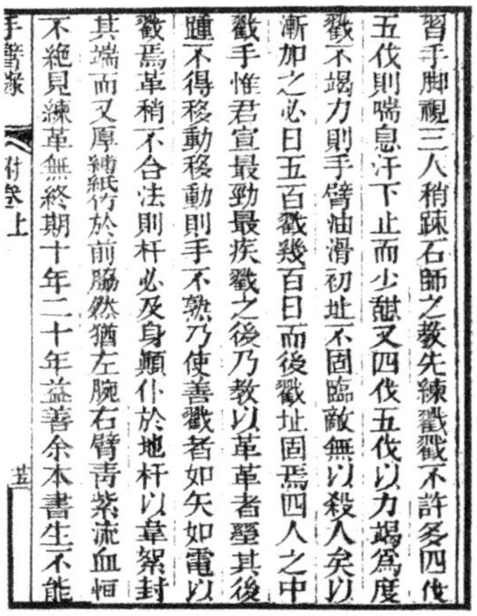

習手脚覩三八稍踈石師之教先練戳戳不許多四伐
五伐則喘息汗下止而少憇又四伐五伐以力竭為度
戳不竭力則手臂油滑初址不固臨敵無以殺人矣以
漸加之必日五百戳幾百日而後戳址固焉四人之中
戳手惟君宣最勁最疾戳之後乃教以革革者壓其後
踵不得移動移動則手不熟乃使善戳者如矢如電以
戳焉革稍不合法則杆必及身顛仆於地杆以韋絮封
其端而又厚縛紙竹於前脇然猶左腕右臂青紫流血恒
不絕見練革無終期十年二十年益善余本書生不能

手臂錄　付錄上

图33　指海本吴殳《手臂录》附卷石敬岩枪法记

综此四个因素，无非是何时击打？击打在何处？如何击打？击打别人还是被人击打？

23. 太极拳的寿与夭

市井以为练吴式的比较寿长，练杨式的寿短，还列举了一些相关拳家的寿命。其实，这些所谓的统计容易混淆视听，不具统计学意义。

练吴式，其他的不谈，只要列举吴家数代人的寿命，就知道寿夭不一的。吴家一脉相承的，从全佑（1834—1902年）到吴鉴泉（1870—1942年），从吴鉴泉到吴公仪（1899—1968年），70岁上下就过世了。而到了吴公仪的长子吴大揆（1923—1972年），阳寿不过49岁。

早期有位对传播吴式最得力的吴式太极拳家，名叫谭延闿（kǎi），50岁那年，有人写给他的做寿祝词曰："茶陵谭氏，五十其年，喝绍兴酒，打太极拳，写几笔严嵩之字，做一生冯道之官，立德立功，两无闻焉。"生日后不久，真的归了道山，只活50岁。大世界的创办人黄楚九，也是吴式的超级粉丝，请吴鉴泉先生南下上海教拳。吴鉴泉先生最早的拳架，就是他出版印刷的。黄楚九大概也只活到59岁。

其实，决定人的寿夭有很多因素，遗传、生活环境、生活习惯、医疗条件、个人嗜好等，不一而足。

通常，列举吴式长寿者，喜欢拿吴图南的年龄说事。其实吴图南的年龄不靠谱。吴图南自述1885年农历正月廿三日生，而于1989年1月10日过世，照中国人的习惯，吴图南享年虚岁105岁。吴图南《国考证书》载（图34）："中央国术馆，为发给证书事，兹有吴图南，年二十六岁，系河北省通县人，应第一届国考，评定成绩为中优等。合行给予证书。以昭郑重。此证。考试委员长：张之江。

图34　中央国术馆国考证书

评判长：李烈钧。右给：吴图南。中华民国十七年十月日。”民国十七年系1928年。从时年26岁的吴图南，倒推他的出生年份，应该是1902年，而不是1885年。两者相差整整17年。

《太极功同门录》有关吴图南的资料，“吴荣培，字图南，二十七岁，北平”，名号排在吴公仪二十九岁、王子英二十八岁之后。吴公仪生于1900年，王子英生于1901年，以此可以推定，吴图南为1902年生人。

1933年7月10日至8月19日，政府教育部按照第一次全国体育会议决议案之精神，褚民谊、张之江等人在南京举办了为期40天的“教育部暑期体育补习班”，传授中外体育形式。许禹生先生被聘为国术主任。这份资料的“国术教师一览表”中（图35），详细地记录了包括褚民谊、张策、许禹生、马良、吴鉴泉、龚润田、吴俊山、许笑羽、吴图南等的字号、籍贯、年龄、职业、教授科目等内容，从而为我们解密吴图南“高寿”之谜提供了另一份书证：

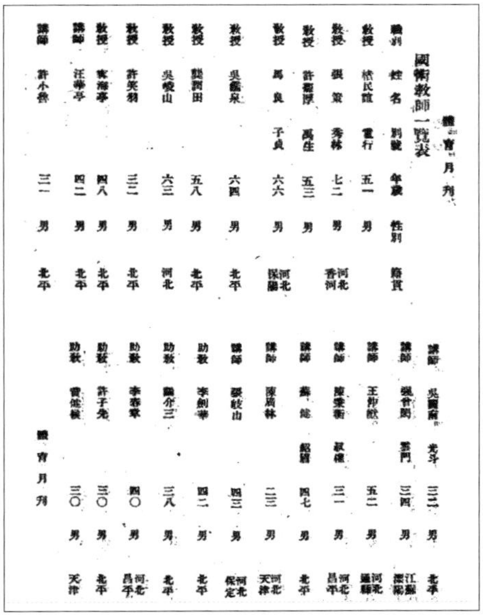

國術教師一覽表

體育月刊

職別	姓名	別號	年歲	性別	籍貫
教授	褚民誼	重行	五一	男	
教授	張策	秀林	七二	男	河北香河
教授	許龗厚	禹生	五三	男	
教授	馬良	子貞	六六	男	河北保陽
教授	吳鑑泉		六四	男	北平
教授	龔潤田		五八	男	北平
教授	吳峻山		六三	男	河北
教授	許笑羽		三二	男	北平
教授	常海亭		四八	男	北平
講師	汪崢亭		四二	男	北平
講師	許小嵒		三一	男	北平
講師	吳圖南	光斗	三二	男	北平
講師	吳曾閎	雲門	三四	男	江蘇溧陽
講師	王抑猷		五二	男	河北灤縣
講師	陳榮衡	叔權	三一	男	河北昌平
講師	龔健	紹麟	四七	男	北平
講師	陳順林		二三	男	河北天津
講師	張岐山		四三	男	河北保定
助教	李劍華		四二	男	北平
助教	趙介三		三八	男	北平
助教	李春章		四〇	男	河北昌平
助教	許子先		三〇	男	北平
助教	曹健模		三〇	男	天津

图35　民国武术期刊《体育》1934年第2卷第1期

褚民谊：51岁　教授
张策：72岁　教授
许禹生：53岁　教授
马良：66岁　教授
吴鉴泉：64岁　教授
龚润田：58岁　教授
吴俊山：63岁　教授
许笑羽：32岁　教授
吴图南：32岁　讲师

另外，杨式太极拳家里，长寿的人也很多。林镜平先生，十足享年97岁，濮冰如老师也享年90岁。

24. 落寞的侠道

武术发展到今天，更多地融入了文化内涵。

也许在洪荒时代，武术的产生与杀人有关，那是一种冷兵器。随着时代的发展，武术本身的含义发生了质的变化。二水翻阅戚继光《纪效新书》，发现他在早期编著的十八卷本中保留着他以"绵张短打"为编排核心的32式拳，在他晚年编著的十四卷本中，增加了如何训练将士的团队精神的内容，却将与如今的太极拳戚戚相关的32式删除了。这一现象说明，在戚继光看来，历史演进到了明代，武术作为一种兵器末技，除了在浙东沿海丘陵地区对付倭寇还稍能发挥些作用，在其他战场上已经丧失了冷兵器的功用。

可以这么说，在后戚继光时代，武术的功能应该发生变化了。这是时代发展的要求。与之相反，义和团抱残守缺，想以武术去对抗洋枪洋炮，其失败是必然的了。

任侠何处，江湖不再。而今你纵有古道侠义，豪情万丈，还能"谁看挟剑赴长桥"吗？落寞了的侠客精神，也只有靠阅读童话般的武侠小说去得到些许抚慰罢了。

所以，在二水眼里，武术，特别是太极拳，是中国优秀传统文化的一部分。它更像是一门人体艺术，无法脱离人体本身作为载体的一种艺术形式。就像京剧、昆腔、相声一样，属于非物质文化遗产范畴。

作为一种行将消失的文化遗产，我们有责任去抢救，我们有义务去发掘，我们也有义务去推广。这么说，我们好像责任很重大了。也或许算是二水心里落寞的侠义精神的体现吧。

25. 文人与刀

文人习武，喜剑不善刀。不知源自何时。大凡习刀，有赳赳武夫气概，与习剑之清灵儒雅不作同日语。夫子执剑，诗仙亦仗剑。后世文士好武者，也自然以习剑为风雅。

龚炜《巢林笔谈》有"习刀自豪"一文云：

"予少好武备，尝窃前人刀法，静观而私演之。大要用避为击，手眼快，身脚轻耳。因系铅于足，久之解去，超踰（yú，同逾）颇便。然法不指授，终是死法。丙年冬，有客从北来，与予讲论刀术，与旧说无以异也。遂习之，略知腾纵闪赚、斜提直刺之法，而功疏力诎（qū），技卒不成。然当酒酣兴高，迭跃挥霍，光芒霜落，手臂风生，遣豁不平之怀，洗涤酸腐之胃，卫身虽拙，而吐气自豪。"

此文能证文人喜刀一例，也佐证"闪赚"一说。

龚炜，字巢林，自称巢林散人，晚号际熙老民。江苏昆山人。生于康熙四十三年（1704年），卒年无考。至乾隆三十四年（1769年）犹在世。炜喜经史，工诗文，善丝竹，兼习武备。时人称其诗文"笔墨间无非香气，町畦外别具炉锤，极才子之能事，销骚人之怨思"。而炜年过四十，仍未一第。此般遭遇，心中自有不平事，腹中除了诗书酸腐外，自然难得坦荡豪放。"然当酒酣兴高，迭跃挥霍，光芒霜落，手臂风生，遣豁不平之怀，洗涤酸腐之胃，卫身虽拙，而吐气自豪。"刀之于文人的"释泄"功能昭然可见。

明五公山人，王姓，名余佑，字介祺，保定之新城人。负王佐才，幼伟岸，有大志。初从定兴鹿太常善继游，既而受业于容城孙徵君奇逢，学兵法，究当世之务。习骑射、击刺，无弗工。甲申国变，归隐，更与徵君往来讲学，究经史，授生徒，教以忠孝，务实学，兼文武，远近从游至数百人……山人学无不究，与太原傅山、同郡张罗喆、吕申诸子日相切劘（mó），又执赘（zhì）于定兴杜紫峰先生。常汇古人经世事为《居诸篇》十卷、《万胜车图说》一卷、《兵民经略图》一卷，皆霸王大略、兵机利害也。著《十三刀法》一卷，开太极十三刀之先河。

一个胸怀经世济国之才，遭遇甲申国变，归隐山川，"授生徒，教以忠孝，务实学，兼文武"，与同时代归隐江南四明山上的黄宗羲、王征南、黄百家、甘凤池等不谋而合。图的自然是"霸王大略、兵机利害"了。此时的刀在文人眼里，不只是"谴豁不平之怀，洗涤酸腐之胃"了，而是赋予着"反清复明"的重任。

如果说，剑之于文人，多的是那份古雅，那么刀之于文人，更注重的是那份豪情。袭炜"有客从北来，与予讲论刀术"中的北来之客，是否系五公山人的学子，已无考。而刀之于文人的那份坦荡豪放的"释泄"功能，还是一脉相承的。

26. 文人与剑

女人素面朝天，需要一种生理上的丽质天姿和心理上的自信。刀之于文人也一样需要生理与心理基础。一个手无缚鸡之力抑或陈迂酸腐的小文人，是绝对不敢舞刀弄枪的。剑之于文人则不同。但凡文人，即便不懂武艺，即便不涉足江湖，也会喜欢剑，就像胭脂之于女人一般。

或是天使，或是巫婆，或是美眉，或是恐龙，凡见胭脂，都会往自己脸上涂的，那是天性使然。文人，或豁达，或豪放，或迂腐，或抑郁，一剑在手，自然扬眉吐气，豪气干云。这么说，似乎有失厚道。其实剑之于文人，的确已是一种情结。

情结的产生，按照容格的说法，与集体潜意思有关。二水不懂深奥的精神分析，以为所谓的集体潜意思与我们老祖宗的文化积淀没有两样。

《贾子》有载："古者天子二十而冠，带剑；诸侯三十而冠，带剑；大夫四十而冠，带剑；隶人不得冠，庶人有事得带剑，无事不得带剑。"可见，在古代，剑是一种身份的象征。"高冠长剑，纡朱怀金者，飞黄腾达也。"在"学而优则仕"的岁月里，"朝为田舍郎，暮登天子堂。"自然是文人的理想。这种理想在表象上的特征，剑，是必不可少的。

剑，既然不是平庸之辈的佩物，也自然赋予了其崇高的内涵。这种表象之内的本质是什么呢？《庄子·说剑篇》揭示了这一内涵。文章虽然采用寓言式的架构，庄子自己以剑士身份去游说喜好击剑而不惜剑士生命的赵文王，旨在开悟君王治国大道。"巧论三剑，一言定邦"未尝不是古代文人的使命感和责任心。

如果说，文人佩剑，尚有光宗耀祖的意味，那么，文人论剑，更多的是忧国忧民。可见，家国情怀始终是注释中国人文精神的症结所在。当然，家国情怀只是文人的"潜意识"罢了。人生得意须尽欢。文人一旦得意，占据其意识的是所谓的"人生况味"。"家国情怀"就会像隐于海底的冰山底座一般，无法显现。文人得意，动辄忘形。一切男盗女娼均会在"人生况味"的掩饰下演绎得冠冕堂皇。这是历代文人政治的可悲之处。如果说，强盗扮书生，尚有良知发现的时候，书生一旦扮演起强盗的勾当，那么历史性的悲剧就会上演。历史上每一次焚书坑儒，几乎都有书生在扮演着强盗。看来，"家国情怀"只会在"家破国亡"时才会成为文人心头的痛。因而，剑之于文人，常常是在无奈的境况下抒发家国情怀的。

"挂剑空垄"是一种无奈。季子出使回来，故友已逝，只能挂剑垄枝。"苏秦背剑""夫子仗剑四游"，游说时的种种际遇也只有身上的三尺须穗能够明了。屈子的"带长铗之陆离""挟剑而歌"，以《九歌》《九章》长歌当哭，不是得意的文人所能理解的。李太白"十五好剑术……击剑为任侠"，在如今的武侠迷看来，不知会生发多少离奇的想象。可是酒仙内心深处"倚剑歌所思，曲终涕泗澜""弹剑作歌奏苦声，曳裾王门不称情"，此般情绪，大概也只有"剑"知道。至于辛弃疾"醉里挑灯看剑，梦回吹角连营"。醉眼之中，家国情怀只有"剑"才得以慷慨激昂。至于原本落魄的书生"忧眠枕剑匣，客帐梦封侯""倚剑登高台。悠悠送春目"，酸腐的胃气，恐怕会令剑锋生出铜锈来。

记得海涅有句遗言："我死时，棺中放一剑，勿放笔。"文人内心落寞的家国情怀，看来还不只是我们中国的"土特产"了。

27. 文人动狠

程千帆口述、张伯伟整理的《劳生志略》一书载：

徐哲东（震）先生，是太炎先生的弟子……徐先生是练过武功的人……他在中央大学当讲师的时候，有一次中文系开会，请哲东先生舞剑，他答应了，舞剑的时候长袍子全身都作响。朱东润先生当时在武汉大学，刘博平先生当系主任，朱先生教文学批评史，博平先生的学术思想比较守旧，认为文学批评可以不必修。徐哲东先生应聘到武大，人还没有来……博平先生……就替徐先生开列了……传记文学研究，这是当时教育部选课的课程。徐先生……以前没有教过这个课……决定开个韩柳文研究……朱东润先生就开玩笑，写了一篇杂文，投到当时重庆的一个刊物叫作《星期评论》上发表……朱先生的杂文说，大学里面也很特殊，传记文学怎么开出韩柳文研究来了？是不是把讲《种树郭橐（tuó）驼传》和《永州八记》变成了传记研究？徐先生看到后很生气，说：他的嘴巴很巧，我可不会讲，但是我会打。我要打他，我打的人不是我治还治不好。东润先生就很狼狈。那时教室旁边有个教员休息室，两课之间可以在里面休息。只要哲东先生在里面，东润先生就不敢进去。后来哲东先生有个比较熟的朋友，是法律系的教授，好像是叫刘经旺。他是湖南人，是个好先生，就劝徐先生。徐先生也就答应不打了……

徐震（1898—1967年），字哲东，江苏武进人。从国学大师章太炎研习国学，从郝月如前辈学习太极拳。历任大学国学教授和中学校长。徐震博览群书，勤于武术史的考证和研究，特别对于穿凿附会的武术史疑难点，时有振作提升。

朱东润（1896—1988年），江苏泰兴人，著名文史研究学者、书法家，于篆、隶、行、草无不精善。1916年英国伦敦西南学院肄业。著有《张居正大传》《杜甫叙论》等传记文字作品，其《中国文学批评史大纲》是我国最早的文学批评著作之一。

二水的太极拳老师金仁霖先生，在太极拳史研究上私淑徐哲东先生，对唐豪、顾留馨一脉的太极拳史论之得失处，颇多真知灼见。而二水的古汉语老师则是朱东润先生的高足辛子牛教授，点校《唐律疏议》及历代刑法志著称。套套近乎吧，二水也算与哲东、东润两位老先生有些缘分了，因而，阅读此段文字自有别样的情绪。而今事过境迁，文字所涉及的当时人皆已作古。此事虽有文人动狠的嫌疑，还不至于毁誉两位老先生的人格。静心读来，两位老先生的可爱相，反而显露无遗。

东润先生由于没有开设"文学批评"课，讥讽哲东先生在先，自然有文人尖刻的一面。哲东先生因措手不及，自有捉襟见肘的尴尬。一旦被东润先生说破，也恼羞成怒，似有动狠的嫌疑。而"我打的人不是我治还治不好"云云，至多也算是政治家惯用的"核威胁"罢了。而"只要哲东先生在里面，东润先生就不敢进去"一节，可见哲东先生的"核威胁"，对东润先生还是有作用的。古训"威武不能屈"云云，看来只是用来教育学子时才会振振有词、落地有声。加诸己身，还是"躲得起"的，毕竟好汉不吃眼前亏啊！最为迂腐的是老学究刘经旺先生，竟然自告奋勇，充当起类似于联合国官员一般的职责，自然是以"和平"为己任，充当起"两国之间"的调停斡旋来。中华人民共和国成立后，哲东先生去兰州大学教书前，与东润先生都是复旦大学教授，或许应该在一个教研室吧，不知是否还有类似的轶闻？大凡是"渡尽劫波兄弟在，相见一笑泯恩仇"了吧。

28. 剑法与刀术

杨式传抄《太极剑歌》："剑法从来不易传，直来直去胜由言，若仍砍伐如刀者，笑坏三丰老剑仙。"金仁霖老师考证，此歌源自吴修龄《手臂录》卷四末附之"后剑诀"："剑术真传不易传，直行直用是幽元，若唯砍斫如刀法，笑刹渔阳老剑仙。"

两首歌诀，应该有着明显的传承渊源。不管是笑刹渔阳老剑仙，还是笑坏三丰老剑仙，意思很明确，剑法不能像刀术一般使唤。《手臂录》也一再强调说："剑器轻清，其用大与刀异。"蔡懿恭云："普通之剑术为刀化剑，实非剑术也。"道尽了剑法与刀术的区别。《柔克斋传心录·太极剑谱》云："据杨澄甫老师太极剑套路及剑法：撩、拦、叩、拨、摇、挑、轮、扫八字，加上李芳辰老师武当对剑：抽、带、提、格、击、刺、点、崩、搅、压、劈、截、洗十三字共二十一字。另有剑指，食、中两指向前指出，左右相同。"

劈法，本不见于杨家剑法，而在李公的武当对手剑中，却是十分重要的。吴志青先生的《太极剑》中对劈字有详细论述：

劈剑：劈者由上往下谓之劈。有正劈反劈之别。劈剑以剑身前三分之一处为之劈，用剑身中三分之一处谓之砍，用剑身后三分之一处谓之斫，总称曰劈。如第十一势之童子拜佛，如第二十一势之独劈华山，皆为正劈。又有反劈则为反腕，或前或后劈是也。

可见，砍、斫两法虽不为各家剑术所重。在情急之中，剑身分三，或劈、或砍、或剁亦各各随心随欲。只是不违背"直行直用""剑走轻灵"的风格为要。

同样是剑术，还是有着内外家不同的练法，吴志青先生在《七星剑》序言中有云："余自创中华武术会，即存心剑术，欲探吾国数千年之奥秘……蔡马李刘四君之剑术，各有专长。蔡马刘之剑，皆以刚胜，李之剑独以柔胜。""独以柔胜"句，概与《越女论剑》之"道分阴阳、开门闭户、阴衰阳兴，内实精神，外示安仪，见之似好妇，奇之似惧虎，布形候气，与神俱往"，或与《庄子》论剑所云"示之以虚，开之以利，后之以发，先之以至"，以及明季五公山人的"力不自力"的理论，是一脉相承的。道尽了剑术之内外两境界的分野。

29. 越女论剑

《吴越春秋》记载：

其时越王又问相国范蠡曰："孤有报复之谋，水战则乘舟，陆行则乘舆（yú）。舆舟之利，顿于兵弩。今子为寡人谋事，莫不谬者乎？"范蠡对曰："臣闻古之圣人，莫不习战用兵。然行阵、队伍、军鼓之事，吉凶决在其工。今闻越有处女，出于南林，国人称善。愿王请之，立可见。"越王乃使使聘之，问以剑戟之术。

处女将北见于王，道逢一翁，自称曰袁公，问于处女曰："吾闻子善剑，愿一见之。"女曰："妾不敢多所隐，惟公试之。"于是袁公即杖箖箊（lín yū）竹，竹枝上颉桥，末堕地，女即捷末。袁公则飞上树，变为白猿，遂别去。

见越王。越王问曰："夫剑之道如之何？"女曰："妾生深林之中，长于无人之野，无道不习，不达诸侯，窃好击剑之道，诵之不休。妾非受于人也，而忽自有之。"越王曰："其道如何？"

女曰："其道甚微而易，其意甚幽而深。道有门户，亦有阴阳。开门闭户，阴衰阳兴。凡手战之道，内实精神，外示安仪。见之似好妇，夺之似惧虎。布形候气，与神俱往。杳之若日，偏如腾兔，追形逐影，光若仿佛，呼吸往来，不及法禁，纵横逆顺，直复不闻。斯道者，一人当百，百人当万。王欲试之，其验即见。"越王即加女号，号曰"越女"。乃命五板之堕长（堕长，古官名）高习之，教军士，当世莫胜越女之剑。

此篇文字，大凡是历史上最早有关武术搏击理论的概述了。作者赵晔，东汉年间绍兴人。距今已有两千多年。该文字后多被转载，稍有出入。

《艺文类聚》引用时改为："公即挽林内之竹似枯槁，末柝地。女接取其末。袁公操其本而刺处女。处女应，即入之。三入，因举杖击袁公。袁公则飞上树，化为白猿。"重在描述处女对猿猴，以末应本的过程，旨在昭示中国武术以静制动、以弱胜强的内涵。

《剑侠传》则改为："公即挽林杪（miǎo）之竹似桔槔（gāo），末柝地，女接其末。公操其本而刺女。女因搏击之，公即飞上树，化为白猿。""桔槔"大凡是井上辘轳，从《吴越春秋》中"颉桥"而来，形容袁公舞剑的灵动和巧劲。更能衬托越女的技高一筹。

《东周列国志演义》第八十一回云："老翁即挽林内之竹，如摘腐草，欲以刺处女。竹折，末堕于地。处女即接取竹末，还刺老翁。老翁忽飞上树，化为白猿，长啸一声而去。使者异之。""如摘腐草"句，又暗合内家拳"打人如薅草"之说。可见白猿乃内中高手无疑。

此后，历代的文人喜欢将白猿的功夫神话，如庾信《宇文盛墓志》云："授图黄石，不无师表之心，学剑白猿，遂得风云之志。"杜牧也有"授图黄石老，学剑白猿翁"句，看来还不纯出偶然。

几经演绎，有关越女的精辟论剑，始终未见删改。"内实精神，外示安仪。见之似好妇，夺之似惧虎。布形候气，与神俱往。杳之若日，偏如腾兔，追形逐影，光若仿佛，呼吸往来，不及法禁，纵横逆顺，直复不闻。"此节文字，即便以今人的识见论，依然对中国武术，特别是内家拳有指导意义。"内实精神，外示安仪"，几乎是当下内家拳最为经典的理论，"布形候气，与神俱往"的境界，也绝非我辈能望其颈项的。

从这一层面上来看，说我们的内家拳起源于明清，或说太极拳起源于陈家沟，就显得十分的苍白无力。

30. 竹筷搛豆

点剑单练：身法类似于太极拳中搬拦捶之捶式。只是将捶的空心拳改为刺剑的姿势，左手竖掌，轻搭在右手的脉门处。然后，先抽动左肩、胯里根，带动右肩、胯里根，将轻搭在右手脉门的竖掌，在内抽劲的带动下，掌心向上，手指自然向前方舒展。似有托住右手脉门意。而握剑的右手也自然在内抽劲和左手的带动下，形成转臂式。拇指下向，身体胸腹掏空，气血下沉至脚根，意念顺剑脊直达剑尖，有顺对手剑之中节滑向根节，直达对手腕部的意思。

点剑，意在使对手脱剑受降。当年李景林公称之为"转臂捷用"或"反臂捷用"。

劲路由肩胯内抽，带动剑的三节劲，剑尖方能以柔为用，犹如游龙，取敌一如竹筷搛豆。

31. “泻其子”与“补其母”

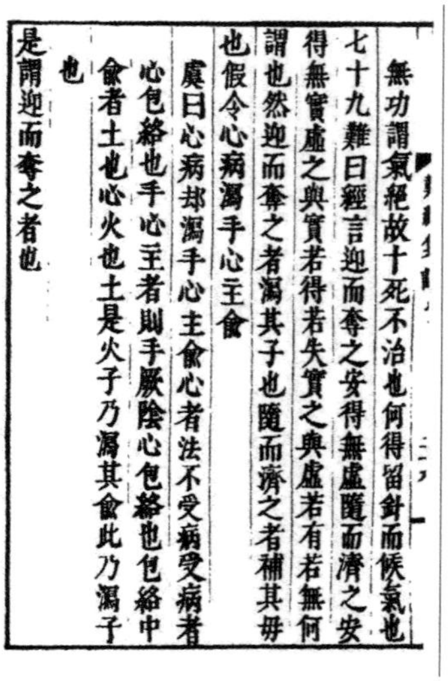

無功謂氣絕故十死不治也何得留針而候氣也
七十九難曰經言迎而奪之安得無虛隨而濟之安
得無實虛之與實若得若失實之與虛若有若無何
謂也然迎而奪之者瀉其子也隨而濟之者補其母
也假令心病瀉手心主俞
虞曰心病却瀉手心主俞心者法不受病受病者
心包絡也手心主者則手厥陰心包絡也包絡中
俞者土也心火也土是火子乃瀉其俞此乃瀉子
也
是謂迎而奪之者也

图36　四部丛刊王翰林集注《黄帝八十一难经》

《难经》“迎而夺之者，泻其子也，随而济之者，补其母也”句（图36），曾问家父期间的“母子”关系，问为啥要“泻其子”而“补其母”。家父的回答，而今也不甚真切。大意是“子者逢其时也，母者过矣。青年人是早上八九点钟的太阳，逢其时也，子也。夕阳则过矣，母也”。意思是古人针灸取穴与时辰（地支）有关，叫“纳子开穴”。许多练气功的也讲究这些。还有什么“纳甲法”等。

此“母子”关系，二水学太极拳后，方有所悟：

推手时，彼劲方来，所谓气血方刚者，逢其时也。我则迎而夺之者，泻其子也；彼劲始有去意而未走，时已过矣。如夕阳而未坠。我则随而济之者，补其母也。

三十二目老拳论“太极补泻气力解”云：“补泻气力，于自己难，补泻气力，于人亦难。补自己者，知觉功亏则补，运动功过则泻，所以求诸已不易也。补于人者，气过则补之，力过则泻之，此胜彼败，所由然也。气过或泻，力过或补，其理虽一，然其有详：夫过补，为之过上加过，遇泻为之缓他不及，他必更过，仍加过也。”遇泻，或“过泻”之误植。

可见补泻之法，在于谙熟对手的过与不及，明了对手的母与子。只有懂得了太极拳里的这层“母子”关系，方能“过上加过”

或"缓他不及"也！

叶大密老师云"懂得补泻之理，手足自不足论"，至理矣！

32. 开通元宝入药

纪晓岚《阅微草堂笔记》槐西杂志（三）载：

交河黄俊生言，折伤骨者，以开通元宝钱（此钱唐初所铸，欧阳询所书其旁，微有偃月形，乃进蜡样时，文德皇后误掐一痕，因而未改也。其字当回环读之，俗读为开元通宝，以为元宗之钱，误之甚矣）烧而醋淬，研为末，以酒服下，则铜末自结而为圈，周束折处，曾以一折足鸡试，果续如故。及烹此鸡，验其骨，铜束宛然，此理之不可解者。铜末不过入肠胃，何以能透膜自到筋骨间也？惟仓卒间，此钱不易得。后见张族《朝野佥载》曰：定州人崔务堕马折足，医令取铜末酒服之，遂痊平，及亡后十余年改葬，视其胫骨折处，铜末束之。然则此本古方，但云铜末，非定用开通元宝钱也。

二水按：铜末入药，理不足怪。《神农本草经》载疗产后血气痛方有"自然铜煅，淬醋饮之"。明李时珍《本草纲目》金石部，更有赤铜、赤铜屑、自然铜、铜矿石、铜青等不同药性的介绍。博学如纪晓岚，应该不会陌生。

激发纪晓岚好奇心的大凡有二：其一，究竟是开通元宝本身的药理作用，还是铜末的药理作用；其二，"铜末不过入肠胃，何以能透膜自到筋骨间也？"

第一个疑虑，而今看来几近可笑。古人喜谈阴阳之理，在古人的眼里，兴许以为开通元宝的药理作用与做开通元宝的材料的药理作用是有质的区别的。

作为医学家的李时珍，在他的《本草纲目》中也专有"古文钱"的介绍："古文钱，泉、孔方兄、上清童子、青蚨。古文钱但得五百年之外者，即可用。唐高祖所铸开元通宝，得轻重大小之中，尤为古今所重。黄金为父，白银为母，铅为长男，锡为适妇，其性坚刚，须水终始，体圆应天，孔方效地，此乃铸钱之法也。"

在李时珍看来，古文钱是有特殊疗效的。他不但分析了古文钱的金、银、铅、锡的不同成分，还考虑了"得五百年之外者""得轻重大小之中""体圆应天，孔方效地"诸如人文因素。

从现代的眼光去看待此段文字，李时珍不但在分析古文钱的人文因素时错误百出，就连对古文钱成分的分析也不甚精确。纪晓岚相对在鉴别古文钱上，就显得得心应手了。似乎就是针对李时珍而言，纪晓岚特地在"开通元宝钱"后加注一段："此钱唐初所铸，欧阳询所书其旁，微有偃月形，乃进蜡样时文德皇后误掐一痕，因而未改也。其字当回环读之，俗读为开元通宝，以为元宗之钱，误之甚矣。"

纪大才子此段注解，大凡源自唐时文人唐胡璩（qú）的《谭宾录》。

唐胡璩云："钱有文如甲迹者，因文德皇后也。武德中，废五铢钱，行开通元宝钱。此四字及书，皆欧阳洵所为也。初进样日，后掐一甲迹，因是有之。"

而"开通元宝"抑或"开元通宝"这段公案，一直延续至今，二水无暇顾及谁是谁非。作为医学家的李时珍在文史类领域时有"误之甚矣"的情形，是不足为怪的。而相对李时珍，纪晓岚虽则博学，对医学也只浅识的人来说，"究竟是开通元宝本身的药理作用还是铜末的药理作用"成了激发纪晓岚好奇的兴奋点，也在情在理。

至于第二个疑虑"铜末不过入肠胃，何以能透膜自到筋骨间也？"在现代科学意义上的化学尚未"西学东渐"的年代，自然是无法解答的了。

其实，在纪晓岚担纲《四库全书》总纂官的那一年，也就是乾隆三十八年，医学家沈金鳌刊行了他的医学专著《杂病源流犀烛》。书中载"接骨紫金丹"，配方为：土鳖、乳香、没药、大黄、血竭、硼砂、当归、骨碎补、自然铜（醋淬制七次），共研细末，用开水或黄酒送服。醋淬的自然铜其实正为多年后流放在外的纪晓岚揭开了这一疑虑。

从现代化学角度看来，自然铜的主要成分其实不是铜，而是硫化物类矿物，黄铁矿族。黄铁矿，主要含有二硫化铁（FeS_2），并混含铜、镍、锑、砷等物质及20余种微量元素，对骨折愈合有促进作用，可使骨痂生长快，量多且较成熟，抗折力也强。在弱酸的作用下，二硫化铁具有很强的渗透性。

这么看来，开通元宝钱为唐初所铸，就不无道理了。唐初，战事连连，民不聊生，开采铜矿的水准自然不会很高，将自然铜误作铜矿也在情理之中。二水在无意之中，曾得一枚"开通元宝"，"欧阳询所书其旁，微有偃月形"，一如纪晓岚所述。至于是否系"乃进蜡样时文德皇后误掐一痕"，聊作一粲（càn）。只是铜钱铸工粗劣，呈黑色，清水洗则成黄铜色，不类通常古钱的色泽光亮。概二硫化铁经日久汗渍酸污的结果。不知李时珍所关注的"得五百年之外者"，是否有类五百年"人手醋淬"的人文因素？

金仁霖老师校编的《柔克斋太极拳传心录》末篇存河北完县孙禄堂老先生传《跌打损伤验方》一则，载：川大黄（醋炒）四两，骨碎补一两，自然铜（醋淬）一两，乳香一两，土鳖（去头尾）一两，龟板一两，当归一两，没药 一两。

上药研为细末，瓷瓶收藏。见血干掺，青肿烧酒调涂，努伤黄酒冲服一钱。如法施治，神效不可弹述。

此方大致与《杂病源流犀烛》所载"接骨紫金丹"同。看来沈金鳌的《杂病源流犀烛》虽未能入纪晓岚的法眼，他的"接骨紫金丹"却在民间武术界被奉为"千斤一得，一方难求"的至宝。孙禄堂先生的药方被金老师将此方编入《传心录》篇末，自有他的深意。一则纪念孙禄堂老先生与叶大密老师的交往，另则以药方为全篇的压轴，道明了叶大密老师等老一辈武术家治病救人的人道主义精神。

33. "气沉丹田"的一桩公案

王宗岳《太极拳论》"气沉丹田"一说，由于"丹田"概念的模糊性，加上现今的太极拳学者，往往是带着现代汉语的语法去理解古人的语境，因此，"气沉丹田"一说，众说纷纭。

二水理解，"沉"与"蹲"不同。蹲，是具体描述身躯上下运动的动作。而沉，只是对一种状态的描述，不是描述具体的行为过程。古汉语的语意环境中，与之有相同语法结构的成语，叫"石沉大海"。人身无处不丹田，倘若将丹田置换成"气海"，那么"石沉大海"与"气沉气海"就有了完全相同的语意环境了。从这两个词出发，来探究古人的语意环境，我们就不难发现，这里的"沉"字，其实具有位置的不确定性。古人倘若想表达某个动作延续发展到某个具有明确空间位置的概念时，往往用"卸至""抵达""落至""沉至"等。而单纯的"沉"字，只是表述一种状态，而不确指具体的空间方位概念。"石沉大海"，并不是要明确石头究竟沉在大海的哪个具体位置，而是重在表达石头"沉"在大海中这一状态的。

同样，"气沉丹田"，侧重的也是"沉"的状态，我们其实大可不必去探究"气"究竟沉到"丹田"的哪个位置了。倘若有人一定要追究，这石头究竟到了哪里，可想而知，石头最后终究是沉在海底了。"气沉丹田"的"气"，也一样。

五十年代，上海体育宫里，有人向叶大密老师求教，"气沉丹田"的"气"究竟应该如何沉到丹田去。叶大密老师看到有些人误解了"沉"法,一个个鼓腹作"太极肚"。所以叶大密老师主张,应该将胸中的横气一沉到底的,不要留存在腹部。只有将胸腹全然地掏空,胸腹才能了无挂碍,神情才能活泼泼的,有灵机圆活之趣。

顾留馨1964年3月初版的《太极拳研究》一书第二章"太极拳对身体各部姿势的要求"之"三、躯干部"之"腹"中,写道:"古典太极拳论,仅有'气沉丹田'之说,近人又有'气又要卸到足底'之说,恐系联想到'劲起于脚跟'而有此说。气归丹田则有集有发,气卸脚底则有发无集""前辈名家并无'气又要卸到足底'之说。"其实,这一节,他是不指名地批评了叶大密老师对"气沉丹田"的理解。顾留馨先生的表舅何寿康先生(孟止波的妹夫),是上海著名的气功炼丹专家,那个时候,何先生经季方之弟介绍,正跟着叶大密老师学太极拳和导引术。何老先生见顾留馨先生这种言辞,也自然有不同意见的。他曾与金老师多次交流过意见。后来金老师复印了陈鑫的单鞭图给何老先生。或许何老先生后将此图交给了顾留馨先生。顾留馨先生过世后,其子顾元庄先生于2004年7月此书第三版时,删除了上面这段荒诞的言辞。此亦可见顾先生知错必改、从善若流的品德。

顾留馨先生是练陈式拳为主的,他最推崇的太极拳理论,也就是他的"前辈名家"陈鑫品三先生了。陈鑫《陈氏太极拳图说》第三势单鞭图中,"胸"下引线有文字注解云:"胸膈横气卸到脚底即不能亦当卸至丹田。"句读后应该为:"胸膈横气,卸到脚底。即不能,亦当卸至丹田。"这位他敬仰不已的"前辈名家"就用这张单鞭图,却很很地掴了他"前辈名家并无'气又要卸到足底'之说"一个耳光!

其实,陈鑫的"胸膈横气卸到脚底即不能亦当卸至丹田"这句话,也是陈鑫的显漏底气之言。陈鑫先生毕竟是看的多,听的多,练的少。胸膈横气,卸到脚底。这是至理!倘若,做不到胸膈横气卸到脚底的话,退而求其次,将这"横气"当作是走漫漫长路的人，走累了，先在半路上栖息一下，停顿一下，之后继续赶路。这恐怕是行不通的。从实际训练角度来看，卸到脚底与卸至丹田，在开胯上是截然不同的两种训练方法。从实际训练角度来看，两个位置，训练要求是截然不同的，分属于两种训练体系。暂且将这"胸膈横气"卸至丹田后，倘若不从根本上改变训练方法，怕一辈子也走不到"卸到脚底"的境地的。而且，倘若主张"卸至丹田"的练法，稍有不慎，肚子越练越大，日后即便想改，也难。此亦王宗岳所谓"此技旁门甚多"者，不可不慎！

34. **断接俯仰**

田本《杨氏太极拳老谱·太极字二解》云："劲断意不断，意断神可接。劲意神俱断，则俯仰矣。因手足无著也。俯为一叩，仰为一反。不使叩反，非断而复接不可。对待之时，俯仰最当留意，时时在心，手足不使断接之能，非见隐显微不可。隐微如断而未断，见隐如接而未接。接接断断，断断接接，其心意身体神气，极于隐显，又何患不粘黏连随哉。"

文中，"断接俯仰"显然讲的是一种"劲意神俱断"之后"极于隐显"的高超功法。而同谱的"懂劲先后论"则云："未懂劲之先，易犯顶匾丢抗之病，既懂之后，又恐犯断接俯仰之病。然未懂故犯病，既懂何又犯病？盖后者在似懂未懂两可之间，断接无准，则视听未正确，尚未达到真懂劲之境焉。"此节文字却将"断接俯仰"作为懂劲后的一种易犯之病。粗粗看来，似乎有自相矛盾处。仔细琢磨，老谱揭示了学练太极拳在真假懂劲间的门槛。意思是说，当我们掌握了"断接俯仰"，便能达真懂劲之域，不掌握"断接俯仰"，尚在"似懂未懂两可之间"矣。

何谓"断接俯仰"？

田本《杨氏太极拳老谱·太极字二解》云："断接俯仰，此四字关乎意劲也。断接关乎神气，俯仰关乎手足也。"断接为俯仰之体，俯仰为断接之用。形体上要处理好"俯仰"的问题，意念上就能掌握"断接"这一"极于隐显"的高超功法。反之，意念上倘若没有掌握"断接"这一功法，形体难免会犯"俯仰"之病。

老谱也正是从形体和意气两个层面反复论述了"断接俯仰"。

太极拳讲究周身一家、完整一气。周身一家、完整一气的要求，在相对静止的定势中，也许相对的简单。一般而言，只要开了胯、松了肩，其他各关节节节拔伸舒展了，人体原本表现为由上下、左右两维而构成的一个平面，由于各关节节节拔伸舒展，几大关节犹如中国传统木工使用的"榫头"，一一入榫了，人体的这一平面便加上了"前后"的维度，成了三维空间。将人体譬之一棵树，而太极拳的要求，是将人体这棵大树变成一座房屋。这个意义上说，太极拳，就像是一座会跳舞的房屋。房屋是相对静止意义上的周身一家、完整一气。而要让这座房屋漂亮地跳起舞来，就不是一件容易的事。倘若处理不好"俯仰"的问题，就会造成落门掉窗，少椽移柱，脱榫散架，乃至整座房屋的倒塌。这便是"手足无著"之病了。叶大密老师时常告诫学员："两手不知呼应，是谓半无着落。"

"呼应"两字讲透了"着落"的深意！要将自身这座房屋跳起舞来，不但两手需要"呼应"，两足需要"呼应"，手足之间需要"呼应"，各个关节均需要"呼应"。每招每式，举手投足有了"呼应"，就不会出现老谱所谓"俯为一叩，仰为一反"的现象。

行拳走架，在轴线变换中，应该注意身躯的平整移动。前移时，保证两胯先有动意，后撤时，头脸须先有后撤意。移、撤失准，难免叩、反。移、撤与叩、反，有着本质的区别。移、撤之间，尚有上下、前后、左右之间若即若离的牵引与拉伸。这种牵引与拉伸的感觉，表现在人体整体的前移后荡中，自然便是一种身心之间的呼应，一种与外界广袤世界的呼应。

一断则触，一接则发。触发之间，断接无痕，"心意身体神气，极于隐显"。触发两字，讲透了太极拳在推手时的另一个重要的概念，那就是"时间"。

倘若说，太极拳行拳走架还只是一个立体的三维空间，那么在推手之时，这一三维空间里，就加入了时间这一维度，是一个四维空间的概念了。老拳谱所谓"得机得势"的"势"，主要是对三维空间所体现的一种矢量，而"机"则重在描述如何让矢量发挥更大功效的"时间"的把握了。推手之时，时间上的把握，有主动被动之分。所谓"先知先觉""后知后觉""不知不觉"三者，显而明矣。只有主动把握了"动静之机"，才能触而后法，随感斯应。一触即发，与人是一气呵成，与己则有"断接"。

"隐微如断而未断，见隐如接而未接。接接断断，断断接接，其心意身体神气，极于隐显，又何患不粘黏连随哉。"粘黏连随，讲究的是不丢不顶的功夫，而接接断断、断断接接讲究的却是即丢即顶的功夫。触发之间，便是即丢即顶，触发之间，便是断接之能。田本《杨氏太极拳老谱·粘黏连随》结语云："学者欲求懂劲，当于此四字三注意焉。"可见，先求懂劲，必须时时注意粘黏连随。而粘黏连随后的不丢不顶，与人对待，还只是被动地调整阴阳平衡，还只是"似懂未懂两可之间"的假懂劲。而当掌握了断接这一技术要领，接接断断，断断接接，便能即丢即顶，在对待之际，却是主动调控双方的阴阳平衡，"又何患不粘黏连随哉"。

金仁霖老师说："不丢不顶，还只是基本功夫，即丢即顶，才是一种境界。"这自然与杨氏老谱中"断接俯仰"是一脉相承的了。只有掌握了"断接俯仰"这把钥匙，我们才能真正进入太极拳"懂劲"之门，才能真正有资格去窥探太极拳的奥堂。

早些年在《武林》杂志刊登南馨先生撰稿的一则有关叶大密老师的佚事，说是20世纪50年代，上海民盟支委去无锡开会，在游太湖的船上，有人想见识叶老师的功夫，便用凳子向叶老师砸来，叶老师随手用一柄扇子潇洒地将凳子黏住，随即又将凳子抛向其原来位置。极尽"断接俯仰"之能事，何等的玄妙高深！

35. "闪赚" 杂论

拳论中常见有"腾挪闪战"，或"闪展"之说。金仁霖老师说："是为闪赚，今人误植耳！"二水如梦初醒，大呼得矣。

考"闪赚"二字，本义为元曲宫调。元人芝庵《唱论》云："大凡声音各应于律吕。分做作六吕十一调，共计十七宫调。如下：仙吕宫唱：〔清新绵邈〕、南吕宫唱：〔感叹伤悲〕、中吕宫唱：〔高下闪赚〕、黄钟宫唱：〔富贵缠绵〕、正宫唱：〔惆怅雄壮〕……"

"中吕宫唱"大凡是高下起伏、悬念顿起之类的唱腔吧。顿收提放一气呵成，抑扬快慢相间有序。顿收提放、抑扬快慢，也许能够赚取观众的心。就像如今的电视剧，以赚取眼泪为宗旨。于是就产生了"诓愚人"一说。《西游记》有："如来却不肯向他说明原委，气得悟空叫道：'可恨！可恨！如来却也闪赚老孙！'"唐寅《解惑歌》云："佛知过去未来事，仙有通天彻地力。任你喽罗闪赚高，这两个人瞒不得。"确切地说，这里的"闪赚"成了"诓愚人"的种种手段。

搜肠刮肚，想方设法去诓愚别人，总是生硬得紧。也难怪在陈鑫的论著里，"闪赚"成了《搊手三十六病》中之两病：其一，躲闪（躲闪者，以身躲过人手，欲以闪赚跌人也）；其二，闪赚（闪赚者，是诓愚人而打之）。

可见，"诓愚"一说，也诓愚了不少人了。其失过于"有意"。

查张相《诗词曲语辞汇释》："闪，抛撇之义。"赚，唱赚之意。唱赚，是宋代的一种说唱艺术，常用"平仄韵通叶的变化"，极具扇情之能事。可见"闪赚"二字，还不是简单的"诓愚"一说所能够含概的。

看来由元曲宫调，引申为文人对白，还是深得一究。明许仲琳《封神演义》第五十六回"子牙设计收九公"中有："土行孙得空，以手一抱暖玉温香，已贴满胸怀。檀口香腮，轻轻紧搵（wèn）。小姐娇羞无主，将脸左右闪赚不得，流泪满面曰：'如是恃强，定死不从。'"

这里的"闪赚"是一种近似于人本能自我保护的躲闪动作。然而，纯系本能的保护，看来还是难以达到自我保护的目的。少女遇见"土行孙"这般胡乱地抱贴，轻浮紧搵，自然反应式地"闪赚"，终究"闪赚不得"，只好"流泪满面，定死不从"了。究其因，失过于"无意"。

"闪赚"二字，还得于有意无意间求之！

明程冲斗《棍法图说》有载："或问曰，诀中有穿、提、闪、赚之法，可得闻欤？余曰：斯法也、其机玄、其旨奥。非心精思巧者，不能造。非功深力到者，不可言。闪赚者，手固步小，推棍入彼怀中，左拿闪右，右拿闪左。莫可测度，不至犯硬，此是赚法。若穿提，即非如闪赚者之小可也。局势阔大，运用圆活。如彼立势，便于左拦，我则从左上，以凑其拦，及彼拦下，我已先机而穿乎右矣。如彼立势便于右拿，我即从右上，以凑其拿，及彼拿下，我已先机而穿乎左矣。循环无端，进退无迹，知电飞雷奔，目不暇视，手不暇指。无论图中诸势，皆以此为胜算，即破诸家利器，亦恃此而奏功。诀中所谓静中用乱者，此也，所谓旧力略过，新力未生者，亦此也。所谓彼枪不动，我枪扎者，亦此也。岂非一了百了之说乎。""斯法也，其机玄，其旨奥。非心精思巧者，不能造。非功深力到者，不可言。"

何其精辟！闪者，功深力到者，自然反应而已。赚者，心精思巧者，妙手偶得者也。棍法如斯，拳法如斯，曲词歌调，也复如斯！

36. "闪赚"之后

网友非议《"闪赚"杂论》一文，有说拾人牙慧，抄袭马明达先生的文字云云。找来马先生文字一一对照，补作"闪赚"之后。

[比较一]

马先生云：读者可以翻翻《辞海》等工具书。把闪和赚两字合并起来，则只出现在武术中，它具有鲜明的武术术语属性。

二水按：元人芝庵《唱论》有"中吕宫唱：高下闪赚"，不只局限于武术领域使用，而是元曲宫调。唐寅《解惑歌》"任你喽罗闪赚高"也与武术无关。明代许仲琳《封神演义》《西游记》中也都是闪和赚合用的，均与武术无关。

[比较二]

马先生云：闪赚，本义是诱骗。

二水按：其一，"诓愚"一说，也诓愚了不少人了。其失过于"有意"。其二，《封神演义》第五十六回"子牙设计收九公"中的"闪赚"，是一种近似于人本能自我保护的躲闪动作。然而，纯系本能的保护，看来还是难以达到自我保护的目的。究其因，失过于"无意"。

[比较三]

马先生以为：明代武术文献中，"闪赚"先是主要出现在枪法中。

二水按：明代程冲斗《棍法图说》中已经明确有"闪赚"论述。可见"先主要出现在枪法中"一说，也缺乏依据。

[比较四]

马先生说：显然"闪赚"既是一个战术概念……戚继光《拳经》中没有出现过"闪赚"一词，但相近的词，如"闪退""闪惊"之类不一而足。

二水按：明代程冲斗《棍法图说》明确指出："斯法也，其机玄，其旨奥。非心精思巧者，不能造。非功深力到者，不可言。"可见"闪赚"之法，需要两个条件，其一，"心精思巧"；其二，"功深力到"。此法不是简单的战术能够概括的，更与闪退、闪惊有天壤之别。

由此可见"闪赚"二字的演变轨迹：

原本由宋朝的说唱艺术演变为元曲的一种宫调，再流传于民间，成为老百姓的口头禅。这是"闪赚"二字第一阶段的发展。

第二阶段的发展有两条脉络：由老百姓的口头禅，演变为明清小说的文字，这是文人的发展。由老百姓的口头禅，演变为武术用语，这是武者的发展。

不管是武者还是文人，在这一发展阶段，由于每个个体的修为不同，对"闪赚"二字，就产生了不同的分歧。特别是武者，由于历史的原因，读书少了，分歧也就自然大了，也是情有可原。为此，二水对从事武术资料研究的人由衷的敬佩。在此，向马明达老师致以敬意！

1. 王宗岳之谜

"王宗岳"三字，最早见诸李亦畬手抄《王宗岳太极拳论后附小序并五字诀》，即俗称老三本中。老三本之郝和藏本，开篇题"山右王宗岳太极拳论"之外，对王宗岳生卒事迹等均无记载。徐哲东《太极拳谱理董辨伪》之"太极拳谱理董序"一文云："今年（1935年）夏，自鄂东归，于张君士一处，得见永年李氏《廉让堂本太极拳谱》……未几，月如先生复示余家藏抄本太极拳谱，较李氏手写本多一跋，亦是李亦畬所撰。谓此谱得诸舞阳县盐店……"

《太极拳谱理董》篇末所附的"李亦畬太极拳谱跋"云："此谱得于舞阳县盐店，兼积诸家讲论，并参鄙见，有者甚属寥寥。间有一二有者，亦非全本。自宜重而珍之，切勿轻以予人，非私也，知音者少，可予者，其人更不多也。慎之慎之。"

可见，武禹襄得诸舞阳县盐店的《王宗岳太极拳论》，王宗岳其人，生卒生平，皆无确切资讯予以证实，至今依然是个谜。

2. 王宗岳与山右王先生的嫁接

1936年，中国武术学会发行唐豪编著《武艺丛书》第一辑之四《王宗岳阴符枪谱太极拳经》一书。其书分作三篇：《王宗岳考》《王宗岳太极拳经》《王宗岳阴符枪谱》。

《王宗岳考》云："数年前，不妄在北平厂肆得阴符枪太极拳经合抄本一册，枪谱之前，有乾隆乙卯—五十九年佚名氏叙一篇。叙中说：山右王先生，自少时经史而外，黄帝、老子之书及兵家言，无书不读，而兼通击刺之术，枪法其尤精者也。盖先生深观于盈虚消息之机，熟悉于止齐步法之节，简练揣摩，自成一家，名曰阴符枪……辛亥岁，先生在洛，即以示予……"之后，唐豪先生以律师特有的职业习惯，对这份得自"北平厂肆"的证据做了如下推论："诀中高下、左右、刚柔、虚实、进退、动静、阴阳、黏随——与太极拳经理论吻合，这是山右王先生即王宗岳的一证。太极拳经上的王宗岳藉（籍）山右，阴符枪谱叙中的王先生也藉（籍）山右，这是山右王先生即王宗岳的又一证。太极拳经与阴符经谱合抄在一起，其理论与文采，两者又相合致，苟非同一人的著作，没有这般巧合的事，这是山右王先生即王宗岳的又一证。有以上这些证据，证明了山右王先生即是著太极拳经的王宗岳，在另外没有找到别的新证据可以修正此说之前，大概不算十分武断吧。"

在他自以为"大概不算十分武断"的论断之下，这份得自"北平厂肆"的证据，连证据本身的真伪尚未辨析的情形下，这位传说中生活在乾隆辛亥至乙卯年间的"山右王先生"，就被论定为李亦畬抄本《王宗岳太极拳谱》中的"王宗岳"了。

唐豪《王宗岳考》又进一步由此推论"王宗岳是怎样一个人物"云："阴符枪谱佚名氏的叙告诉我们：王宗岳是山西人……辛亥岁——乾隆五十六年，他在洛。其后馆于汴……叙末署乾隆乙卯，证明了他于乾隆五十九年尚还健在。他怎样学得太极拳的呢？阴符枪谱叙中不是说过他在汴、洛之间处过馆的吗？太极拳的发源地，在河南怀庆府温县陈沟村，一称陈家沟，或称陈家沟子，简称陈沟。如果我们要从开封或洛阳前去，只要乘陇海车由开封之西、洛阳之东的汜水，渡黄河十余里便到。因为汜水介于汴、洛之间，而温县则在汜水的对岸。明白了上述的地理，王宗岳之学得太极拳，当即在其居留汴、洛之间的时期中"。

古人河山相隔，辄成天堑。唐豪也意识到了汴、洛与温县之间，相隔了一条黄河，他于是不惜笔墨，再一次以他律师的素养，巧舌如簧，为王宗岳架设了一条跨越黄河的学习太极拳之桥梁。其用心良苦若是，不足以状述。

唐豪一方面"不算十分武断"地推断了编著《阴符枪谱》的山右王先生即是编写《王宗岳太极拳论》的王宗岳，另一方面自然也"不算十分武断"地界定了王宗岳大凡乾隆辛亥至乙卯年间在世。乾隆辛亥年，换作公元纪年即1791年，乾隆乙卯年，即公元1795年。

由此可见，将王宗岳与山右王先生，或者将王宗岳与乾隆年间，抑或1791年、1795年等嫁接在一起，始作俑者当系唐豪。

3. 王学定其人

1991年出版的武当山地区体育教材《武术》（图37）一书第6页："……公元1791年王学定著《阴符枪谱》《太极拳谱》……"。

图37　1991年出版的武当山地区体育教材《武术》

1791年，正是乾隆辛亥年。乾隆辛亥年著《阴符枪谱》的，照唐豪说的"北平厂肆"的证据，正是"山右王先生"。而著《太极拳谱》的只能是谜一般的王宗岳。此节文字连同数字标点，总计二十余字，却将诸多信息错杂在一起，令人费解。唯一的解释就是，其书在沿袭唐豪将王宗岳与山右王先生嫁接在一起的观点时，发生了信息错位。

此书属地方性武术教材，错写错印，也不足为奇。显然，此节文字，编者只是讹传了唐豪论点，且在讹传之中，又将"王宗岳"误植成了"王学定"。因为在手写体中，行草的"王宗岳"与"王学定"，在不熟悉武术史知识的编校者眼里，是极易误植的。

有趣的是，此书不经意之中犯下的人名误植，其后，竟然被人当作是重大的历史发现，而被多处引用。

2007年6月初版的，由李师融父子编著的《古今太极拳谱及源流阐秘》一书宣称，"首次石破惊天地揭露了唐豪造假内幕""这一谎言是唐豪于1935年写《王宗岳考》首先炮制的，他将从旧书店购得的清乾隆枪术家王学定著《阴符枪谱》，篡改该书佚名氏之序言，对著作者王学定的赞誉，改名为'山右王先生'，冒充'山右王宗岳'，并编造谎言，说王宗岳学拳于陈家沟"。

李师融父子在考证时，崇尚材料的新奇和广博，却对这些新奇和广博的资料不假思索地引用。他们将武当山地区体育教材《武术》一书偶然所犯的小错误当作令箭，招招直逼唐豪大律师，极其讹传之能事。

4. 那只取名"王学定"的太极猿

世上确有不少匪夷所思的巧合，1954年12月初版于香港的上海印书馆，由黄耐之编著的《张三丰和他的太极拳》一书，书中不但详尽刻画了张三丰的面部特征，还根据面相，进一步演绎了张三丰的个性脾气。由此编造了很多张三丰的奇闻逸事，极富小说家的天赋。这些构想，其中有一些，后来也被金庸所借用。

有趣的是，黄耐之说，张三丰喜欢养猿养鹤。张三丰给自己所豢养的那只猿，取名"学定"，所谓"学拳，先学定"。后来，这只取名"学定"的猿猴，就跟着张三丰，练就了一套太极拳。（图38）

从山右王先生到王宗岳，再从王宗岳到王学定，铸就了武术史论界不讲信史，但求猎奇的经典案例。这只取名"王学定"的太极猿，几可成为武术史论界"违离道本，苟以哗众取宠"者的代名词了。

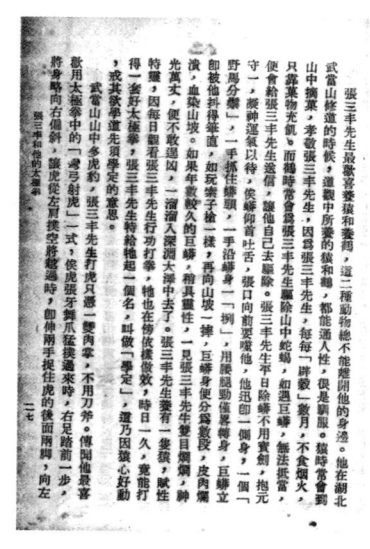

图38　1954年黄耐之编著《张三丰和他的太极拳》

5. 王宗岳与山右王先生

徐震先生《太极拳发微》，其序志十三云："在清乾隆间，山右王宗岳，始以太极拳法。"哲东先生博览群书，勤于武术史的考证和研究，特别对于穿凿附会的武术史疑难点，时有振作提升，些许观点与唐豪相左。而此节文字，将王宗岳定论为"清乾隆间"人士，原本系唐豪的臆断，哲东先生此言沿袭唐豪论述，亦失之偏颇。

上海陈式太极拳协会会长万文德先生曾经对唐豪此论多有反驳，他在《从〈三三拳谱〉说起》一文中说：

唐豪根据佚名氏所作《阴符枪谱序》所说创编阴符枪的山右王先生既是王宗岳，从而断定王宗岳是乾隆时人。这是不可信的。王先生诚然姓王，但怎么就是王宗岳呢？《阴符枪谱序》中没有提到王先生写过《太极拳论》。《太极拳论》也没有兼及击刺之语，那么认定王宗岳是乾隆时人，也就站不住脚了。

6. 闷来时"造"拳

唐豪在《行健斋随笔》一书中，驳斥了太极拳"蒋发为陈长兴之师"，辩驳了陈鑫的"陈卜创拳说"之后，在"太极拳之祖"一节断言：陈王廷是太极拳之祖。其证据如下：

其遗诗中有闷来时造闷（系"拳"之讹误）之句，一也。陈氏家谱十二页王廷旁注，称其为陈氏拳手刀枪创始之人；十六页有：至此以上乾隆十九年谱序，以下道光二年接修。王廷墓碑，立于康熙五十八年，距乾隆十九年甚近，此项直接史料，最为可信，二也。惟遗诗及家谱，一则仅言造拳，一则仅言陈氏拳手，何有证其即为太极拳乎？查家谱三十六页十四世长兴旁，注"拳师"两字，同页十五世耕云旁，注"拳手"二字，陈长兴、陈耕云父子，世皆知其为太极拳专家，一也。陈沟村人，至今只学其祖传之太极十三势及炮捶，不学外来拳法，二也。太极拳共有两套，一曰长拳，一曰十三势。见王宗岳太极拳谱。长拳虽已失传，谱尚存。谱中……完全采自戚继光拳经，故太极拳之产生，应在戚继光之后，王廷生于明末，卒于清初，尤足为予说佐证。

唐豪游陈沟所见的《陈氏家谱》，封面题同治十二年癸酉新正颖川宗派一函。十六页注：至此以上乾隆十九年谱序，以下道光二年接修。十二页九世祖王庭旁注：又名奏廷，明末武庠生，清初文庠生。在山东，名手，扫荡群匪千余人。陈氏拳手刀枪创始之人也。天生豪杰，有战刀可考。此家谱一直修到陈鑫。在鑫旁注：文武皆通。最后还有一段话，唐豪作了记录，曰："末有我高曾祖父皆文兼拳最优森批字样。"最后唐豪断言："此太极拳源流最可信之直接史料也。"

从证据学角度而言，二水以为：

第一，唐豪对证据本身证明力的提取方式，存在失误。就书面证据而论，这份《陈氏家谱》，它的文稿年代，究竟是同治十二年？还是乾隆十九年？抑或是道光二年？还是由陈鑫、陈森等人抄录并不断"旁注"的文本？书面证据的书写时间，是决定这份证据证明力的关键所在。倘若，这份《陈氏家谱》间杂着好几人的笔墨，书证本身的书写时间无法确认时，从证据学角度而论，只能以最新的笔墨着笔时间为准。因此，这份既然有陈鑫、陈森等人旁注，又一时无法确证文稿年代的家谱，我们暂且以陈鑫、陈森的生卒年限为基准，来提取证据的相关信息。对涉及陈鑫、陈森存世之前的信息，应该另取旁证，加以证明，而不能率然地以"最可信之直接史料也"来对待。

第二，陈王廷遗诗，唐豪在《行健斋随笔》中认为"语近赘累，当非原作，疑著此书之陈品三所加也"。既然连唐豪本人也怀疑此诗有陈鑫篡入修饰的痕迹，在无法确证究竟是全诗还是局部，也无法确证究竟是哪部分内容、由谁篡入修饰的前提下，那么，陈王廷遗诗的证明力是有待其他旁证加以进一步佐证的。

第三，唐豪认为有陈品三篡入痕迹的陈王廷遗诗中，"闷来时造拳"句，在陈品三本人概念中，也并没有以此而断言，太极拳始创于陈王廷。陈鑫在其《引门入路》《太极拳图画讲义稿》（后易名《陈氏太极拳图说》）自序中，反而认为："洪武七年，始祖卜，耕读之余，而以阴阳开合运转周身者，教子孙以消化饮食之法，里根太极，故名太极拳。"可见"闷来时造拳"之"造"字，在陈鑫看来，绝对不是"编造""创造"太极拳的"造"。这一点，也显漏了唐豪等人古汉语基础的薄弱。由"闷来时造拳，忙来时耕田"之"造拳"两字，断言"创造太极拳新学派的是明末的陈王廷""陈王廷为太极拳之祖"，显然是犯了用现代汉语的语境去理解古人的遣词造句的错误。陈鑫眼中的

"造拳"，其实在他的《陈氏太极拳图说》之金刚捣碓势中有明确的解释，他说："自初势至末势所图者，皆有形之拳，惟自有形，造至于无形，而心机入妙，终归于无心，而后可以言拳。"可见，在陈鑫看来，这"闷来时造拳，忙来时耕田"之"造拳"，其实就是"惟自有形，造至于无形"，乃至"心机入妙，终归于无心"的行功走架。《说文解字》云："造，就也。从辵（chuò）告声。"辵，本意是走走停停，乍行乍止。倘若适用于武技，"造"字，依然保留了以辵为本意的"行功走架"这一层面上最为基本的字义。

徐震《太极拳考信录》中"太极拳不始于陈沟证第四"，对唐豪的"陈王廷造拳"说也有辩驳。他说："言太极拳创自王廷者，非陈氏之旧说也，今人唐豪所主张。陈氏裔孙子明有取焉尔。故子明所著的《陈氏世传太极拳术》一书，于王廷传有创太极之语。前乎子明，有陈鑫字品三者，于其《陈氏太极拳图说》自序有云：明洪武七年，始祖讳卜，耕读之余，而以阴阳开合运转周身者，教子孙以消化饮食之法，理根太极，故名曰太极拳。其于附录中载王廷事，则仅谓精太极拳。观陈鑫之意，尚不以为太极拳创自王廷。与子明异。足见陈氏子孙，于其祖先之事，亦各以意推测而已""唐氏于《太极拳源流考》云，陈沟太极拳世家陈槐三，藏有家谱一册，于其九世祖陈王廷名讳旁注云，王廷，又名奏廷……刀枪创始人也……陈氏拳手，长短句中所云"闷来时造拳"之语，陈卜墓志铭不言其创太极拳，唐氏既据此以正陈鑫之误，独不思陈氏旧谱，只言王廷造拳，不言所造者为太极，正可证王廷所造，并非太极。乃唐氏思不及此，反欲举证以明创于王廷，寻思举证，复不剀（kǎi）切。何者，在王廷名旁注拳手，其义必为拳法于文理方通，陈耕云名旁，注拳师拳手，谓为精于拳技者耳，岂可援此谓长兴耕云之所习，必是王廷之旧法乎。"

第四，唐豪言"陈沟村人，至今只学其祖传之太极十三势及炮捶，不学外来拳法"，显然是武断之论。徐震《太极拳考信录》

云："谓陈沟不习外来之拳者，近来风气或如斯耳，安能必其先祖中无一习外来之拳者。且陈氏言武技得诸外来者尚有确证三事，并见陈沟旧抄本中。"

二水以为，任何一种文化的积淀与发展，包括武术，都不可能凭空创造的，都是在前人的基础上，逐渐发展起来的。陈沟先辈，之所以能传承太极，并将其发扬光大，这也与陈沟先辈不断地向外界学习新文化、学习新武术形式分不开的。正是因为他们秉承兼容并蓄、扬长避短的开放式的学习态度，才能站在前人的肩膀上，成就辉煌。

回顾近代太极拳的传播史，杨露禅从学陈长兴时，不管是陈家沟还是赵堡，一直没有将这种武术形式命名为"太极拳"。自从武禹襄兄弟发现了王宗岳的《太极拳论》后，虽然我们至今没有确证"王宗岳"其人的生卒事迹，也无法确证王宗岳时代的太极拳究竟与近代所传承的太极拳在技法上有什么关联性。所以，王宗岳的《太极拳论》中的"太极拳"招牌，与杨露禅从学陈长兴的绵拳、陈家拳以及武禹襄从学杨露禅、复从陈清平"研究月余而精妙始得"的这种拳术之间，套用而今的金融术语，应该是具有"借壳上市"的意思了。从此以后，即便是依然只局限在陈沟的陈沟拳、绵拳还是炮捶等，也开始借用"太极拳"之名，得以进一步地发展。这一点，也体现在陈氏旧抄本《两仪堂本》《文修堂本》中。虽然，陈氏旧抄本《两仪堂本》《文修堂本》里，当时还无法理解杨、武两家太极拳理论所已经达到的高度，但陈沟前辈毕竟还是开始借鉴杨、武两家所总结的太极拳理论了。就像陈沟前辈借用形意拳九要论，而成为他们秘不外传的《三三拳谱》一样，虽然这种指导理论未必能使他们的拳技朝着太极拳方向发展，但这毕竟也是陈沟前辈开放式学习外来文化的实例。

7. 从“体育”一词说起

现代汉语中有一种非常有趣的现象，那就是“借形”。大凡借形有两种情况，其一，古汉语本来有该词，日本人借去后误解了或者赋予了新的含义，我们的留学生又从日文中借了回来，譬如“同志、劳动、封建、反对、博士、学士”等；其二，日语借用汉语材料构成新词，我们的留学生们认为比较能够反映新生事物，因而也直接借用了，譬如“哲学、共产、政党、支部、反应”等。倘若将前一种方法称作“借尸还魂”，那么后一种便有些“移花接木”的意味了。

东汉王符《潜伏论》有“天命罔极，或皇冯依，或继体育”句，说的是古代做皇帝的两条途经：或者是凭藉天命打拼天下，开创基业，取得皇位，或者是继承帝王血统，正脉传承，学到守成帝位的能力。“继体育”中，“继体”是个专属词语。《潜夫论》另有：“革命受祚……继体以下，则无尊矣。”“继体”，简单地可以理解为“革命接班人”。育，指培养。所以“继体育”，是指“继体”的培育，指的是革命接班人的培养。所以，此节里的“体育”并非词语。曾巩《元丰类稿》中“宜体育材之意，勉思蓄德之勤”句，语法结构应该是“体……之意”。体，体察、体恤的意思，育材，培育人才，与作为词语的“体育”毫无关联。《云笈七籤》里《大清金液神丹经序》中：“面生玉光，体育奇毛”，说的是脸面上生发出玉一样的光泽，身体上育生出神奇的毛发。“体育奇毛”用西方语法来解释，是典型的主谓宾结构，体是主语，育是谓语，毛是宾语。所以这里的“体育”两字，也与作为词语的“体育”无关。

作为词语的“体育”，古汉语中原本没有，是日本人在翻译卢梭《爱弥尔》时，采用"移花接木"法，借用汉语材料构造的一个新词汇。这一词汇在日本的出现时间为1868年，也即日文版卢梭《爱弥尔》出版的时间。

杨家传抄三十二目老拳谱云："文者体也，武者用也。文功在武，用于精气神也，为之体育；武功得文，体于心身也，为之武事。夫文武又有火候之谓，在放卷得其时中，体育之本也……"

从此节行文来看，"体育"一词与"武事"相对立，是两个有着完全不同深意的概念。这一对概念又与中国古典哲学"体"与"用"紧密相连。直接的字面理解是："文"这一"体"，在"精气神"上的"用"，谓之"体育"；"武"这一"用"，在"心身"上的"体"，谓之"武事"。暂且不管拳论刻意将这两个概念加以区分，企图说明什么。但有一点是显而易见的，那就是，拳谱中的"体育"二字告诉了我们一个信息："三十二目"的成稿时间不会早于1868年。

对照杨式太极拳创始人杨露禅教拳生涯：

1850年，杨露禅从陈长兴学拳毕，在永年设馆传授"绵拳"，武禹襄等开始从学。可见，此时的杨露禅所传授的还不叫"太极拳"，理应不可能有系统的"太极拳谱"了。1854年，武澄清于舞阳盐铺得王宗岳《太极拳谱》，赠予其弟武禹襄，近代之太极拳，始得以太极拳名。

1866年，杨露禅经武汝清举荐到北京教拳，清朝王公贝勒从学者颇多，后任旗营武术教师。此时的杨露禅，应该知道了"太极拳"其名，而且也有了王宗岳《太极拳论》在手。所以，北京出现太极拳的时间为1866年。其时，王兰亭等从其学。而王兰亭传下来的一脉，没有发现有系统的杨氏传抄三十二目老拳谱，却发现有班侯的几首歌诀，诸如《搬拦捶歌》等。可见，王兰亭等从其学时，杨家尚未形成三十二目。这也反过来说明，在日本出现"体育"一词的1868年前，三十二目尚未成稿。

1872年，杨露禅去世。1892年，杨班侯去世。

在杨家两位大师去世前，三十二目理应已经成稿。从吴本《太极法说》为代表的三十二目的流传情况来看，该本由杨班侯送全佑云云。由此可见，三十二目成稿时间应该在1868至1892年这二十余年。

晚清的中国，传媒不是十分的发达。一个新词汇的推行，大凡只能依靠有限的几份报纸和文人的书籍。即便如今信息爆炸的时代，一个新概念的流行，也得经过些许年。而且，概念流行之前，还必须在一定的语意环境中生存一个过程。比如"美眉"的概念，在网上盛行了许多年，真正在老百姓的生活中，还是没有普及。"体育"一词的推行，也一样需要时间和传媒的努力。

目前能够找到公开推行"体育"这一词汇的文字资料，是光绪二十三年（1897年）南洋公学外院师范生陈懋治、杜嗣程、沈叔逵等编的《蒙学课本》。该书是我国自编的最早的教科书，其编辑大意说："泰西教育之学，其旨万端，而以德育、智育、体育为三大纲。德育者，修身之事也；智育者，致知格物之事也；体育者，卫生之事也。蒙养之道，于斯为备。是编故事六十课，属德育者三十，属智育者十五，属体育者十五……"可见，"德育、智育、体育为三大纲"是"泰西教育之学"的概念。这里的"体育"已经接近而今教学意义上的"体育"了。之后，这一教学意义上的"体育"概念，便通过《蒙学课本》开始逐渐使用。然而，接下来多年的军阀混战，新的"泰西"式的教育体系一直没有形成。"体育"一词，实际上没有深入人心。不要说老百姓不懂"体育"一词的概念，就是教育界人士也未免理解"体育"的重要性。

1912年，黄炎培在《教育杂志》发表题为《学校教育采用实用主义之商榷》的文章，"析言之，即所谓德育者宜归于实践，所谓体育者求便于运用，而所谓智育其初步一遵小学校令之规定，授以生活所必需之普通知识技能"，旨在向教育界人士阐述"德育、智育、体育"的分野，大意也没有脱离"体""用"二字。

1916，教育家梁鸿卓认为，应在塾舍附近选择废园荒祠，或邻舍平坦空旷之地，作为游戏运动的场所。他认为，作为私塾办理者，不知体育者是不配为塾师的；作为现代培养人才的机构，不提供学生体育运动场所，也是不配称学校之名的。可见其积极推行"体育"。

1917年4月1日，作为一名"新青年"，毛泽东以"二十八画生"笔名发表了《体育之研究》（图39），从"释体育""体育在吾人之位置""前此体育之弊及吾人自处之道""体育之效""不好运动之原因""运动之方法贵少""运动应注意之项""运动一得之商榷"等几个方面，全面阐述了"体育"的重要性。行文之中，虽力图推行"体育"这一洋概念，不经意中还是喜欢老祖宗自己的词汇"运动"。

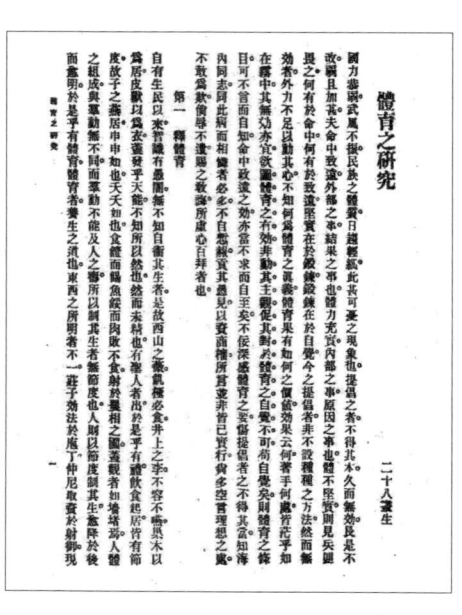

图39　1917年4月1日《新青年》第三卷第二号二十八画生《体育之研究》

更有意思的是，孔祥熙于1907年在山西太谷创办铭贤学校（山西农业大学的前身），力图推行"英语、体育、辩论"，当地人都说铭贤学校的学生是"三长一短有味道"，带有讽刺意味。认为体育不是正道，哪能叫课，只能算是玩玩。至于说铭贤学生有"味道"，其实是学生讲卫生。当时，孔祥熙要求铭贤学生养成讲卫生爱清洁的好习惯，并鼓励大家多从教务处领用肥皂。看来，在老百姓的眼里，"体育"还是被当成"洋皂"一般，被视为有怪味道的洋玩意儿。

而三十二目老拳谱中："文者体也，武者用也。文功在武，用于精气神也，为之体育；武功得文，体于心身也，为之武事。夫文武又有火候之谓，在放卷得其时中，体育之本也；文武使于对待之际，在蓄发适当其可，武事之根也。"其中的"体育"概念，即便在上述各位力图推行"体育"概念的文字中，也是没有涉及的。

1868—1892年这二十余年，"体育"一词尚未在国内"推行"，教学意义上的体育概念也没有被教育界重视，而三十二目的执笔者，便已经运用中国哲学"体""用"概念为"体育"下了定义，并试图区分"体育"与"武事"。而且从行文来看，作者不但能够熟练驾驭这一新生词汇，而且对中国古典哲学也驾轻就熟。而杨家从杨露禅到杨澄甫，祖孙三代尚武寡文，籍凭杨家的功夫，自然能够博得"杨无敌"的美名，但要为"体育"下一个定义，则是万万不能的。何况当时这一新的词汇，或许还只是在一定的社交圈内盛行，不置身该语意环境中的人，即便学富五车、才高八斗，也是不可能写出这篇拳论的。

值得一提的是，顾留馨先生选录沈家桢先生的《杨家传抄老拳谱》。沈家桢先生从杨澄甫老师处抄得《杨家传抄老拳谱》，内有王宗岳太极拳论、十三势行功心解等，原书题名为《王宗岳太极拳谱》。该谱中"太极文武解"一文，与他本三十二目殊异。意味深长的是，文中除改编了内容外，还将所有"体育"置换成了"文体"。二水猜度，或许沈家桢先生也注意到了"体育"一词与王宗岳的身份不相吻合。可谓用心良苦！

8.《浮生六记》太极之迷

《浮生六记·卷六》之《养生记逍》云："勤练太极，寒署不侵。长此以往，乃祛病之方。"又云："太极拳非他种拳术可及，太极二字已完全包括此种拳术之意义。太极乃一圆圈，太极拳即由无数圆圈联贯而成之一种拳术，无论一举手，一投足，皆不能离此圆圈，离此圆圈，便违太极拳之原理。四肢百骸不动则已，动皆不能离此圆圈，处处成圆，随虚随实。练习以前，先须存神纳气，静坐数刻，并非道家之守窍也，只须屏绝思虑，务使万缘俱静。以缓慢为原则，以毫不使力为要义，自首至尾，联绵不断。"

沈复，号三白，元和（今苏州）人，生于乾隆二十八年（1763年），卒年无考，据顾翰《寿沈三白布衣七十》一诗判断，他至少活了70岁，道光十二年（1832年）尚在世。顾翰，嘉庆十五年（1810年）举人，曾任安徽含山、泾县等地知县，晚年曾在无锡东林书院讲学。沈三白曾受聘于顾为幕府。

从沈三白的上述文字分析，他似酷爱太极拳，且饶有心得，而师从无考。1832年，沈三白70岁，武禹襄（1812—1880年）尚未从杨露禅学拳，近代"太极拳"名号尚未被武禹襄冠之于杨露禅所传承的陈家拳之上。咸丰二年（1852年）武澄清中壬子恩科第三甲进士，甲寅年（1854年）补舞阳县县令，武禹襄从永年赴舞阳探亲，才觅得王宗岳的《太极拳论》，武禹襄才开始将自己所学的拳术冠名为"太极拳"，由此开近代太极拳风行之先河。其年，倘若沈三白尚存于世，应该93岁高龄了。那么，三白的"太极拳"，又究竟师从何人呢？

近代有学者以为，《浮生六记》之《养生记逍》和《中山记历》两记，为后人所补。清道光年间，杨引传在苏州冷摊上获得《浮生六记》手稿，其时后两记已缺。光绪三年（1877年），杨引传以王韬之介将此手稿交上海申报馆以活字版排印，距成书已70年。1932年，山大中书局刊印新式标点的《浮生六记》。1936年，上海世界书局出版的《美化文学名著丛刊》，收入《浮生六记》六记足本，一时洛阳纸贵。郑逸梅称，《养生记逍》内容多剽窃张英《聪训斋语》和曾国藩《求阙斋日记类抄》等书。

1935年12月16日，《宇宙风》第7期载《林语堂书话》称：

《养生记逍》第六，便只是抄书，旁征博引前人语句，却道来无半句胸中独见的话。倘使三白记之，必以自身经历琐屑证其独悟心得，决不肯如此大批抄书也。按此记所抄前人语，前后蝉绵相贯而下者，有苏子瞻语，范文正语，陆放翁语，林鉴堂语，邵尧夫语，朱晦庵语，王华子语（连抄四五条），杨廉夫语，应璩语，白乐天语，程明道语……令人作恶不作恶？别的不提，单说他用"饮冰室"新名词也就够了。第八五页有论太极拳一段：太极二字已完全包括此种拳术之意义。太极乃一圆圈，太极拳即由无数圆圈联贯而成之一种拳术。无论一举手，一投足，皆不能离此圆圈。离此圆圈，便违太极拳之原理……只须屏绝思虑，务使万缘俱静，以缓慢为原则，以毫不使力为要义……再抄一段，真伪自辨（九〇页）。其中"精神""认清"诸字已甚可笑，而虚字之用法，如"吾人""和"，简直可定此伪记之死罪，使之百喙莫辩了。有天然之声籁，抑扬顿挫，荡漾余之耳边，群鸟嘤鸣林间时所发之断断续续声，微风振动树叶时所发之沙沙簌簌声，和（注意和字）清溪细流流出时所发之潺潺淙淙声。余泰然仰卧于青葱可爱之草地上，眼望蔚蓝澄澈之穹苍，真一幅绝妙画图也……吾人（注意梁任公之吾人）须于不快乐之中，寻一快乐方法，先须认清（注意二字）快乐与不快乐之造成，固由于处境之如何，但其主要根苗，还从己心发长耳。同是一人，同处一样之境（任公笔调），甲却能战胜劣境，乙反为劣境所征服。能战胜劣境之人，视劣境所征服之人较为快乐，所以不必歆羡他人之福，怨恨自己之命，是何异雪上加霜，愈以毁灭人生之一切也。无论如何处境之中，可以不必郁郁，须从郁郁之中，生出希望和（又和字）快乐之精神……均卿老先生实在太冒渎三白，而儿戏我们了。所以虽还有他处可以指摘，恕我不浪费笔墨了。

二水按：林语堂眼明手快，也从《养生记逍》的太极拳论断，看穿了作伪者的心思。其实，《养生记逍》所述的太极拳，系从1929年向恺然所著《太极拳经验谈》一文化出。兹将向恺然此节文字摘录如下：

> 以我个人近年研究太极拳之结果，深信拳理之精细、拳法之周密及练习之有益无损。

> 此非他种拳术所能及……惟有太极二字，完全包括了这种拳术的意义。太极就是一个圆圈。太极拳也就是由无数的圆圈联贯而成的一种拳法。无论一举手，一投足，皆不能离这个圆圈，离了这个圆圈，就违背了太极的原理。再精细一点说，不但举手投足不能离圆圈，四肢百骸不动则已，动则皆不能离圆圈……自起手以至终结，处处成圆，处处随虚随实……

9. 张三丰与张邋遢

明代任自垣的《敕建大岳太和山志》，收录成祖永年十年赐张三丰书："皇帝敬奉书。真仙张三丰先生足下：朕久仰真仙，谒思亲承仪范，尝遣使致香奉书，遍诣名山虔请。真仙道德崇高，超乎万有，体合自然，神妙莫测。朕才质疏庸，德行菲薄，而至诚愿见之心，夙夜不忘，敬再遣使，谨致香奉书虔清，拱俟云车凤驾惠然降临，以副朕拳拳仰慕之怀。"求仙之心切可知。明代凌云翼、卢重华所著《大岳太和山志》也沿袭此书。

明代杨仪《高坡异纂》引录陆深《玉堂漫笔》，也全文收录了此御制书。只是各本在传抄中，文字稍有出入。杨仪书三丰事，"乃是《懿州志》中旧传"，"张三丰，辽东懿州人，张仲安第五子也""初疑邋遢张别是一人，子业又持灵济宫道士所藏刻本文皇御书示予，但称玄玄子，而不称三丰先生。其时有张举人维，乃尚质之弟也，自海南内徙当涂。其人酷慕神仙，亦云不能知，故不敢入并邋遢张，亦不复别出"。杨仪，字梦羽，号五川，嘉靖五年进士，历任工部主事等职。《四库全书总目提要》评价其书"往往诞妄""小说之诞妄，未有如斯之甚者也"。而此则文字，其作者对别号"张邋遢"的张三丰与《懿州志》中旧传的张三丰、《御制书》里"玄玄子"之张三丰诸等身份，是持存疑态度的。

10. 李日华的仙遇

明代李日华《味水轩日记》中记载两次礼白岳（休宁齐云山）的经历，且两次都奇遇了邋遢仙张真人。

第一次时间为万历三十八年（1610年）九月十六日（图40）："五鼓起，盥栉，同羽流鼓吹诣拜表台上章。天风猎猎，清寒砭入骨，如置余九霄郁罗之府。尘海浩浩，俱出履带下也。归院午飧（sūn）罢，羽流乞书扇者棼（fēn）集，漫占语应之，不复计其工拙。天门外石室中遇张蹦蹋，一百二三十岁人。"此次游白岳，李日华还作《礼白岳记》，诗云："曾闻不死药，今见不死人。眸子帝青宝，口颊桃花春。短发披雪毳（cuì），破衣结悬鹑。真气薰四坐，顾盼烨有神。自言肃皇帝，醮篆

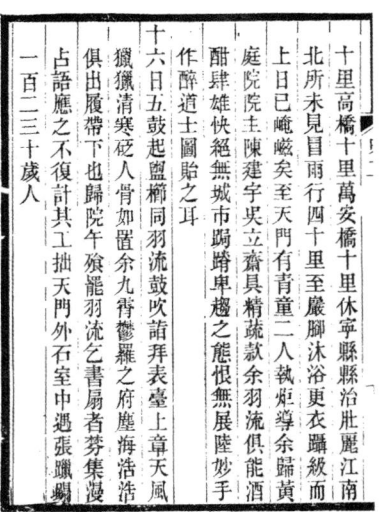

图40 嘉业学堂丛书《味水轩日记》卷二

（lù）祈玉宸。余时卧马槽，积雪环其身。三旬不转动，气出如炊蒸。马卒呵使起，怡愉方欠伸。骇视倾都邑，赞叹集冠绅。朝官百余辇，秉笏拜下尘。肃皇铸鼎就，整遣山林臣。兀兀六十载，阅世如棋枰。松觔（jīn，同筋）络坚石，莹珀固飞蝇。不有后天老，那有先天生。嗤嗤流俗徒，难可与其陈。"

第二次是在万历四十二年（1614年）四月十八日（图41）："同羽流吴立斋，步至天门外，访张蹣蹣。蹣蹣闻余至，喜甚，曰：吾夜梦觉有异，君非凡人也。固相与团坐阶石上，话无町畦。蹣蹣自起，手煎茶来饮余，又散果于诸从者，虽乞子亦与之。又谆谆戒余勿多饮酒：酒至五合，必经汗一番而醒，是真气之贼也。余心佩其言。蹣蹣之徒，别出饼饵椿芽，款洽甚至。余以一律书扇贻之：偶从福地遇真仙，团坐长松怪石前。淡话常言番有味，烹茶分果结多绿。年过甲子再甲子，游遍大千又大千。他日相逢定何处，天台山里石桥边。"

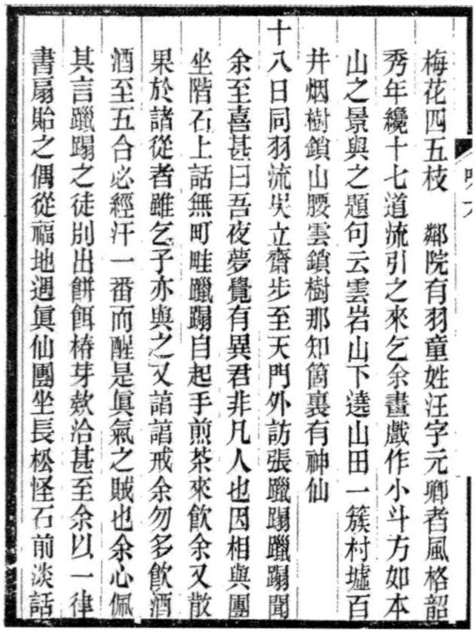

图41　嘉业学堂丛书《味水轩日记》卷五

另，李日华的《紫桃轩又缀（zhuì）》卷一亦记载张邋遢事："张邋遢在白岳，遇雪积数尺，辄喜，解衣裸卧其中。良久，气蒸蒸如炊满斛饭。见人来，伸缩自恣，大呼曰：快活。余尝密问之。曰：至阴能感至阳，雪气触我丹火，相为融浃故也。然上界真人，亦雅重雪，谓之天公玉戏。"齐云山位居江南，农历九月、四月间均无雪。此节文字，概系《礼白岳记》"余时卧马槽，积雪环其身"句的注解。

《紫桃轩又缀》同卷，李日华还记载了张三丰再传弟子陈性常事（图42），谓"三丰于正统间尚在"云云。

可见，李日华虽然亲历了与邋遢真人的两次会晤，且也不厌其烦地记述了这位"不死人"，但在李日华心中，他确知明成祖苦苦寻访的"张三丰"，与他所二遇的张邋遢是截然不同的两位神仙。

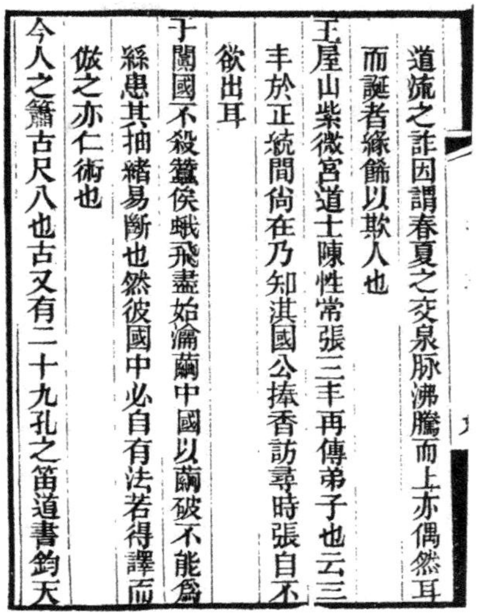

今人之簫古尺八也古又有二十九孔之笛道書鈞天做之亦仁術也絲患其抽緒易斷也然彼國中必自有法者得譯而于闐國不殺蠶侯蛾飛盡始漏繭中國以繭破不能為欲出耳丰於正統間尚在乃知洪國公捧香訪尋時張自不王屋山紫微宮道士陳性常張三丰再傳弟子也云三而誕者緣飾以欺人也道流之詫因謂春夏之交泉脈沸騰而上亦偶然耳

图42　望云仙馆《紫桃轩又缀》卷一

11. 赝品"张三丰之墓"

二水与拳友于2010年5月18日游齐云山，寻访张邋遢。在天门外一丹霞洞内，意外见张三丰墓。墓庐规模不大，布局却煞费心机。洞内圆顶的墓庐两侧，各置两床石榻。洞外置一石龛，石龛内供张三丰石像。石龛两旁书一联云："中（草）新南浦波浪静，剑老西山铁影寒。"仙尊神情萧瑟，苍桑不已。石龛的石像下，刻周濂溪阴静阳动的太极图。墓前左右各置一口八卦池，井沿条石内侧刻八卦图，左右分作先天八卦、后天八卦。墓碑由签署"武林隐三"者题写。书铁线篆体五字："張三豐之墓"（图43）。不知道"武林隐三"是何许人也，此墓碑擅自将邋遢仙张真人，与张三丰联系在

图43　齐云山"張三豐"墓碑

一起。

《敕建大岳太和山志》之《张全弌传》是有关张三丰生平最为权威的记载："张全弌，字玄玄，号三伫。相传留侯之裔，不知何许人。丰姿魁伟，龟形鹤骨，大耳圆目，须髯如戟。顶中作一髻，手中执方尺，身披一衲……"

查《康熙字典》，"伫"同丰。又，仙人名。而"豊"：豆之豊满者也。一曰器名。乡饮酒有豊侯。亦谓之废禁。又，大也。多也。《易·豊卦疏》豊者，多大之名，盈足之义。财多德大，故谓之豊。又，茂也，盛也。

二水按：古人丰、豊不同字，伫、豊亦不同字。汉字简化后，丰、伫、豊三字并作"丰"字。时俗逐名人以趋利，以白岳邋遢仙张真人托伪明初张三丰，概系好事者所为。而"武林隐三"，抱作伪、做旧之心，误张三丰为张三豊，留千古笑柄矣！

12. 惊世骇俗的万"歴"拳谱

近年河南省博爱县不断"发现"惊世骇俗的武林秘籍，并刊出康熙五十五年（1716年）的所谓《李氏家谱》（图44），兹将刊于该家谱内的《无极养生拳论》摘录如下：

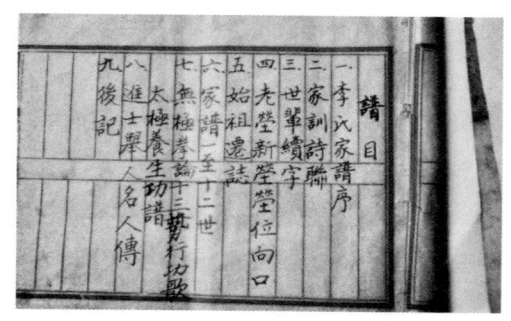

图44　康熙五十五年唐村《李氏家谱》目录

无极养生功者，人未练之先，无思无意，无形无象，无我无他，胸中混混沌沌，一气浑沦，无所向意者也，世人不知有逆运之理，但斤斤于天地自然顺行之道，气拘物蔽，昏昧不明，以致体质虚弱，阳极必阴，阴极必亡，于此摄生之术，概乎未有谱也。惟三教融易，圣人独能渗透逆运之术，揽阴阳、夺造化、转乾坤、扭气机，于后天中返先天。复出归元，保合太和，总不外乎后天五行八卦之天理矣。一气伸缩之道，所谓无极功能生一气者是也。吾练功探感之无极养生功乃人之无意无形，联先天极妙之主体，冲和之本始，阴阳动静之初源也。万物之生负阴抱阳，人之真元所从而来，灵明所从而抱，无极生太极矣。于此而与五行八卦元通，通则变，完全人身之阴阳而保此灵明者也。永人之天年，畅达人之血脉筋骨，欲从后天返先天，而卫生之术无极养生功者也。苟以异端目元远矣，无极养生功有百益而无一害，虽以之强吾氏族也，谓世裔贤徒大功练而远矣。谨此无极养生论焉。

落款为："大明萬歷庚寅年歲次春月于太室祠傳拳訓論 李葉蓁"（图45）。

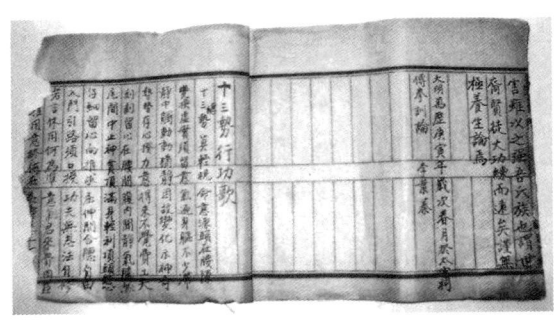

图45 惊世骇俗的万"歷"拳谱

二水按：其一，《无极养生拳论》上半部分，"无极养生功者，人未练之先……所谓无极功能生一气者是也"这一节，与孙禄堂《形意拳学》"上篇形意混沌辟开天地五行学"之"总纲形意无极学"文意相近。文字出入处为：

● 孙老原文的"无极者，当人未练之先……"；《无极养生拳论》作"无极养生功者，人未练之先……"。

● 孙老原文"惟圣人独能参透逆运之术"；《无极养生拳论》作"惟三教融易，圣人独能渗透逆运之术"。

● 孙老原文"复初归元，保合太和"；《无极养生拳论》作"复出归元，保合太和"。

● 孙老原文"总不外乎后天五行拳八卦拳之理"；《无极养生拳论》作"总不外乎后天五行八卦之天理矣"。

其二，《无极养生拳论》下半部分"吾练功探感之无极养生功乃人之无意无形，联先天极妙之主体……谨此无极养生论焉"一节，与孙禄堂《形意拳学》中署名"大兴厚庵氏艾毓宽谨识"的那篇序文，文意相同，部分文字出入如下：

● 艾毓宽序"无极者，乃人之无意想、无形朕，先天极妙之主体、冲和之本始，太极阴阳动静之初原也"，《无极养生拳论》作"吾练功探感之无极养生功乃人之无意无形，联先天极妙之主体，冲和之本始，阴阳动静之初源也"。

● 艾毓宽序"而尽卫生之术者也，苟以异端目之，远矣。且练此拳，非独壮男，即老人童妇皆可随便练习，有百益而无一害，虽以之强我种族可也。余因是言而悟是学，且识先生欲寿世作人，培中国强盛之基。先生之用意，可谓大而远矣"，《无极养生拳论》作"而卫生之术无极养生功者也。苟以异端目元远矣，无极养生功有百益而无一害，虽以之强吾氏族也，谓世裔贤徒大功练而远矣。谨此无极养生论焉"。

其三，家谱中扫描文本"大明萬歷庚寅年歲次春月"里的"萬歷"，系"萬曆"之误植。

其四，1935年12月六版孙禄堂《形意拳学》原文"复初归元，保合太和"，在2001年出版的《孙禄堂武学录》中误植为"复出归元，保合太和"；民国版《形意拳学》"无极者，乃人之无意想，无形朕，先天极妙之主体，冲和之本始，太极阴阳动静之初原也"，《孙禄堂武学录》误植为："无极者，乃人之无意想无形，朕先天极妙之主体，冲和之本，始太极阴阳动静之初原也"。

二水以为，孙老《形意拳学》中的"复初归元"，应和前文"于后天中返先天"之旨。而"复出归元"则无解。"朕"训"兆"，"形朕"指的是表层的征兆。孙老《形意拳学》之艾毓宽序"无极者，乃人之无意想，无形朕"，是在描述无极状态，而"无意想无形，朕先天极妙之主体"，则无解。应该是《孙禄堂武学录》没有理解原文含义，断名有误所致。而《无极养生拳论》中的"复出归元，保合太和"，显然是沿袭了《孙禄堂武学录》中的讹误；而《无极养生拳论》中"乃人之无意无形，联先天极妙之主体"，则是在《孙禄堂武学录》的基础上，误"朕"为"联"所致。另外，《无极养生拳论》还将"萬曆"纪年误植为"萬歷"，这都是以简转繁导致的错误。

13. 清廷三端王

马明达《武学探真》卷中之"李瑞东先生二三事"一文云：

民间传说李瑞东曾受知于清末"端王"（一说是瑞王），经端王引荐给慈禧太后，受封为御前带刀侍卫。又说王兰亭是端王府总管，杨露禅、杨班侯父子也都在端王府教拳等。这些都是误传。查《清史稿》诸王传，清代封端王的只有世宗雍正的长子弘晖，但年近八岁而亡，王位没有接继下来。雍正后各帝的儿子没有受封为端王的。清末的北京更没有什么端王府。这个错误的说法被《中国武术百科全书》一类书延续下来，以讹传讹，流布甚广。

二水按："查《清史稿》诸王传，清代封端王的只有世宗雍正的长子弘晖，但年近八岁而亡，王位没有接继下来"，此节不假。而"雍正后各帝的儿子没有受封为端王的。清末的北京更没有什么端王府"云云，二水以为值得探讨。作为历史学家的马明达先生，他发表的有关历史学的观点，应该算是"流布甚广"，极具影响力吧，所以为了避免"以讹传讹"，二水以为还是有必要就"端王"问题加以深究的。

赵尔巽主编、柯劭忞等总纂的《清史稿》卷二百二十列传七之诸王六载："世宗十子，孝敬宪皇后生端亲王弘晖……端亲王弘晖，世宗第一子。八岁殇。高宗即位，追封亲王，谥曰端。"弘晖为端王，还不是生前他老爸雍正为其所封。而是在他死后，他弟弟弘历继承皇位后，追封他为亲王，并进谥卫"端"。弘历便是被后人演绎成风流倜傥的乾隆皇帝。

其实，乾隆还不只是进谥了一位端王。他的叔叔胤裪，系康熙十二子，生了六个儿子六个女儿，六个儿子有不足月死的，有四岁前死的，最长寿的也不过十二岁。乾隆见叔叔年老无依，就将他自己的四子永珹过继给了胤裪。《清史稿》同卷载："高宗命以皇四子为胤裪后，袭郡王。四十二年，薨，谥曰端。""为胤裪后"只是笼统的说辞，毕竟相隔两代，不知道承祧的是胤裪六个短命儿子的那一脉香火。永珹不足四十岁就死了，死后，乾隆也为这个过继出去的儿子进谥为端。可见，乾隆翻来覆去地使用这个"端"字。

《清史稿》卷二百二十一列传八之诸王七载："十年，命以惇亲王子载漪为奕誌（zhì）后，袭贝勒。同治十一年，大婚，命食贝勒全俸。光绪十五年，加郡王衔。十九年九月，授为御前大臣。二十年，进封端郡王。循故事，宜仍旧号；更曰端者，述旨误，遂因之。"

载漪，道光帝第五子惇亲王奕誴（cóng）之次子。过继给瑞郡王奕誌为子。娶慈禧侄女为妻，深得慈禧的佞幸。1894年封瑞郡王。因奏折中笔误，误"瑞"作"端"，于是将错就错，改称"端郡王"。这位"端郡王"后来利用义和团，以义和团"刀枪不入"，来对抗洋枪洋炮，力挺慈禧对外宣战。八国联军入侵后，被指为"首祸"而被惩办的载漪，就是活着就被册封的清廷大名鼎鼎的"端王"。《清史稿》卷四百三十七列传二百二十四荣禄传载："时太后议废帝，立端王载漪子溥俊为穆宗嗣，患外人为梗，用荣禄言，改称大阿哥""二十六年，拳匪乱作，载漪等称其术，太后信之，欲倚以排外人。福祥率甘军攻使馆，月馀不下。荣禄不能阻，载漪等益横，京师大乱，骈戮忠谏大臣。"这段历史进程中，载漪"称其术""益横"，这位端王其专横跋扈可见一斑。

罗惇融氏《庚子国变记》也有相关的记载："慈禧太后以戊戌政变，康有为遁，英人庇之，大恨。己亥冬，端王载漪谋废立，先立载漪之子为大阿哥……载漪使人讽各国公使入贺，各公使不听，有违言，载漪愤甚，日夜谋报复。"马叙伦《石屋余沈》云："值义和团之变，慈禧后实主之，而端王载漪以子立大阿哥，倚势用事，内结宫廷，外煽团民，故祸至不可收拾。"唐德刚先生《晚清七十年》一书中载："载濂、载漪、载澜三兄弟原是惇亲王奕誴的儿子。奕誴是道光皇帝的第五子。比他异母兄咸丰皇帝奕詝只小6天。1889年奕誴死后，载濂袭爵为惇郡王。而载漪由于过继给一位早死无后的叔叔瑞亲王奕誌，也于1894年慈禧60寿诞时袭爵成为'瑞郡王'。不意'瑞'字被书胥在圣旨上误写为'端'字。将错就错，他就变成庚子年间权倾一时的'端王'了"。

有趣的是《山东大学义和团调查资料汇编》上册还记录了一则当年流行于京津鲁等地的歌谣："义和拳，瞎胡闹，端王府里去挂号。"可见，老百姓都知道，义和团期间，清廷确实有一位端王，而且老百姓都明白，出入端王府的，几乎就是一群被人洗了脑，几句口诀之后，就能自动演练刀枪不入的"神拳"，藉血肉之躯以对抗八国联军的洋枪洋炮的"瞎胡闹"的人。

无论正史、野闻，在晚清的中国历史上，这位权倾一时的"端王"，其所作所为，几乎让我们丧权辱国，也让原本反帝的义和团，成了后世眼里的"拳匪"，成了老百姓眼中"瞎胡闹"的人。李瑞东、王兰亭是否在端王府，原本只是传说。"端王"的臭名昭著，致使参与义和团的武术家以及他们的后世传人，皆耻谈此段历史。所谓"为尊者隐"，即便有武术名家，到过端王府，其实是一件越说越丑的事。作为拳史研究者，自不必费心去考究。二水更不想去探究这些。但有一点应该肯定：杨露禅、杨班侯父子，虽在满清王公贝勒府授拳，绝对不会是在端王府。原因是，两位被乾隆爷进谥为端王时，杨露禅尚未出世。光绪二十年，慈禧进封端郡王期间，已经是公元1894年。时年，杨班侯已过世两年。由此可见，杨家杨露禅、杨班侯父子，是无缘得见清廷的这三位端王的。

香港版《吴家太极拳》或者1985年10月上海书店的《太极拳讲义》一书，以全本影印本形式首次将《杨氏太极拳老谱》公之于世。此本影印本，封面有吴鉴泉签名、钦印"吴爱仁堂""吴鉴泉章"两章并题名《太极法说》，由吴公藻钦章并题《吴氏家传太极拳体用全书》，梨铎钦章并题"梨铎珍藏"。扉页有"此书，乃先祖吴全佑府君拜门后，由班侯老师所授。是于端芳亲王府内抄本。在我家已一百多年。公藻在童年时即保存到如今。吴公藻识"并钦章。杨家授拳清廷王宫贝勒府期间，清廷不存在"端芳亲王府"，好事者于是自作聪明，想当然的将"端芳亲王府"当作是"端王府"。其实，从证据学角度而言，吴公藻的扉页题记，只是一份"除权"文证。意思是由此可以确定，此拳谱不是"吴氏家传"，而是得自杨家。得自杨家的原因，是由于"吴全佑府君拜门班侯老师"，这一点可以与相关史实印证。吴家拳，源出杨家拳，这一点也无异议。至于此拳谱是否由"班侯老师"授予"吴全佑府君"，应该还需要其他旁证的引证。原因是吴公藻出生于1899年，而"班侯老师"于1892年过世，"吴全佑府君"于1902年过世。一般而言，童年的记忆始于六七岁，由此可知，此书由"班侯老师"授予"吴全佑府君"一节，不属于吴公藻亲见亲闻，只能属于间接证据，尚需其他旁证的印证。正是因为此节不属于直接证据，"端芳亲王府内抄本"等，鲁鱼亥豕，也不足为怪的。

14. 姚馥春、姜容樵的厨艺

1930年上海武学书局出版姚馥春、姜容樵合编之《太极拳讲义》，第十章之"太极拳谱释义"，前言云："拳谱为清初王宗岳所著，惟递嬗（shàn）至今，其中不无讹错，故市井所传之太极拳论，多有令人不解之语。吾与姚君馥香得抄本于汤君士林，并得汤君详细解说。其原文较世所传者，多三分之一。皆太极之要诀。兹将笔述于后，以公同好，并加注释。凡括弧抬头处皆原文，低行注解也。"另附后语云："以上原文，相传为王宗岳著。吾与姚君馥春得乾隆时的抄本，复得光绪元年的木板书，与近世相传者大同小异。其理与法则一矣。"

前言称此本得诸汤君士林，"其原文较世所传者，多三分之一"，后语复称"得乾隆时的抄本，复得光绪元年的木板书，与近世相传者大同小异"，前言与后语模棱两可，以致时人将此拳谱，视作"乾隆抄本"。"相传为王宗岳所著"这"相传"二字，在1930年前的太极拳界，足以能达到混淆视听的效果，于是乎，"较世所传者多三分之一，皆太极之要诀"之《姜容樵先生注王宗岳先生太极拳论》，纷纷被不明真相者所传抄，乃至其书始发告罄，可谓洛阳纸贵。究其原因，此时的太极拳界，《廉让堂藏本》《郝和藏本》等武式太极拳谱均未公诸于世，太极拳界视所谓的乾隆抄本为至宝，而杨家也只公开部分太极拳论，太极拳普遍存在寻找武功秘籍的心态，自然成为一些人发家致富的商机。初版于1936年的吴志青《太极正宗》一书，下篇就抄录《姜容樵先生注王宗岳先生太极拳论》一章。

而今，此书初版距今近80年，始作俑者也已作古。对此“相传为王宗岳所著”，太极拳界业已做出明确无异的结论：所谓的《姜容樵先生注王宗岳先生太极拳论》实则是拼杂着王宗岳拳论、武式太极拳论、形意拳论，以及戚南塘、苌乃周等诸家枪谱、拳经的大杂烩。而且姚馥春、姜容樵两位拼凑大杂烩的水准也十分的低下，像是不入流的厨子，不分出入，且将荤素干鲜一锅端之。且其“低行注解也”之注解，也强作解人。可知其不仅厨艺不精，吃品也不值一提。在各家拳谱纷纷亮相的今天，此拳谱自不足为当今研习太极拳者稀奇珍宝之。

譬如“能以手望枪，不动如山，动如雷霆。数十年功夫，皆言无敌，果然信乎？高则高顾，低则低打应，进打进乘，退打退跟，紧紧相随，升降未定，沾黏不脱，拳打立跟。”此节文字，所谓“以手望枪”“不动如山，动如雷霆”“数十年功夫，皆言无敌，果然信乎”等语，皆脱化自戚南塘《长枪总说》，而其脱化之水准又相当的蹩脚。“果然信乎”之后，没有了下文，暂且不说，“以手望枪”一句，却让人万思不得其解。在太极拳中，怎么会有“以手望枪”的动作要求呢？注解曰：“能以手望枪，并非以空手敌长枪，系手可枪用。”此番解释，其强作解人状，可窥一斑。而戚南塘之《长枪总说》（图46）一文，在甚赞杨家梨花枪法之“其妙在于熟之”时说：“熟则心能忘手，手能忘枪，圆神而不滞。”接下来，在探究梨花枪之虚实奇正时又说：“其进锐，其退速，其势险，其节短，不动如山，动如雷震，故曰：二十年梨花枪天下无敌手。信其然乎！”“果然信乎”，自然需要有下文作答，而“信其然乎”，前

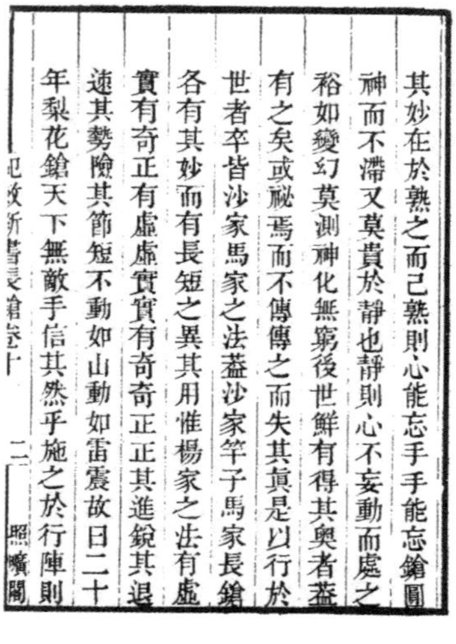
其妙在於熟之而已熟則心能忘手手能忘鎗圓
神而不滯又莫貴於靜也靜則心不妄動而處之
裕如變幻莫測神化無窮後世鮮有得其奧者蓋
有之矣或祕焉而不傳傳之而失其眞是以行於
世者卒皆沙家馬家之法蓋沙家竿子馬家長鎗
各有其妙而有長短之異其用惟楊家之法有虛
實有奇正有虛虛實實有奇奇正正其進銳其退
速其勢險其節短不動如山動如雷震故曰二十
年梨花鎗天下無敵手信其然乎施之於行陣則
紀效新書長鎗卷十　二　照曠閣

图46　照旷阁本《纪效新书》卷十《长枪总说》

文已作铺垫。一则无着落，一则有呼应。文字之美恶，判若云泥。"以手望枪"，眼呆而手滞，而戚南塘"心能忘手，手能忘枪"，道尽"布形候气，与神俱往"之真意，直逼得意忘形之化境也。此非拳艺通家所能言者也。一"望"一"忘"，不仅误植所致，概其显漏底气之论焉！以此判定姚馥春、姜容樵两位先生厨艺不精、吃品不佳，信不冤乎！

又如武禹襄先生《十三势说略》一文有"若物将掀起，而加以挫之之力，斯其根自断，乃坏之速而无疑"一节，相对厨艺而言，绝不亚于燕翅之属。而两位蹩脚的厨子，像是山村野夫，无缘识其精美，自在情理之中，却毛手毛脚，自作主张，将其当作豆腐粉丝泡制，将上述文字擅自改作成："譬之将植物掀起，而加以挫折之力，其根自断，损坏之速乃无疑。"索然寡味且亦不论，还标签以"相传为宗岳所著"，冒充古法泡制云云，实在是可恶至极！

15. 金侸生其人

虞山金侸生，生卒不详。或以金铁盦（ān，同庵）、金侸庵之名，陆续编辑出版了《历代女子诗选》《诗法入门作诗百日通》《字通》《风筝谱》《生殖胎产图解一百幅》《练打暗器秘诀》《真本岳飞八段锦》《秘本房中八段功》《少林内功秘传》《达摩真传易筋经》《卫身功夫金钟罩铁布衫真传合刊》《飞檐走壁水面飞行真传合刊》《四两拨千斤空手入白刃真传合刊》《秘传暗器三种飞刀飞镖飞剑真传合刊》《一指禅红砂手真传合刊》《巧斗功夫真传》《北拳入门及潭腿图谱》《点穴法真传秘诀》《潭腿图谱》《擒拿法真传秘诀》《药功真传秘抄》《脱手镖》《全十二路潭腿图谱》《太极拳图说》等。从所列资料来看，其人未必是武术界人士，或许只是一个文化商人。倘若是一个练家子，不至于"雅博"如此。

16.《推手法之原理说明》与《八法秘诀》

获杭州戴培粟先生所赠黄元秀编著《武术丛谈》一书的复本，书内有文叔先生多处毛笔眉批。部分眉批后，或加盖"黄""叔"印章。"叔"字之"又"部，异作"文"字，盖集"文叔"两字于一体。黄元秀（1884—1954年），原名凤之，字文叔，号三樵。辛亥元老。涌金门放庐主人。是书收录谭孟贤序文两篇，其一谈及谭从学少侯先生的经历，及闻少侯先生拳学之要。其二叙及谭与黄元秀的交游，两人相知颇深。内中收录谭孟贤著《推手法之原理说明》：

十三势根据五行八卦之理而成，由练架子之十三势而发生推手之十三势。

所谓五行，又分内外两种：

形于外者，为进、退、顾、盼、定。

发于内者，为抎（沾之误植，现用"粘"）、连、黏、随、不丢顶。

至于八卦亦分内外两种：

形于外者，为四正四隅，即东南西北四正方及四隅角是也。

蕴于内者为掤、攦、挤、按、採、挒、肘、靠。

但形于外者为势，蕴于内者为劲。用劲之时，其根在脚，发于腿，主宰于腰而形于手指。故太极拳练架子时，盖所以练劲，练推手时，盖所以求懂劲也。

抎：如两物互交，抎之使起。在太极拳术语，谓之抎劲。然非直接抎起之谓。实间接抎起之谓。而含有劲意。双兼之两义。譬如敌我两人推手或交手时，敌人体质强壮、气力充实、马步稳固，则势难将敌人掀动、或移其重心，则用拈劲，即能使敌人自动失其重心。其法先用意探之，使敌人气腾，精神向上注，则敌体上重而脚轻，其根自断。此即敌人之自动力所致。我则顺其势撒手以不丢顶之劲，引敌悬空，是谓拈劲。

连：贯穿之谓。手法毋中断、毋脱离。接续绵绵，无停无止，无休无息，是谓连劲。

黏：即粘贴之谓，彼进我退，彼退我进，彼浮我随，彼沉我松，丢之不开，投之不脱，如粘似贴，是谓黏劲。

随：随者，从也。缓急相随，进退相从，不即不离，不先不后，舍己从人，量敌而进，是谓随劲。

不丢顶：丢者，离开也。顶者，抵抗也。即不脱离、不攘先、不落后之谓也。

掤劲义何解？如水负舟行。先实丹田气，次要顶头悬。

全体弹簧力，开合一定间。任尔千斤力，飘浮亦不难。

攦劲义何解？引导使之前。顺其来势力，引之使长延。

轻灵不丢顶，力尽自然空。重心自维持，莫被他人乘。

挤劲义何解？用时有两方。直接单纯意，迎合一动中。

间接反应力，如球撞壁还。又如钱投鼓，跃跃声铿然。

按劲义何解？运用似水行。柔中以寓刚，急流势难当。

遇高则澎满，逢窪（wā，同洼）向下潜。波浪有起伏，有孔必窜（cuàn，窜）入。

採劲义何解？如权之引衡。任尔力巨细，权后知轻重。

转移只四两，千斤亦可秤。若问理何在，杠杆作用存。

挒劲义何解？旋转如飞轮，投物于其上，脱然掷寻丈。

急流成漩涡，卷浪若螺纹。落叶坠其上，倏尔便沉沦。

肘劲义何解？方法有五行。阴阳分上下，虚实宜辨清。

连环势莫当，开花捶更凶。六劲融通后，用途始无穷。

靠劲义何解？其法分肩背。斜飞势用肩，肩中还有背。

一旦机可乘，轰然如捣碓。仔细维重心，失中徒无功。

黄文叔按：谭氏，为民国初年陆军大学之前辈，于文学、军学、技术，皆有深刻之研究，独到之领悟。素为侪辈所推重。尤其是太极一门，曾经多年苦练，遍访名师而述于右。非一般学太极者所能道也。编者附识。

　　二水按：谭孟贤，字兆熊，号梦贤，祖籍贵阳，生于江西永新。江南陆师学堂第一期、日本陆军步兵学校第六期炮科、北京陆军大学第四期毕业。历任赣军独立旅连、营、团长，旅少将参谋长，黄埔军校教授部任上校战术教官，江西保安司令部副司令。抗日时，任江西省军训委副主任、省军区副司令，第三战区司令长官部高参室副主任。1945年9月授陆军少将。谭孟贤的《推手法之原理说明》一文，先后被黄文叔《太极大要》《武术丛谈》收录。此文在吴公藻编的《太极拳讲义》中，不署作者名号，且将文字一分为三，分别冠以《太极拳十三势大义》《五行要义解》《八法秘诀》列于上篇"总论"之首。尤以"掤劲义何解"的《八法秘诀》，广为人传抄。吴公藻《自序》云："公藻于民国二十二年（1933年）随褚民谊先生来湘观光国术。承主席何公之邀。担任湖南国术训练所太极拳教官……督公藻编纂太极拳讲义一书。"因为是编纂教材，自然是博采众长，虽然没有人向他提出著作权纠缠，但作为"博雅君子"，理应该将"博采"之出处有所交代，这也是为人师表者所应具有的品德。文叔先生在收录梦贤先生此文时，特此加按"非一般学太极者所能道也"句，不知是否专有所指焉？

17. 《太极拳序》的作者

　　1999年，原宝山编著的《武当赵堡太极拳》P161页（二十四）郑悟清论太极拳之体用法，刊布《太极拳序》文稿。2004年，刘瑞先生编著《武当赵堡和式太极拳》一书，目录前刊有"郑悟清先生墨宝"，分两页排列了郑悟清七帧毛笔竖写的墨迹。

第一、二、三及第七帧计四处加盖有"郑悟清印"章。文字内容除了原宝山刊布的《太极拳序》外，第七帧末尚有"太极初学要诀"。

《太极拳序》内容如下：

太极拳序

拳术所以锻炼身心振奋精神也。然我国拳术源流甚古，因其姿势功用之不同，而派别名称亦异。有以险奇为贵者，有以平易为贵者，则不尽然皆能发达体育。而入主出奴，又纷哗（náo）无已。第溯其源流，则不外两家，即武当与少林。是武当主柔，蓄于内。少林主刚，劲显于外。晚近还以少林之姿势甚盛，流传愈广，门类派别亦众，相率标新立异，趋尚险奇，渐有失却体育本旨之势，初学者习之辄事倍而功半，体弱者习之尤害多而利少。故余殊所不取。太极拳者，内家拳术中最平易，而最能发达体育者也。故余嗜之特甚，无间寒暑，日必习之，习之既久，愈觉其奥妙无穷，其功用之伟，优点之多，诚非其他拳术所可企及。兹分为姿势、动作、发劲、灵巧、养生数种述之如下：

（壹）姿势

太极拳之姿势甚多，总合之有五行八卦之分，是谓十三势。何为五行？进退顾盼停是也。何为八卦？掤、捋、挤、按、採、挒、肘、靠是也。以上十三势之姿势，为学太极拳者所必经之途经。倘使吾人逐日演习，不稍间断，则若干手后，历练既深，拳术之中精奥，自能阐发无遗，而获益匪浅。

（贰）动作

太极拳之动作，须慢而匀。盖外家之拳术虽见速效，而流弊滋甚。若太极拳则以活动筋骨为主，故一切运动以柔活为上。惟其慢，始能柔。惟其匀，始能活。且各种动作俱成圆形，而一圆之中，虚实变化生焉。其无穷之奥妙，即在此虚实变化之中。初学者或未能知，习之既久，则得心应手，趣味无穷，即足以舒展筋骨，又能调和气血，可谓身心兼修，最合于发达体育之道者也。

（叁）用意

太极拳练习时纯任自然，不尚用力用气，而尚用意。用力则笨，用气则滞，是故沉气松力为要。气沉则呼吸调和，力松则发展先天之力。盖先天之力乃固有之力，后天之力为勉强之力。前者其势顺，后者其势逆。太极拳主逆来顺受，以顺制逆者，故不须用过分之力。惟外家之拳术，其用力用气，每属于勉强，强人以难能，故为之硬工。习之不当流弊滋多，且习硬工者，其力已尽量用出，毫无含蓄，虽习之多年，表面上似有增进，实则其内部之力，并未加长，若太极拳虽不用过分之力与气，而练习时全在意志，惟其能用意也，所以能使其力蓄于内不流露于外，气沉于丹田不停滞于胸。惟其不用过分之力与气，故练习之日既久，积蓄之气力愈大，至必要时，仍能运用自如，毫无困难与勉强。譬犹劳动者终日作工，非不用气力也，然其所有之气力皆已尽量用出，并无积蓄，故劳动若干年后，其气力依然如故，外家之硬工亦若是耳。

（四）发劲

劲有刚柔之别。何为刚劲？无论劲之大小，含有抵抗性而一往无前者，谓之刚劲。何为柔劲？随敌劲以为伸缩，而不加抵抗者，谓之柔劲。太极拳之妙处，在于与人交手时，不先取攻势，而能接受敌人之劲。初不加以抵抗，以其黏柔之力，化去敌人顽强之劲，待敌人一击不中，欲图谋再举之时，然后蹈瑕抵隙，顺其势，而反守为攻，则敌人力竭之馀，重心移动，鲜有不失败者。盖太极拳之动作，本为无数圆形，而圆形之中，则为重心所在，处处立定脚根，虽敌人发劲极强，而以逆来顺受之法，引之入彀，待敌人之劲既出，重心既失，然后从而制之，所谓避实就虚以柔胜刚之法也。

（五）灵巧

语云："熟能生巧。"太极拳即本此意以从事而深得个中三昧者，故太极拳之精粗，以功夫浅深为断，盖功夫深，则于其中之虚实变化皆已了然，既了然于虚实变化中，则能于虚实变化中求出巧妙之途径。故其所用之力，轻灵圆活。以视外工之用力用气，专主于一隅成为死笨之气力者，迥乎不同。且因其不用过分之力与气，故能持久而不敝，因其动作俱为圆形，故能处处稳定重心，重心稳定则基础巩固，无虑外力之来侵矣。

（六）养生

拳术本属体育一种，自以养生为主要，然此非所论外家之硬工，惟太极拳始真能养生，无论强弱老幼均可练习，吾人身体之发达，贵能平均，在生理上均有一定之程序，剧烈之运动，因不合于此种程序，结果多得其反，太极拳之动作则轻软异常，而一动全身皆动，于全身任何部分均无偏颇之弊，且因其动作柔和劲灵，故能调和气血，陶养性情，为最合于生理上之程序，能使身体平均发达者。且练习之时，无须用过分之力气，虽老弱病夫，亦不难为之，所谓却病延年洵非虚语。

二水按：此文被郑悟清一脉太极拳传习者视为郑悟清拳论，奉作至宝。其实并非出自郑悟清原创。此文最早见诸1929年由上海久福公司发行广告册子《康健指南》（图47）。封面有"强身补体 康健指南"八字，正中为一半身赤膊的男子侧背行走图。下端两行字分别为"太极拳全图 百龄机说明附急救法"和

图47　1929年《康健指南》

"上海久福公司发行"等字。扉页为吴鉴泉先生玉照，扉页反面则为"天下第一清补妙品""男女老幼四时宜服""有意想不到之效力"的滋补品"百龄机"广告。之后是太极拳图目次。目次下有"黄序""褚序"两篇序言。

"黄序"题为"太极拳图序"，系上海闻人黄楚九的序言。黄楚九，上海闻人，开过卷烟厂，开过银行，也开过药行，他堪称中国广告业的"鼻祖"。单就滋补品百龄机来说，他不但借助吴鉴泉先生和他的太极拳做他的广告代言人，还发放飞机传单，"数十天的效力如此，今年没有冬天""有意想不到之效力"等广告语成为当时上海人的口头禅。

"褚序"题只一"序"字，而下面的文字竟然与上文郑悟清先生的《太极拳序》相似。仔细对照阅读，发现以下不同处：

其一，褚序题《序》，郑悟清先生题《太极拳序》。

其二，褚序标（一）（二）（三）（四）……，郑悟清先生标（壹）（贰）（叁）（四）……。

其三，褚序标（一）姿势："太极拳之姿势甚多，总合之有五行八卦之分，是谓十三势"中，在"姿势甚多"与"总合之有五行八卦"之间有"（详见图）"字样，郑悟清先生文中则无。

其四，褚序在（六）养生："所谓却病延年洵非虚语"后，尚有一段文字曰："余与民国十四年由粤赴北平，从太极拳名家吴鉴泉先生游，吴鉴泉先生为武当正宗，得太极拳之真传者……"后署"中华民国十八年二月五日吴兴褚民谊序于上海中法国立工业专门学校"。而郑悟清先生《太极拳序》则无这一段文字。

褚民谊（1884—1946年），浙江吴兴人。原名明遗，字重行。早年留学日本大学，习政治经济。后赴法国，专攻医学。参加同盟会。1925年从吴鉴泉先生学太极拳，发明太极拳八个圈论以及太极球等。著有《欧游回忆录》《国术源流考》等。

褚民谊此序，于1929年2月5日就形成了铅字，且以广告形式广为流传，1932年国术研究社出版吴志青编撰《太极正宗》一书，收录褚民谊此序。而郑悟清（1895—1984年），字凤臣，河南温县赵堡镇人，著名太极拳家。其拳技得本村老拳师和庆喜之真传。1928年，陈发科到北京传授陈式老架太极拳，和庆喜在陈发科此举的启发下，至此始破“拳不传外姓”的规矩，开门授徒。郑悟清大凡便是在1928年之后才有可能接触太极拳。

18. 读《娥眉道人拳歌》如见友父

往昔，读郑曼青校点的杨澄甫《太极拳体用全书》第一集“转身摆莲”节，有“柔腰百折在（若）无骨，撒去满身皆是手”句，如见故友，兴奋异常。近日得见四库丛刊《荆川先生文集》卷之二《峨嵋道人拳歌》（图48），如见友父：

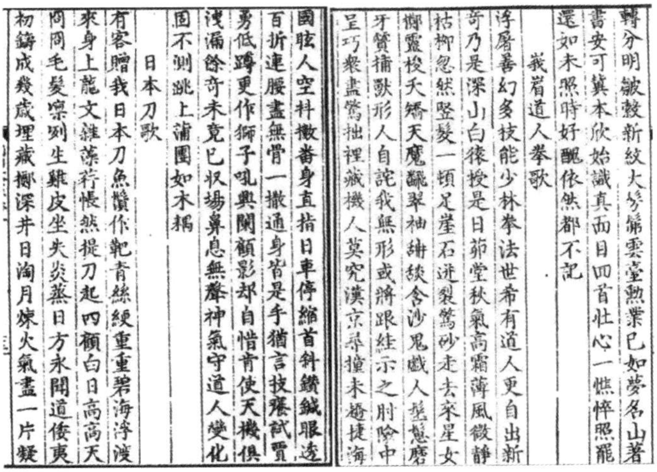
轉分明皺穀新紋大笏歸雲臺勲業已如夢名山著
書安可冀本欣始識真面目四首壯心一憔悴照罷
還如未照時好醜依然都不記
峩嵋道人拳歌
浮屠善幻多技能少林拳法世希有道人更自出新
奇乃是深山白猿授是日茆堂秋氣高霜薄風微靜
枯柳忽然竪髮一頓足崖石迸裂驚砂走去來星女
擲霓梭天矯天魔翻翠袖翩躚含沙鬼戲人蟄懸磨
牙饡捕獸形人自詫我無形或將跟絓示之肘除中
呈巧衆盡驚拙裡藏機人莫究漢京尋撞未趫捷海
國眩人空料擻蕃身直指日車停縮首斜鑽鍼眼透
百折連腰盡無骨一撒通身皆是手猶言技癢試賈
勇低蹲更作獅子吼興闌顧影却自惜肯使天機俱
淺漏餘奇未竟已收場鼻息無聲神氣守道人變化
固不測跳上蒲團如木耦
日本刀歌
有客贈我日本刀魚鬚作靶青絲綆重重碧海浮渡
來身上龍文雜藻荇悵然提刀起四顧白日高高天
冏冏毛髮凜冽生雞皮坐失炎蒸日方永聞道倭夷
初鑄成幾歲埋藏擲深井日淘月煉火氣盡一片凝

图48　四库丛刊《荆川先生文集》卷二

浮屠善幻多技能，少林拳法世罕有。

道人更自出新奇，乃是深山白猿授。

是日茆（茅）堂秋气高，霜薄风微静枯柳。

忽然竖发一顿足，崖石迸裂惊砂走。

去来星女掷灵梭，夭娇天魔翻（翻）翠袖。

餂菼（tān tàn）含沙鬼戏人，鬔鬙（pī ér）磨牙鑽（xuàn）捕兽。

形人自诧我无形，或将跟絓（guà）示之肘。

险中呈巧众尽惊，拙里藏机人莫究。

汉京寻橦（橦，tóng）未翘（qiáo）捷，海国眩人空抖擞。

番（翻）身直指日车停，缩首斜钻（鍼）针眼透。

百折连腰尽无骨，一撒通身皆是手。

犹言技痒试贾勇，低蹲更作狮子吼。

兴阑顾影却自惜，肯使天机俱泄漏。

余奇未竟已收场，鼻息无声神气守。

道人变化固不测，跳上蒲团如木耦（偶）。

始知五绝老人"柔腰百折在（若）无骨，撒去满身皆是手"句，源出荆川先生"百折连腰尽无骨，一撒通身皆是手"句。可谓与友友，复与友父友矣！

另外，荆川先生"汉京寻橦"的"橦"，可为三十二目"对待用功法守中土"里的"俗名站橦"作注脚。橦，由帐极引申为桅杆类直立的竿子。寻橦，传统百戏节目，而今依然保留有爬竿、顶竿类的杂技。寻橦之寻，在于找寻平衡，这与太极拳推手训练（对待用功）时"法守中土"的要领相一致。"俗名站橦"，是指在两人阴阳二气相对相待中，各自寻求动态平衡。市井将站橦误作站桩或战椿，显然违背了"运动知觉来相应""先明四正进退身"这些动态平衡的要义。

19. 许宣平与宣平许

太极拳与许宣平的干系，最早见诸杨家传抄老拳谱三十二目里的"张三丰承留"一文。原文云：

天地即乾坤，伏羲为人祖。

画卦道有名，尧舜十六母。

微危允厥中，精一及孔孟。

神化性命功，七二乃文武。

授之至予来，字著宣平许。

延年药在身，元善从复始。

虚灵能德明，理令气形具。

万载永长春，心兮诚真迹。

三教无两家，统言皆太极。

浩然塞而冲，方正千年立。

继往圣永绵，开来学常续。

水火济既焉，愿至戌毕字。

五言二十四句，百二十字。将太极拳的文化源流，由天地乾坤，伏羲人祖，乃至姜太公吕尚、孔子、孟子、仙人许宣平、张三丰等。之后宋氏家传太极功，将许宣平与三十七势种种瓜葛，盖源此滥觞也。而"字著宣平许"句，为打油押韵，将许宣平按照西方人的称呼习惯，改作了宣平许，亦可一粲（càn）。盖亦西学东渐之遗风焉。

20. 仙流许宣平

《续仙传》载：

许宣平，新安歙（shè）县人也。睿宗景云年（710—712年）中，隐于城阳山南坞，结庵以居，不知其服饵，但见不食，颜若四十许人，轻健行疾奔马。时或负薪以卖，薪担常挂一花瓢及曲竹杖，每醉行腾腾以归，吟曰："负薪朝出卖，沽酒日西归，路人莫问我，穿云入翠微。"

迩来三十余年，或施人危急，或救人疾苦。城市之人多访之，不见，但览庵壁题诗云："隐居三十载，筑室南山巅。静夜酙（wán）明月，闲朝饮碧泉。樵人歌垄上，谷鸟戏岩前。乐以不知老，都忘甲子年。"

好事者多诵其诗，有抵长安者，于驿路洛阳同华间传舍，是处题之。天宝（742—756年）中，李白自翰林出，东游经传舍，览诗吟之，叹曰："此仙人诗也。"诘之于人，得宣平之实。白于是游及新安，涉溪登山，累访之不得，乃题诗于庵壁曰："我吟传舍诗，来访仙人居。烟岭迷高迹，云林隔太虚。窥庭但萧索，倚仗空踌躇（躇）。应化辽天鹤，归当千载余。"宣平归庵，见壁诗，又吟曰："一池荷叶衣无尽，两亩黄精食有余。又被人来寻讨着，移庵不免更深居。"其庵后被野火烧之，莫知宣平踪迹。

后百余载，至咸通十二年（871年），郡人许明恕家有婢，常逐伴入山采樵，一日独于南山中，见一人坐于石上，方食桃甚大，问婢曰："汝许明恕家人也？"婢曰："是。"其人曰："我即明恕之祖宣平也。"婢言曰："常闻家内说，祖翁得仙多年，无由寻访。"宣平谓婢曰："汝归为我向明恕道，我在此山中。与汝一桃食之，不得将出，山内虎狼甚多，山神惜此桃。"婢乃食之，甚美，顷之而尽。遣婢随樵人归家言之。婢归觉担樵轻健，到家俱言："入山逢祖宣平。"其明恕嗔婢将上祖之名牵呼，取杖打之。其婢随杖身起，不知所之。

后有人入山内逢见婢，童颜轻健，身衣树皮，行疾如风，遂入升林木而去。

二水按：《续仙传》三卷，旧题"唐朝请郎前行溧（sù）水县令兼监察御史赐绯鱼袋沈汾撰"。吏部正七品上官职，曰朝请郎。兵、吏部官员曰前行。按唐宋官制，三品以上服紫、五品以上服绯、七品以上服绿。正七品上的县令，一般而言可能得以受赐服绯鱼袋。可见，沈汾相当于现今享受副司级待遇的处级县官。

同书尚载新安歙县另一位道流聂师道事迹云："其后吴太祖霸江淮间，闻师道名迹……建玄元宫以居之……乃降褒美为逍遥大师问政先生，以显国之师也……有秦吴荆齐燕梁闽蜀之士，咸来逾纪，勤苦奉事。"

又按："吴太祖霸江淮间"云云，概指杨行密（852—905年）事。天夏二年（902年），杨被唐昭宗封为吴王，拥兵自重，天佑二年（905年），杨死，其四子杨溥自立睿帝，追封杨行密为太祖武皇帝。可见"唐朝请郎"之唐，非李白、许宣平生卒之李唐皇朝，实乃937年杨行密令其部下徐温收留之孤儿徐知诰，篡位后所建立的唐皇朝，即后世所称的"南唐"。"有秦吴荆齐燕梁闽蜀之士"云云，概呼其时兴起的诸地方割据小国。因沈汾身当其时，信息不确，各地方割据小国国号名称有不确处，亦在所难免。生活在公元937年前后的地方县令沈汾，"或览传记，兼复闻见，皆铭于心，而书于牍"，成《续仙传》三卷。《四库提要》称"其中附会传闻均所难免，而大抵因事缘饰，不尽子虚乌有"。其有关许宣平事，则取材于《李白集》之《题许宣平庵壁诗·我吟传舍诗》。可见，李白与许宣平在庵壁"发帖跟贴"，也确有其事的。远离李白、许宣平时代二百余年后的沈汾，所记许宣平事，"附会传闻均所难免"。

然而，《续仙传》载许宣平事，较南宋文人计有功之《唐诗纪事本末》一书又早了数百年。数百年的时间，自然可以产生许多传奇。但相比而言，沈汾记许宣平事，显然更有说服力。然即便如此，也没能从沈汾的文字中，觅得太极功的只字片言。

当年许宣平"隐居三十载，筑室南山巅"一诗，深深地触动了诗仙内心的隐士气质，于是，李白从长安不远千里抵新安歙县，寻访许宣平。初建于唐朝的歙县醉白楼，也足以证明这段轶事。《续仙传》这段文字，后被多种文集所转辑，如《太平广记》《云笈七签》《徽州府志》等。此逸闻也始为民间所称道。此故事之流传，正如歙县醉白楼的题诗所述"凭楼听江流天籁，风晨月夕吊诗仙"。历代人们所凭吊的，绝对不是许宣平的仙家道流传奇，而是故事本身所透现的诗仙李白迷人的浪漫气度。相比之下，勤劳、古朴、尚武的徽州人对"桃食成仙"的许宣平，显得并不热衷。而此故事，在一千多年之后，则如沈汾所料，始被"好事君子学道之人谈柄"。这不得不让人敬佩沈汾料事之深远矣。倘如《宋氏家传太极功源流支派论》所称，宋远桥之太极拳传自许宣平，那么许明恕家婢又是宋远桥之几代祖先呢？

21. "冷面先生"冷谦

冷谦《溪山飞瀑图》（图49），边款有光绪叶德辉题记，称"明张丑《清河书画舫》载有谦画《蓬莱仙奕图》卷，后有张三丰跋""（冷谦）元至正间已百余岁，明永乐间居南京，以负酒券运官库钱偿酒佣，成祖捕之，画一舟壁间，全家遁而仙去""神仙墨戏，非比画史之多。仙奕图外有汉文帝《劳军细柳图》卷，绢本设色，载胡敬西清札记，亦有张三丰跋文句"

"题记字体，有大令遗风，一种天真烂漫之趣，自非修养中决不能有此境界。诚意题句亦飘飘欲仙，宜其为江陵赞赏也"。

明郎瑛《七修续稿》卷四之辩证类载：

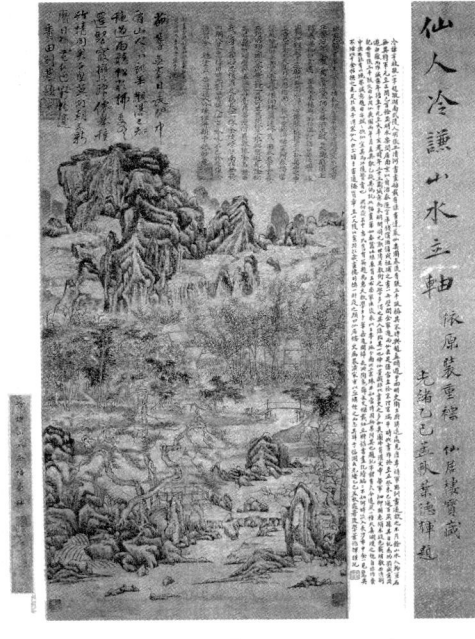

图49　冷谦《溪山飞瀑图》

《蓬莱仙弈图》，冷谦，字启敬，号龙阳子，钱塘人也。善音律、术数之学。世有《蓬莱仙奕图》，谓冷至正（元）六年端阳作，送张三丰者。三丰，仙人。永乐二年，转送淇国丘国公福，并跋启敬来历。今遗落吴下一家。往往见诸名人集中，载事题诗，独都南濠文跋具载跋语，略言二人始末未真，亦不知此图为伪也。尝闻太祖命真人张宇初访求三丰，成祖又命尚书胡公濙（yíng）天下物色，皆不获见。尝思丘国乃成祖心腹功臣，三丰至而敢匿不言者耶？且跋中止言冷字而无名，谓冷武陵人，而不知本钱塘，能言元时之事详，而不知为本朝协律郎，知远而不知近，有是理耶？跋云："观李思训画，遂得其法，幻出神品"。以丹青鸣于时，何刘伯温之诗与他书皆不言之，而独言善音律、术数耶？就使三丰真得冷画，元末已死复生，孑身远游矣，岂复带画，永乐时送人耶？且跋曰："冷在至正间，已百数岁"。若在洪武，必百数十岁矣，如此老，尚为人臣耶？就使为之，可谓奇矣，如太公、伏生，人必言之，何不见于书耶？此必憸（xiān）人假冷之名、张之跋、丘国之所遗，见其难得之物，货人重价。一时名人不察而纪其异，为之题咏也。予惜未见，特辨之，并考二人。

张名君实，字全一，辽东义州人，别号玄玄，又号保和、容忍、三丰子，时人又称张邋遢。天顺三年，又来谒帝。予见其像，须鬓竖上，一髻背垂，面紫，大腹而携笠者。上为锡诰之文，封为"通微显化大真人"。冷，善鼓琴，居杭之吴山，锻泥为钉，以供衣食，中年卖药金陵。洪武元年与王伟、詹同等较正郊庙乐章，后有画鹤、盗金之事，遂隐不见。

郎瑛辩证《蓬莱仙弈图》系赝品。"货人重价"四字，着实点准了"冷之名、张之跋、淇国之所遗"的要穴。然仙道之流，总是具有神秘之美。金庸作《倚天屠龙记》，干脆将冷谦演绎成冷面先生，成为明教的五散人之一。二水也因着这份神秘，因着冷仙画舟遁迹事，寻访冷仙亭，录得《重建冷仙亭碑记》（图50）：

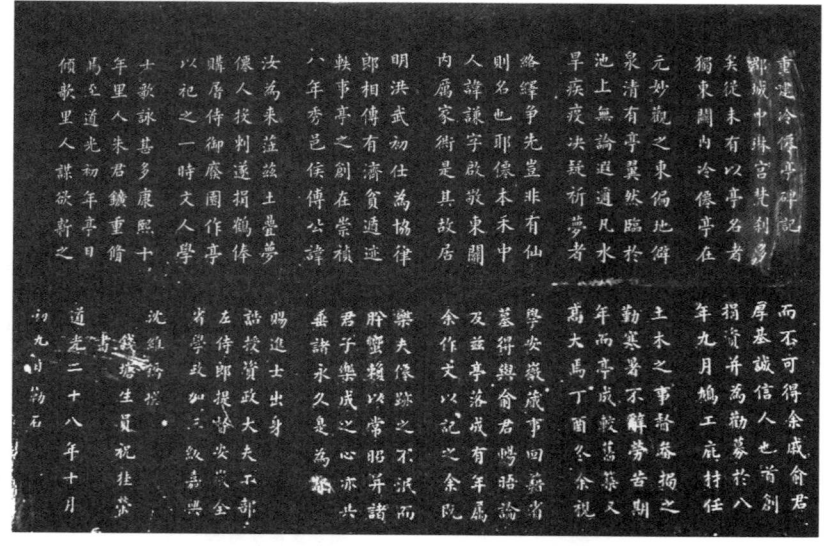

图50　沈维鐈《重建冷仙亭碑记》

　　郡城中，琳宫梵刹多矣，从未有以亭名者。独东关内冷仙亭，在元妙观之东偏，地僻泉清，有亭翼然临于池上，无论遐迩，凡水旱疾疫，决疑祈梦者，络绎争先，岂非有仙则名也耶？仙本禾中人，讳谦，字启敬。东关内厉家巷，是其故居。明洪武初仕为协律郎，相传有济贫遁迹轶事。亭之创，在崇祯八年，秀邑侯傅公，讳汝为，来莅兹土，叠梦仙人投刺，遂捐鹤俸，购屠侍御废圆，作亭以祀之。一时文人学士，歌咏甚多。康熙十年，里人朱君鑛（kuàng），重修焉。至道光初年，亭日倾欹（qī），里人谋欲新之而不可得。余戚俞君厚基，诚信人也，首创捐资，并为劝募，于八年九月，鸠工庀材，任土木之事，督畚（běn）揭（jū）之勤，寒暑不辞，劳苦期年，而亭成，较旧筑又高大焉。丁酉冬，余视学安徽，蒇（chǎn）事，回籍省墓，得与俞君畅晤。论及兹亭，落成有年，属余作文以记之。余既乐夫仙迹之不泯，而肸蠁（xī xiǎng）赖以常昭，并诸君子乐成之心，亦共垂诸永久，是为记。

　　　　赐进士出身

　　　　诰授资政大夫工部左侍郎 提督安徽全省学政 加三级

　　　　嘉兴沈维鐈（qiáo）撰

　　　　钱塘生员 祝桂荣书

　　　　道光二十八年十月初九日勒石

　　二水按：1634年，江陵名叫傅汝为的年轻人考中了进士，次年走马上任，当上了"嘉兴市南湖区区长"，可谓意气风发的了。当他刚刚踏上这块被咏作"渔米之乡"的秀水腴土，尚未大展鸿图，即有不祥之兆一闪而过。连续几个晚上，他梦见了一位黄冠道人，载舟而来，踏琴而去，只遗下一则名片，上书"冷谦"两字。这份道骨仙风所呈现的气场，足以折服这位涉世不深的年轻人。于是他诚服于冷面先生足下，开始发愿构筑冷仙亭，以企求冷面先生的庇佑。

亭修过半，未竣，这位年轻人，就飞黄腾达，旋升"驻马店市市长"了。这种擢升，这份荣耀，足以让不愉快的种种烟消云散。1641年农历9月13日，闯王破汝宁，活捉了总督杨文岳，杀了汝阳县县长文师颐。身为该地最高行政长官——"驻马店市市长"傅汝为，他或许又想到了能画舟遁迹、入瓶隐身的冷仙了。或许他眼前出现的就是"决疑祈梦者，络绎争先"的这口古井吧。百般无奈之下，这位年轻的市长跳井自杀了。

1. 800余年前的一场无谓之争

830余年前，江西上饶的鹅湖寺，有一群读书人围绕着太极与无极的问题，展开了一场辩论会。

反方是以陆九渊为首的陆氏兄弟。首先发难的是陆九韶，他认为：周濂溪《太极图说》"无极而太极"的观点，是在《易传·系辞上》"易有太极，是生两仪"句基础上，"于上又加无极二字，是头上安头，过于虚无好高之论也""无极二字出老子，非周子之言"，原因是周敦颐在另一部更为重要的著作《通书》中，压根不提"无极"两字。

而正方的朱熹大不以为然，他认为：不言无极，会使人将太极等同于一物，而认识不到太极乃万物之本；不言太极，则又恐将无极沦为"空寂而不能为万化之根"。

陆九韶听出朱熹之辩旨在"求胜不求益"，遂不与之辩。

陆九渊以为，学问越辩越明，于是接了话茬，继续与朱熹论辩。他认为："夫太极者，实有是理，圣人从而发明之耳。"以无极来释太极，"使后人簸弄于颊舌纸笔之间也"。因为，极训中，言无极即无中，"是奚可哉？""自有《大传》，至今几年，未闻有错认太极别为一物者……何足上烦老先生特地于太极上加无极二字以晓之乎？"

朱熹极力反对陆九渊训极为中，他认为极是至极之意。故太极者，是理之极也，既存在于万物之先，为万化之根本，又存在于万物之中，是万物中之理。

公说公的理，婆说婆的理。争吵了三天三夜，这群斯文的读书人终究不欢而散。

800年后的某一天，长沙马王堆出土了帛书《周易》，人们发现，那群读书人苦苦争论的"太极"这一概念，原本只是"大恒"两字的误植。由此演绎出来的无极，也成了无稽之谈。

2.《易》有大恒

通行的诸本易经中，除了《易传·系辞上》"易有太极，是生两仪"句之外，"太极"一辞在先秦的文献中，仅见于《庄子·大宗师》"在太极之先而不为高，在六极之上而不为深"（图51）。庄子此处的太极，与六极相对，其意仅指空间的最高极限，与后世通行的太极概念无涉。

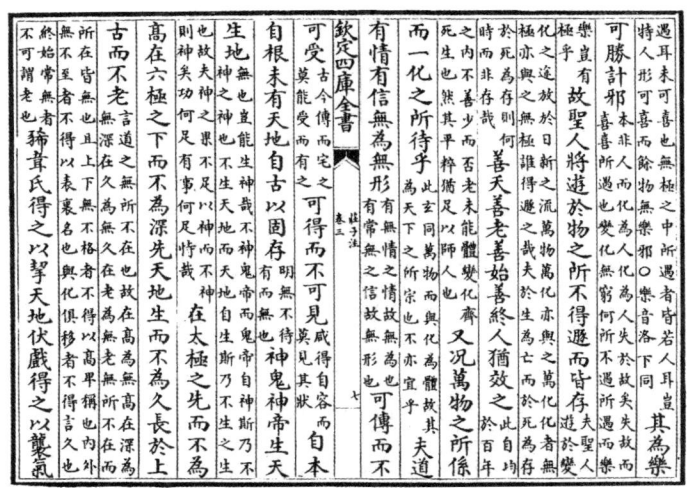

图51　文渊阁四库全书子部郭象《庄子注》卷三大宗师第六

通行本《易传·系辞上》的"易有太极，是生两仪"之"太极"，一直以来无贴切之解。

1973年，湖南长沙马王堆汉墓出土的《帛书易经》系辞第十章云："是故《易》有大恒，是生两仪，两仪生四马，四马生八卦，八卦生吉凶，吉凶生六业。"

《帛书周易》分作八宫，每一宫分作八卦，阳卦居四宫，阴卦也居四宫。八八共六十四卦。而"恒"卦，在帛书中居第三十二卦，也即全数卦位六十四卦的二分之一处。也是上篇四阳宫与下篇四阴宫的分野。"《易》有大恒，是生两仪"的两仪，其实就指上下阴阳两篇。

将"大恒"误作"太極"的原因，通常的观点以为，为避讳汉文帝刘恒之名，改大恒为太極。其实，在战国时期的文字里，从"亙"，从"亟"的字，极其容易误写误读的，而"太""大"两字，也同样容易误植。

所以，不管是避讳还是古人的手抄误植，在二水看来，这只是历史给后人开的一个小小玩笑。历史常会开一些不大不小的玩笑，以讹传讹或者误打误撞，也能铸成经典，并由此对后世产生深远的影响。周子的《太极图说》如是，王宗岳的《太极拳论》亦如是，武禹襄借用王宗岳的"太极拳"之名，用以称呼他从杨露禅身上学得的"绵拳"，并以此借壳上市，这一过从，亦复如是。

3. 太极的高雅与庸俗

不管是为避讳汉文帝刘恒之名，还是误写误读，以讹传讹，《易经·系辞》中的"易有大恒，是生两仪"，被传为"易有太极，是生两仪"（图52）之后，历史在此出现了一个拐点：原先最早出现在《庄子·大宗师》中"在太极之先而不为高，在六

图52　朱熹书《易·系辞》（林宗毅先生捐赠与台北博物馆）

极之上而不为深"的"太极"一词，随着宋明理学的兴起，开始展现在历史舞台上，演绎出高雅庸俗间杂的精彩篇章。

我们不妨搜寻不同历史时期各不相同的"太极"释义，来梳理一下"太极"在不同时代背景下所扮演的各不相同的角色。

除了《庄子·大宗师》中与"六极"相对的"太极"之外，在先秦的典籍中，难以寻找"太极"两字的其他出典，这或许与焚书坑儒有直接的联系。

东汉的易学中开始有太极的诸多释义，大多以"气"或"元气"等概念，来解释太极。如郑玄《周易注》中的"太极"说："极中之道，淳和未分之气也。"

南北朝的道教文献中，也直接沿袭汉易观点。陶弘景在《真诰·甄命授》中称："道者混然，是生元气，元气成，然后有太极，太极则天地之父母，道之奥也。""太极则天地之父母"，很有创意！陶弘景居然人性化地为"太极"收养了一对子女叫：天和地。这一观点也影响着后世的王宗岳（王为太极的这对子女取名叫：阴和阳）。

唐代易学继承了汉易的传统，孔颖达《周易正义》解"易有太极"云："太极谓天地未分之前，元气混而为一，即是太初、太一也。故老子云道生一，即此太极是也。"可见，唐以前的"太极"概念，侧重的是对天地本原的探索，所以始终未脱"元气"范畴。

宋明理学或道学的兴起，始于周濂溪之《太极图说》。周濂溪图文并茂，不但首创了"阴静阳动"的太极图，还用文字解释了他的发明创造："太极动而生阳，动极而静，静而生阴，静极复动，一动一静，互为其根，分阴分阳，两仪立焉。"周濂溪的阴阳互动说与动静之理，几乎被王宗岳《太极拳论》全盘的接纳，但两者对"太极"的理解还是截然不同的。周子旨在以太极来讲述宇宙生成之序，所谓"坤道成女，乾道成男"，比陶弘景的"太极则天地之父母"更接近世俗。

王宗岳，干脆则将"太极"纳入一己之身，以己身之太极，去体悟天地太极之理。单凭这一点，王宗岳的太极境界，绝非周子同时代人所能及的。这种观念的产生，不是空穴来风，得赖以沉重的历史文化积淀。

邵康节开以"心""气"两义解释太极之风。邵康节说："心为太极"（《观物外篇》），此心概指圣人之心。康节先生以为，圣人之心与"天地之心"同。《击壤集·观物吟》云："一气才分，两仪已备。圆者为天，方者为地。变化生成，动植类起。人在其间，最灵最贵。"心、气合解太极，为后世将太极纳入己身（人身一太极）奠定了基础。

朱熹把二程的"道"或"理"与《系辞》的"太极"合而为一。二程虽不盲"太极"，朱熹却盲于此而不能拔。进而他指出："太极，形而上之道也，阴阳，形而下之器也。"（《太极图说解》）

朱熹的太极，直接跟伦理挂上勾。这一理论在后世相当长的一段时期被奉为正统。明初，南方理学以朱子系之吴康斋为中心，他们在发扬朱子之学的基础上，开始了太极的通俗化进程。特别是明中晚期，从儒者到士大夫，几乎到了言必称太极的地步。以致后世腐儒或烂陈其辞，或浮薄其义，或亵慢其理。

沈德符《万历野获篇》补遗卷三之佞倖目下载"太极"云："太极本无极。自宋周子加以一圈，其后迂腐铸太极图，其式如圈。人遂云，今乃知太极之为物，匾而中空。本朝大儒吴康斋，每对人辄以双手作圈势，自云无时不见太极。浮薄者，遂以芦菔投其中。又有一显官，以隶人裸露，发出治罪，云冲破太极。又有作太极诉冤文者。而圣贤道理，受人亵慢至矣。至世宗朝，罢任府丞朱隆禧，作太极衣以献，盖房中术也。上大喜，进卿进侍郎。又今滇中文武上下，以缅铃相馈遗，登之简牍曰：太极丸。侮圣至此，可恶可狠。"

沈德符（1578—1642年），字景倩，浙江嘉兴人。《万历野获编》一书上自朝廷典章制度，治乱得失，下至山川风物，乃至文人学士的琐事遗闻，无所不包。

悉心解读他的这段文字，我们不难看出以下几点：

其一，明朝各朝皇帝大儒士大夫热衷于与"太极"相关联的物事，几成风尚。这种时尚，势必带动民间中下层人士对"太极"的热衷。这种现象虽有沈德符所谴责的侮圣亵明的意思，但太极概念的通俗化或庸俗化，毕竟为后世太极拳的创立提供了土壤。

其二，太极的观点，开始偏离朱熹"太极，形而上之道也"。而开始探寻有形有象的形而下之器的"太极"，诸如铸"匾而中空"的太极图，吴康斋以双手作圈势体悟太极等（吴康斋的身体语言，虽然远不及王宗岳的以拳悟道，但毕竟能发蒙以己身体悟圣道之端）。

其三，发明或编造与太极相关的物事，是一件名利双收的事。这其中蕴育着十分强劲的利益驱动。不管是"太极衣""太极丸"，与太极相关的延伸产品的开发，也反过来激发群众的"太极"智慧。

其四，凭沈德符的广闻博记，在他的生卒期间，尚未听闻太极拳的创立。

4. 太极与武技的结合

文人大凡是看不得赳赳武夫气概的，即便在沈德符所处的年代，倘若有人将"太极"与"武技"结合在一起，也许会遭到"侮圣至此，可恶可狠"的恶骂。

而历史有时候就喜欢开这种玩笑。在沈德符过世后不到两年，一个"言必称太极的"王朝死了，一个闯劲十足的新王朝，刚一出世也死了。而一个久居关外的游牧民族却开始掌控这个王朝，开始学着"以汉制汉"的新皇朝建立。此人还为自己取了一个十分汉化的名字叫"皇太极"。

顾炎武曾说："有亡国，有亡天下。"一朝一姓的灭亡，是亡国，全民族为异族征服，则谓之亡天下。照顾炎武的说法，甲申年的历史，是既亡国又亡天下的了。这亡国亡天下的痛楚，激起了文人心中的家国情怀。即便陈迂酸腐或者手无缚鸡之力，这群文人开始斯文扫地，从事着以往文人所不齿的事情。这其中，值得一提的是北方的孙奇逢、李孝悫（què）、傅青主、王余佑、李塨、颜习斋等与南方的顾炎武、黄宗羲、王征南、黄百家、甘凤池等。

而五公山人王余佑，则更值得太极拳史界关注！

王余佑，字介祺，保定之新城人。《大清畿辅先哲传·师儒传·夏峰弟子王余佑传》称其"康熙二十三年卒，年六十九，学者私谥文节先生"。此考其生卒：1615—1684年。

1644年，甲申国变，王余佑归隐易州（今河北易县）五公山，自号五公山人。后流寓献县（今河北献县），教学生以忠孝，务实学，兼文武。他编著《十三刀法》，内载"太极连环刀母"六路，因而，人称"太极连环十三刀法"。徐哲东先生曾说，"以太极为者，用于技击，始见此书"。可见，1644年后，五公山人已经摒弃了迂腐的陈见，将太极两字与武术结合起来了。

其实，五公山人不只是将太极作为标签粘贴在他的这把刀上，他或者根本没有想注册"太极"这个商标。统编《十三刀法》，书名没有"太极"两字，内容中也只"太极连环刀母"这一处"太极"字样。但是，我们仔细研究他的刀法，却无处不与近代的太极拳理论相契合。其总论云："吾之用刀，以刀引力，故要重刀。然刀重力大。刀动力随。虽不用力。而力自随矣""吾之用刀。力在筋骨。骨软筋硬。周身气脉相连。虽不用力于刀，而周身气力自全在刀焉。如水银之在竹筒中。运之则至首。收之则至尾。然此亦难与不知者道也。"此书后经蟫（yín）隐庐石印本易名为《五公山人太极十三刀法》，唐范生校对出版时，改名为《太极十三连环刀》，将太极的商标归属于五公山人的刀法，应是实至名归，众望所向的。

习刀先习拳，是一般武术教学的常理。没有拳术的基本功法，别说是五公山人三五十两的重刀，即便是斤把重的轻刀，若想"运之则至首，收之则至尾"，也绝非易事。所以说，五公山人除了他的刀法与众不同，理应冠之“太极”名号，那么他的拳法究竟如何呢？

这个问题，几年来一直吸引着我的视线。有一年无意中，我在孙禄堂先生的《形意拳学》一书中找到了谜底。

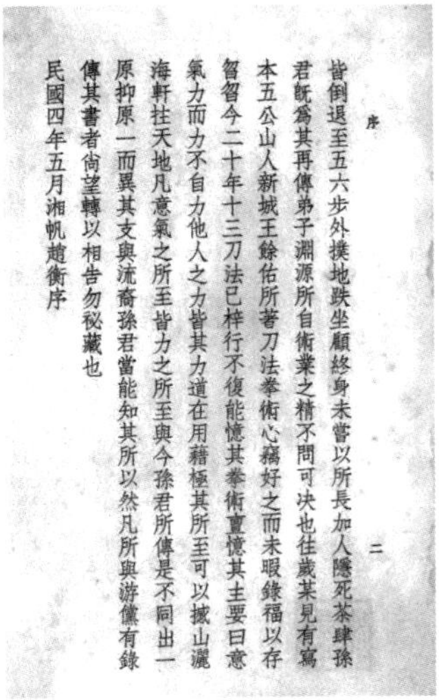
序　二

皆倒退至五六步外撲地跌坐顧終身未嘗以所長加人隱死茶肆孫君旣爲其再傳弟子淵源所自術業之精不問可决也往歲某見有寫本五公山人新城王餘佑所著刀法拳術心竊好之而未暇錄福以存曶曶今二十年十三刀法已梓行不復能憶其拳術亶憶其主要曰意氣力而力不自力他人之力皆其力道在用藉極其所至可以撼山灑海軒拄天地凡意氣之所至皆力之所至與今孫君所傳是不同出一原抑原一而異其支與流裔孫君當能知其所以然凡所與游儻有錄傳其書者尙望轉以相告勿祕藏也

民國四年五月湘帆趙衡序

图53　1915年赵衡序孙禄堂《形意拳学》

孙禄堂先生的《形意拳学》成书于1915年，首序为国学大师赵衡先生所作（图53）。赵衡，字湘帆。直隶冀州（今河北冀县）人。生于同治四年（1865年），卒于1928年。著有《叙异斋文集》等。从他的序言来看，湘帆先生亦精通武学，“世俗所传绵掌，八极十二节，充其量不过一匹夫之所能”“专事吐纳导引，若五禽、八段锦，造次敌至手足无措，又无以应变”等俱非隔行之论。之后，赵衡先生发现他所看到的孙禄堂先生的形意拳，与他记忆中的五公山人的拳术有着相通之处，他说：“往岁某见有写本《五公山人》。新城王馀佑所著刀法拳术。心窃好之，而未暇录福以存。曶（hū）曶今二十年，十三刀法已梓行，不复能忆其拳术，亶（dǎn）忆其主要曰：意、气、力，而力不自力，他人之力皆其力，道在用藉，极其所至，撼山洒海，轩柱天地，凡意气之所至皆力之所至。”由此推算，湘帆先生当在1895年前后见过写本《五公山人》一书。其时，先生年当而立，值博闻强记之时，虽“不复能忆其拳术”，“亶忆其主要”，也足可采信焉。“而力不自力，他人之力皆其力，道在用藉，极其所至，撼山洒海，轩柱天地，凡意气之所至，皆力之所至”一节，俱与内功拳理相契合！

“而力不自力，他人之力皆其力”“凡意气之所至，皆力之所至”，在赵衡先生看来，与孙禄堂先生的形意拳十分接近，于是他疑虑：“与今孙君所传是不同出一原，抑原一而异其支与流裔？”而在我看来，既然他的《十三刀法》是名正言顺的太极刀法，那么他的拳法、他拳法中的拳理，又与而今我们的内功拳如此相似，我们有理由相信，他的拳术倘若被冠名为"太极拳"，也在情理之中！

5. 周濂溪的太极图

如果说，武禹襄从舞阳县盐店觅得王宗岳《太极拳论》，通过其外甥李亦畲"兼积诸家讲论，并参鄙见"，手抄三本太极拳论，得以流传后，开创并奠定了近代太极拳技的理论体系的话，那么太极作为哲学体系的完整创建，则应归功于周濂溪与他的《太极图说》（图54）。

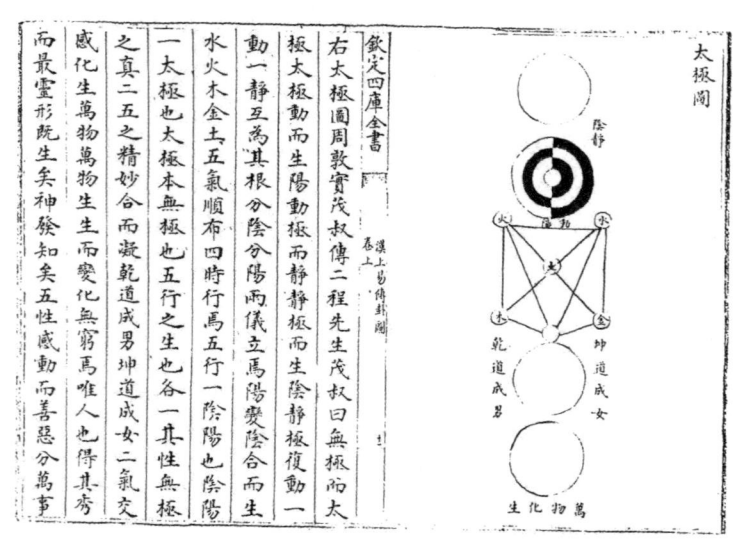

图54　文渊阁四库全书经部朱震《汉上易传·卦图》所载周濂溪"太极图"

周濂溪的"被发现"，也是因为他的两位学生伊川、明道的推荐，而最后得到了朱熹的认可与推崇。周濂溪图文并茂的《太极图说》，首次将宇宙发生、发展问题进行了系统的、完整的阐述，构造了一个天人合一的结构图式，为日后宋明理学开拓了道路，由此也奠定了他在宋明理学开山鼻祖的地位。伊川、明道弟兄两人的"性即理"论，将性命之学中原本说不清道不明的"性"与"理"对应起来，开启了儒学本体论的进程。

周濂溪的太极图是一个多层次且极具结构主义色彩的图式。全图由上而下分作五小图，多层次、多角度地来图解"太极"作为宇宙万物、社会、人类个体等各类结构体的内部种种参数的发生、发展规律。

图一，单圈表示太极，像是结构体内完整严密的独立系统。

图二，分黑白三层，标有阳动阴静字样，像是坎离两卦象的弯曲结合成的圆圈，来揭示图一这一结构内部的阴阳生息变化。

图三，分六个小圈，五圈分别标注金木火水土，底下一圈不注文字。表示太极在阴静阳动，阴阳生息变化时的五行相生相克的规律。

图四也是单圆，两旁注"乾道成男，坤道成女"，单圆的顶端与图三不注文字的小圈相交，意在表示单圈的"太极"内部结构，与图三中的五个小圈一样，内部都蕴含着五行相生相克关系。五行虽五圈，而太极则一。太极虽一，也因内部的五行相生相克，才得以"乾道成男，坤道成女"。

图五又是一单圈，下注"万物化生"字样，万物皆有太极而化生。

由此可见，周濂溪的太极图，实则概括了"无极-太极-阴阳-五行-万物生息"的思维内核。之后的所谓《太极先天之图》、陈致虚于《金丹大要》中的《太极顺逆图》、萧应叟《元始无量度人上品妙经内义》中的《太极妙化神灵混洞赤文图》、卫琪《玉清无极总真文昌大洞仙经》的《无极图》、王道渊注《太上老君说常清静经》的《道生万物图》，凡此种种，都是周濂溪太极图之衍图。

6. 太极阴阳鱼

与周濂溪太极图截然不同的另一类太极图，是以阴阳鱼图为主的图式。目前韩国的国旗、蒙古国的国旗等，都是这类图式的衍图。

其图，外圆象征太极。以S曲线分作黑白阴阳两鱼，以示两仪。白鱼黑点，黑鱼白点，以示阴阳互根、阴阳生息。两鱼交游，以示孤阴不生、独阳不长、阴阳生生不息。

当今流行的太极图多为阴阳鱼图式。阴阳鱼图式的太极图，最早见诸我国文字确载的，当系元朝初年，二水的一位奉化棠溪乡贤袁桷（jué）。袁桷（1266—1327年），字伯长，号清容居士。大德初，由阎复等人荐为翰林国史院检阅官。初建南郊时，他进十议。升集贤直学士，卒。追封陈留郡公，谥文清。著有《易说》《春秋说》《清容居士集》。

咸平元年（998年）进士袁元任新昌令，举族南迁。嘉祐元年七月（1056年）苏东坡赴开封参加公务员考试，放榜时名列第二，袁元的曾孙袁毂（gū）得第一，得中解元。袁毂五年后（1061年）中进士。元祐五年（1090年），苏东坡任杭州知府，袁毂任通判。两人相得益欢，唱酬颇多。袁毂弟兄五人分别是：袁满、袁榖（gòu）、袁毂、袁方、袁阛。弟弟袁方，始迁奉化棠溪杜岭，为棠溪袁家岙（ào）袁氏始祖。清容居士袁伯长，便是袁方的七世孙。

伯长先生在《谢仲直易三图序》中说："朱熹嘱其友蔡季通如荆州，复入峡，始得其三图焉。"三图中的"天地自然河图"，就是阴阳鱼图式的太极图。据传，此图"世传蔡元定得于蜀之隐者，秘而不传，虽朱子亦莫之见"。后为谢仲直所获。朱熹嘱其好友取得的这幅太极阴阳图，竟然连朱熹本人都无缘得见。伯长先生有缘得窥后，自然不惜笔墨，为谢仲直撰写序文了。可惜其时，此图也没能公诸于世。此太极阴阳鱼图，真正以图示形式现世，则是在明朝初年赵撝（huī）谦刊布的《六书本义》（图55）一书。

《书史会要·绍兴志》载：赵古则（1351—1395年），字撝谦，后改名谦，余姚人。洪武初徵（征）修正韵，为国子监典簿。罢归，筑考古台，述六书之旨，精义入神，得于图像言意之外。后复召为琼山

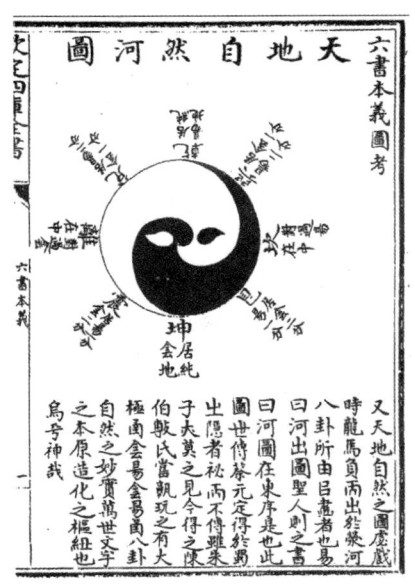

图55　文渊阁四库全书经部赵撝谦《六书本义》图考之天地自然河图

教谕。尝言读书必贵识字，故曰："六书明，则六经如指诸掌。"乃著六书本义。

由此可见，阴阳鱼图式的太极图，在我国现世至今不会超过630年。

阴阳鱼现世200年左右，夔州府梁山县（重庆梁平）有位举人，"杜门谢客，穷研经史"，于明万历二十七年（1599年）完成《易经集注》一书（图56）。此人叫来知德，他精心研制的《梁山来知德圆图》《伏羲六十四卦圆图》《伏羲八卦方位之图》《文王八卦方位之图》《八卦变六十四卦图》《八卦所属自相错图》《伏羲卦》《伏羲八卦方位》《阳直图消息盈虚》《阴直图消息盈虚》《天上月轮图》《文王八卦方位》《一年气象》《大混沌》《天地形象》《一日混沌》等图，300年之后，他的上述各图又均被陈家沟的一位老秀才所衍袭使用。

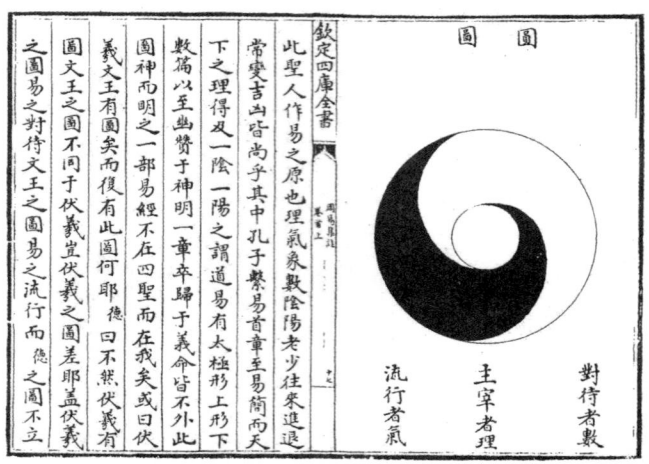

图56　文渊阁四库全书经部来知德《易经集注》之梁山来知德圆图

　　陈鑫，这位陈家沟的老秀才，他在衍袭使用来知德的文字与图示时，还将来知德的《先天八卦次图》与《两仪图》嫁接起来，拼凑了所谓的《太极生两仪四象八卦图》。图示两侧文字，一依来知德《两仪图》："奇为阳之仪，实故主乎施，一如标杆，故有专有自；偶为阴之仪，虚故主乎承，一如门扇，故有翕（xī）有辟（pì）。"另外，他还在来知德《河图阴阳旋文图》《造化象数体用之图》的启发下，编创了所谓的《太极拳缠丝精图》。从此，"缠丝精"成了陈氏太极拳的主要核心理论。

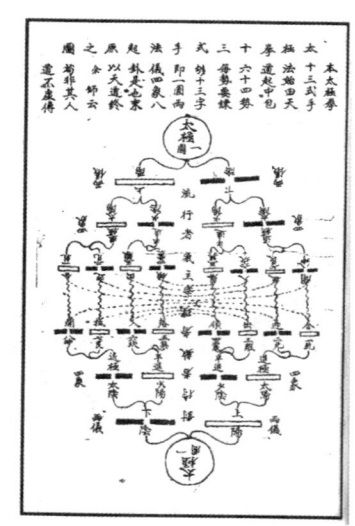

　　1929年，陈鑫过世。四年后，《陈氏太极拳图说》得以刊行。而参与订补陈鑫《陈氏太极拳图说》的杜元化在陈鑫论著刊行后三年编撰《太极拳正宗》一书，在陈鑫《太极生两仪四象八卦图》的基础上，将两套《先天八卦次图》相反相对，予以拼合，并以《梁山来知德圆图》中的"对待者数，主宰者理，流行者气"为核心，编造了所谓的《太极拳十三式手法起源之图》（图57）。

图57　杜元化《太极拳正宗》之太极拳十三式手法起源之图

杜元化紧紧跟着陈鑫，依葫芦画瓢，亦步亦趋，结合陈鑫的缠丝精与《左右手运行图》，编创了名为"背丝扣"的十三式手法。由此，"背丝扣"便成了赵堡太极拳的核心理论。

经来知德变异了的阴阳鱼图，自此成了陈家沟、赵堡两地太极拳理论的基石。

7. 乌克兰馆的神秘太极图

2010年，上海世博会"4.25"大预演，二水有幸与一多庐诸拳友参观上海世博会，乌克兰国家馆外墙硕大的阴阳鱼太极图映入眼帘（图58）。红、黑、白色装饰图案，机具农耕时代之前狩猎民族的特征。被驯化了的狗、被追逐的鹿、各种被捕猎的动物，弓箭、日月星辰，以及带有神秘文化的各类图腾等，这些似乎在无声地宣称：乌克兰人的祖先，在农耕之前的狩猎活动中，阴阳鱼的图案已经深入他们的骨髓。"这是5000年前特里波耶文化的符号"，乌克兰馆馆长伊万·布恩托夫说，特里波耶文化是东欧铜石并用时代的文化，主要分布在乌克兰第聂伯河中游等地。

图58　上海世博会乌克兰国家馆的特里波耶文化符号

催生中国现代考古学的瑞典地质学家安特生于1923年发表《中国远古之文化》一书，他比较了仰韶文化与中亚的安诺和特里波耶文化彩陶，正式提出了"彩陶西来说"。法国史学家勒内·格鲁塞的《草原帝国》一书，罗列了以下文化交流现象，以佐证草原帝国的文化印迹：旧石器时代晚期，奥瑞纳文化的维纳斯进入中国北方。2005年发现的大麦地岩画维纳斯，就是例证。新石器时代末期，西伯利亚草原梳形陶器（饰有平行直线纹的陶器），对甘肃齐家坪的原始陶器产生巨大的影响。公元前2000年前后，最初形成于基辅附近的特里波耶文化，饰有螺旋纹的优质陶器，可能同样是经过西伯利亚、乌克兰传入中国的。公元前1700年，河南仰韶村重新蓬勃发展起来，以后又在甘肃的半山地区发扬光大。

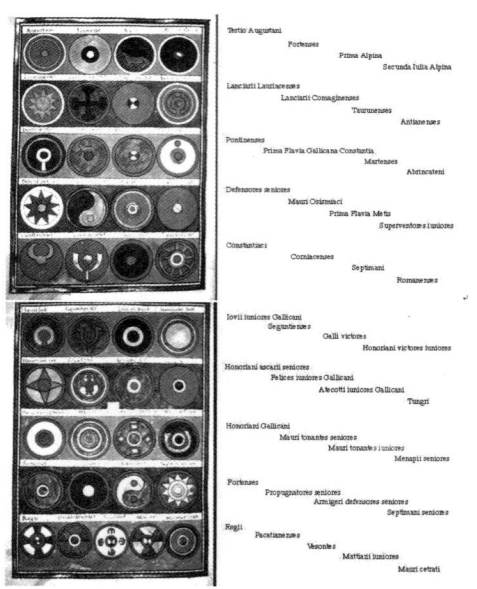

图59　公元400年西罗马政府整理的部分盾牌图案

（资料来源：英国德比的Luke Dylan）

公元400年，西罗马的政府整理了300多个盾牌的图案，其中用于西罗马步兵两只盾牌图案（图59），其一与赵㧑谦的阴阳鱼相似，其二与来知德的阴阳鱼相似。而出现的时间却比我国早了近千年。

二水猜度：我国历史上的周文王，这位来自西域少数民族的首领，抑或也曾浸润了这一神秘的西域之邦文明？这一答案，其实并不重要。二水相信，全球文化的冲撞与交融，远不只是近现代的专利。从远古时代开始，人类就在相互共享他们的文明，分享人类智慧所带来的理性光辉了。

8. 无奈的《马鞍山宣言》

2006年，第三届全国太极拳名家研讨会在马鞍山召开，与会代表签署了一份《马鞍山宣言》，称：

> 太极拳是当今世界上流传最广，参与活动人数最多的一项中国传统文化、传统中国功夫与武术健身运动的结合体。百余年来，它已发展、衍化，形成为太极拳功夫、太极健身运动与太极体育竞技三大体系。我们客观地认知太极拳三大体系的存在现实，认识三者之间的联系与区别，全力支持三者的发展、交流与合作，以便更好地、更充分地服务于现代社会。我们互相理解，衷心尊重每一位承传者为太极拳发展所做出的努力与贡献。展望未来，我们坚信，所有太极拳的承传者，无论侧重于何种体系，属于何种流派，只要彼此相互理解，平等交流，团结一致，共同为弘扬太极文化，传播太极拳功夫，发展中华国粹做实事，那么，中国的太极拳必将造福于全人类。

将太极拳割裂成"太极拳功夫""太极拳健身运动"与"太极体育竞技"三大块，显然是与会者均衡利益后的无奈之举。这种举措，也反映了目前阶段太极拳界的鱼龙混杂、良莠不分的现状。

造成这一现象的原因固然很多。许多名家也意识到了这一问题的严重性，也撰文提出要为太极拳下一个明确的定义。吴文翰先生曾在《武当》2007第10期撰文说："很多人，包括我也在内，都希望能够看到对太极拳有一个百字以内的定义。做好这件事实际上非常困难……什么是太极拳？太极拳究竟包括哪些内容？尚无定论。"浦汉健先生于2007年《精武》第10期发表的《怎样给太极拳下定义》一文，虽然对吴文翰先生的疑虑作了回应，但是也没有解决问题的实质。

两位先生，都是当时太极拳界的笔杆子。对他们来说，为太极拳下一个纯粹形意逻辑意义上的定义，不算难事。他们之所以没有这么做，二水以为，他们也是面对太极拳纷繁复杂的现状，流露出剪不断理还乱的情绪。很多明明属于"体操""舞蹈"范畴的，却归属于太极拳之中，很多明明属于摔跤、散打范畴的，也归属于太极推手之中。这种概念的混乱，直接影响了太极拳在人们心中的"定位"。太极拳究竟是什么？很多人都会这么问。是武术？是气功？是舞蹈？是体操？有些人一听到年轻人练太极拳，就满脸疑惑：你也练太极拳啊？潜台词是说，你还没老到学太极拳的地步吧？而有些年轻人，即便是向往传统武术，一听到太极拳就摇头，太极拳有啥好练的？这些现象，无疑都是由太极拳定位不明确造成的。所以，太极拳走向国际舞台，在未来的潜在客户心中，为太极拳找到一个准确的、与众不同而又当仁不让的定位，就显得十分紧迫而重要。

9. 不同历史时期太极拳的定位

定位，是一个营销广告界的专用术语，是美国营销专家埃尔·列斯、杰科·特罗于20世纪70年代提出来的。定位，不是要对产品做什么修改。定位是对产品在未来潜在顾客的心中，确定一个理所当然的位置。也就是说，一个准确的定位，能够使该产品在潜在客户心中树立起与众不同、当仁不让的位置，从而使该产品树立起独特有利的地位，并且形成强势的核心竞争力。

太极拳，作为一项独特的"产品"，从杨家三代推广开始，自觉不自觉地在运用着"定位"这种高级的营销手段。

杨露禅，学得时人称之为绵拳或陈家拳之后，返回故里，以授拳为业。永年儒生澄清、汝清、河清武家昆仲三人随之学拳。武汝清于道光二十年（1840年）得中进士，官刑部四川司员外郎，后荐杨露禅到京城授拳。武澄清于咸丰二年（1852年）得中咸丰壬子章鋆（yún）榜恩科进士，甲寅年（1854年）补舞阳知县（图60）。时年，武禹襄奉母命赴舞阳省兄，从舞阳某盐店得王宗岳《太极拳论》，从此，无意仕进，醉心于太极拳。武家昆仲承王宗岳余绪，显微阐幽。从此，这种原本称为绵拳、炮捶或陈家拳的武术形式，得以藉“太极拳”之名而“借壳上市”。

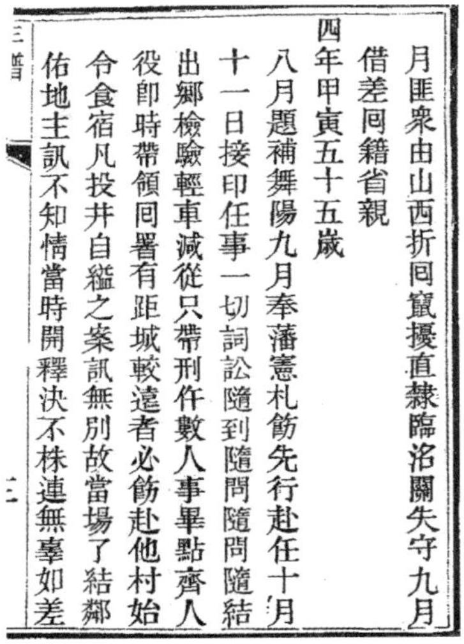
月匪衆由山西折回竄擾直隸臨洺關失守九月
借差回籍省親
四年甲寅五十五歲
八月題補舞陽九月奉藩憲札飭先行赴任十月
十一日接印任事一切詞訟隨到隨問隨結
出鄉檢驗輕車減從只帶刑作數人事畢點齊人
役即時帶領同署有距城較遠者必飭赴他村始
令食宿凡投井自縊之案訊無別故當場了結鄉
佑地主訊不知情當時開釋決不株連無辜如差

图60　北图馆藏珍本年谱丛刊151《武澄清自订年谱》

时值满清乱世，国库空虚，危机四伏，太平军已抵长江沿岸。登基不久的咸丰帝，面对重大事件无所决策，迷于酒色，荒废朝政。而身处危机之外的儒生，依然是尊崇“正心、修身、齐家、治国、平天下”的人生理想与“穷则独善其身，达则兼济天下”的人生态度。从李亦畬手抄的老三本《王宗岳拳论》的文字来分析，“意气君来骨肉臣”“立身中正安舒，支撑八面”“行气如九曲珠，无微不到”“心为令，气为旗，神为主帅，身为驱使”“立身须中正不偏”“气以直养而无害”等，字里行间，随处可见知识分子君臣纲常、安身立命、正心养气的理念。

也由此可见，陈家拳或绵拳，从一开始被冠之以“太极拳”之后，就已被明确定位在知识分子修身养性的层面上了。“太极拳，修身养性”，这一鲜明而得体的定位，为这位来自永年乡间没有读过太多书的杨露禅，日后在京城授拳而能倍受知识界的推崇，创造了理论条件。

1866年，杨露禅经武汝清举荐到京城授拳后，此时的清王朝饱受鸦片战争与太平天国战火，风雨飘摇，内忧外患。“母子同治”的清皇朝，开始顺应时势。一方面，废科举，兴学堂，开海禁，办洋务，兴办新式工业，创办新式军队；另一方面，不甘心全盘的西化，企图以夷制夷，以传统势力来牵制洋务势力，从而稳固深宫的垂帘与集权。摇摇欲坠的清廷，得以暂时的喘息，迎来了为期十来年的所谓"同治中兴"。洋务期间，面对"西学东渐"之风所带来的西方文化的大肆侵袭，传统文化显得不堪一击，巍巍大中华，甚至连皇者自尊都被西方文明的枪炮打得稀巴烂。傲慢的慈禧也开始学会"量中华之物力，结与国之欢心"。而"中学为体，西学为用"的口号，显然是传统文化在面对被全盘西化时所做的最后抵抗。这个口号之下，蕴含着当时知识分子内心复兴儒学价值观及礼制纲常制度的伟大理想。

此时，一种被冠以"太极"之名的武术形式，被当做是圣人之学，藉以慰藉国人脆弱的心。皇宫贵族、达官贵人于是群响众应。成稿于其时的三十二目老拳谱之"张三丰承留""口授张三丰老师之言"等文字背后，我们可以看出这些拳论的撰写者，他们的内心有着明确的政治主张与抱负。从存世的几本三十二目老拳谱来看，文字虽多衍讹，但我们依然能从字里行间，感受得到儒家"人心惟危，道心惟微，惟精惟一，允执厥中"这耳提面命、谆谆嘱咐的十六字心法。这在他们看来，像是华夏文明的火种盒，关乎天下苍生，家国命运。而太极拳生逢其时，正担纲起承载圣人之道的道器。这便是太极拳在京城传授期间明确的市场定位。也为太极拳习练者通过身体力行，体仁修性、性命践行提供了切实可行的路径。

民国初期，军阀混战，民不聊生。袁氏当国后，尊孔复古的逆流为有识之士所不容，人们意识到必须从文化思想上冲击封建思想和封建意识，才能普及民主共和思想，进而来实现真正的共和政体。因此，全国上下掀起"打倒孔家店"的潮流。激进的革命者，在"文学革命"的大旗之下，提倡白话文，反对文言文，提倡新文学，反对旧文学，甚至还提出了废除汉字的主张。不甘心彻底被西化的人们，还是从传统文化中去寻找赖以自尊自信的"国粹"。太极拳，于是又被当作是"尽美尽善之体育"，被赋予了"强种强国"的重任。很多人企望通过太极拳来改变中国人的"品种"。而对于身处孤岛租界的人们，太极拳又被当作是夹缝中求生存、游刃有余的"养生之道"。

北伐胜利后，百废待兴，国民政府开展了"国民经济建设运动"，短时期内，经济国力得以长足发展。在以肃清官员腐朽生活方式为宗旨的"新生活运动"中，太极拳被奉为"自强之道"。民国年间，太极拳以"自强不息"的君子之术，迎来了前所未有的"黄金盛世"。以杨澄甫、吴鉴泉、孙禄堂、郝月如、陈子明等为代表的各派太极拳家，纷纷展现太极拳的魅力。

新中国成立初期，全国卫生条件低下，瘟神四起。政府开始想通过国民自身的锻炼来改变体质。于是，太极拳开始走入寻常百姓家。罗普大众，在榔头铁搭之余，开始为革命而锻炼身体。当时，国家体委组织全国太极拳专家，编排易学易教的24式简化太极拳。于是，忽如一夜春风来，自上而下，太极拳作为政治任务，在全国各地得以广泛推行。在此之前，太极拳一直是被定位为"崇高"人士才得以受用的"燕翅鲍"，而今，太极拳开始成了全民健身的快餐。

20世纪中期开始，全球的反华排华的大背景下，太极拳在海外，还充当过整合海外华人意志力的纽带，甚至还一度成为海外华人团结一致拓展市场的工具。

10. 太极拳：一门调控身心的学问

太极拳是一门学问。太极拳是将自己的身体作为研究课题的这样一门学问。通过一套拳架，通过四正四隅、进退顾盼中的训练，来调控自己的身体，进而调控自己的情绪。这门自我调控的学问，其实是与古人反求诸己、正心修身的修行体系一脉相承的。孟子说："发而不中，不怨胜己者，反求诸己而已矣。"这一层面，也相对应于王宗岳《太极拳论》中"著熟"的过程。

通过太极拳推手的训练，调控自己身心的同时，还能调控对手的身心。这也是通常我们理解的太极拳中武技的成分。但是，调控对手的身心，绝对不只是简单意义上的打斗、顶牛或摔扭等的胜败输赢。老辈常常揶揄说，太极拳是"讨打"的拳。这"讨打"，就是建立在调控对手身心之上的。太极拳推手训练，说到底是通过相互的喂劲、摸劲，进而建立起一整套完整的攻防体系。对应于王宗岳的《太极拳论》，这一层面，就是"渐悟懂劲"的过程。

通过完整的太极拳训练体系，能够让习练者逐渐进入一种"太极"的生活状态。太极拳像是一个台阶，让习练者由下往上，沿着台阶，一步步地走上去，一直上到一个境界，这个境界，叫作"神明"。王宗岳说，"由著熟而渐悟懂劲，由懂劲而阶及神明"，这里"阶及"的阶，就是台阶。《淮南子·兵略训》曰："见人所不见，谓之明；知人所不知，谓之神。神明者，先胜者也。"王宗岳所倡导的太极拳，也就是这样一种学问：通过一套拳架，我们逐渐通过练拳，来认识自己，了解别人，了解自己在自然界的位置，让我们与大自然达成和谐共处。

说到底，太极拳是一门生活的学问。

11. 阴阳

阴阳的观念，是古人特有的思辨模式。譬如我们平时喝茶的茶杯，西方人看到茶杯，首先会考虑，这杯子是用什么材料做的，用什么方法做的。西方人善于直接从茶杯"有形"的部分来考虑问题。而中国人看到这个茶杯，首先会想到，这个茶杯是可以用来喝茶或者喝酒的，因为要盛水，所以起码会拿起茶杯，朝杯底看一眼：漏不漏？可见，中国人善于从无形的空间来反视有形的杯体，之后才会考虑怎么来制作这个杯子。

古人讲的体用，就是这个道理。从无形出发，来考虑有形的问题，从用来考量体，以阴来衡量阳，这就是太极式的思辨特征。有形与无形，背面与正面，这些都是"阴阳"的基本概念。

在武技上，东西方也有差异的。譬如说西洋拳击，他们研究的是单手出拳时拳量有多少磅，速度要多快，每秒出多少拳。太极拳所研究的是：怎样与对手组成一个阴阳球体，怎样将自己身躯外的空间，与对手联络，与对手沟通，然后再调控对手的身心。

所谓"布形候气，与神俱往"，"布形"是调整己身有形的姿态，"候气"则是将己身身躯之外的空间笼罩对手，进而调控对手的身心。

阴阳这一思辨模式，反映在太极拳上，第一，是"阴阳的平衡"。"冲气以为和"，阴阳平衡，旨在构建"和谐"。不树敌，不折腾，化解矛盾，人与自然平和相处。

第二，以无形去考量有形，或者以用考量体，体用合一。杨澄甫老师的《太极拳体用全书》，就是以用考量体的。一些人只练拳架，不练推手，只求拳架，不讲使用法，体用不一。就像一个杯子，外形很美，而杯底却是漏的，其实，这已经不能叫作杯子了。

第三，太极拳是一种用最小的能量来发挥最大功效的一种技术。所谓四两拨千斤，讲的就是这一层面上的要领。套用时尚的概念，太极拳是一种低碳、低能耗的运动方式，而达到的养生、武技效用却是最大化的。

12. 身心

古人将自己的身体，分作身、心两部分。这也是用阴阳的思辨模式，从有形的身与无形的心两方面，来考量自己的身体。

古人的心，与西医的心脏，不是一个概念。心是君器，是可以主宰身躯的。从现在概念来讲，心，是大脑的活动，是一种思维，一种情绪，一种心理活动。

再者，古人的身，也是从阴阳两部分来认识的：一是指躯体百骸，二是指五脏六腑。用西方医学的理论来讲，躯体百骸是指由动物性神经来调控的器官，五脏六腑是由植物性神经来调控的器官。而脏腑系统中，脏，是相对完整的系统，是一个半封闭系统。腑是有来龙去脉的，是相对开放系统。

基于身的这两部分的构造，中医又建立了两大理论体系：脏腑学说、经络学说。脏腑学说，旨在构建五脏六腑与肢体百骸的关联。经络学说，旨在梳理脏腑系统与肢体百骸之间能量的输送渠道。

13. 经络

经络，奇正相生，经纬交融。正经十二，奇经八脉。十二正经里，手三阴、足三阴这些阴脉，都跟脏有关。手三阳、足三阳这些阳脉，都跟腑有关联。

李时珍《奇经八脉考》云："盖正经犹夫沟渠。"这十二正经就像是十二条河流。这些河流，都有发源，都有流经流向的。十二正经由脏腑发源，流经手脚，直接将脏腑与躯体肢体发生了关系。所以在临床诊断中，借助经络学说，医生可以通过有形的肢体百骸，来了解无形的脏腑系统内的阴阳辨证，也能通过调控有形的肢体百骸，进而来调控无形的脏腑系统的阴阳平衡。这里联络有形与无形的介体，就是一种无形的能量——气。

传统文化里的气，是一个复杂的概念。从手上脸上所呈现出来的气色，到脏腑所产生的能量，都包含在气这一概念中。

气字，仙道气功界写作炁。炁字下面的"灬"，是火字的简化。火代表一种能量。望文生义，炁字，就是表面看不见的，没有形状的一种能量。

流行于十二正经中，沟通于身心有形、无形之间的这种能量，就是炁。

炁是哪里来的？我个人的看法，这无形的能量，来源于体液的流动。水流，能够发电，产生能量。体液的流动，也自然能产生能量。我们先撇开其他体液，单就血液循环而论，身体内所有的静脉、动脉，倘若我们将身体内的血管拉直，这河流，可能是世界上最长的河流了。而且，这河流还有很高的落差，有压力，有血压。这些流动着的血液，它所产生的能量，就是炁。

譬如，生活中，有人手热，有人手凉。西医喜欢讲实证，不管是手热还是手凉，只要身体不发烧，用体温计测出的体温都是一样的，所以西医就无法解释这个问题。倘若你一定要问西医，手怎么会热、会凉呢？西医只能告诉你，你的神经末梢有错觉。西医没有第二种解释的。但是手热、手凉是真实的，不但自己能感知，别人也能感知的，说是错觉，就很牵强。

同样的问题，中医的回答就很简单：气血畅通了，手就热，气血不畅，手就凉。而反过来，西医又很疑惑，用解剖的方式来寻找脉络，一刀下去，只见骨头、肌肉、肌腱、血管、神经末梢等，哪来的经络啊。

从汉朝时就认识到的，至今中医赖以辨证施治的经络，究竟在哪里？

其实，用太极的思辨模式来看待这个问题，一切就迎刃而解了。还是以茶杯为例，茶杯的杯壁是有形的，但是，用来盛装茶水的空间是无形的。同样的道理，身躯内的骨头、肌肉、肌腱、血管、神经末梢等都是有形的。这些组织器官，相互之间存在着一定的空间，这些空间是无形的。倘若用西医的解剖方式，我们将茶杯杯壁解剖开来后，杯子打破了，肯定找不到用来盛装茶水的空间了。同样，经络就是无形的能量赖以流动的空间。只是这空间，是由肌肉与肌肉、肌肉与肌腱、肌腱与神经、肌肉与骨头等之间的空间所构成的。肌肉紧张状态时，肌肉与肌肉、肌肉与肌腱、肌腱与神经、肌肉与骨头等之间所构成的空间受到了挤压，空间小了，或者被堵塞了，那么气血就不畅通了。肌肉处在松弛状态，肌肉与肌肉、肌肉与肌腱、肌腱与神经、肌肉与骨头等之间所构成的空间就宽舒了，气血就得以畅通了。

14. 补泻

一个人，没有经过特殊的训练，十二正经也是通畅的，只是这十二条河流，相互之间是不沟通的。倘若心脏系统功能好，那么由"手厥阴心包经"或者"手少阴心经"所流通的能量就特别的足，气血就旺盛。倘若肝功能不好，那么身上与肝相关的"足厥阴肝经"的能量就不足。或者胃系统不好，那么与胃相关的"足阳明胃经"所流经的能量就不足。就像是长江水泛滥了，黄河缺水了，或者黄河泛滥了，而长江缺水了，两条水系没有沟通，相互之间没有补济，旱涝不匀。

因为十二正经相互之间缺少沟通，于是就需要有奇经八脉。李时珍说："盖正经犹夫沟渠，奇经犹夫湖泽。正经之脉隆盛，则溢于奇经。"（图61）意思是说，奇经八脉，能够将流行于十二正经中多余的能量，储存在这河系周边的湖泊中。二水认为，奇经八脉不

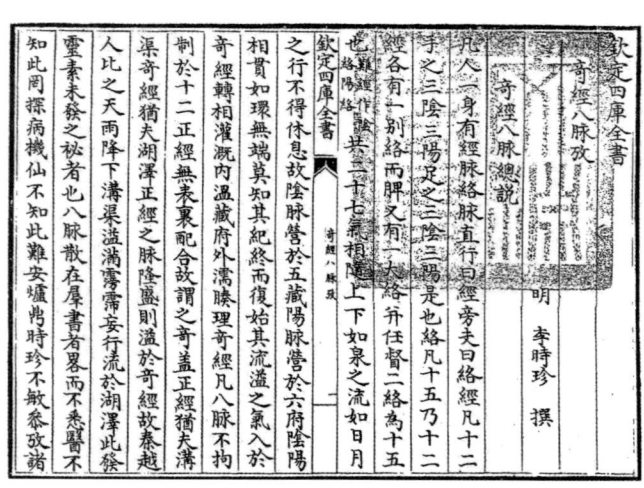

图61　文渊阁四库全书子部李时珍《奇经八脉考》

单只具有湖泽的作用，还相当于有着运河的功能，能够赖以联络各河系之间，且具有相互补泻的功能。

督脉，总督一身之阳脉。身体中所有的阳脉，都是它来统领的。倘若督脉通畅了，那么手三阳、足三阳这些阳脉，都可以通过督脉来相互联通，通过督脉来调配能量。

任脉，总任一身之阴脉。任脉通畅了，能使周身的手三阴、足三阴相互有了联络。这些阴脉所流通的能量，就可以通过任脉整体地来调配。损有余而补不足。任督两脉就是奇经八脉中最为重要的两条脉络。这个意义上说，奇经八脉更像是运河。

另外，奇经八脉中的带脉、阴跷脉、阴维脉、阳跷脉、阳维脉、冲脉等相互作用，与十二正经共同构建了全身上下由内而外的能量输送管道。而太极拳所要研究的对象，就是通过"心"对"身"的调控，来疏通奇经八脉，进而达到让己身十二正经所流行的能量，相互之间得以调剂，相互之间得以补救，从而达到养生的目的。

损多余、补不足，这也符合中医的"补泻"理论。"补泻"之间，以达成阴阳平衡。

15. 调控

学练太极拳是一个享受太极拳的过程，而不是拿太极拳来折腾自己。

古人养生的观念，就像是保养一辆汽车。我们身体这辆车，倘若像是出租车一样，24小时整天在马路上跑，这辆车三年就得报废。反过来，这辆车，倘若摆在车库里，一天都不开，也很快就要报废的。

人身体这辆车，要适度地开。而车的内部结构，则需要经常保养。同样，身躯需要适度运行，脏腑需要时常保养。只有这样，身体这辆车，才能保持在"太极状态"。

人，就像一辆汽车。躯体百骸，就像车身、车轮子，会动。而里面的五脏六腑，就像承载在车内的乘客，车身在动，乘客只是坐着，不动的。太极拳，作为内家拳，讲究的是脏腑系统的内动。脏腑器官运动起来后，就能产生更多无形的能量。这些能量，又能反过来滋养外部的肢体百骸。

所以，太极拳是让身体处在身心愉悦的状态下，浑身每一毛孔都得以舒展的状态下，去享受太极态的生活乐趣。

16. 阴阳五行与经络学说

战国时期，出现了一群人物，他们材剧志大、见闻博广。他们企图建立一套能够解释宇宙万物的架构，用以一统自然界、人文社会各方面的次序。这群人，俗称阴阳家。五行学说，就是他们的根本学说。这套体系，类似于西方的结构主义，或者说是简朴的同构理论。

五行，在他们看来，是五种属性的气。这气，因为是活的、流动着的，所以称为"行"。这气，不是具象的，是极其抽象的概念。从当今的概念来说，可以是五种基本元素。最早记载五行系统理论的，应该是《洪范口义》（图62）。隋朝萧吉的《五行大义》更是将阴阳五行理论推向极致。

经络学说，最早见诸《黄帝内经》。此书虽是以黄帝与岐伯之间的聊天形式记载下来，其实未必是他们真实的聊天记录。一般考据家认为，此书成书于战国晚期或者汉朝的可能性比较大。

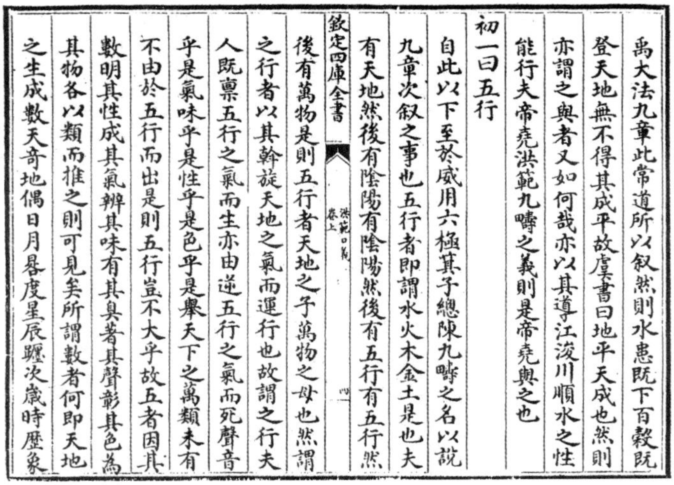
禹大法九章此常道所以叙然則水患既下百穀既
登天地無不得其成平故虞書曰地平天成也然則
亦謂之與者又如何哉亦以其導江浚川順水之性
能行夫帝堯洪範九疇之義則是帝堯與之也
初一曰五行
自此以下至於威用六極其子總陳九疇之名以說
九章次叙之事也五行者即謂水火木金土是也夫
有天地然後有陰陽有陰陽然後有五行有五行然
欽定四庫全書 洪範口義 卷上
後有萬物是則五行者天地之子萬物之母也然謂
之行者以其斡旋天地之氣而運行也故謂之行夫
人既稟五行之氣而生亦由逆五行之氣而死聲音
乎是氣味乎是性乎是色乎是舉天下之萬類未有
不由於五行而出是則五行豈不大乎故五者因其
數明其性成其氣辨其味有其臭著其聲彰其色為
其物各以類而推之則可見矣所謂數者何即天地
之生成數天奇地偶日月晷度星辰躔次歲時歷象

图62 文渊阁四库全书经部胡瑗《洪范口义》

《黄帝内经》运用了《洪范口义》中的五行学说，来解释人体的架构。从当今的学科分类角度来看，五行学相当于哲学范畴，具有方法论层面上的含义，就像上一辈人喜欢讲的辨证法与矛盾论。而经络学相当于人体科学，或说是医学。这些原本属于古代老百姓根子里的东西，就像上一辈人常背诵老三篇学习马克思哲学一样。而今西方哲学界盛行研究马克思主义，却已成了哲学博士生的课程。

17. 史湘云的阴阳观

阴阳五行，原本不是很复杂的。明朝之后，这个道理其实已经通俗化了，成了老百姓人人皆知的基本方法论层面的常识。明朝有一则捉拿人犯的悬赏公告，里面描述犯罪嫌疑人的五官长相，全是用木火土金水来描述的。金脸木鼻之类，倘若老百姓看不懂，如何向官家拿赏银呢。

《红楼梦》三十一回（图63），丫鬟翠缕谈到一棵石榴树，平素里神经大条，爱着男装，粗声朗笑，醉酒后躺在大青石上睡大觉的湘云，向丫鬟大谈她的阴阳观：

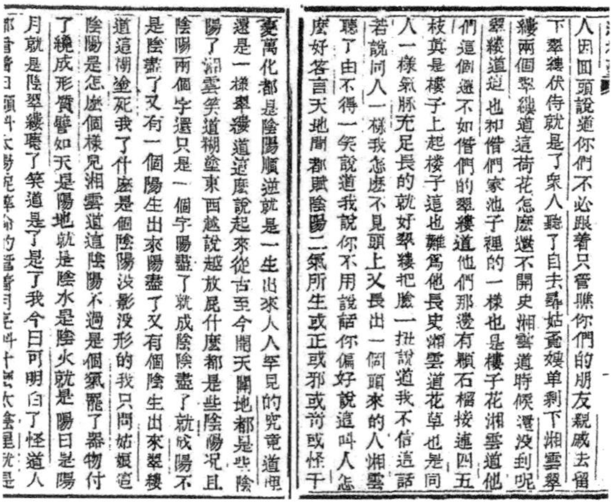
人因回頭說道你們不必跟着只管瞧你們的朋友親戚去留下翠縷伏侍就是了衆人聽了自去尋姑覓嫂單剩下湘雲翠縷兩個翠縷道這荷花怎麽還不開史湘雲道時候還沒到呢翠縷道這也和偺們家池子裡的一樣也是樓子花湘雲道他們這個還不如偺們的翠縷道他們那邊有顆石榴接連四五枝真是樓子上起樓子這也難爲他長史湘雲道花草也是同人一樣氣脉充足長的就好翠縷把臉一扭說道我不信這話若說同人一樣我怎麽不見頭上又長出一個頭來的人湘雲聽了由不得一笑說道我說你不用說話你偏好說這叫人怎麽好答言天地間都賦陰陽二氣所生或正或邪或奇或怪千變萬化都是陰陽順逆就是一生出來人人罕見的究竟道理還是一樣翠縷道這麽說起來從古至今開天闢地都是些陰陽了湘雲笑道糊塗東西越說越放屁什麽都是些陰陽况且陰陽兩個字還只是一個字陽盡了就成陰陰盡了就成陽不是陰盡了又有一個陽生出來陽盡了又有個陰生出來翠縷道這糊塗死我了什麽是個陰陽沒影沒形的我只問姑娘這陰陽是怎麽個樣兒湘雲道這陰陽不過是個氣罷了器物付了纔成形質譬如天是陽地就是陰水是陰火就是陽日是陽月就是陰翠縷聽了笑道是了是了我今日可明白了怪道人

图63　程甲本《红楼梦》卷三十一

天地间都赋阴阳二气所生。或正或邪，或奇或怪，千变万化，都是阴阳顺逆……比如天是阳，地就是阴，水是阴，火就是阳，日是阳，月就是阴。

比如那一片树叶儿还分阴阳呢，那边向上朝阳的便是阳，这边背阴覆下的便是阴。

走兽飞禽，雄为阳，雌为阴，牝（pìn）为阴，牡为阳。

几番交谈，最后翠缕道："人规矩主子为阳，奴才为阴。我连这个大道理也不懂得？"

湘云笑道："你很懂得。"可见，连目不识丁的丫鬟，也能分得清阴阳来了。

18. 太极拳的阴阳观

从拳架而言，首先要明确你自身的阴阳概念。

第一的层面的阴阳：有形的身形、与身形相关的无形的空间，这两者之间的关系。这有形与无形之间的阴阳关系，是必须明确的。这一层面的阴和阳，简单地理解，可以分成三阴三阳：

两脚为阳，两脚所对应的那个空间（不是无限的，根据你自己开胯或者两腿肌肉内开的程度而论的）为阴。

身躯中段为阳，身躯中断两手下、两脚上的那块空间（也一样的不是无限的，而是根据你开肩或者胸腹掏空程度而论的）为阴。

头部属阳，脸部前你意识能控制的、从两耳廓向前外延的、眼前那块空间（一样的不是无限的，却顺着你功夫的增加而会变成无限）属阴。

这三块阴阳的区分，是人为的。目的只是为了真实地去把握身躯与周边空间之间的关联性。

平素里行拳走架，假想着是在齐胸深的游泳池里，在注重神形变化的同时，还得想着如何将一潭的池水也涌动起来。老拳论把这种涌动或称作"鼓荡"。

第二层面的阴阳：躯体内的脏腑与四肢百骸之间的关系。

太极拳是一种内功拳，内功拳的主要特征就是"内动"。内动，也就成了太极拳与太极操的根本区别。什么才是内动呢？西方医学认为，人躯体可分作由动物性神经所调控的器官和由植物性神经所调控的器官。人的四肢百骸等，是由动物性神经所调控的器官，意思是说能够听由你意志的调控。你脑子想着让这些部位运动，它们会随之运动的，这些部位是身躯之阳。而另外一些，譬如脏腑器官，它们原本有属于自己的一些微小运动，却不听从大脑调控的，这些部位属于身躯之阴。

这一关系，就像汽车和汽车里的乘客一样。汽车在运动着，而乘客只是随车运动而已。

了解了这一层面的阴阳，我们在行拳走架时，就不但要让汽车开动起来，更重要的是让汽车里的乘客在汽车里跳起舞来。意思是，在行功走架时，要尽量地把自己的脏腑器官运动起来，这才是内功拳的根本所在。

第三个层面的阴阳：中医里的脏腑概念，其实与西医的脏腑器官是两码事。中医讲究的不单纯是气质性的脏腑器官，而是由这些脏腑器官连同与这些脏腑器官相关联的某些穴位等在内的遍及全身的系统。

这一层面上的阴阳，其实讲究的是人体的肌肉、肌腱、骨架及神经系统，与脏腑系统之间的关系。意思是说，我们在练太极拳时，手脚的运动必须着眼于如何通过神经系统来带动肌肉、肌腱、骨架的运动，进而达到理顺脏腑系统的血气的内在平衡。这一问题十分复杂专业，而古人很智慧地只是说"打通奇经八脉"。

19. 太极拳方圆之理

太极拳的方圆之理，大致有以下几个层面：

第一，方向与路径。方向是方的，路径却是圆的。王壮弘先生有个比喻，他说：倘若你走路去美国，两点一线是最近的距离。你走的肯定是这直线。当你走到了美国，你回头一看，发现你走的路径却是一条曲线。太极拳也是一样的，你的劲路的方向，一定是直的，像枪口一样，你得对准了，这是方的。当对手一碰你身，便会产生如球掷壁还的效果。倘若将这一劲路的作用轨迹画出来，那就是一条曲线。

第二，形体的外圆内方。太极拳，在左右前后运动过程中，由于手足是处于被动状态的，所以，整体运动的轨迹似乎是球体运动的。这是外在的圆。而作为训练者本人，在肢体节节贯穿过程中，训练的其实是肌腱、神经末梢、肌肉等组织的纵向拉伸。所以有伸筋拔骨之说。这伸和拔，其实是直线的训练，这直线像是圆的切线。这是内在的方。

第三，太极拳的教学层面上的方圆。初学拳架，易从一板一眼着手，就像木偶一样。或是初学毛笔字，一笔一画，但求清晰。这就是有些拳流派里的所谓的方架。其实，这方架是为初学者而开的方便门，也不是吴式所特有的。但如今，有些人以方为美，以模仿机器人为乐，那就有失原旨本意了。拳架熟练之后，就自然成圆了。就像书法一样，或狂草或行书，一一皆能体现书法家的真性情。太极拳也一样。再说推手。初学推手，易从打轮入手。打轮可以磨炼人的性子，又可以学会与对手组成一个阴阳球体。这是推手之圆。倘若一味地以推磨为趣，以摸鬼为乐，那么就成了豆腐太极或者鬼怪太极了。太极推手由圆入手，之后训练的应该是劲路的锐利与准确。这劲路的锐利与准确，就是太极拳推手之方。所以，叶大密老师曾说，拳架先方后圆，推手先圆后方，讲的就是这个道理。

20. 炁，是一种无形的能量

古汉语炁、氣两字，简化为气。仙道、气功、中医所讲的气，一般而言，喜欢用"炁"。其他讲自然空间的或者呼吸、或者与五谷相关的一般使用"氣"，当然也不是绝对的。

"炁"字，上"无"下"灬"。四点"灬"，古同火。意思是表面上看似无形的，而实质上是像火一般热烈。炁，说的就是一种无形的能量。与呼吸五谷之氣，应该是两码事。

古代的气功文献中也谈到炁与呼吸的关系。这些呼吸，不管是以何种面目出现在这些文献中，讲的其实只是一些手段、一些简单的辅助导引手段。

21. 太极拳之气

太极拳以及其他的内家拳，讲究的就是内练精气神。但古人对气的理解，也许与今人不同。这个问题，不是简单的几句话所能讲得清楚的。

太极拳的气，是一个多层次、多角度的概念。几百年来，各位大师对拳论的理解，使太极拳界中有关气的理论丰富多彩。

第一层面的气，其实就是五行学说中的"气"。这是哲学层面上的。进退顾盼中，是太极拳拳中之五行；四正四隅是太极拳基本的八个劲别，合之为十三势。老一辈称太极拳为十三势，其实就明明白白地告诉我们，太极拳里注重的就是：劲与气。哲学层面上的气，讲的是基本的元素，进步有进步之气，退步有退步之气。左顾右盼中，也无一不是"一气流行"的气。

第二层面的气，注重的是中医经络学层面上的，俗称"血气"或者叫"气血"。某些大师练完整套拳架，手还是冰凉的，可见他演拳架时，气血是不畅通的。所以，这气，还不是"人活一口气"这么简单。有些人虽然活着，但这气未必是通畅的。

第三层面的气，讲究的是气氛。拳论所谓"布形候气"，或者"以心行气""以气运身"等，讲的其实是气氛。二水平时在训练过程中，把这一层面上的气，与人体相对应的无形的空间对等起来。郑曼青先生说太极拳是陆地里游泳，这其实就是对这一层面"气氛"的最精辟的描述。"场"的概念，气场、磁场等，确实也能从另一侧面来谈论这"气"，但还是没有"气"字鲜活。

第四层面的气，也许讲的就是呼吸了。拳架中不刻意讲究配合呼吸。但是，拳架的起势和收势，不妨注重呼吸。这呼吸，各派自有不同的讲法，每一派各有巧妙不同之处。

第五层面的气，讲的是气的外在形式。这不是所有的流派都侧重的，只是部分流派执着于此。外在的形式，也有很多不同的表现。有些表现在硬气功层面上，有些表现在武术魔术层面上。其中最为极端的，就是所谓的凌空劲。凌空劲的前提，究其实，首先得把学员分成两列，由学生有意无意地来"站队"：能接收老师信息者，或不能接收老师信息者；敏感者，不敏感者；有意念力，无意念力等。这种非此即彼的"站队"，经由相对封闭状态的小团体的暗示，往往会无限地放大"凌空"的意志力。最后，队列的抉择往往能够洗脑。气功如此，太极拳界也如此，特殊社会形态下的社会格局也如此。远离非此即彼的"站队",无疑是逃离被愚弄的良计。

22. 奇经八脉的技击意义：劲与势

奇经八脉的贯通，在养生上的意义，倘若说是无法立杆见效的话，但是在技击含义上，应该是可以通过手把手的摸索而验证的。二水是个急功近利的人，对纯粹的气功抱以偏见，原因就是纯粹的气功无法立马验证"真假"。而太极拳则不同。太极拳里的技击含义，是能够体悟的，能够实验的。这或许也是太极拳的魅力之所在。

哲东先生《太极拳发微》将庄子的"不将不迎"四字引入太极拳理论界。所谓不将不迎，意思是像一面镜子，它不会主动来接近你的脸面，也不拒绝你脸面的贴近。借力打人，即便说是借，也不是有目的地去借别人的东西，只是别人主动送上来的而已，无为而为罢了。

这一层面，也只有真正地理顺了跷维四脉之后，才能有所体悟。中医的血气，只有通达到了跷维四脉之后，人的骨架肌肤之外层脉络之间，才能流行另一类概念的能量——劲。这劲，二水以为就是血气的外在作用了。力与劲的分别，简单说来就是，力是压力，劲是压强。压力与压强的关系，或许就是体用。劲，是考量力作用于何处，如何作用，如何让作用面的压强增大等。

内功拳除了劲能作用于人外，另有一因素，涉及人的心理因素，那就是"势"。

劲与势的区分，我们不妨举个例子来说明：针扎人，是劲；人见针扎来，想逃，就是势。二水家里有把锋利的小刀，平时与人摸手，二水会拿着刀与人摸手。虽然我只是不用力地拿着刀，也没有刺对方 的想法，对方也知道我不会拿刀刺他们，可他们见了这样的我还是怕。

进一步拿这把刀来讲。同样的，二水拿着这把刀，可以有以下几种情形：

第一，对方知道二水不会拿刀刺他，只是拿刀而已，但是见了这刀，心里依然恐惧，原因是这刀很锋利。

第二，对方跟二水不熟悉，他不知道二水拿着刀的真实意图，而他真实感觉到了这刀的威胁，原因不仅是这刀太锋利，另有心存恐惧的意味了。

第三，对方知道二水这些天说话神志不清，突然又拿起了刀。这接下来的情形，大家可以想象了，对方肯定是飞蹿地逃出二水视野之外。二水似乎成了凌空劲大师了。

当跷维脉络畅通的时候，你的手，其实就是锋利无比的刀。

23. 奇经八脉的养生意义

气，是一种能量。从中医角度来理解，气就是血气，意思是血液循环所产生的能量。这能量，通过经络能布及周身。

理解人体脉络，不妨从以下几点来考虑：

第一，水流能发电，那么血液循环也一样地可以产生生理能量（中医叫血气）。

第二，水的流通渠道与电流的渠道是两码事，血液循环与血气的流通渠道也不是一码事。

第三，血气的通道，不是独立器质性的存在。血气的通道是借助其他器质气官而构成的空间。譬如说杯子，制作杯子的材料可以是不同的材料，而这些材料所构建的空间却是无形的。血气的通道，其实是身体脏腑器官与血管、筋骨、肌肉、膈膜、肌腱、神经等各组织器官之间形成的空间。

第四，独立的血气系统与各独立系统之间的交叉互通系统，譬如独立的华东电网或者独立的华东火电网、水电网与其他地区各电网之间的互通体系，也许就是正经与奇经的分野。

第五，进一步区分经与络的分工。经，径也，如径路无所不通，脉之直者为经。络，絮也，支而横者为络，起着周遍四通八达的贯通联络作用。

老一辈编创的太极拳的拳架，原本就是武术、医学与气功的结合。正确的训练拳架，是贯通奇经八脉的最好的方法。

24. 一段关于"含胸拔背"的公案

在众多太极拳身法要领里，对"含胸拔背"的质疑，由来已久。

1930年，唐豪出版《太极拳与内家拳》一书，在其序言中誓言要"辟太极拳之妖妄"，针对"含胸"，他说："据有一位学者的夸奖，太极拳的动作是：'最合于生理上之程序，能使身体平均发达'的体育。这位学者的话，是否有称誉过当的地方，在运动生理上是一个应该精密讨论的问题""内部呼吸器官的运动，是应该扩胸，而不应该含胸的，这也是运动生理学上不可否认的话。一般太极拳家，却教人含胸呼吸，而不许人挺胸，这种呼吸运动的价值如何？吾以为是一个应该精密测试的问题。"唐豪自然是不指名的在驳斥徐哲东先生。之后还在正文第八章"太极拳之呼吸"中，以"欧美先进之国民，其体格较我为强，此公认之事实也。彼等由幼而壮，在学校中所受之体育训练，类皆挺胸呼吸"为由，对太极拳呼吸时"胸须内含"提出异议，并"不禁为民族盛衰前途，抱无穷之隐忧焉！"把批驳"含胸呼吸"上升到了与"民族盛衰"休戚相关的层面上了。

唐豪作为太极拳业外人士，其论点毕竟是隔行之言。因此，他的"忧国忧民"没有引起国民的群和响应，也没有引起太极拳界的附和与反驳。

1986年8月，张义敬出版《太极拳理传真》一书，"雅轩老师书信摘录"一节中摘录1964年11月20日李雅轩信函云："含胸拔背这句话，老论上没有。这是形意拳、八挂（卦之误植）掌上的规矩。因为陈微明早先跟孙禄堂练过一段时间的形意拳，后来才跟杨老师学太极拳。陈著的太极拳书上，有太极拳十要，把老论上的一些话反正地说了一些，又添了这句含胸拔背。以后练太极拳的人，以为这句话与太极拳也无妨碍，帮做书的也将这话沿用了，从此就成了练太极拳的规矩了。其实，不是那回事，所以我今告诉你们，对这句话不要过分强调，如强调了，就脱离了自然。太极拳是以端正为主要的基础。在这种基础上，胸腰脊背为了动作的需要，是有时含、有时挺、有时凸、有时凹。这是身势动态，不能抓着这个含字，就说一定非含不可，成了规矩。"书一刊发，便引起了太极拳界轩然大波。

1999年第5期《太极》杂志，发表了陈龙骧先生《李雅轩先生对〈太极拳体用全书〉的眉批》一文，该文又在《武林》2000年第8期以《李雅轩对〈太极拳体用全书〉的批评》为题再次发表。两文公开了李雅轩先生生前对《太极拳体用全书》一书眉批内容。顿时，整个太极拳理论界犹如被扔进了川菜的红汤火锅里，麻辣香浓，五味杂陈，沸腾开了。李雅轩先生在《太极拳体用全书》的例言前眉批云："老论中无含胸拔背之说，只有虚灵顶劲、气沉丹田，亦无松肩垂肘之说。盖气沉丹田，一身松舒，含胸拔背、松肩坠肘自然有之。若单注意去做含胸拔背、松肩坠肘，恐与身心舒适有碍。学者不可不慎。尤不可专注意此十三点也。只需注意一身松舒，虚灵顶劲，气沉丹田，则十三点自然有之，而且来得自然。否则必致勉强做出，与自然大有妨碍也。"并将《太极拳体用全书》的诸多"讹误"，归结为校订者郑曼青先生"学拳未久，不懂拳意，自己想造出来"。

李雅轩先生多次提到的老论，应该是指传统的太极拳理论。李雅轩先生眉批中对郑曼青先生的责难，家师金仁霖曾撰文《为〈太极拳体用全书〉正名》，发表在台湾《太极学报》第22期中予以澄清。而"含胸拔背"究竟是不是传统太极拳理论？是陈微明从形意拳中沿袭而来，还是郑曼青等杨家弟子"想造出来"？或者说，"含胸呼吸"果真如唐豪所说只是"太极拳之妖妄"？"含胸"的养生、拳艺上的功效究竟如何？这些问题，二水以为有进一步梳理的必要。

杨家老辈太极拳论著中的相关阐述如下。

1931年，文光印务馆出版杨澄甫老师《太极拳使用法》一书。书中数次出现"含胸拔背"相关的文字：

"太极拳起势预备"云："胸微内含，脊背拔起，不可前俯后仰"；

"第四节 揽雀尾按法"云："沉肩、坠肘，坐腕、含胸"；

"第六节 提手上式用法"云："胸含、背拔、腰松、眼前视"；

"第九节 手绘琵琶式用法"云："含胸、屈膝坐实"；

"第十五节 如封似闭用法"云："同时含胸坐胯"；

"第三十五节 高探马用法"云："松腰、含胸"；

"第三十八节 左转身蹬脚用法"云："含胸、拔背、松腰"；

"第四十二节 进步栽捶用法"云："胸含，眼前看，则敌自站立不稳"；

"第四十八节 双峰贯耳用法"云："头顶、腰松、背拔、胸含"；

"第六十节 玉女穿梭头一手左式用法"云："头顶、腰松、胸含、背拔、眼前看，则敌自倾"；

"第八十八节 上步七星用法"云："拔背含胸，头要顶劲，眼神往前注视"；

"第八十九节 退步跨虎用法"云："拔背含胸，头顶劲，眼神前看"。

1934年2月初版的杨澄甫老师《太极拳体用全书》一书，也多处出现"含胸拔背"相关的文字：

"例言"云："太极拳要点，凡有十三：曰沉肩垂肘、含胸拔背……"；

"太极拳起势"云："含胸拔背，不可前俯后仰"；

"揽雀尾按法"云："沉肩垂肘，坐腕，含胸"；

"提手上式"云："胸含背拔，腰松眼前视"；

"手绘琵琶式"云："我即含胸、屈右膝坐实"；

"如封似闭"云："同时含胸坐胯"；

"高探马"云："松腰含胸"；

"右分脚"云："含胸拔背，定力自足"；

"转身蹬脚"云："含胸拔背，松腰，尤须虚灵顶劲"；

"进步栽捶"云："胸含，眼前看，尤须守我中土为要"。

《太极拳使用法》一书由"余幼读书时，性好武"的董英杰先生校点。该书出版不久，由于书中文辞语句，文言、白话、俚语、俗语混杂，很不协调，图解说明错误又多，杨澄甫老师即命文光印务馆将原版毁去。发行社将存书收回。为此，唐豪在1936年出版的《王宗岳太极拳谱·阴符枪谱》一书中有如此记载："杨澄甫《太极拳使用法》出版后，交神州国光社发行。因为内容太质而不文，例如书中（147页）'有说一力强十会'下注（有礼）二字，（148页）'我说一巧破千斤'下注（不错）二字，这些都是江湖套语，号称能文章的杨氏弟子，看见了觉得面子上有些那个，反对将该书出售，所以不久即行收回，现已不易购得。"

而《太极拳体用全书》则由"因复与同事赵仲博、叶大密，研习斯术，不一月，病霍然"的郑曼青校点。郑曼青先生在师从杨澄甫老师学拳前，明明已经在叶大密老师开设的武当太极拳社里学拳八年（十六学期），却只轻描淡写"与同事赵仲博、叶大密，研习斯术"。我们且不论郑曼青先生与叶大密老师如何攀上了"同事"，如何"研习斯术"，但对照两书中有关"含胸"的文辞可知，郑曼青先生在校点时，只是在《太极拳使用法》一书的基础上，做些文辞上的修饰，除了"右分脚"式，《太极拳使用法》一书中没有

"含胸"字样，而《太极拳体用全书》增加了"含胸拔背，定力自足"之外，《太极拳体用全书》的双峰贯耳、玉女穿梭、上步七星、退步跨虎四式中，反而剔除了"拔背含胸"等作为普遍身法要领的相关文辞的赘述。由此可见，李雅轩先生对郑曼青先生就此问题上责难郑曼青先生"学拳未久，不懂拳意，自己想造出来"，显然是不符合实际的。

1948年8月初版董英杰自编的《太极拳释义》一书，在"经验谈"一节之"七提顶吊裆"中谈到："收劲时胸要稍稍含虚，发劲时要天柱微直，切不可含胸驼背"，书中尚有数处谈及"涵胸"或"涵胸拔背"。

"太极起式"："练拳不可闭口藏舌，又不可时时涵胸拔背。此法是有时间性者。到收回方式才可涵胸。有涵胸自然有拔背。千万不可自作拔背驼形为要"；

"揽雀尾捋式"："两掌距离尺许，向左涵胸拉回，即是捋"；

"如封似闭"："右腿与身形同时缩回，有涵胸意"。

1925年出版的陈微明《太极拳术》一书，在由杨澄甫口授、陈微明笔述的"太极拳十要"之二"含胸拔背"云："涵胸者，胸略内涵，使气沉于丹田也。胸忌挺出，挺出则气拥胸际，上重下轻，脚跟易于浮起。拔背者，气贴于背也。能含胸，则自能拔背。能拔背，则能力从脊发，所向无敌也。"而该书在描述太极拳式的所有动作要领时，丝毫不提"含胸"或"含胸拔背"。

无独有偶，郑曼青编著《郑子太极拳自修新法》一书，书中"功架三十七式之分释及图解"详细描述了拳架中每招每式的动作要领，而对"含胸"的要领，也只在第一式中稍有涉及："立定时，头宜正直……含胸而使其气沉丹田……"全书其余各式均不再谈及。"含胸而使其气沉丹田"，显然是从陈微明先生"涵胸者，胸略内涵，使气沉于丹田也"句化出。

对比上列著作中"含胸""含胸拔背"的相关文辞，我们不难发现，董英杰、陈微明、郑曼青等先生所自编的著作中，无论用词习惯，还是对此技术要领的理解，均与杨澄甫老师的两书风格迥异。由此也不难判定，杨澄甫老师《太极拳使用法》《太极拳体用全书》中的"含胸""含胸拔背"相关文字，不可能是陈微明或董英杰、郑曼青所纂入。而是《太极拳使用法》编撰之前杨家所藏底本初稿中原有的动作要求。《太极拳使用法》编撰之前的底本，究竟有哪些人参与修编，至今我们还无法寻其端倪。正像杨家三十二目老拳谱一样，究竟有哪些杨家学者参与编撰，有待进一步探究。

25. "含胸拔背" 技术要领溯源

孙禄堂拳学理论中，有含胸的阐述，但找不着"含胸拔背"四字连用的现象，而且更找不着"拔背"两字。但是，含胸拔背的要义，依然能在他的拳学著作中随处可见。

《形意拳学》总纲第五节"形意演习之要义"中，孙禄堂先生谈到形意拳演习之要，云："一要塌腰，二要缩肩，三要扣胸，四要顶，五要提，六横顺要知清，七起钻落翻要分明。"此要义中，以"塌腰"来带动"拔背"，以"缩肩""扣胸"来替代"含胸"。孙老先生云："塌腰者，尾闾上提，阳气上升，督脉之理也；缩肩者，两肩向回抽劲也；扣胸者，开胸顺气，阴气下降，任脉之理也。"孙老虽然没有直接使用"含胸拔背"，其实通过这三要，已经阐明了"含胸拔背"的要义。

此七要，在孙禄堂编著的《八卦拳学》第三章"入门练习九要"中，改作了九要。"九要者何？一要塌，二要扣，三要提，四要顶，五要裹，六要松，七要垂，八要缩，九要起钻落翻分明。"在胸背的要求上，除了"扣""缩"之外，又强调"松"字。这里的"松"，讲的是开肩的概念。他说："松者，松开两肩，如拉弓然，不使膀尖外露也。"要做到两肩松开，如拉弓状，二水以为重点在于两肘须有定位之意，两锁骨往左右两端须有对拉之意。这样一方面两手之间似有联络，另一方面，也便于胸腹全然的掏空，周身灵通。第八章"两仪学"第二节中，对"缩肩"有明确解释。他说："两肩似乎有往回缩劲之意，亦谓之含胸也。"第九章"四象学"之第三节云："两肩里根亦均往回缩力，亦是含胸之意。"同章第六节云："两肩前后极力缩住劲，两胯前后里根亦极力缩住劲，此时腹内要似觉圆圈空虚一般，若是，方能得着拳中之灵妙。"同章第七节云："内中何以能虚空之意？即着两肩两胯里根，皆往回缩劲，则胸中自然有虚空之意，而腹内亦不能有努气拥挤之患也。"第十五章"艮卦熊形学"里谈到拳之顺谬时说："其拳谬，则丹田之阳，不能生于背脊，而胸内不能含合，心火亦不能下降矣。"孙老详细阐述了含胸的训练方法，还从正反两方面指出了含胸之于拳艺的深远意义。

孙禄堂的《太极拳学》虽然也反复强调两肩里根与两胯里根即速往回缩劲，腹内要圆满虚空等，但是通篇也不见"含胸拔背"字样。

孙禄堂的拳学著作，虽然随处可见含胸拔背的要领，但却找不出含胸拔背的说辞。由此足证：此"含胸拔背"四字，不属于孙家拳艺之习惯用语。那么将此四字说是"陈微明早先跟孙禄堂练过形意拳"，采自孙家，而"添了这句含胸拔背"。李雅轩老师的这种说法，也未必站得住脚的。

那么，"含胸拔背"，究竟从哪里来的呢？

其实，"含胸"，是陈氏太极拳的重要理论。陈鑫在第二势揽擦衣中图说云："胸间松开，胸一松，全体舒畅。"第六势搂膝拗步图说云："胸如鞠躬向前微弯，四面涵住。"第十三势庇身捶图说云："胸要含蓄，用合精合住。"第十五势肘底看拳图说云："胸要含住精，又要虚。"第三十七势前昭图说云："胸向前合。"第三十八势后昭图说云："胸微弯如磬。"第四十二势揽擦衣图说云："胸要虚含如磬。"第四十三势单鞭图说云："胸微合住，作包含势。"第五十四势揽擦衣图说云："胸向前合住精，胸微弯，自然合住。"第六十四势当头炮图说云："胸要向前合住，空空洞洞，万象皆涵，极虚。"陈鑫虽反反复复地强调含胸的要领，但是细细究来，只是对含胸外在形态的描述，并不是切实有效的训练方式。较之孙禄堂先生的上述理论，其一为旁观者言，其一系练家子言，不作同日而语。倘若按照陈鑫"胸向前合""胸微弯如磬"，太极拳将成为"弯转拳"了。嘉兴俚语唤河虾为"弯转"，练太极拳者长此以往，一个个都弓背如虾了。

武禹襄从杨露禅学拳十数年后，得王宗岳《太极拳论》，复受李呈芬《射经》身法要领之启发，由此制定了太极拳身法八要，云："涵胸、拔背、裹裆、护肫、提顶、吊裆、腾挪、闪战。""闪战"疑为"闪赚"之误植。涵胸、拔背，显然从《射经》"胸恶前凸，背恶后偃"中化出。李亦畬老三本之《启轩藏本》内附"虚实阴阳图"，胸口部位像是剖面图，胸口凹陷如玉玨，形状十分夸张。两旁各写"运"与"动"字样，直观而又形象地解密了太极拳"涵胸拔背"的要义。之后，武禹襄的"涵胸拔背"，连同他从舞阳盐店所得的王宗岳《太极拳论》以及他的《打手要言》心得等，也成了杨家太极拳早期的重要理论。受武禹襄身法八要的影响，太极拳涉及胸背部位的要领，由"涵胸、拔背"，改作"含胸拔背"，也就自然成了杨式太极拳重要的身法要领之一。

1957年7月，杨澄甫老师《太极拳体用全书》一书出版，在"出版者的话"中说："这本书是根据1934年2月上海大东书局的版本翻印的。翻印时，我们将原书的题字、传、序及例言都删去了，并增加了杨澄甫先生的'太极拳之练习谈'和'太极拳说十要'两篇文章。"在特定的历史条件下出版《太极拳体用全书》一书，删去一些题字、传、序及例言，自然有特殊的含义。而所增加的"太极拳之练习谈"和"太极拳说十要"两文，虽然都是杨澄甫老师口授的内容，而笔述者名讳也一律被删去了。1963年出版的傅钟文演述、周元龙笔录、顾留馨审稿的《杨式太极拳》一书，第一章"太极拳要领"中，也引用了"太极拳之练习谈"和"太极拳说十要"两文，"太极拳之练习谈"署名为"杨澄甫口述 张鸿逵笔录"，"太极拳说十要"则是摘自陈微明《太极拳术》之"太极拳术十要"，署名系"杨澄甫口授 陈微明笔述"。张鸿逵，直隶顺天人，1882年生。1906年5月调任陆军行营军官学堂监督，1912年后，改称陆军大学校长，授陆军少将衔。1914年病逝。由此判定，"太极拳之练习谈"成文时间要早于"太极拳术十要"。

"太极拳之练习谈"一文中，对于身法要求，从头到脚分作五大要点。其在第二点涉及"身躯"时说："身躯宜中正而不倚，脊梁与尾闾，宜垂直而不偏，但遇开合变化时，有含胸拔背，沉肩转腰之活用，初学时节须注意，否则日久难改，必流于板滞，功夫虽深，难以得益致用矣。"陈微明于1925年出版的《太极拳术》，笔述"太极拳术十要"之二"含胸拔背"条云："涵胸者，胸略内涵，使气沉于丹田也。胸忌挺出，挺出则气拥胸际，上重下轻，脚跟易于浮起。拔背者，气贴于背也。能含胸，则自能拔背，能拔背，则能力由脊发，所向无敌也。"陈微明先生毕竟是翰林出身，一方面，不违背杨澄甫老师的"含胸拔背"；另一方面，则认同武禹襄的"涵胸"用词。其文品、人品略显一端。

1927年，徐致一先生编著的《太极拳浅说》一书，第五章"太极拳与生理之关系"中，从"增强不随意肌之运动力"角度，阐述了"涵胸拔背"的重要性。他说："太极拳对于躯干部分之姿势，其最要者曰'涵胸拔背'，涵胸者，乃使心窝微向内凹，俾内部横膈板，因胸膛向内压迫，自然降下，以为沉气之助也。拔背者，乃使背部微如弓背之突出，俾（bǐ）脊柱之背椎部分，可有前挺式浅弓形，练成后挺式浅弓形，俾背椎部分因前后皆能运动，而无形中脊柱全部可使回复初生时之垂直性。"在当时的历史背景下，徐致一先生能够从"随意肌"与"不随意肌"的角度来分析"含胸拔背"的重要性，实属首创性的见解。

由此可见，无论"含胸"还是"涵胸"，已经成了陈、杨、武、孙、吴诸派太极拳的共同身法要领。

26. "含胸拔背" 的养生含义

针对唐豪所谓"内部呼吸器官的运动，是应该扩胸，而不应该含胸的，这也是运动生理学上不可否认的话"的论调，1961年2月16日（大年初二）下午，金仁霖老师在张晋良医师的陪同下，到上海纺织第一医院放射科（该院放射科主治医师田淑仪，即张晋良医师的太太）去测试"腹式顺、逆呼吸的X光透视观察"。顺式呼吸，采取唐豪所说的"内部呼吸器官的运动，是应该扩胸"的概念。即，吸气时扩胸，呼气时回复正常。而逆式呼吸，则是采用吸气时敛腹含胸，呼气时回复正常的呼吸法。

观察结果是：无论是逆式呼吸还是顺式呼吸，吸气时，横膈肌呈下降状态，呼气时，横膈肌呈上升状态。为此，将横膈肌上下升降的的距离，称为横膈肌运动的动程，以测定两种呼吸的数据。经进一步透视观察，得到的数据为：在极度呼吸时，顺呼吸膈肌动程7.2厘米，逆呼吸膈肌的动程9.2厘米，两者相差2厘米；在一般正常呼吸时，顺呼吸膈肌动程4厘米，逆呼吸膈肌动程6.4厘米，两者相差2.4厘米。不论是极度呼吸还是一般正常状态下的呼吸，就横膈肌上下升降的动程而言，逆式呼吸，都要比顺式呼吸动程大。

根据生理学常识，横膈呈钟罩状，静止时原本隆起，介于胸腔和腹腔之间，构成胸腔的底。吸气时，随着吸气肌（膈肌与肋间外肌）收缩，横膈隆起的中心下移，从而增大胸腔的上下径，使得胸腔和肺容积增大。横膈下移的距离，就是金老师测定的动程。通常膈肌下降1厘米，胸腔和肺容积可以增大250～300毫升。吸气，因为需要调动膈肌与肋间外肌的收缩，所以吸气是主动的。呼气时，不是由呼吸肌收缩引起的，而是由膈肌和肋间外肌舒张的结果，肺依靠本身的回缩力量而得以回位，并牵引胸廓缩小，恢复吸气开始的位置。因此，呼气是被动。

在逆腹式呼吸的吸气时，随着敛腹含胸，伴随着胸肋软骨与胸骨的下陷，促使膈肌与肋间外肌的运动幅度增大，从而使得膈肌下降的动程增大。横膈像活塞一样地下行，使得肺在肋骨肌神经支配下，带动肺泡，往胸腔横下、腹部纵深向扩张。而扩胸式的顺式吸气，随着吸气时的鼓腹、扩胸，腹腔扩大了，胸腔无法往纵深扩张，也不能往胸腔横向扩张，因而，膈肌的动程受到了限制。唐豪所谓"内部呼吸器官的运动，是应该扩胸"，显然是外行露底之言。

由此可见，吸气时敛腹含胸，呼气时回复正常，准确掌握这样一种逆式呼吸法，促使膈肌动程增大，以增大肺活量，这对健身的意义非常大。

徐致一先生在1927年初版《太极拳浅说》一书中，涉及含胸拔背的生理机制的这些论点，二水以为非常具有前瞻性。他说："惟人体肌肉有随意肌与不随意肌之分。随意肌常随意识而运动，不随意肌则属自动性质，而不受意识之指挥。欲增加不随意肌之运动力，除功深之人，能利用心理作用外，初学之人，则非藉重于适当之姿势不可。"太极拳作为内功拳的一种，首先是训练"内动"为要的。如何让原本不受意识指挥的不随意肌，也随着"适当之姿势"而增大其运动量，显然是太极拳"内动"所要解决的问题。"随意肌"是听命于人的意志控制，以骨骼肌为主，控制躯体的随意活动，以适应外界环境。"不随意肌"，指没有意志参与的，譬如平滑肌和心肌等，这些肌肉的作用，使许多内脏器官具有自动性。

医学上说，除了人的中枢神经系统之外，人的外周神经系统分成两套，一套是躯体神经系统，又称"动物性神经系统"。这一神经系统通过感觉神经纤维、运动神经纤维来调控人的四肢百骸。"随意肌"就受命于"动物性神经系统"的调控。另一套外周神经系统叫内脏神经系统，又称"植物性神经系统"。这一神经系统不受意识的调控，而是有着自主运动的特征。这一神经系统，通过交感神经和副交感神经两个子系统，对内脏肌和腺体的神经进行支配，对循环、消化等植物性机能进行控制、调节。

那么，如何通过增加"不随意肌"的运动量，或者调控自身的情绪、心态，进而来调节植物性神经系统，抑制或兴奋植物性神经的作用，进而使得人的身心，时刻处于最佳状态，这便是太极拳"内动"所昭示的更为深层次的含义了。二水将太极拳定位在"一门调控身心的学问"，其本质含义正在于此。太极拳运动，通过拳架、推手等训练，不但调控自己的身心，还能调控对手的身心。这层含义，将日渐被太极拳爱好者所认识。

27. "含胸拔背" 的技击作用

"含胸拔背"的技击作用，更是显而易见的。

吴修龄谓石敬岩枪法，"以对扎入手，须厚缚纸竹于肋下，革戳苦功三年者，形似蛮练，实则道破内功捷要。以枪对扎，即便厚缚纸竹，以护胸肋，久亦内伤。惟以胸肋贴背，下沉入地，枪接地气，方能'致人而不致于人'"。

孙禄堂老先生谓："塌腰者，尾闾上提，阳气上升，督脉之理也；缩肩者，两肩向回抽劲也；扣胸者，开胸顺气，阴气下降，任脉之理也。"从任督二脉的角度，来谈论"含胸拔背"的拳艺意义。"两肩前后极力缩住劲，两胯前后里根亦极力缩住劲，此时腹内要似觉圆圈空虚一般，若是，方能得着拳中之灵妙""内中何以能虚空之意？即着两肩两胯里根，皆往回缩劲，则胸中自然有虚空之意，而腹内亦不能有努气拥挤之患也""其拳谬，则丹田之阳，不能生于背脊，而胸内不能含合，心火亦不能下降矣"，孙老从正反两方面指出了"含胸"之于拳艺的深远意义。

"含胸拔背"的技击含义，杨澄甫老师讲得更为浅白，更为彻底，他说："能含胸，则自能拔背，能拔背，则能力由脊发，所向无敌也。"

李亦畬《五字诀》之"三曰气敛"云："务使气敛入脊骨。呼吸通灵。周身罔间。吸为合为蓄。呼为开为发。盖吸则自然提得起。亦拏得人起。呼则自然沉得下。亦放得人出。此是以意运气。非以力使气也。"道尽了"含胸拔背"之于太极拳的技击含义——"吸提呼放"之奥秘。

28. 杨式叶派的"含胸拔背"

1964年，叶大密老师在为上海中医文献研究馆撰写《医疗保健太极拳十三式》时，在第一章第三节"练习太极拳的基本要点"中，分别以（五）敛腹含胸、（六）拔背顶劲两条，详细阐述了"含胸拔背"的训练方法以及医疗、拳艺上的作用。行文至此，二水抄录此节文字，以飨同好者：

敛腹含胸是一个动作的两个方面。敛腹是在吸气时将腹壁有意识地略为收缩，使和膈肌的收缩下降结合起来。含胸是紧接着敛腹，使胸部肌肉放松，胸骨正中第三、四肋间隙玉堂穴和膻中穴中间稍微有内吸的意思，这样可使胸廓下部得到充分的扩展，有利于肺活量的增加。敛腹含胸时腹压降低，丹田向上合抱，使内气从尾闾沿脊柱第四胸椎棘突间的身柱穴处提敛，这就是古人所说的"敛入脊骨"。敛腹含胸一般是在动作开始或转换变化时行之，在技击上是一个走化或蓄势的动作。对初学的人来说，只能先从外形的敛腹含胸着手。结合呼吸的提敛内气，可以留在后一步来做，避免发生偏差。

拔背顶劲也是一个动作的两个方面。拔背是在呼气时使背部两侧的肌肉群，如棘肌、半棘肌、骶棘肌等，由下而上地依次拉伸一下，然后竖起身躯，则在脊柱第四胸椎棘突间的身柱穴处，就有往上拔起的感觉。顶劲是紧接着拔背，由头棘肌的作用，松松竖起颈项，抬头向前平看，头顶百会穴处有凌空顶起的意思。拔背顶劲时，可使由敛腹含胸时提敛至脊骨身柱穴处的丹田内气，再从身柱穴沿督脉上升到百会，经前顶、神庭、印堂而龈交，由舌抵上腭的作用，接通任脉承浆，再沿任脉而下，回归小腹。这时丹田落归原位，膈肌上升恢复原来隆凸状态，腹部内压力增加，腹肌放松而有饱满舒畅的感觉。这就是古人所说的"气沉丹田"。这里应该注意的是：气沉丹田是配合着拔背顶劲的动作，并不单独存在。是意识引导丹田内气的作用，不是用力屏住呼吸往下硬压。拔背顶劲，一般是在动作的终了或成定式时行之。在技击上是一个放劲的动作。

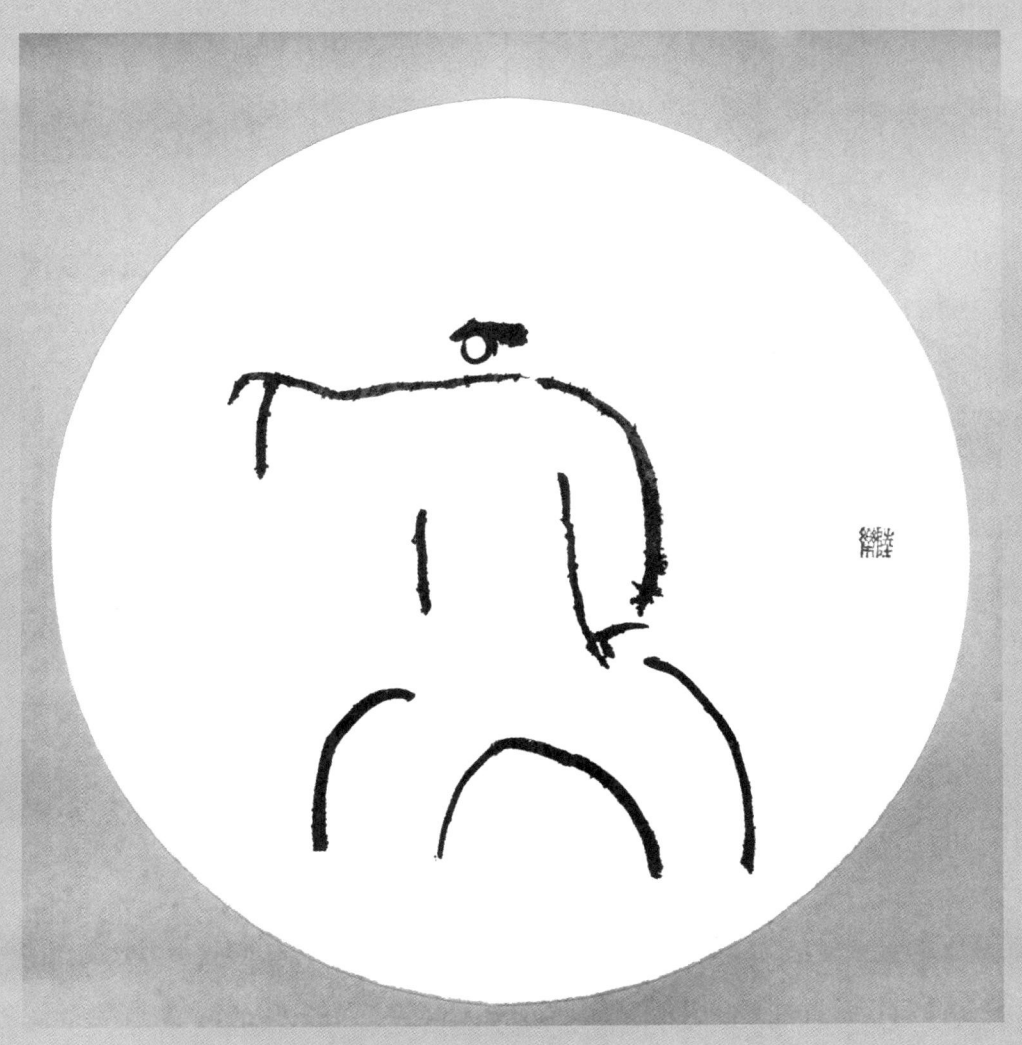

1. 太极拳登上历史舞台

　　杨露禅，原名杨福魁，字禄躔。出生在直隶广平府城南门外十五里地的阎门寨杨家老宅。他自幼喜好武艺，年轻时奔走于冀豫间，倾赀（zī）从陈家沟学得一套叫绵拳、或叫囮（é）拳的陈家拳术，艺成之后，在永年城关传授此拳。当地的士绅子弟纷纷向他拜师学艺，武氏昆仲三人便是其中的佼佼者。

　　武家老二，叫武汝清，1840年考中进士，去刑部做了京官。因为参与审理了当时朝廷的一件"打大老虎"案，协助清军将帅萨迎阿，鞫（jū）讯时任陕甘总督琦善的"剿青海番匪"案，武汝清以刚正清廉名满京城。《清史稿》记此事。晚年武汝清还赏了二品的官衔。他赴京城为官期间，将杨禄躔举荐到京城授拳。

　　武家老大叫武澄清，比老二大四岁，于1852年才考上进士（比老二晚十二年）。他后来去舞阳做了县令。一个偶然的机会，他在舞阳的盐店里发现了山右王宗岳的《太极拳论》。这是迄今有记载的最早的太极拳文献。山右，盖指太行山以西，今山西境内。除此，王宗岳是谁，什么年代人，生活境况如何，跟谁学了太极拳，他是不是有传人等，所有资讯都不详。虽有各派"好心"人，出自一私之利，为王宗岳找出各类原型，甚至还为王宗岳"娶妻生子"，这些都不过是无稽之谈。所以直到今天，"王宗岳"依然是个谜。

　　武澄清得到王宗岳《太极拳论》后，兴奋异常，他跟两位弟弟讲，王宗岳的拳论与他们跟杨禄躔学到的拳是一个道理，只要好好研读拳论，宝贝全在里面了。

　　老三武河清，沉溺于此拳。他屡试不中，没有博得功名。于是乎，他壹志于太极拳的研究。他便是日后武式、郝式、孙氏等太极拳界被尊为开派立宗一代宗师的武禹襄。

历史的奇妙之处就在于，永年城关的武氏昆仲三人与阎门寨的杨禄躔之间，一旦有了关联性，便开始演绎出奇妙的事情。就像是从陈家沟贩运来的一颗"土豆"，在王宗岳《太极拳论》这本奇妙的"菜谱"指导下，经过杨禄躔与武氏昆仲合作烹制，这颗"土豆"就被烘烤成了高大上的菜品"杰克土豆"了。从此，原本只是局限于乡野村落、呈一拳一脚之能的陈家拳，开始登临大雅之堂。从此，这套拳，被冠名为"太极拳"，以太极拳名义"借壳上市"了。

2. 错误百出的授受源流

陈家沟族人早年都声称，陈氏之拳是在乾隆年间由一位绰号叫"蒋把拾"的人传入陈家沟的。虽然陈鑫在《文修堂旧抄本》中切切告诫族人："陈氏之拳，传于蒋氏，此言大为背谬……嗣后决不可言陈氏拳法，传于蒋氏。"但他这种"不至败先人宗幸"的苦心，依然无法抹杀一个事实，那就是：乾隆年间，确实有一个叫"蒋把拾"的人，将这颗"土豆"贩运到了陈家沟。（图64）

杨禄躔受武汝清之邀，赴京城授拳。此后京城盛传，杨禄躔拳技得诸陈家沟"牌位先生"陈长兴，陈长兴得诸"蒋把拾"。"蒋把拾"曾开豆

图64　陈家沟旧藏之陈王廷、蒋发画像

腐坊。

1912年11月，关葆谦百益氏刊行的《太极拳经》，后附授受源流，把张三丰列为太极拳的祖师爷（图65），称："祖师张真人三丰传王先生宗岳，王先生传河南豆腐房江先生（佚其名），江先生传排王老（未详），排王老传杨无敌，所称杨六先生者是也。自杨六先生来游京师，太极拳因而大振。先生之子杨班侯先生钰、健侯先生铿，皆获盛名。他如治贝勒、漪贝勒、广公爷、孔纪窑、侯得山、天义酱园张四胖子、王五等，上自王公，下至工贾，皆授艺于杨六先生之门。此后一传再传，更仆难数矣。"杨无敌"杨六"先生，显然是"杨禄躔"的音讹，"健侯先生铿"，系"健侯先生鑑（jiàn）"之误植，"排王老传杨无敌"的排王老，抑或是"牌位先生"陈长兴的讹传，"豆腐房江先生"，江、蒋同音，或许就是指开过豆腐坊的"蒋把拾"了。王宗岳是个谜，王宗岳与"蒋把拾"的师承关系，自然就有杜撰的成分。

图65 关百益《太极拳经》附授受源流

3. 太极拳的前世尘缘

从《文修堂旧抄本》《两仪堂拳械谱》以及陈家拳的编排套路来分析，这颗经"蒋把拾"贩运到陈家沟的"土豆"，之所以能在陈家沟立地生根，究其原因，这颗"土豆"是经过品种改良，且具有强大的生存能力。而改良这颗"土豆"品种的人，就是大名鼎鼎的戚继光。

当年，戚继光在浙东沿海抗倭时，为训练士兵，在"身法活便，手法便利，脚法轻固，进退得宜""吕红八下虽刚，未及绵张短打""如常山蛇阵法，击首则尾应，击尾则首应，击其身而首尾相应"等原则的指导下，综合了当时所见的数十种武术形式，"择其拳之善者三十二势，势势相承，遇敌制胜，变化无穷，微妙莫测"，编选了这套拳经。就是这样一套经过戚继光选编的"军体操"，才是我们近代太极拳真正的前世尘缘。

而今各派太极拳拳势名称中懒扎衣（揽雀尾）、单鞭、下势（雀地龙）、琵琶式、井栏势、边拦势（搬拦捶）、如封似闭、伏虎势（兽头势）、肘底捶（旗鼓势）、探马势、悬脚势（分脚）、金鸡独立、七星势、跨虎势、弯弓射虎（埋伏势）等，都是来自戚继光的《拳经捷要篇》三十二势。

戚继光在阅尽满片花草之后，从古今拳械中，去芜存菁，"择其拳之善者"，编著拳经三十二势，势势相承。倘若说揽雀尾，采撷自藤牌"牌势八势"之第一势，那么单鞭或有可能是从俞大猷《剑经》中得到的灵感。揽雀尾之后紧接单鞭的拳势编排，构成了戚继光《拳经捷要篇》三十二势独有的拳艺基因。"以短降长""以绵胜刚"的价值取向，构成了戚继光核心的价值取向。陈鑫套用周易八卦理论，编排陈氏太极十三节、六十四势说："揽擦衣、单鞭，两仪也。两仪交，则四象生矣。自太极生此两仪，以下生生不穷，万象森列，莫可形状。全在用功者身体力行，细心揣摩。日久自知。拳名太极，岂虚语哉。"在他看来，揽擦衣与单鞭，就像是太极生二仪的阴与阳。后面的拳势变化，都是由揽擦衣接单鞭所生发变化出来的，陈氏由此也称单鞭为"丹变"，盖亦源此。

4. 杨禄躔俗传成杨露禅

　　这颗经过戚继光基因改良了的"土豆"，在王宗岳《太极拳论》这本奇妙的"菜谱"指导下，经过杨禄躔与武氏昆仲合作烹制，被杨禄躔以"太极拳"之名贩运到了京城，备受满清皇宫贵族、达官贵人的青睐。

　　杨福魁，这位出生于阎门寨杨家大院的乡野平民，虽然家境殷实，但并无官宦背景。名之"福魁"，字以"禄躔"，家族前辈一定冀望他日后能以一技之长，双脚踏踏实实地践行在福禄之路上，光宗耀祖。于是，他也不负众望，且从此以"杨无敌"的雅号登上历史舞台。他的儿子杨班侯，也被举荐任清旗营武术教官，被授予武德骑尉官职。杨家两代人的传奇人生，并一再被各类文艺形式所演绎，"杨禄躔"也被同音俗传为"杨露禅"。后来又经过宫白羽《偷拳》、平江不肖生《侠义英雄传》等小说的艺术加工，以及后世电影、电视的篡编，"杨露禅"或被"卖身"给陈家，或"装哑巴"，或"偷拳"，等等，不一而足。后世陈氏拳界或武氏拳界，抑或以门派私见，演绎出种种矮化杨禄躔身份的传闻来。

　　但无论如何，杨家几代人为太极拳传播所做出的杰出贡献，永载史册。诚如杨季子《拳家杂咏》所咏："功令推行太极拳，于今武术莫能先。谁知豫北陈家沟，却赖冀南杨氏传。"民国年间，太极拳被尊为"国术"，在"强种强国"的召唤下，"功令推行"，风靡大江南北。据不完全统计，而今全球有一亿五千万的太极拳爱好者。这绝对不是其他诸类号称能打打杀杀的武术形式所能比拟的。太极拳，俨然成了中华民族的一张文化名片。

5. 祖师爷张三丰

仙尊张三丰之于太极拳，抑或是鲁班之于木作百工，唐明皇之于梨园，关羽关老爷之于典当、卜卦、丝纺、糕作百工业，抑或炎黄始祖之于每一位黄皮肤、黑眼珠的华夏子子孙孙，这是一份文化的积淀与精神慰藉。

我们知道，河姆渡文明就已经有了经典的木作构件，远在唐明皇之前，夏商周时期，我们的舞蹈艺术已经达到了非常高的水平，关羽关老爷也未必是典当、卜卦、丝纺、糕作业的创始人，炎黄始祖未必与我们每个人的基因有关联性。但是，这一切不影响我们对于鲁班、对于唐明皇、对于关老爷、对于炎黄始祖的精神皈依。

就像是太极拳，虽然我们至今还不清楚，究竟是什么年代，究竟是谁第一个将一门拳技形式，称作太极拳，也不知道王宗岳所传承的太极拳，究竟与杨露禅、武氏昆仲所传承的拳技，有何内在的关联性。但是作为一门精妙的内功拳艺，一定是需要千百年的文化积淀。作为高深的太极理论，也一定是经历了千百年的文化演进。作为经典太极图标的阴阳鱼太极图，也一定是经历了千百年中外文化的交融与碰撞。

但无论如何，这一切的一切，张三丰之于太极拳，就始终像是一份挥之不去的情结。

究其太极拳的传承源流，就像是传统大宗族的续修家谱，显然，我们只能从自身出发，找父辈，再找祖辈、曾祖辈……一代代溯流而上，追探其本。而不能从炎黄始祖开始，一代代往下顺流下来，这样就会迷失自己的家园。追溯太极拳的传承源流也一样，我们不妨从自身的拳技流派出发，由下而上，一辈一辈、一代一代地追寻先祖。而不能一味地好古敏求，贸然地从许宣平或李道子等仙流，一代代地往下找寻自己的身影，这样一定会迷失自己。

6. 如果杨露禅

历史无法假设。但是通过假设，我们可以辨析历史节点中的种种变量在历史进程中的作用，且能以此来研究一些历史问题。

杨露禅初赴陈家沟学习陈家拳，经他回永年广府授拳，后将原本只是局限于乡野呈一拳一脚之能的武技形式带入京城，且以太极拳之名得以广布传播，"太极拳"，而今已经成为一张中华传统文化的名片，深受全球两亿太极拳友的追捧和喜爱，"杨露禅"三个字，由此也铸就为一个能等同于"太极拳"的文化符号。（图66）

图66　杨露禅画像

但是，除了宫白羽《偷拳》、平江不肖生《侠义英雄传》等各类怪诞不经的小说，以及相关的影视之外，真正从史学角度来研究杨露禅，我们尚未起步，杨露禅的历史地位也有待逐渐地确立。鉴于太极拳界缺少可资稽考的相应资料，所以，假设不失为研究杨露禅的一种好方法。

我们不妨就此来假设：如果杨露禅不喜欢武术，如果杨露禅没有到陈家沟去学陈家拳，如果杨露禅虽然从陈家沟学了拳，但不向任何人透露他是从陈家沟学的拳，如果杨露禅没有在永年教拳，武家弟兄三人也没有师从杨露禅学拳，如果杨露禅也没有去北京教拳，如果杨露禅不愿意借用王宗岳的《太极拳论》，他只是恪守陈家拳的名号，如果杨露禅……凡此等等，我们都可以一一假设。甚至可以进一步来假设一些细节，也有助于我们梳理杨露禅和他的太极拳在历史进程中所扮演的角色，从而确立杨露禅的历史地位。

譬如，我们假设杨露禅初入清廷王宫教拳的场景。当时的社会环境下，拳教师与私塾教师一样，不过是大户人家聘用的技术雇佣，与王公贝勒的身份极不对等。另外，满清的王爷贝勒向来喜好满族的摔跤形式布库。他们可以任性任意。如果杨露禅在授拳时，王公贝勒要个小心眼，偷袭一下，或用他的布库把杨露禅摔倒在地，杨露禅技不如人……那么，或许历史就戛然而止，京城再也不会有杨家三代七八十年的传授太极拳的历史，那么，"太极拳"这一招牌，在京城或许就只是昙花一现。

这一假设，反过来能印证"杨无敌"的名副其实。同时也激励后辈学人，一种拳技形式，虽然已经"太极"化了，但依然保留着"拳"这一武技层面极具攻防意识的根本含义。

譬如，我们再假设，王公贝勒偷袭杨露禅，或用布库摔抱杨露禅时，情急之下，如果杨露禅用而今陈家拳所擅长的所谓"冷弹惊抖"，一拳向王公贝勒打去，把王公贝勒的脸面打成了"酱油铺"。在当时身份极不对称的"师生"关系中，王公贝勒肯定毫无情面地会让杨露禅"下课"，将他赶出京城。倘若还不解恨，王公贝勒继续任性，或许杨露禅的颈项发虚，他会担心头颅不保。

这一假设，印证了杨露禅的太极拳不可能使用"冷弹惊抖"。同时也印证了太极拳是一门"讨打"的拳。杨露禅将原本呈一脚一拳之能的拳技，演变为一种拳艺：杨露禅不但不能输，他得赢，且赢而不伤人身体，赢而不伤人脸面。杨露禅得让王公贝勒输，让他输得莫名其妙，输得服服帖帖，输得欲罢不能，还想继续"讨打"，追寻究竟。

这一假设，涉及了杨露禅太极拳的核心技术内涵，也是杨露禅太极拳有别于陈家拳本质特征之所在：舍弃短劲，擅用长劲。杨家《太极拳使用法》"太极指明法"一则云："用劲不对，不用劲不对，绵而有刚对；丢不对，顶不对，不丢不顶对；沾不对，不沾不对，不即不离对；浮不对，重不对，轻灵松沉对；胆大不对，胆小不对，胆要壮而心要细对；打人不对，不打人不对，将敌治心服对。"这为太极拳推手训练提供了准则，同时也为后辈学人指明了太极拳的方向。

一种拳技形式，一旦赋予了"太极"之名，它就不仅仅只是一项体育运动，更不能只作为逞一拳一脚之能的武术来界定它。它也不同于魏晋玄学的清淡，也区别于佛教的公案清修或棒喝禅悟。太极拳以天人同体之理，得日月流行之气，从一气流行的拳架训练，到四手对待的推手训练，不偏不倚，不将不迎。知觉运动，尺寸分毫，要旨在于一举一动中，去把握世事万物将发而未发、预动而未动的端倪，去观照和感触阴阳消长的机，进而"允执厥中"，在流行对待之中，当行而行，当止而止，内外交养，在放卷得其"时中"。从体育之学入手，进阶为修身之道，进而渐入性命之功。由此，太极拳晋阶成为一门调控身心的学问，一门反求诸己的学问，一门性命践行的哲学。从杨露禅开始，杨家三代人在京城将太极拳与宫廷文化相互交融。太极拳在清季儒学式微、科举即将废弃的历史环境中，被有识之士当作士大夫内修的学问，赋予了"性命践行"的使命。杨氏在这一时期形成的三十二目老拳论，由此也奠定了太极拳理论的巅峰地位。

太极拳，倘若仅仅只是作为呈一拳一脚之能的拳技，那只是"一人敌"。杨澄甫老师当年不愿意学太极拳，"余他日当学万人敌"，他的夙愿是"万人敌"。就像是项羽当年不愿意学剑，他认为"剑，一人敌，不足学"。而太极拳一旦被赋予了"性命践行"的使命，远远超越了项羽领兵打仗、残害生灵的"万人敌"。杨露禅之"万人敌"，乃是在将太极拳当作士大夫从"格物致知"到"修身养性"，乃至"齐家治国平天下"里的重要一环，并且让越来越多的人身体强壮起来。心中无敌，自然天下无敌。"详推用意终何在，益寿延年不老春""愿天下豪杰延年益寿"，这才是杨家克绍箕裘"杨无敌"的真谛之所在。

太极拳作为修身养性、调控身心、反求诸己、性命践行的学问，在一百七八十年间，从陈家沟、赵堡镇、永年、北京，一直走向大江南北，走向全球，而今成为全球上亿人群所热衷、拥戴的文化现象，太极拳已经突破了小众人群闲暇消遣的范畴，已经突破特定区域的屏障。太极拳习练者身上所浸润的传统文化因素，诸如独具太极文化特质的价值观、思维模式以及行为模式，也日益被亿万太极拳爱好者所崇尚和景仰。太极拳这种春风雨露、潜移默化、润物细无声的力量，已经开始以"阴阳相济""负阴而抱阳""冲气以为和""以柔克刚""后发先至"等，独具太极文化特色的方式，向世界发出自己的声音，为人们提供解决诸多纷争和矛盾的另一种方案。

一如"功夫熊猫"的形象深受大众喜爱，太极拳也必将以其独特的身体语言，且远胜于哑语的形式，以民间的文化交流形式，了无障碍地让世界各国不同族群、不同肤色、不同宗教信仰的人们，感受来自东方文化的魅力。杨露禅的历史地位，当作如是观。

7. 太极拳理论的三个发展阶段

1854年，武澄清在舞阳盐店发现山右王宗岳的《太极拳论》以来，这些稀而弥珍的拳谱，几经微显阐幽，彰往察来，传承者参会自己的体悟，他们在修炼拳艺的同时，也发展着太极拳理论。在短短的四五十年间，太极拳理论大体经历了以下几个阶段：

第一阶段为太极拳理论的初创期。这一时期的文论内容，主要是围绕着舞阳某盐店获得的王宗岳《太极拳论》相关文字，会参了武禹襄等诸家讲论，侧重的是习练者自身的身体感悟和心得。这一时期的拳论，以两条脉络流传于世：其一是武禹襄将所得王宗岳拳论，加以释解后，赠贻杨家。杨家几代拳学者在此基础上加以窜益。最早见诸关百益于1912年11月刻印的《太极拳经》，之后多附录于杨、吴两家公开出版的诸家太极拳论著中。其二，李亦畬得诸武禹襄赠贻的拳谱后，附以小序及五字诀等拳学心得，手抄三本，其一赠予舍弟李启轩，其二赠予弟子郝和，其三自存。俗称"老三本"。其中李启轩藏本，于1929年由李福荫重编次序，夹杂他家讲论，油印作《廉让堂太极拳谱》分赠好友，1935年4月，此本在太原题作《李氏太极拳谱》铅印付梓刊行。

第二阶段为太极拳理论的繁荣时期。这一时期是以《太极功源流支派论》为代表，俗称"宋氏家传本"。此阶段拳谱，将李亦畬"老三本"中"不知始自何人"的太极拳，一下子与许宣平、李道子、韩拱月、程灵洗、张三丰、僧仲殊等众多佛道仙尊发生了关联。这一时期的拳论，从一拳一脚的运动感悟中，"先求知我性"，而推及天地人之性。由一身一己之拳艺心得，向无形无象、尽性立命延伸。于拳史源流而论，纷繁芜杂，或荒诞不经，但却别具魅力，就像是黄山的云海，变化万千，神秘莫测。同时，此谱对后世武侠影响也最大。

第三阶段是太极拳理论的巅峰阶段。这一时期是以杨氏三十二目老拳谱为代表，俗称"三十二目"。此谱的部分内容陆续见诸杨澄甫、董英杰、陈炎林、田兆麟、顾留馨、沈寿等相关太极拳图集中。而以影印本形式，全本面世的只有吴公藻藏《太极法说》及杨振基藏"杨澄甫家传的古典手抄太极拳老拳谱"。此拳谱，具备自身独特的拳学理念，且具系统的理论层次，文论内在逻辑严密，将太极拳理论从原本的呈一拳一脚之能，升华为"自天子至于庶人，壹是皆以修身为本""尽性立命，穷神达化"的性命之学。

陈家沟和赵堡镇的拳术，一直没有王宗岳的《太极拳论》以及上述三个阶段的太极拳理论。指导他们的《三三拳谱》，其实是来自形意拳、心意拳的理论。陈家沟直至陈鑫编著《太极拳图说》才开始以易经卦象，来建树他们的太极拳理论。1929年，赵堡镇杜元化因参与陈鑫《太极拳图说》的出版补订，由此得到灵感，开始蹈袭陈鑫的理论，来构建他的《太极正宗》。

8. "老三本" 及其成稿时间

1982年顾留馨先生《太极拳术》全本影印《王宗岳太极拳论并附小序并五字诀》郝和珍藏本，在涉及 "禹襄母舅太极拳四字不传秘诀" 后，收录1964年7月姚继祖先生致顾留馨函，姚继祖先生抄录李逊之藏 "李亦畲自藏本" 之题记："此卷予手订三本，启轩弟一本，给友人郝和一本，此本系予自藏。前数条诸公讲论精细，殆无余蕴，后又参以鄙见，反复说来，惟恐讲之不明，言之不尽。然非口授入门，虽终日诵之，不能有裨益也。光绪辛巳年亦畲氏手订。"此即 "老三本" 的来由。

顾留馨先生在收录 "李亦畲自藏本" 之 "题记" 后，并收录 "李亦畲自藏本" 的 "太极拳谱跋"："此谱得于舞阳县盐店，兼积诸家讲论，并参鄙见，有者甚属寥寥。间有一二有者，亦非全本，自宜重而珍之，切勿轻以予人。非私也，知音者少，可予者，其人更不多也。慎之慎之。光绪辛巳中秋念三日亦畲氏书。"此系山右王宗岳《太极拳论》得诸舞阳县盐店的由来。

徐哲东曾从郝月如迻录本抄录此跋。1937年2月，唐豪《行健斋随笔》之李亦畲太极拳谱跋一节，从徐哲东未刊行稿件中也录得此跋。唐豪附记曰："亦畲手写谱，见存太极拳家郝少如处，徐哲东已录入其行将出版之《太极拳考信录》中。"1937年4月，徐哲东《太极拳考信录》卷下，收录李亦畲手写本《武氏太极拳谱》称，"此本永年县郝月如先生所藏，为李亦畲书以赠郝公为真者，题曰'武氏太极拳谱'，从其朔也。李氏自书所著七篇，亦附于谱后，今并录之，至于文字，悉仍其旧"。其中收录有末题 "光绪辛巳仲秋念六日亦畲谨识" 的 "太极拳小序"，以及末题 "光绪辛巳仲秋廿三日亦畬氏书"的"李亦畬太极拳谱跋"。

"李亦畬太极拳谱跋",郝和本、启轩本皆不载。据徐哲东得见郝月如家藏的迻录本,较郝和珍藏本多四篇,即十三刀、十三枪、太极拳白话歌及李亦畬的太极拳谱跋。十三刀、十三枪、太极拳白话歌三篇,也见诸启轩本。只有李亦畬的太极拳谱跋,不见诸启轩藏本,也不见诸郝和珍藏本,而仅见于李亦畬自藏本和郝月如家藏的迻录本。自藏本尚未公开,未能核考。但从1937年唐豪、徐哲东开始,到1964年姚继祖致顾留馨函,以及1982年顾留馨《太极拳术》刊行,王宗岳《太极拳谱》得诸舞阳县盐店,几成定论。

据《武澄清自订年谱》,武澄清于咸丰二年(1852年)得中咸丰壬子章鋆榜恩科进士,甲寅年(1854年)补舞阳知县。时年,武禹襄奉母命赴舞阳省兄,从舞阳某盐店得王宗岳《太极拳论》。得诸盐店的原稿,而今已散佚不可得窥。因此也无法确证,王宗岳存世的究竟是哪几篇文字。

徐哲东从郝月如处抄录的迻录本,及题为"武氏太极拳谱"的李亦畬手写武氏太极拳谱两本,迻录本非此"郝和珍藏"本,"李亦畬手写武氏太极拳谱"是否与此"郝和珍藏"本同属一本,也有待核考。

1929年,李福荫在省立永年十三中学教书时,油印"廉让堂太极拳谱"分赠好友。1935年4月,在太原铅印出版《李氏太极拳谱》。两本拳谱虽皆经李福荫重新编次,分定章节,但李亦畬"老三本"之启轩藏本的完整内容,终得以面世。其中"第六章河北永年李亦畬先生著述"五字诀附序中,序言末题"清光绪六年岁次庚辰小阳月识"。光绪六年,即1880年。小阳月,系农历十月。农历与公历换算,因十九年七闰,每十九年,农历与公历换算的日期大体相近。光绪六年岁次庚辰小阳月,即为1880年的11月间。

"光绪辛巳仲秋念六日亦畬谨识"的"太极拳小序",光绪辛巳年仲秋念六日,即1881年10月12日。"光绪辛巳仲秋廿三日亦畬氏书"的"李亦畬太极拳谱跋"，光绪辛巳仲秋廿三日，即1881年10月9日。以上两个日子，与启轩藏本"光绪六年岁次庚辰小阳月"相参，奠定了"老三本"成稿的相对精确的年限：1880年的11月至1881年10月。

9. "自藏本"与"启轩本"

李亦畬，名经伦，字亦畬。生于清道光十二年（1832年）九月初六，卒于光绪十八年（1892年）十一月初八。享年61岁。广平府人。父亲讳世馨，莱次子，字贻斋，贡生，候选训导，举孝廉。继配武氏，生子四：经伦、承伦、曾伦、兆伦。经伦居长，过继给莱长子长馨为嗣子。长馨，字友白，郡庠生，配鄷氏，无子，以经伦为嗣子。

经伦继配杜氏，生子二：宝廉、宝让。

宝廉，字石泉，配贾氏，生子二：槐荫、棠荫。槐荫，字植三，光绪三十年（1904年）十一月初一生。宝让，字逊子，光绪八年（1882年）生，配金氏。廉让堂乃李亦畬之堂号，承祧莱长子长馨一脉。

武延绪《李公兄弟家传》云："公事世父母，先意承志，一如事其所生父母者。而于所生父母之晨昏安膳，又必省必定。"论及从母舅学拳事："惟公来，则有无弗传，传无弗尽，口诏之，颐指之，身形容之，手足提引之，神授而气予之。公亦步亦步，趋亦趋，以目听，以心抚，以力追，以意会。凡或向或背，或进或退，或伸或缩，或縈或拂，无不穷极幽眇，而受命如响也。"

胞弟李承伦，字启轩。生于清道光十四年（1834年）七月二十二日，卒于光绪二十二年（1896年）七月初十。廪膳生，光绪元年乙亥科举人，主讲磁州滏阳书院。配苗氏，生子三：宝琛、宝笾、宝桓。

宝琛，字献南，清同治五年（1866年）四月二十二日生，配彭氏，生子福荫。福荫，字集五，光绪十八年（1892年）八月初十生。直隶高等师范理化本科毕业，直隶高等师范附属中学教员。

另外两位胞弟分别为：李曾伦，字省吾。生于道光二十一年（1841年）九月初二，卒于光绪十八年（1892年）十二月十九日。邑痒生。李兆伦，字季瀛。生于道光二十四年（1844年）二月十二日，卒于光绪九年（1883年）正月十七日。

李亦畬"自咸丰癸丑（1853年），时年二十余，始从母舅学习此技"，后得其母舅武禹襄所赠予的王宗岳《太极拳论》及心得讲论，作五字诀等。他于光绪庚辰年（1880年）、辛巳年（1881年）手订三册太极拳谱。"此卷予手订三本，启轩弟一本，给友人郝和一本，此本系予自藏。"其自藏者，俗称"自藏本"，交胞弟启轩者，俗称"启轩本"，授友人郝和者，俗称"郝和本"，史称"老三本"。

"启轩本"，系"老三本"中最早刊行流传于外的本子。1929年，李承伦长孙李福荫执教河北省立第十三中学，他将"启轩本"次序打乱，重新编次章节，油印《廉让堂太极拳谱》，分赠同好。1934年，李亦畬长孙李槐荫之山西太原创立山西国术促进会，回广府请得堂兄李福荫刊行的《廉让堂太极拳谱》，刊行《李氏太极拳谱》一万册。而"启轩本"原抄本，据传毁于兵燹。

李亦畬过世后，"自藏本"一直珍藏在次子宝让（字逊之，1882—1944年）手中。1964年，李逊之的弟子姚继祖从李逊之后人处借得"自藏本"后，一直保存在家研读，且拍摄"禹襄母舅太极拳四字不传秘诀"照片一帧，寄给顾留馨先生。1982年，顾留馨编撰《太极拳术》时，公布此帧照片，并加说明"'文革'中，姚先生所藏本已不知下落"云。这时期李亦畬的"自藏本"竟然在姚继祖先生手中神奇的失踪了！且一直到1998年姚继祖先生过世，"自藏本"依然下落不明。

令人喜出望外的是，2014年9月，中央电视台《寻宝》节目，"走进河北永年"，神秘的"自藏本"居然又展露其庐山真面目，且还荣获了永年的民间国宝证书。（图67）

"自藏本"在神秘失踪四十年余年之后，竟然"完璧归赵"，且依然能够完好无损地保存在李亦畬曾孙李旭藩（祖宝让，父池荫）手中。这不能不说是李家曾祖李亦畬的庇荫之功了。李家后人从此也自当谨守李亦畬遗训"自宜重而珍之，切勿轻以予人"了。

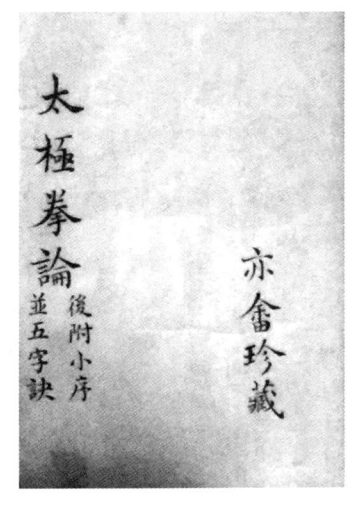

图67　老三本之"自藏本"

10. 有关"郝和本"

李亦畬"此卷予手订三本，启轩弟一本，给友人郝和一本，此本系予自藏"中，"给友人郝和一本"，俗称"郝和本"。（图68）

郝和（1849—1920年），字为真。1923年12月出版的孙禄堂《拳意述真》第三章太极拳家小传中"郝为桢先生"条载："郝先生，讳和，字为桢，直隶广平永年县人。受太极拳术于亦畬先生。昔年访友来北京，经友人介绍，与先生相识。见先生身体魁梧，容貌温和，言皆中理，身体动止和顺自然，余

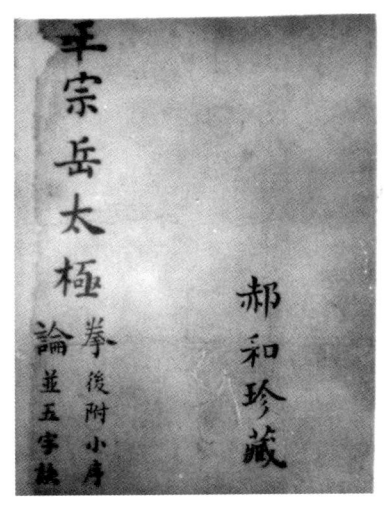

图68　老三本之"郝和本"

与先生遂相投契。未几，先生患痢疾甚剧，因初次来京不久，朋友甚少，所识者惟同乡杨健侯先生耳。余遂为先生请医服药，朝昔服侍，月余而愈。先生呼余曰：'吾二人本无至交，萍水相逢，如此相待实无可报。'余曰：'此事先生不必在心。俗云：四海之内皆朋友。况同道乎。'先生云：'我实心感，欲将我平生所学之拳术传与君，愿否？'余曰：'恐求之不得耳。'故请先生至家中，余朝夕受先生教授，数月得其大概。后先生返里，在本县教授门徒颇多。先生七十有余而终。其子月如能传先生之术。门徒中精先生之武术者亦不少矣。"《山西国术体育旬刊》第一卷第17号上有署名"力白"者撰写《拳拳从录，亦畲先生高足郝为真先生轶事》一文载："民国三年秋，郝先生应友人之约，至北京游览，抵京后，寓武术学社。该社多系形意名家，先生赋性和蔼，言语谦恭，向无门户之见，与众人处，甚相得，惟总不与人交手。有孙禄堂者，名福全，河北完县人，长于形意、八卦各拳。因闻先生名，愿拜门墙，先生谦逊不获，略与讲解，禄堂即心悦诚服，侍奉甚殷。时先生因水土不服，患痢疾，夜半如厕，禄堂常扶之行，先生稍用意沉劲，禄堂即站立不稳。因曰：'吾师泻痢多日，日必十数次，尤能玩我若弄婴儿，使我不服其技，乌乎可？但惜吾师不能常住京城，令弟子朝昔受教也。'先生留京两月余，即归里，就河北省立中学武术教员。"

郝为真先生系李亦畲门徒高足。李亦畲"给友人郝和一本"中的"友人"，自然系自谦之词。郝为真先生谢世后，此"郝和本"自然由"其子月如能传先生之术"的郝月如先生保管。郝文桂（1877—1935年），字月如。郝为真次子。1920年任河北省立十三中、永年第一完小国术教员。1928年，出任永年国术馆馆长。1930年，应孙禄堂之邀赴南京、镇江等地，曾充任江苏国术馆教习。南京中央大学英语教授张士一、中央大学国文教授徐震（字哲东）、审计院官员冯超如等从其学。1931年春，冯超如从郝月如学拳，郝月如出示"郝和本"令其抄存，5月19日冯超如抄毕拳谱后，延请郝月如去南京政府审计部授拳，将"郝和本"的抄本"爰付油印"

云。1931年7月，张士一从郝月如学习太极拳时，郝月如就出示家藏"李亦畬氏手书拳谱一本"，张士一见"其纸墨已日久剥损，乃以重加装订为请""月师许之，遂于今夏假中携归姑苏，嘱师古斋主慎为修裱"。1932年1月22日，民国政府"国难迁都洛阳后二日""月如先生将北归，倚装待发"，冯超如书赠"家宝国光"四字，附于"郝和本"内。1934年10月1日，徐哲东先生拜读郝月如先生所藏"郝和本"后，为"郝和本"撰跋文一篇。郝月如先生过世后，"郝和本"由其子郝少如先生保管。

郝孟修（1908—1983年），字少如。1930年，随父亲郝月如南下，后往来于常州、上海等地授拳。1933年冬，经吴伣之（字上千）介绍，到上海新亚制药厂教授太极拳。1935年11月12日，著名戏剧教育家、词人吴上千先生，获观"郝和本"，"爱遵师命"，撰文一篇。1961年3月，顾留馨先生借阅郝少如藏"郝和本"，请体育活动家邵汝干（1891—1982年）先生手抄一本，写下跋文一篇，称："太极拳经政府的提倡，今日风行国内，为人们健康做出重要贡献，并引起国际体育界的重视，推本溯源……锻炼方法上和理论上的钻研、总结，足供后学揣摩，应归功于武禹襄、李亦畬。武氏初学陈氏老架于杨露禅，后学陈氏新架于陈清萍，精研有得，传之于李。武李各经二三十年，反复实践，然后写定经验体会的总结性论文，较抽象性的王宗岳《太极拳论》为具体切实，深造有得。有继承，有发展乃能自成一家""少如先生，家学渊源，为武氏太极拳之传人。出示其祖父所藏李亦畬手抄本拳谱，备载王、武、李三家及佚名氏之太极拳论，为太极拳理论发展史的珍贵资料。"1982年9月，顾留馨出版《太极拳术》一书，请郝少如弟子谈士琦先生将郝少如先生所藏"郝和本"摄成照片三十二帧，以影印件形式，全部刊印了"郝和本"。1983年，郝少如先生过世后，"郝和本"也不知下落。2016年4月，二水应北京科技出版社之邀，校注太极拳老拳谱，向愚园先生借得谈士琦先生所藏"郝和本"的三十二帧照片，扫描后，用作《王宗岳太极拳论》的校注原本。2018年，顾留馨先生哲嗣顾元庄先生，将邵汝干先生手抄的"郝和本"赠予二水，弥足珍贵。

11. 神秘的"马同文本"

1930年11月，唐豪出版《太极拳与内家拳》，其书第九章"王宗岳太极拳经考及其歌诀"，称他从永年马同文处抄得拳谱："中有李亦畬小序一篇""马今年六十有五，为亦畬姨甥，谓彼时见武，已逾耳顺，以此推之，陈清平当是乾嘉间人，故太极拳历史可考者，应断自清初王宗岳始，清以前则不可得而考焉。"此"马同文本"，一直以来，神龙见尾不见首。1964年，唐豪、顾留馨的《太极拳研究》出版。《太极拳研究》最大的亮点便是，其书在唐豪节录武一如藏廉让堂本《太极拳谱》的考释中，"马同文本"，终以"马印书本"之名，得以显山露水。

"马印书本"内载之"李亦畬小序"："太极拳始自宋张三丰，其精微巧妙，王宗岳论详且尽矣。后传至河南陈家沟陈姓，神而明者，代不数人。我郡南关杨某老禄，爱而往学焉，专心致志，十有余年，备极精妙。旋里后，市诸同好。母舅武禹襄见而好之，常与比较，伊亦不肯轻以授人，仅得其大概。素闻豫省赵堡镇，有陈姓名清平者，精于是技。逾年，母舅因公赴豫省，过而访焉。研究月余，而精妙始得，神乎技矣。予自咸丰癸丑，时年二十余，始从母舅学习此技。口授指示，不遗余力，奈予质最鲁，廿余年来，仅得皮毛。窃意其中更有精巧，兹仅以所得，笔之于后，名曰五字诀，以识不忘所学云。丁卯端阳日亦畬李氏识。"

唐豪抄得的这份马印书本"李亦畬小序"，末题"丁卯端阳日亦畬李氏识"。唐豪说李亦畬有生之年，只逢一个丁卯，则此序初稿当作于清同治六年（1867年），初稿首句，作"太极拳始自宋张三丰"。武莱绪述其祖禹襄行略，谓"太极拳自武当张三丰，善者代不乏人"。

　　徐震《太极拳考信录》辩之曰："莱绪谓（太极拳）传自张三丰，与李亦畲说显相背驰。李氏先于莱绪数十年，犹闻陈武两家之传述；莱绪此文作于近年，当杨派太极拳盛行之后，附会神仙复为人情所乐从。故虽武氏子孙，亦不求其端，不考其实，于流俗盛传之语，直袭用而不疑矣。按武延绪撰李公兄弟'家传'，亦谓河南陈某善是术，得宋张三丰之传。莱绪、延绪幼受读于禹襄，禹襄较亦畲为前，卒岁月虽不可考，行略作于李公兄弟家传之前，则可以断言。"徐哲东《太极拳谱辨伪》（一）辨杨本附注，对于太极拳论后"此论句句切要""右系武当山张三峯老师遗论"两条附注专题辨伪称："李亦畲手写本无之，廉让堂本亦无，可见武式谱中，无此附注，其为杨门学人所加无疑。谓太极拳原于张三丰自此始。当李亦畲作太极拳小序时，为光绪辛巳，即光绪七年，犹云，太极拳，不知始自何人，可见始于张三丰之说，其时尚未大行。则此说之起，不过在光绪间也。"

　　唐豪对此观点大不以为然，他得马印书抄本，断定李亦畲小序初稿年份为清同治六年（1867年），初稿首句为"太极拳始自宋张三丰"，由此他推定李亦畲、武莱绪、武延绪三人同说始自张三丰，皆闻自武禹襄。唐豪认为："《太极拳考信录》成于1936年。谓莱绪此文作于近年，亦不求其端，不考其实之说。予推定亦畲、莱绪、延绪三人同说，皆闻自禹襄。徐氏指莱绪之说与亦畲背驰，盖据廉让堂与郝和藏本后改之序，而未见马印书抄本小序也。禄禅出身僮仆，无能臆造张三丰。禹襄廪贡生，博览书史，若太极拳之附会张三丰，不出于禹襄，禄禅、亦畲、莱绪、延绪之说岂能尽同。亦畲、启轩昆季，皆有声庠序，俱学拳于禹襄。启轩精考订，弟兄切磋拳艺，故亦畲始取禹襄附会之说，而终改之。莱绪、延绪闻之其祖，不明附会，乃以之入禹襄行略及李公兄弟家传。永年西乡何营村文生陈秀峰，禄禅子班侯门人也。其太极拳谱全文之首有曰：'武当张三丰老师遗论，欲天下豪杰延年养生，不徒作技艺之末也'，予断此为禹襄初文以授禄禅者。后来杨氏传流北京之谱不一其处，无在谱首者，皆书后人改移。"

唐豪称马印书本为李亦畬"老三本"之"初稿"，作于"同治六年（1867年）"。

李亦畬（1832—1892年），"予自咸丰癸丑，时年20余，始从母舅学习此技"，咸丰癸丑，即1853年，时年，李亦畬21岁。倘以初稿日期1867年（同治六年）来推算，时年，李亦畬35岁，武禹襄（1812—1880年）45岁。自咸丰癸丑至"丁卯端阳日"（同治六年），李亦畬从武禹襄学拳时间尚不足15年。小序中"20余年来，仅得皮毛"，显然有误。

家师慰苍先生曾作《李亦畬〈太极拳小序〉写作时间考》，认为，"丁卯端阳日"或系"己卯端阳日"之误植。光绪五年，公元1879年，干支为己卯。这一年，李亦畬48岁，武禹襄68岁，也尚健在。

马印书本的"李亦畬小序"，印证了得于舞阳县盐店的王宗岳《太极拳论》"有者甚属寥寥，间有一二有者，亦非全本"的"间有一二有者"存在的可能性。马印书本的"杨某老禄"，似能为关百益刊行的《太极拳经》后附授受源流中的"杨六先生"提供关联性。

12. 禹襄初文以授禄禅者

"永年西乡何营村文生陈秀峰，禄禅子班侯门人也。其太极拳谱全文之首有曰：'武当张三丰老师遗论，欲天下豪杰延年养生，不徒作技艺之末也'，予断此为禹襄初文以授禄禅者。"唐豪断论，在李亦畬"老三本"成稿之前，武禹襄已经将所得王宗岳《太极拳论》及自己的部分拳学心得、讲论，赠予他的老师杨露禅。这一观点，也被徐哲东先生所断论。徐哲东认为："露禅与武禹襄同为永年人，禹襄与兄秋瀛及酌堂（又字兰畹）皆好武技，露禅归自陈家沟，虽身怀绝技，以单门寒族，不为乡里所重，武氏兄弟慕其技之精妙，皆折节与交……露禅往北京授技，犹藉酌堂之荐引……杨武既相契好，陈沟又无此谱，则杨氏别无来源，其谱取诸武氏，亦绝无疑义。"

徐哲东《太极拳考信录》有云："按杨氏本流传于外最早，今书肆中各种太极拳谱，大都出于杨氏。"诚然，武禹襄得诸舞阳盐店的王宗岳太极拳谱，最早刊行流传于外的，是在杨家拳学者诸多太极拳论著中。其时，杨家的各类本子，已风靡一时了。譬如1912年，关百益油印刊行了《太极拳经》；同年，陈秀峰石印了《太极拳真谱》；1918年3月1日，京师体育研究社创刊的《体育》（严修题字）季刊第一期起，许禹生连载了《太极拳经详注》；1925年，陈微明的《太极拳术》出版发行等。杨家从学者都已陆续公开了王宗岳太极拳论及武禹襄等诸家讲论的内容，而李亦畬得诸武禹襄本后，"兼积诸家讲论，并参鄙见"，手抄诸本，其最早刊行于世的是1933年由李福荫在"十三中学"编排的油印本《廉让堂太极拳谱》，以及次年山西太原刊印的《李氏太极拳谱》。

细校杨家诸本与李亦畬抄本之间的异同，"禹襄初文以授禄禅者"的文本，大体有以下几个特点：

其一，杨家诸本在王宗岳《太极拳论》后，皆有"右系武当张三丰老师遗论，欲天下豪杰延年益寿，不徒作技艺之末也"，这与"马印书本"内"李亦畬小序"首句的"太极拳始自宋张三丰"意思相同。

其二，杨家诸本的"十三势行功心解"，是综合了武禹襄讲论中"打手要言""解曰""又曰"的部分内容整理成文的。其中"能呼吸，然后能灵活"句，是对武禹襄"解曰"中"能黏依，然后能灵活"的提升，是杨家拳学者对太极拳理论界的一份创造性的贡献。

其三，"十三势行功心解"中"全身意在精神，不在气，在气则滞。有气者无力，无气者纯刚"源自武禹襄的第一个"又曰"。而武禹襄的"解曰"在"从人则活，由己则滞"后有"尚气者无力，养生者纯刚"句。"有气者无力，无气者纯刚"与"尚气者无力，养气者纯刚"，意义截然不同。尚气与养气，作为对待"气"的两种截然不同的态度，其立论符合孟子的"吾善养吾浩然之气"的理论，与"解曰"中"气以直养而无害"相呼应。

将两则"又曰"窜入老三本，或系李亦畬在手抄母舅稿本时，未加细辨之故。将"尚气"抄成"有气"，将"养气"抄成"无气"，抑或抄写时的笔误。因为在行书文本中，"尚"与"有"字形相近，繁体"養"与"無"亦易误植。

其四，武禹襄第一则"又曰"中"动牵往来气贴背"，杨家诸本皆作"牵动往来气贴背"。

"动牵"与"牵动"，拳技含义略有不同。

其五，武禹襄第四则"又曰"中："每一动，惟手先著力，随即松开，犹须贯串，不外起承转合。始而意动，既而劲动，转接要一线串成"等39字，杨家诸本皆作"一举动，周身俱要轻灵，犹须贯串"13字，成为杨家拳艺轻灵活趣的宗旨。

其六，武禹襄第三则"又曰"后，"武禹襄氏并识"前，"若物将掀起，而加以挫之之力，斯其根自断，乃坏之速而无疑"一节，杨家诸本编入"一举动，周身俱要轻灵"一节中，文辞改作："若将物掀起，而加以挫之之意，斯其根自断，乃坏之速而无疑。""物将掀起"，改作"将物掀起"，系现代语法文本对于古汉语语境的误读。古汉语语境里，生天地间，除"我"之外，皆称之"物"。如《庄子·外篇》："至道之精……物将自壮。""加以挫之之力"改作"加以挫之之意"，或能体现杨氏拳艺"用意不用力"之意。

其七，《太极拳论》中"动静之机"四字，见诸许禹生本以及徐致一等吴氏诸本。许禹生藏共和元年关百益刊《太极拳经》（扉页盖有许靇厚印）的太极拳论中，在"无极而生"与"阴阳之母"之间，窜入手写"动静之机"四字。由此可见，"动静之

机"得自许禹生的首创，而徐致一等吴氏诸本，都是传抄自许禹生本。（图69）

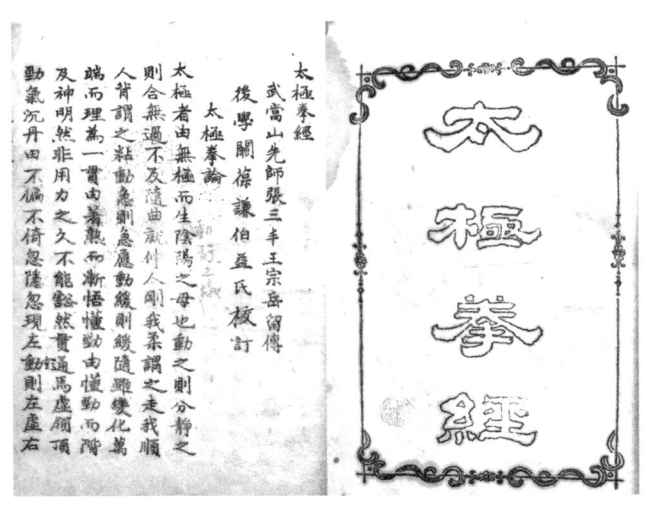

图69　许禹生藏本《太极拳经》

王宗岳《太极拳论》的传抄，就像其他文化现象的传承一样，有着内在的文化基因。对较杨家诸本与李亦畬抄本之间的异同，就能找寻杨家传抄王宗岳《太极拳论》的文化基因。由此可见，只要在拳论中见到有"张三丰老师遗论""欲天下豪杰延年益寿，不徒作技艺之末""能呼吸，然后能灵活""一举动，周身俱要轻灵"等，或没有"尚气者无力，养生者纯刚"句，就能断定，此拳论一定源自杨家，是从"禹襄初文以授禄禅者"的本子里"进化"而来的太极拳论。

13.金庸的《九阳真经》

看过金庸武侠小说《神雕侠侣》的人一定知道，潇湘子和尹克西从少林寺藏经阁中盗得一部《九阳真经》，被觉远大师直追到华山之巅，眼看无法脱身，刚好身边有只苍猿，两人便割开苍猿肚腹，将经书藏在其中。《倚天屠龙记》里觉远大师临死前念念有词的就是这本经书。张三丰、郭襄和无色大师听了后，各自默记了一部分，从此奠定了少林、峨嵋、武当三派的内功基础。

从金庸《神雕侠侣》觉远指点徒儿君宝口述的《九阳真经》经文来分析："但你要记得，虚实须分清楚，一处有一处虚实，处处总此一虚实。你记得我说，气须鼓荡，神宜内敛，无使有缺陷处，无使有凹凸处，无使有断续处""经中说道：要用意不用劲。随人而动，随屈就伸，挨何处，心要用在何处""要知道前后左右，全无定向，后发制人，先发制于人啊""我劲接彼劲，曲中求直，借力打人，须用四两拨千斤之法。"以上秘诀，显然都是从王宗岳《太极拳论》和武禹襄等诸家讲论，以及李亦畬"五字诀"中"洗文"改定的。

再看《倚天屠龙记》第二章"武当山顶松柏长"中，觉远弥留之际，口授偷窥自少林藏经阁中《楞伽经》夹缝里的《九阳真经》："彼之力方碍我之皮毛，我之意已入彼骨里。两手支撑，一气贯通。左重则左虚，而右已去，右重则右虚，而左已去""气如车轮，周身俱要相随，有不相随处，身便散乱，其病于腰腿求之""先以心使身，从人不从己，从身能从心，由己仍从人。由己则滞，从人则活。能从人，手上便有方寸，秤彼劲之大小，分厘不错；权彼来之长短，毫发无差。前进后退，处处恰合，工弥久而技弥精""彼不动，己不动，彼微动，己已动。劲似宽而非松，将展未展，劲断意不断""力从人借，气由脊发。胡能气由脊发？气向下沉，由两肩收入脊骨，注于腰间，此气之由上而下也，谓之合。由腰展于脊骨，布于两膊，施于手指，此气之由下而上也，谓之开。合便是收，开便是放。能懂得开合，便知阴阳。"此节文辞，大半"洗文"自李亦畬"五字诀"。

由此可见，金庸的《九阳真经》内容，主要得自李亦畬的"老三本"，且内容更侧重于李亦畬的"五字诀"。

另再版的《倚天屠龙记》第三章"宝刀百炼生玄光"篇末注："据旧籍载，张三丰之七名弟子为宋远桥、俞莲舟、俞岱岩、张松溪、张翠山、殷利亨、莫谷声七人。殷利亨之名当取义于《易经》'元亨利贞'，但与其余六人不类，兹就其形似而改名为'梨亭'。"宋远桥、俞莲舟、俞岱岩、张松溪、张翠山、殷利亨、莫谷声七人的名号，除张松溪外，其他六人只出现在《太极功源流支派论》中。由此分析，金庸不但关注李亦畬的"老三本"，还对《太极功源流支派论》如数家珍。拳谱中的宋远桥、俞莲舟、俞岱岩、张松溪、张翠山、殷利亨、莫声谷等，除殷利亨在《倚天屠龙记》再版时，被改作了殷梨亭外，其他人物都一一被金庸演绎为武当七侠，在每一位武侠迷心中存活了下来。

《太极功源流支派论》之"俞家先天拳源流"一节，此七人悉数登场，往来金陵之境，夫子李先师授俞莲舟秘歌四字八句："无形无象、全身透空、应物自然、西山悬磬、虎吼猿鸣、泉清河静、翻江播海、尽性立命"，后来此七人同往武当山，在玉虚宫遇见张三丰。此节内容也被金庸几经演绎，铸就了武当武侠之经典。

从《太极功源流支派论》后文张三丰所传"十三势名目并论"来分析，所列拳论中有"能呼吸，然后能灵活""一举动，周身俱要轻灵"等句。没有"尚气者无力，养生者纯刚"句。且也将"物将掀起"一模一样地误作"将物掀起"。将"挫之之力"，也一模一样地改作"挫之之意"。将"动牵往来气贴背"，也一模一样地误作"牵动往来气贴背"……由此可见，《太极功源流支派论》所列的太极拳论内容，都是来自杨家，系出"禹襄初文以授禄禅者"无疑。

14. 宋书铭与《太极功源流支派论》

《太极功源流支派论》相关的拳谱内容，最早刊布于1921年出版发行的许龙厚著《太极拳图势解》上篇第五章之"太极拳之源流"。许龙厚，字禹生，师从杨健侯学习太极拳。此书从伏羲画卦阐明阴阳着手，先后梳理了阴康作大舞、黄帝作内经、採按摩导引、华佗本庄子之吐故纳新、熊经鸟伸、作五禽经,开姿势运动之先河,将太极拳源流上溯到唐许宣平。并一一论及韩拱月、李道子、胡境子、程灵洗、程珌、俞清慧、俞一诚、宋仲殊、张三丰、殷利亨、张松溪、张翠山、莫谷生、俞莲舟、俞岱岩、宋远桥等。许禹生一方面称"海盐张松溪",另一方面根据《宁波府志》摘录"鄞人张松溪"的相关传承资料,其将太极拳与张松溪一脉的叶继美、王征南、黄百家、甘凤池等所习练的内家拳扯上了关系。

1933年,刘彩臣弟子李先五著《太极拳》(下文简称"李先五本"),亦照搬宋氏家传太极功源流支派论的说辞,收罗张松溪后南派诸传人叶近泉、周云山、陈贞石、孙继槎、吴昆山、单思南、僧耳、僧尾等近20人名目。

出版于1942年王新午的《太极拳法阐宗》一书(下文简称"王新午本"),称抄录其师许禹生藏宋氏家传《太极功源流支派论》,另对宋书铭太极拳艺及其为人的描述,可谓备极精详:

> 民国初年,袁氏当国,有遗老宋书铭参其幕。自言为宋远桥十七世孙。善太极拳。时年七十余。其拳式名三世七。拳式名称与时流行于京师之太极拳名目大同小异,推手法亦相同。然趋重单式练法。其时,纪子修、吴鉴泉、许禹生、刘恩绶、刘彩臣、姜殿臣等正倡导太极拳于京师,闻宋氏名,相与访谒。与宋推手,皆随其所指而跌,奔腾其腕下,莫能自持。其最妙者,宋氏一举手,辄顺其腕与肩,掷至后方寻丈以外。宋所传拳谱,名《宋氏家传太极功源流支派考》,为宋远桥所手记。于民国初年始宣于世,前辈多抄存者。宋氏在清季为词林钜子,所著内功原道明理诸篇,已播于世,允为杰作。惜其晚年困瘁家居,抱道自娱。遗稿盈屋。许公禹生数敦其出,皆不起。继以重金求其稿,亦不许。尽承其口传心授一鳞半爪耳。旋居保定作古,其遗稿不知流落何所,徒令人向往而已。

此谱初宣之于世,就有人提出了疑问。称宋谱通篇分作叙事和拳理原道两个部分,其中叙事的文词风格较统一,拟出自一人之手。且文词粗略,风格拟不近古人云云。拳理原道中"十三势名目并论说""十三势行功心法""十三势歌""打手歌"等，无论是文字内容及传抄的错讹方式，都与武禹襄抄赠杨露禅、杨班侯后，传抄于杨氏诸传人间的拳论相同。

徐哲东先生对此谱不屑一辩。他说："自顷以来，太极拳大行于南北，述其史实者，颇多异说，尤以原于张三峰之说为盛。复有谓出于六朝时之韩拱月，唐之许宣平、李道之，及明之殷利亨者。出于韩许李殷之说，羌无故实，其为伪托，不待深辩""夫向之穿凿附会，杜撰太极拳历史者，固不足以言考证。"

顾留馨先生则对此谱所述功法多有发难：考宋书铭所练太极拳，实以杨式为基础，改成三十七个单练的势，任意错综连贯，确为"颇有所发明"，托名传自唐许宣平，传之宋远桥，以自神其术。所传抄拳谱，绝不类唐人文词云云。

从王新午的描述可知，宋书铭的三世七，拳式名称与时流行于京师的太极拳名目大同小异，推手法亦相同，只是侧重单练。而稍稍了解杨式太极拳传承史的人就知道，杨家门内授拳，一直是以单练入手的。门外则以套路为主。杨健侯传田兆麟的杨氏太极拳老谱之"八五十三势长拳解"云："自己用功，一势一式，用成之后，合之为长拳。滔滔不断，周而复始，所以名为长拳也。万不得不有一定之架子，恐日久入于油滑也，又恐入于硬拳也，决不可失其绵软。"此节文字简明扼要，且至为清晰地解释了十三势与长拳的关系，也可见古人不得不编著长拳的良苦用心。由此可见，顾留馨先生断言宋氏太极拳功"实以杨式为基础"，不无道理。

至此，《太极功源流支派论》出自宋书铭，几成定论。

15.《太极功》清初抄本

2004年8月商务印书馆（香港）有限公司出版发行马有清编著的《太极拳之研究 吴图南太极功》一书，书内列"世传《太极功》

古谱"章节，内有吴图南1983年11月15日所记的"吴图南珍藏古谱《太极功》本末说明"一文，称此谱为光绪末年，系由其友张熙铭所赠，后分抄给许禹生、吴鉴泉、杨少侯、刘彩臣、刘恩寿、纪子修六人。此抄本经由中国书店老技师刘某"精心为之修复，还其本原，经鉴定该书为清初抄本。"（简称吴图南"清初本"）

"清初抄本"的清初，虽然没有准确的年份，但清朝从1636年皇太极改国号为清，到1912年，总计296年。通常意义上的清初，应该不会晚于乾隆60年（1795年）。所以，吴图南藏的"清初抄本"横空出世，不但颠覆了1854年由武澄清、武禹襄昆仲首先发现太极拳理论的定论，还为"羌无故实，其为伪托，不待深辩"的此拳谱带来了进一步深究、深辩的契机。

2005年6月，二水曾撰《〈宋氏家传太极功源流支派论〉清初手抄本辩伪》一文，从"此谱文词不符合'明时人'宋远桥的习惯""此谱文词不符合清初人的习惯""从此谱中出现的一些简体字分析，断非清初手抄本"等来分析，吴图南所称的清初本，绝非清初手抄本。

2008年8月，二水撰写《解开吴图南"高寿"之谜》一文，用"1928年10月中央国术馆国考证书"及"民国武术期刊《体育》1934年第2卷第1期"两份证据中所述吴图南的年龄，判定吴图南应该是1902年生人，而不是吴图南自述"农历1885年正月廿三日生"。另据1929年9月平津卫戍司令部北平宪兵分所编制的《太极功同门录》载："吴荣培，字图南，二十七岁，北平"，他的名号排在吴公仪（1900年生）、王子英（1901年生）之后。由此确证吴图南为1902年生人。

吴图南称该"清初抄本"，是在光绪末年，由他好友张熙铭所赠。马有清注释"光绪末年"系1908年。吴图南系1902年生人，1908年，吴图南才6岁。6岁的孩童，互赠各类玩具，合乎情理，而赠以《太极功》之类的所谓"清初本"，也不符合常理。

徐哲东先生对于《太极功源流支派论》一直是不屑一顾的，称其"述其史实者，颇多异说""韩许李殷之说，羌无故实，其为伪托，不待深辩""夫向之穿凿附会，杜撰太极拳历史者，固不足以言考证。"吴图南先生连自己的年龄都记不确切，他的所谓"清初抄本"，更是"固不足以言考证"了。

从《太极功源流支派论》"十三势名目并论说""十三势行功心法""十三势歌""打手歌"等文字内容来看，无不烙有"禹襄初文以授禄禅者"文化基因。而其原道讲论，道学气息十分明显。无论是李白追慕的许宣平，还是苏东坡心仪的安州老人僧仲殊，或是大明数朝皇帝诏之不得的张三丰，抑或"不火食，第啖麦麸数合"的麸子李……"应物自然""尽性立命""四性归原"等所透析的性命之学，与《太极法说》所代表的杨氏三十二目老拳谱中的"神化性命功""性命之功，圣神之境""尽性立命，穷神达化"的理念，也是一脉相承的。《太极功源流支派论》中有关许宣平的论述，在三十二目老拳谱"张三丰承留"之"字著宣平许"句就有联系了。

尤其是《太极功源流支派论》"后天目法"之后，论及太极拳的文化溯源："自上之先师，而上溯其根原东方先生，再上而溯始孟子，当其列国纷纷，固将立命之功，所谓养吾浩然之气，塞于天地之间。"此文辞，从先师（张三丰）上溯至东方先生，再从东方先生上溯至孟子，显然是从三十二目老拳谱"张三丰承留"之"微危允厥中，精一及孔孟""神化性命功，七二乃文武"中演化出来的。只是编撰者误读了"神化性命功，七二乃文武"句，将"神化性命功，七二乃文武"附会在东方先生身上了。其实，"张三丰承留"中"神化性命功，七二乃文武"并非是指东方先生本人，而是指东方先生（本姓张，字曼青）所著《答客难》中"太公体行仁义，七十有二，乃设用于文武"里的"太公"姜子牙。此等错讹，暴露了《太极功源流支派论》编撰者的底牌。由此可证《太极功源流支派论》的编撰者，一定是在阅读了《太极法说》"张三丰承留"，且又误读了"神化性命功，七二乃文武"句，才可能编撰

《太极功源流支派论》中的"而上溯其根原东方先生"句。

16. "九诀八十一式" 辨伪

胡刚自印本《太极卷》，内载"明武山庄武学手册"之《先天太极拳九诀八十一式体全诀》抄本，内容除了吴孟侠1958年出版的《太极拳九诀八十一式注解》中的九诀"全体大用诀、十三字行功诀、十三字功用诀、八字诀法、虚实诀、乱环诀、阴阳诀、十八在诀、五字经"等之外，另有吴孟侠自序一篇、太极拳八十二式名称、杨露禅先生太极拳三十七式名称，以及得自刘玉祥先生的一部分拳谱内容。分别为太极拳势图（五十式太极拳名称）、太极拳白话歌、太极剑（六十五式名称）、何维贞先生太极五十二剑名称、神勇八段锦歌、何维贞先生三才剑谱、关于国术可以传者忠实之人、不可传于之徒、国术精义、操手三要、调劲六法、神功辑要等。

吴孟侠自序作于1944年："余髫（tiáo）岁好武，遍从明师。受八卦掌真传于武清高师德元，受太极拳于山东德县王树刚先生。演习之暇，获睹王先生手抄太极拳诀一册，凡九诀八十一式。先生自言，昔年在德县从其人道人处所抄录，盖杨露禅先生手抄本……童伯举、刘明山二君之请，爰以付诸梓人，大公于世。"吴孟侠的八卦掌授业师"武清高师德元"，是津门八卦掌重要传人高义盛先生。高德元（1864—1947年），字义盛。原籍山东，迁居武清杨村镇。吴孟侠的太极拳授业师"山东德县王树刚先生"，树刚，或系王先生字号，可惜名讳无考。德县，今德州陵城区。从其所载八十一式（实际为八十二式）名称来看，整套拳式，以三个"十字手"作为段落，显然是从杨澄甫老师定型大架变异而来的。从他自序可知，吴孟侠

原本将他的九诀八十一式，计划在1944年付梓刊行，或许因时局动荡，未能出版。（图70）

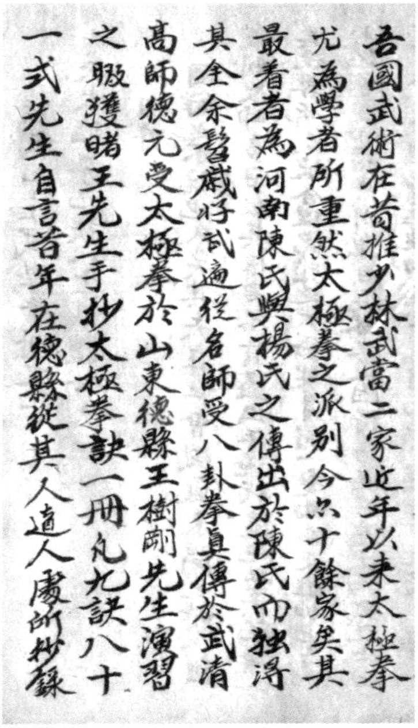

吾國武術在昔推少林武當二家近年以來太極拳
尤為學者所重然太極拳之派別今只十餘家矣其
最着者為河南陳氏與楊氏之傳出於陳氏而独得
其全余髫戲好武適從名師受八卦拳真傳於武清
高師德元受太極拳於山東德縣王樹翮先生演習
之暇獲睹王先生手抄太極拳訣一冊凡九訣八十
一式先生自言昔年在德縣從其人道人處所抄錄

图70　“明武山庄武学手册”之《先天太极拳九诀八十一式体全诀》吴孟侠序言

与刘玉祥先生相关的拳谱内容，有简短的引言：“何维贞先生太极拳传至外生刘玉祥先生身，1940年，刘先生来西北公路服务工作。一方面传于兰盐务局及各商机关，学习太极人员，以受其传，妙如惊人。”文字多有衍讹，但大体能印证民国年间，太极拳在西北的一段传承历史。刘玉祥（1912—1982年），邢台人，先后师从王延久、韩钦贤、申文魁先生学习郝为真一脉太极拳，抗战期间，曾在国民自卫军第一路军任武术教官，后赴西安教拳，在西安西门武术馆任武术总教练，1961年从西北回邢台老家。由此可见，抄本中的“何维贞”，盖系郝为真之音误。抄本中，有关刘玉祥先生的相关资料，不但对研究刘玉祥先生的生平、拳学思想有裨益，还能通过三套剑法来梳理郝为真先生与杨式太极拳的渊源。

郝为真一脉的刘玉祥，似乎与吴孟侠先生没有拳艺上的过从。所以，“明武山庄武学手册”之《先天太极拳九诀八十一式体全诀》抄本，应该是个合抄本，内容分别得自吴孟侠和刘玉祥的拳谱合抄而成。所以，此抄本似乎不可能由吴孟侠或刘玉祥本人抄录。从遣词和纸张来分析，抄本的日期大凡在1944年后的五六年间。

1958年3月，吴孟侠《太极拳九诀八十一式注解》一书出版。前言称：“三十年前，从牛师连元学习太极拳。牛师系太极拳名家杨班侯的高足，得杨氏秘传太极拳九诀。牛师把这九个诀转授给我，珍藏多年，不肯轻易告人……这套八十一式，旧称大功架，其姿势动作与杨澄甫所传的大架子大同小异，惜作者功夫不纯，示范动作不够理想。"

众所周知，杨澄甫老师的杨式大架子是杨澄甫老师1928年南下南京、上海、杭州后才定型的拳架。作者吴孟侠从杨班侯的传人牛连元处，竟然传承了杨澄甫老师的杨式大架子。这原本就是风牛马的论述。这本书一出版，京沪两地杨式太极拳界皆有非议。1956年田兆麟老师赴京，在崔毅士家与牛春明、刘东汉、李雅轩等合影。其时他就听到谈论说有人在北京教拳，为吸引学生，抬高辈分，吹嘘师从杨班侯弟子牛连元等。田老师说他从小就在杨家长大，从来没有听杨家说起有牛连元其人。

既然吴孟侠的师承"牛连元"纯系子虚乌有，他的拳架八十一式也与杨班侯一脉无关，那么所谓的杨班侯秘传九诀，也纯属虚构。有兴趣的拳友，不妨将"杨班侯秘传九诀"，权作是吴孟侠、吴兆峰个人的拳学体悟，或许对初学者有所裨益。

二水曾在《姚馥春姜容樵的厨艺》《〈胡海牙文集〉之〈太极真铨〉辨伪》两文中，不但证伪了姚馥春、姜容樵的所谓乾隆抄本太极拳谱，也同时证伪了吴孟侠所谓"杨班侯秘传九诀"中最为重要的"五字经诀"。兹将有关"五字经诀"证伪的文字抄录如下，以供同好者参阅：

> 吴孟侠的"五字经诀"，源自姚馥春、姜容樵著《太极拳讲义》中所谓乾隆抄本太极拳谱里的"二十字诀"及注解。姜容樵注解"披"字："太极拳中，由侧方分进曰披。"吴孟侠则改作打油诗云："披从侧入。"姜容樵注解"闪"字："太极拳中，不顶而侧让，不丢而黏为之闪。非全空也。"吴孟侠简作打油诗云："闪展无全空。"姜容樵注解"担"字："在太极拳中任敌袭击，待其将着身时，负其攻势，下松以化其劲，曰担。并非担挡敌人之击或担出敌人之手足也。"吴孟侠简作打油诗云："担化对方力。"姜容樵注解"搓"字："在太极拳中，我之手腕臂肘，与敌之手腕臂肘磨擦，试其劲之去向，敌进我随之退，敌退我趁势攻，

黏粘不脱，中含圆滚之意。"吴孟侠简作打油诗云："搓磨试其功。"吴孟侠五言二十句的打油诗，短短一百字，其中八十个字，都可以从姜容樵"二十字诀"及注解中找到相对应的文字。

另外，有关吴孟侠其人，几篇回忆抗战时期的重庆的奇闻异事，可佐谈资：许可、游仲文编著的《重庆古今谈》，其中收录欧阳平先生《郑曼青拳打"飞天蜈蚣"》一文，孔祥云、陈兰荪编著的《回眸下江人》，其中收录《武林儒侠杜心五》一文，《中华文史资料文库》第20卷收录的王大煜《四川袍哥》一文，以及2018年4月11日《重庆日报》刊登的龚毅撰稿的《失踪的关岳庙》一文。

17. "三十二目" 的时代背景

杨家三十二目老拳论，目录下有"共三十二目"字样，正文除了三十二目，还另有"太极空结挫揉论""懂劲先后论""尺寸分毫在懂劲后论""太极指掌捶手解""口授穴之存亡论""张三丰承留""口授张三丰老师之言""张三丰以武事得道论"八篇。习惯上依然称之为杨家"三十二目"老拳谱。

此拳谱文字风格不统一，统稿的思路也有多重线索，成稿时间或许是分作几个阶段，或有数人陆续完善定稿的。但从文中的用词习惯以及内蕴的理学脉络来分析，大体还是能够找出成稿的时间。

卷三《从"体育"一词说起》，谈到了现代汉语的"借形"。"体育"一词，古汉语中原本没有，是日本人在翻译卢梭《爱弥尔》时，采用"移花接木"法，借用汉语材料构造的一个新词汇。"体育"一词，在日本的出现时间为1868年，也即日文版卢梭《爱弥尔》出版的时间。对照杨氏太极拳创始人杨露禅教拳生涯：1840年，杨露禅从陈长兴学拳毕，在永年设馆传授"绵拳"，武禹襄等开始从学。1854年，武澄清于舞阳盐铺得王宗岳《太极拳谱》，赠予其弟武禹襄，近代之太极拳，始得以太极拳名。1866年，杨露禅经武汝清举荐到北京教拳，清朝王公贝勒从学者颇多，后任旗营武术教师。所以北京出现太极拳的时间，应为1866年。署名"圣揆"原载1938年2月1日《体育月刊》第5卷第2期的《记北京太极拳之起原》一文云："当公历1866—1867年，即前清同治五六年间，敦王派侍卫赴直隶省广平府永年县，取庄地地租。闻当地太极拳专家杨班侯先生精太极拳，善发人于数丈外，奇而晤之，邀请来京，以资请业。"也能佐证其事。据李瑞东后人所存《王兰亭序》记载，兰亭于清同治戊辰（1868年）"至东都门拜在杨禄禅先师门下，受教七载"。而从王兰亭传承的后世拳学者中，仅见马振华藏本中的《太极功源流支派论》相关文字。尚未发现有系统的"三十二目"。此也可证王兰亭等从其学时，杨家尚未形成系统的"三十二目"拳谱，这也反过来能说明，在日本出现"体育"一词的1868年前，"三十二目"尚未成稿。

1872年，杨露禅去世。1892年，杨班侯去世。在杨家两位大师去世前，"三十二目"理应已经成稿。从《太极法说》全佑传吴鉴泉，再传吴公藻有序的传承来分析，综合吴公藻扉页题签："此书，乃先祖吴全佑府君拜门后，由班侯老师所授。是于端芳亲王府内抄本。在我家已一百多年。公藻在童年时，即保存到如今"云云。（图71）

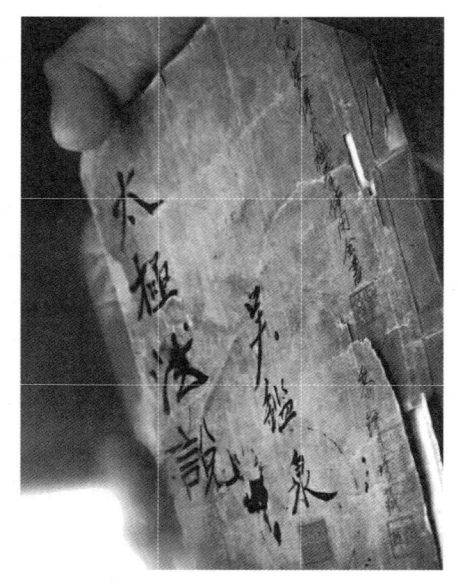

图71　三十二目老拳谱《太极法说》

虽"端芳亲王府"显然是口耳误传所致。"圣揆"所称的"敦王"是否系惇亲王之误植，也待考。惇亲王系道光第五子奕譞。奕譞之次子载漪，过继给瑞郡王奕誌为子，娶慈禧侄女为妻，深得慈禧的佞幸。光绪二十年，慈禧进封其为端郡王，因奏折中笔误，误"瑞"作"端"，于是将错就错，改称"端郡王"。时年，系公元1894年，杨班侯已过世两年。由此可见，杨家杨露禅、杨班侯父子，也无缘进出此端王府。1912年关百益刊行的《太极拳经》，附录太极拳"授受源流"，谈到杨无敌"杨六先生"门下，除其子杨班侯、杨健侯外，还有"皆获盛名"的"治贝勒""漪贝勒"等。关百益的这份"授受源流"，涉及传承者或"佚其名"，或"未详"，甚至连杨无敌的名号都不明确，杨健侯的名字也弄错。此"漪贝勒"是否就是后来被慈禧进封的"端郡王"，也待考。爱新觉罗·载治的别业"治贝子园"，现位于北京大学逸夫一楼南侧。这位"载治"，原名"载中"，咸丰时奉旨过继给爱新觉罗·奕纬为嗣，授"多罗贝勒"，奉旨改名"载治"。他曾经管理过上虞备用处、善扑营事物。不知道此"多罗贝勒"是否就是"治贝勒"，也待考。《武魂》2005年第2期刊发过据张耀忠整理的马岳梁一段太极拳源流的讲话稿，称武汝清授"六爷"石贝勒之请，邀杨露禅赴京授拳。"六爷"石贝勒，是否系道光帝第六子"鬼子六"奕訢，也待考。

但无论如何，"三十二目"成稿时间应该在1868—1892年这二十余年，这一点可以确证下来。

从"三十二目"文辞所透析的理学思想来分析，表面上严格遵循程朱"以理为气之主宰"的思想，而骨子里又透出"致良知""知行合一"的陆王心学。且以戴东原的"知觉运动"，来为"躬行践履"找到切身体悟的理论基础。这与清代理学大家蒙古正红旗人倭仁（1804—1871年）的理学观点极其吻合。倭仁的"存诚以养未发之中，谨几以验已发之和，此日用切要工夫"，这一"诚"字，契合于一身之日用切要之中，处处去体悟"未发""已发"之"中"之"和"，为太极拳日后演进为儒学者修养性情的日用工夫，提供了坚实的理论基石。倭仁赞同宋儒叶仲圭的观点，以为"太极在人心为喜怒哀乐未发之中"，"未发"性之本体，"已发"是感物而动。

另外，宋明理学诸家，都极其忌讳而摈斥佛老二氏之学，朱熹"老佛之徒出，则弥近理，而大乱真矣"成了朱熹心头之患。阳明心学以"良知"来包装陆象山的"心"，并藉此来构筑他的"心学"大厦。他的"明心反本"，直接让儒学者走入了佛学的"明心见性"之路。明季腐儒崇尚心学，或作"无善无恶"的"良知"说，或作"事事无碍"的"率性"说，或作"无所不为""随类现身"的"方便"说。王船山、顾炎武等人直接将明亡之责，归咎为阳明心学。值得玩味的是朱熹力辟老佛之说，而在戴东原看来，朱熹的观点依然是脱离不了老庄佛学的影子，他批驳朱熹"老庄释氏尊其神为超乎阴阳气化"，而朱熹则是"尊理为超乎阴阳气化"，朱熹"以理为气之主宰，如彼以神为气之主宰也，以理能生气，如彼以神能生气也"。此谱的"三教无两家"与后文的"予知三教归一之理，皆性命学也""三教三乘之原，不出一太极。愿后学，以易理格致于身中，留于后世也可"等，显然已经没有了清初王船山、顾炎武辈的亡国之切肤，也没有戴东原此般尖利刻薄。这一点，显然也是在受了倭仁"佛老之学已经先儒辟斥，何必哓哓再辨""学以当务为急，那有工夫管此闲事"的思想影响。

对倭仁肃然起敬的曾国藩，更是从"格物""诚意"两处致功努力，以"身""心"处处，一句一行，切己体察，穷究其理。"吾心，物也，究其存心之理，又博究其省察涵养以存心之理，即格物也。吾身，物也，究其敬身之理，又博究其立齐坐尸以敬身之理，即格物也"，倭仁、曾国藩的这些立身切要功夫，对其时或此后京城士大夫阶层的影响力，无疑对太极拳从拳脚之能擢升为性命之学，起到了至关重要的作用。

18. "研究月余"能"精妙始得"吗

李亦畬《太极拳小序》，谈及母舅武禹襄的拳学渊源时说："太极拳不知始自何人。其精微巧妙，王宗岳论详且尽矣。后传至河南陈家沟陈姓，神而明者，代不数人。我郡南关杨某，爱而往学焉，专心致志，十有余年，备极精巧。旋里后，市诸同好。母舅武禹襄见而好之，常与比校，彼不肯轻以授人，仅得其大概。素闻豫省怀庆府赵堡镇，有陈姓名清平者，精于是技。逾年，母舅因公赴豫省，过而访焉。研究月余，而精妙始得，神乎技矣。"（图72）

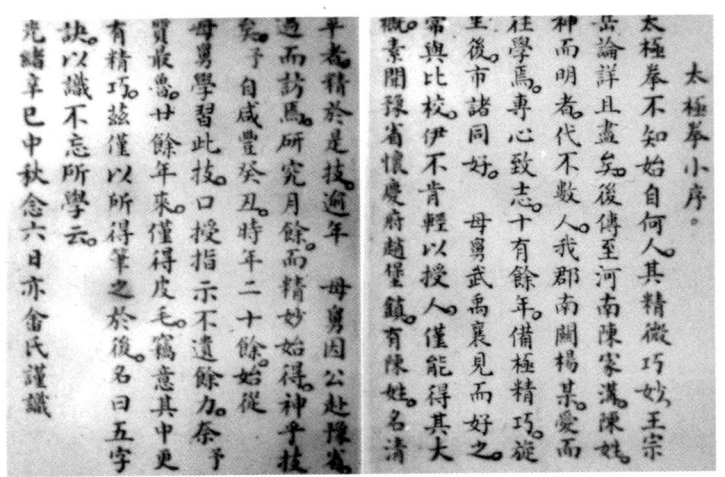

图72　老三本"郝和本"李亦畬《太极拳小序》

"研究月余，而精妙始得，神乎技矣"一节，此类见诸武侠小说的辞藻，从太极拳学实践而言，几乎不存在这种可能性。除非"母舅武禹襄见而好之"后，并非只是"常与比校"，而是虚心向学。"杨某"也并非"不肯轻以授人"，而是倾囊相授。武禹襄也非

"仅得其大概"，而是从学"杨某"后，打下了厚积薄发之前的坚实的基础。真正接触过传统太极拳（非体操舞蹈类型之太极运动）的人都明白，对太极拳还只是"仅能得其大概"的初学者而言，即便面对顶尖的太极拳名家，"过而访焉"，仅仅"研究月余"，恐怕也不过雾里看花。

据吴文翰先生考证，"清道光二十年（1840年），禹襄仲兄汝清得中庚子科进士、官刑部四川司员外郎。荐杨禄禅到北京教拳"，此节文字，能证明以下几点：第一，武禹襄弟兄三人从杨露禅学拳的时间，应该早于1840年。第二，武禹襄弟兄与杨露禅之间的关系维系得相当不错。

"逾年，母舅因公赴豫省，过而访焉"，武禹襄去造访陈清平的时间，据吴文翰先生考证为："咸丰二年（1852年）禹襄赴长兄澄清河南舞阳县任所，假道温县赵堡镇从陈清平学技月余，通其理法，后又于舞阳县得王宗岳拳谱，多有发悟，自成一家。"这段文字，我们也可以解读出以下信息：第一，武禹襄造访陈清平的时间是1852年。意思是这一年，武禹襄已经从杨露禅学拳12年以上了。

据《武澄清自订年谱》，武澄清于咸丰二年（1852年）得中咸丰壬子章鋆榜恩科进士，甲寅年（1854年）补舞阳知县。由此推论，武禹襄"赴长兄澄清河南舞阳县任所"的时间是在1854年，那么他从陈清平"学技月余"之前，他已经跟杨露禅学拳整整14年了。

拳谚云："太极十年不出门。"当年的武禹襄，显然不只是一个"仅能得其大概"初学者。而是已经过了"不出门"的关卡，到了能出门去验证拳技的时候了。练拳十数年以上的人，应该知道，前期的学拳相对比较枯燥，所谓"厚积而薄发"。前十年或许是渐悟式的学习过程。渐悟期间，或时进时退，或转辗反侧，自我感觉拳艺提高不快，这也符合常理。而十年之后，或偶得其他老师的一言一行，抑或只言片语的提醒，或许就能顿悟。但是，这一顿悟，必须是以十数年渐悟为丰厚的积淀。

其实，吴文翰先生也不相信李亦畬所谓"研究月余，而精妙始得，神乎技矣"的说辞。他虽然没有正面驳斥这种说法，而是婉转的改作"学技月余，通其理法"，而将武禹襄先生后来自成一家的拳技，归结为另一个十分重要的原因，那就是李亦畬先生于《太极拳谱·跋》所说的"此谱得于舞阳县盐店"的王宗岳《太极拳谱》。

李亦畬明明知道自己的母舅武禹襄在跟陈清平"研究月余"之前，已经跟杨露禅学拳14年了。按照而今的称谓，杨露禅理所当然是李亦畬的"太老师"了。虽然李亦畬身处"万般皆下品"等级严明的时代，"打拳头卖膏药"未必算是正当职业，而对于同样喜欢太极拳技，甚至将太极拳当作是"拳艺"来探究的李亦畬来说，他的《太极拳小序》里，不但没有对杨露禅尊以"太老师"的称谓，而只是以"我郡南关杨某"示人，而且行文之中，诸如"市诸同好""伊不肯轻以授人"云云，行文处处显见对"我郡南关杨某"的轻蔑之词。二水以为，李亦畬《太极拳小序》一文对杨露禅的评价，是有失公允的。

杨拳几代确实以教拳为业。倘若没有杨家几代人的"市诸同好"，说不定今天这个世界上，已经找不到太极拳的踪影了。诚如清末诗人杨季子诗云："谁料豫北陈家拳，却赖冀南杨家传"，此为中肯之论。

19. 三甬背、闪通背、扇通背

李亦畬"老三本""十三势架"里，有"三甬背"，疑系"通背"之误植。抄本中"通"字，稍作行草，就容易误读成"三甬"。两仪堂、文修堂本陈氏拳械谱中，有拗步闪通背、通背、拗打通背、闪通背、闪铜牌、搂膝闪同碑、闪同碑、回头闪通背等名目。杨式拳谱中，多为闪通背、扇通背、肩通背等。闪通背，或闪身通背的简称。而扇通背，则是肩通背之误植，肩、扇两字在手写体里也易混同。

肩、胯，是身躯三大节相互链接的关键。倘若将身躯譬喻为电源插座，手足就是四个插头。而两肩、两胯就是插头与插座是否接通的关键。肩背相通，其实就是肩与身躯的斗榫相接。黄百家"神佔通背最为高，斗门深锁转传英豪"中的"斗门深锁"，形象地解释了两肩锁骨对拉拔长后，与肩背所构成的"门闩"。

杨氏中架太极拳有定步肩通背、进步肩通背、回身肩通背三个式势组成，孙氏干脆将三甩背改作"三通背"。

20. 护肫，护的是什么部位

"老三本"身法八要有"护肫"一说，乡曲学究，故作解人：因"肫"有鸡肫、鸭肫之意，而人无肫，以鸡鸭肫在胸肋腹胃处，且以今人语境，训"护"为一招一式招架之能，故将"护肫"曲解为"护肋"或"护腹"。

护肫：护者，救视也，有监管、监护之意。肫：臀也。

《仪礼》按特牲馈食礼有九体："则肩一、臂二、臑三、肫四、胳五、正脊六、横脊七、长胁八、短胁九。此谓士礼也。若大夫礼，则十一体，加脡脊，代胁。"李如圭集释："肩、臂、臑、肫、胳、脊、胁为七体。"胁，《广雅》曰："膀胑胉胁也。"《说文》注："腋下之名，其骨谓之肋，牲体则谓之拍。"肋骨属于"胁"的范畴。由此可见，"肫"与"肋"系属不同部位。

《刘知远诸宫调》云："胯大肫高，决片牛唇口，粗能饮村酒。"可见肫，有臀之意也。

《说文》里，"肫"尚有脸颊两颧之意。

太极拳行拳走架，为何不护眼遮脸，而独独只需护肋或护腹焉？可见将"护肫"，训为"护肋"或"护腹"，实属牵强。

"老三本"身法八要中，其实分成四组："涵胸"与"拔背"为一组，"裹裆"与"护肫"也合为一组，"提顶"与"吊裆"为一组，"腾挪"与"闪战"为另一组。

涵胸、拔背，重在内动。

裹裆、护肫，在杨家三十二目老拳谱中，演进为"车轮二，命门一"的命门，徐哲东先生曾巧用"摄尻（kāo）"，概能意会"护肫"之意矣。

提顶、吊裆，在三十二目里演进为身形腰顶中"腰顶穷研"之腰顶。通过内动，胸腹贴腰背，让脊椎节节舒展，对拉拔长，用以训练腰顶功夫。腰顶穷研的研，首先得能让腰顶可以成为研磨之研杵，如此方能"在各式圆研相合之中，得其妙用矣"。腰顶的要领是"穷研"，身形的要领是顺着腰顶的穷研而"伸舒"。腰顶是由尾闾内敛、虚领顶劲之后所形成的"轴"，就像是研磨的杵，身形则是顺随着"轴"的研磨而形成的"圆"，只有身形舒展了，"圆"才得以舒展。

21. 中正，抑或正中

"老三本"之"十三势行工歌"有"尾闾正中神贯顶"句，武禹襄的"十三势行工心解"有"发劲须沉着松净，专主一方，立身须中正安舒，支撑八面"。"解曰"中又有"立身须中正不偏，能八面支撑"。而且几个抄本里，"中正"与"正中"互有误抄。

正中者，正，则不依；中，则无偏。

尾闾在劲力传导过程中起到的作用，相当于枪的瞄准器。倘若尾闾不能正中，身便散乱，身形便会有不得机势处，必至偏倚。武禹襄"解曰"中，将病灶直指"其病必于腰腿求之"，腰腿间的问题，关键就在于尾闾的正中与否。

尾闾的"正中",与"打手要言"中"立身中正安舒,支撑八面","解曰"中的"立身须中正不偏,能八面支撑"的"中正"概念不同,拳技要领也不一样。尾闾的正中,重在身躯之中,找寻"中"。而"立身中正安舒"的"中正",则重在护守身形虚拟的"中轴",在阴阳两极间,适得其位,适得其时。中正之中,重在身躯之外的把控。尾闾正中之"中",是立身中正之"中"的基础。

《三丰全集》卷四道言浅近说云:"大道从'中'字入门,所谓'中'字者,一在身中,一不在身中。功夫须两层做:第一寻身中之中,朱子云'守中制外',夫守中者,须要回光返照,注意规中,于脐下一寸三分处,不卽不离,此寻身中之中也。第二求不在身中之中,《中庸》云'喜怒哀乐之未发',此未发时,不闻不见,贼慎幽独,自然性定神清,神清气慧,到此方见本来面目,此求不在身中之中也。以在身中之中,求不在身中之中,然后人欲易净,天理复明,千古圣贤仙佛,皆以此为第一步功夫。"太极之"中",契合大道之"中",信矣。

而"中正"一词,典出《易经》。

"立身中正安舒,支撑八面""立身须中正不偏,能支撑八面"里的"中正"一词,已成为太极拳论的经典概念。也是后世杨式、吴式传习者,就太极拳身法问题争论最大的焦点。武术谚语云:"低头哈腰,传授不高。"立身不能中正,自然就无法支撑八面。而市井太极拳爱好者,将立身中正误解为身形要保持笔直,貌似僵尸,以致部分吴式太极拳爱好者,矫枉过正,否定立身中正的概念,从而刻意地追求曲中求直,进而将拳势演变为犇(jiàn)柱之式,如此则也失却了尾闾正中之要。两派之间,水火不容。

倘若要准确理解"中正"辞意,须得从《周易》中去寻找答案:

《周易》观卦,巽☴上,坤☷下。象曰:"大观在上,顺而巽,中正以观天下。"钱大昕说:"《象传》之言中者,三十三,《象传》之言中者,三十。其言中也,曰中正,曰时中……故尝谓六十四卦，三百八十四爻，一言以蔽之，曰中而已矣。"

《周易》革卦：离☲下，兑☱上。

六二为下卦离之中位。六居二位，适得其所的，也恰如其时。此爻系辞云："六二，已日乃革之，征吉无咎。象曰，已日革之，行有嘉也。阴柔中正，为离之主，得革物之全能者也。革必已日乃孚，而上应九五，是其嘉配。故征吉而无咎。"

第五爻，九五，是上卦兑之中位，该是有所为的时候，九居五位，也正得其位，恰如其时。此爻的系辞云："九五，大人虎变，未占有孚。象曰，大人虎变，其文炳也。以阳刚中正之大人，又得六二阴柔中正之应，以辅助之，故如虎之神变，炳乎有文，不待占而足以取信于天下也。"

信守阴阳两极，适得其位，适得其时，方能适得阳刚阴柔之美。太极拳的"中正"，也应在阴阳两极间，适得其位，适得其时。阳不能过，阴不能丢。丢，不及也，为病。过，犹不及，也为病。所以，太极拳对身形的要求是：中轴在平整移动过程中，前为阳极，后为阴极。两极即为维系重心的际沿。为了维系重心的稳定，中轴向前到了涌泉，就是九五之位。倘若再一味向前，第六爻就应该峰回路转。所谓有前必有后。如意欲向前，须寓后意。倘若再一意孤行，依然是九，那就是"上九"。乾卦上九爻云："亢龙有悔。象曰：盈不可久也。"此谓过犹不及。倘若一味地丢逃，谓之不及。坤卦初六云："初六，履霜，坚冰至。"此时，就得小心翼翼，所谓有后必有前。意欲退后，须寓前意。倘若一味后缩，就丢就扁了。

《孔子家语》载，孔夫子在周庙见到了一种叫"敧（jī）"的器皿，叫子路拿水往器皿里注。果然，水灌满后，器皿就翻了。灌到正好，就中正。没灌水时，却是歪斜的。满则覆，中则正，虚则敧。"敧"为"宥（yòu）坐之器"（能做座右铭的器皿），以戒满戒虚，允执厥中。太极拳遵循朴素的阴阳理论，而形成其特有的身法要领与战略战术，历代的太极拳传习者，还将其进阶成一种历史使命感，在他们心中，太极拳这"敔"器，被赋予了"人心惟危，道心惟微，惟精惟一，允执厥中"的神圣使命。

22. 有气者无力，无气者能纯刚吗

"老三本"中武禹襄"打手要言"后第二则"解曰"，有"尚气者无力，养气者纯刚"，而之后的"又曰"中，则变成了"有气者无力，无气者能纯刚"。杨家的几代拳学者，在传抄该拳谱时，将"打手要言"（即启轩本的"十三势行工歌解"）"解曰""又曰"等文辞改写作"十三势行工心解"。所以"十三势行工心解"中的"有气者无力，无气者纯刚"句，一直以来像是绕口令，困扰着数代拳学者。那么，有气者，就无力？无气者，能纯刚吗？

尚气：尚，矜夸，自负之意。《礼记·表记》云："君子不自大其事，不自尚其功。"尚气，执着于气，以此自曝、自夸、自负者也。养气：典出《孟子·公孙丑上》："其为气也，至大至刚，以直养而无害，则塞于天地之间。"直养者，顺养也，不将不迎，勿助勿忘者也。

尚气与养气，是对待"气"截然不同的两种态度。孟子用"揠苗助长"的寓言，来进一步阐述由这两种态度所产生的截然不同的后果，进而提出他养气的宗旨："心勿忘，勿助长。"孟子以"人性之善也，犹水之就下也，人无有不善，水无有不下"，构建了儒学"性本善"为核心的"超我"人格结构。在从善若流的"超我"人格作用下，"其为气也，至大至刚，以直养而无害，则塞于天地之间。其为气也，配义与道……是集义所生者，非义袭而取之也"。"浩然之气"，由此构建了儒家的"自我"人格结构的重要元素。"夫志，气之帅也。气，体之充也。夫志至焉，气次焉。故曰：持其志，无暴其气"。这强调的便是"自我"与"超我"之间的关系。"持其志"，以顺养其气。而尚气，则矜夸而暴其气也。

　　饱读四书的武禹襄，用孟子的"浩然之气"来为太极拳做注解。他在强调了尚气与养气两种不同的"养气"态度后，照理不可能再出现"又曰"中的"有气者无力，无气者能纯刚"这类令人费解的辞句。或许一种可能就是："有"，系"尚"之误植，"无"，系"养"之误植。

　　两节"又曰"，从文字内容看来，像是武禹襄解读王宗岳太极拳论的未定稿，而"解曰"则是最终的定稿。一方面，"又曰"中内容，已经全部纳入"解曰"中。其次，第一则的"又曰"中"有气者无力，无气者纯刚"，"有气""无气"在字义上容易误解，作为拳学理论而言，不够严密。"解曰"中，已将此确定为"尚气者无力，养气者纯刚"。尚气与养气，作为对待"气"的两种截然不同的态度，其立论符合孟子的"吾善养吾浩然之气"的理论，又与"解曰"中"气以直养而无害"相呼应。

　　将两则"又曰"窜入此抄本，或系李亦畬在手抄母舅稿本时，未加细辨之故。将"尚气"作"有气"，将"养气"作"无气"，抑或抄写时的笔误。行书文本中，"尚"与"有"字形相近。繁体"養"与"無"，在行草中亦易误辨。

23. 牵动还是动牵

　　《打手歌》有"牵动四两拨千斤"句，武禹襄"又曰"中，有"动牵往来气贴背"句。诸抄本，"动牵"与"牵动"又时或混用。粗略阅过，老拳谱的真意，便在不经意中流失。

　　"牵动四两拨千斤"句，牵：原文作搴。搴，牵的异体字。此处的"牵动"与"又曰"中的"动牵往来气贴背"的"动牵"，含义不同。

　　"牵动四两拨千斤"句中，"牵动"两字合并作"牵"字解。杨澄甫老师曾说，四两是绳子，千斤是牛。牵牛的绳子，"牵"在哪里？脚上？还是角上？还是鼻孔？这是关键。怎么"牵"？是顺其态势？还是生拉硬扯？一个"牵"字，讲透了"顺人之势，借人之力"理。

"动牵往来气贴背"句，动与牵，各有其义。一牵一动，重在节节对拉拔长。动：主动。牵：被动。牵：引前也。从牛，象引牛之縻也。"行气如九曲珠"里，"九曲珠"一喻，前涂蜜以诱，后烟熏以逼。一则主动，一则被动。形象地阐述了"动牵往来"之理。吸气时，肩胯里根往内抽劲，胸腹紧贴腰背。如一半竹片，一半牛皮制成的"橐籥（tuó yuè）"，呼气时，自然复原。动牵往来，神息气运，如是方能无微不到，气遍身躯不稍痴也。倘能从"行气如九曲珠"与人身一"橐籥"来研探拳学奥秘，以此来进一步探究李亦畬《五字诀》中"呼吸通灵，周身罔间"的秘密，便能直指杨家秘不授人的"吸提呼放"的法则。在此基础上，方能参透三十二目老拳论"太极阴阳颠倒解"中的"降龙伏虎"的丹道过程。

一吸一呼，一卷一放，一蓄一发，一合一开，一入一出，随着命门所处位置的上下向、左右向的一张一弛，完成了对于"心火""肾水"的一降一伏。"天地之间，其犹橐籥乎？虚而不屈，动而俞出"，人身的小天地，所谓的橐籥，所谓的鼎炉，所谓的火候，所谓的刀圭金丹，无非就是通过调息，锻炼与神往来的"魂"，与并精出入的"魄"。

24. 物将掀起的"物"为何物

武禹襄第三则"又曰"后，"武禹襄氏并识"前，"若物将掀起，而加以挫之之力，斯其根自断，乃坏之速而无疑"句，一"掀"一"挫"，历来被各派太极拳学者，奉作太极拳拳技实作的圭臬（图73）。而杨家早期的学者，在传抄此拳论中，因无法理解"物将掀起"之"物"将如何掀起，于是在传抄过程中，擅自改作了“将物掀起”。姜容樵所谓的“乾隆抄本”，更无法理解“物将掀起”与“将物掀起”中的“物”，究竟为何物，从后文“斯其根自断”的“根”找到了答案，于是直接改作“譬之将植物掀起”。姜容樵的“乾隆抄本”，把太极拳爱好者当作是倒拔杨柳的鲁智深来训练了。

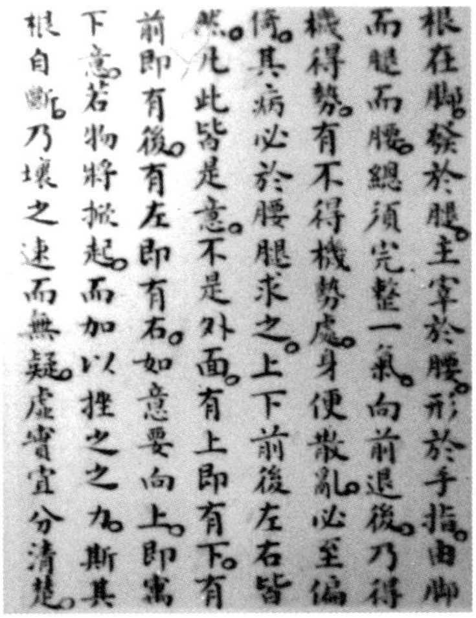
根在腳發於腿主宰於腰形於手指由腳而腿而腰總須完整一氣向前退後乃得機得勢有不得機勢處身便散亂必至偏倚其病必於腰腿求之上下前後左右皆然凡此皆是意不是外面有上即有下有前即有後有左即有右如意要向上即寓下意若物將掀起而加以挫之之力斯其根自斷乃壞之速而無疑虛實宜分清楚

图73 老三本“郝和本”武禹襄“又曰”

“物将掀起”的“物”，在传统文化语境里，与“我”相对。凡生天地间，除“我”之外，皆称“物”。《庄子·外篇》载皇帝问道广成子，广成子答曰：“至道之精，窈窈冥冥；至道之极，昏昏默默……慎守女身，物将自壮。我守其一以处其和。故我修身千二百岁矣。”

“物将掀起”之“物”，与“解曰”中“物来顺应”之“物”，一一皆同庄子“物将自壮”之“物”。古人语境，不同于今人之主谓宾语法。“物将掀起”的“物”，泛指与“我”相对的一切人事、物事，未必仅指今人概念中“物体”之“物”。倘若将“物将掀起”，改作今人语境下的“将物掀起”，则深义随之缺失。而“将物掀起”的“物”，显然只是局限于今人语境下的“物体”，文辞虽合乎今人口吻，却缺失更多深层的含义。

杨本改“物将掀起”为“将物掀起”后，在拳艺上的理解，也更接近今人的语境。家师慰苍先生曾作《杨氏太极拳学者修改太极拳经典著作的例证》一文时说：“从文言文法上讲，这一段中‘如意要向上，即寓下意’句，是承应上句‘有上即有下’，而做了一般文字上的说明，然后接下来再举‘若将物掀起，而加以挫之之意，斯其根自断，乃坏之速而无疑’，这个日常生活中既简单又具体的例子来作为补充说明的……以我们低水平的理解，这一段讲的正是《打手歌》最后一句‘粘黏连随不丢顶’中的第一个字‘粘’字。

根据杨氏老拳谱'粘黏连随'节中，对'粘'字的解释是'粘者，提上拔高之谓也'，则可以知道，'粘'是向上向高处的引进，也就是李亦畬《撒放密诀》中'擎起彼身借彼力'的'擎'字。"

杨本在改将"物将掀起"为"将物掀起"后，为了能进一步表述"轻灵"之要，于是又将下文中的"挫之之力"，也改作了"挫之之意"。家师慰苍先生在上文后进一步阐述说："可得注意，李氏已将'擎'字说得清清楚楚，是要借用对方的反作用力的。为了防止对'擎'的误解，李氏在后面的小注中又特为注了'中有灵字'，说明了在使用'擎'字时要轻灵，决不是凭着力气大来蛮干一下，就算是符合了的。"

在二水看来，杨家早期拳学者，在传抄武禹襄赠予杨家的拳谱时的这些"错讹"，正像是一面镜子，能照见后世传抄诸谱的真实面目来。

25. 物来顺应的背后

误解"物将掀起"者，或许就更加难以理解武禹襄"解曰"中"气以直养而无害，劲以曲蓄而有余。渐至物来顺应，是亦知止能得矣"的意思了。（图74）

"气以直养而无害"，典出《孟子·公孙丑上》："其为气也，至大至刚，以直养而无害，则塞于天地之间。""劲以曲蓄而有余"的"曲"，训《易经·系辞上》中"范天地之化而不过，曲成万物而不遗"之"曲"。

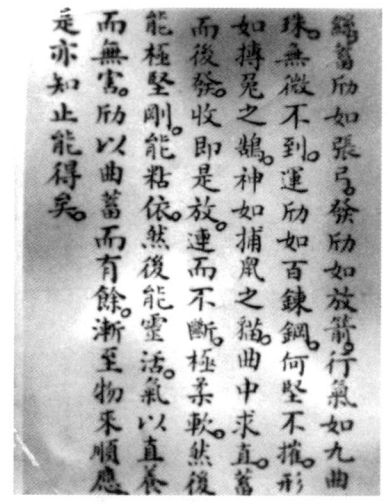

图74　老三本"郝和本"
武禹襄"解曰"

"知止能得"，语出《大学》"知止然后有定，定而后能静，静而后能安，安而后能虑，虑而后能得"句，朱熹集注曰："止者，所当止之地，即至善之所在也。知之，则志有定向。"《道德经》第四十四章云："名与身孰亲？身与货孰多？得与亡孰病？甚爱必大费，多藏必厚亡。故知足不辱，知止不殆，可以长久。""知止"大义，无论儒道，皆契合易理。

"物来顺应"，语出《二程集》明道先生《答横渠张子厚先生书》："天地之常，以其心普万物而无心，圣人之常，以其情顺万物而无情。故君子之学，莫若廓然而大公，物来而顺应。"

张横渠先生困惑于"定性未能不动，犹累于外物"，明道先生则以动静之理来释"定"字："所谓定者，动亦定，静亦定。无将迎，无内外。"《中庸》云："喜怒哀乐未发谓之中，发而皆中节，谓之和。"中为静中之定，和乃动中之定。性无内外，所以不为外物所牵，也不为外物所诱。定性在动静之中，不将不迎，物我二忘。朱熹直截了当就说：明道先生的定性，实则"此性字，是个心字义"。

明道先生的定性论，历来被后世理学奉作旨圭，且被视作个人修为"工夫醇熟"后的一种境界，是历代理学家崇高的精神境界。而就武禹襄先生而论，于动静之中求"定"，于动静之中求"中"求"和"，是几乎天天能够在自己的行拳走架或与拳友的推手切磋中身体力行的，几十年来，他发现自己天天都在践行着"圣人之常""君子之学"。

直白地翻译武禹襄"解曰"这节文字：

太极拳主张"养气"，而非"尚气"。"尚气则无力，养气则纯刚"。养气时，须得顺养，不能刻意，"心勿忘，勿助长"。否则就会"揠苗助长"。而蓄劲训练，则需要经过长期的、周全的、尽心尽力的努力，方能日积月累。通过每天的行拳走架或推手切磋，渐渐地能够做到明道先生所要求的，在动静之中，找到自己的定性，不为外物所牵，也不为外物所诱。于动静之中，不将不迎，物我二忘。《大学》云："知止然后有定，定而后能静，静而后能安，安而后能虑，虑而后能得。"我虽然没有考上功名，未能齐家治国平天下，但我能通过太极拳学，修身养性，对于"圣人之常""君子之学"，不也是"知止能得"吗？

倘若说"如意要向上，即寓下意，若物将掀起，而加以挫之之力，斯其根自断，乃坏之速而无疑"一节，是在阐述人们通过太极拳拳架与推手训练，来达到人对于外界人事物事的顺应机势、顺势而为的能力。那么，此节"渐至物来顺应"的这种训练手段，是圣人之常、君子之学的重要课程了。

从武禹襄"渐至物来顺应"之"物"，到《太极功源流支派论》"授秘歌"中"应物自然"之"物"，倘若能跳出"拳技"层面，阶及《黄帝内经》"所以任物者谓之心，心有所忆谓之意，意之所存谓之志，因志而存变谓之思，因思而远慕谓之虑，因虑而处物谓之智"所涉及心之"任物""处物"的层面。站在这一层面上，或许更能触摸三十二目老拳论"夫如人之身心，致知格物于天地之知能，则可言人之良知良能"之"物"，究竟为何物了。

"授秘歌"，以"全身透空"为太极之体，以"应物自然"为太极之用，也多从"天人同体之理"来谈论体用。从儒学的"格物致知"开始，"人之身心，致知格物于天地之知能"，人的心理能量，作用于身心，由"任物"到"处物"乃至"应物"，是一个逐渐完善，逐渐修身养性，逐渐递进至性命践行的过程。曾国藩曾云："物者何？即所谓本末之物也。身、心、意、知、家、国、天下，皆物也。天地万物，皆物也。日用常行之事，皆物也。"太极拳的"应物自然"的至高境界，不是一蹴而就的，一定是在不断的拳架、推手训练过程中，由任到忆，由忆到存，因志而存变，因思而远慕，由审识处物以臻随感而应，应物无方。这一过程中，"心"这款软件的升级，又必须是在"身"的不断修炼中得以完成。如此，"人之身心""则可言人之良知良能"了。这便是太极拳这一门"性命践行哲学"的根本意义之所在。

所以，只有读懂"渐至物来顺应，是亦知止能得矣"句，方能进入武禹襄这位传统知识分子最为脆弱的内心世界，以及他修身养性、反求诸己的情怀。武姓昆仲三人，老二武汝清，1840年就考上了进士，老大武澄清最终比弟弟晚了整整12年，于1852年也考上了进士。而唯独老三武河清，即此节文字的作者武禹襄，他醉心于太极拳，考了二十来年，依然只是一个小秀才，没有功名。但他熟稔四书五经，他内心深处依然有着齐家治国平天下的家国情怀。所以他醉心于太极拳的点滴体悟，不由自主地与"圣人之常，君子之学"联系起来，这也为后来由此发展起来的杨氏三十二目老拳论奠定了理论基础。

三十二目老拳论，从"八门五步"开篇，以拳技入手，循循善诱，沿用戴东原的知觉运动之说，运极而动，动知运觉，先自知，后知人，尺寸分毫，由尺及寸，由寸及分及毫，允文允武、允圣允神，乃臻神明。同时，又沿用命门学说，阴阳颠倒，自身采战，性命双修，水火既济，再以允文允武的标准，从文武三乘的练法，让拳学者信守"人心惟危，道心惟微，惟精惟一，允执厥中"的儒学道统。从而，通过修炼人身一太极，而观照宇宙万物，天人合一。五个层面的理论基础，层层递进，环环相扣，最后，借张三丰之言，宣三教合一之理，以"张三丰承留""口授张三丰老师之言""张三丰以武事得道论"等，传达了修炼太极拳的终极目的：以假修真，以武事入道。"能如是，表里精粗无不到，豁然贯通，希贤希圣之功，自臻于曰睿曰智，乃圣乃神。所谓尽性立命，穷神达化在兹矣。然天道人道一诚而已矣！"太极拳俨然是尽性立命的圣人之学了。

一种武术形式，一旦被赋予了"太极"之名，它就不仅仅是一项体育运动，更不能只作为逞一拳一脚之能的武术来界定它。它不同于魏晋玄学的清淡，也区别于佛教的公案清修或棒喝禅悟。太极拳以天人同体之理，得日月流行之气，从一气流行的拳架训练，到四手对待的推手训练，不偏不倚，不将不迎，知觉运动，尺寸分毫，要旨在于一举一动中，去把握世事万物将发而未发、预动而未动的端倪，去观照和感触阴阳消长的机，进而"允执厥中"，在流行对待之中，当行而行，当止而止，内外交养，在放卷得其"时中"。从体育之学入手，进阶为修身之道，进而渐入性命之功。太极拳是一门调控身心的学问，是一门反求诸己的学问，是一门性命践行的哲学。

卷六

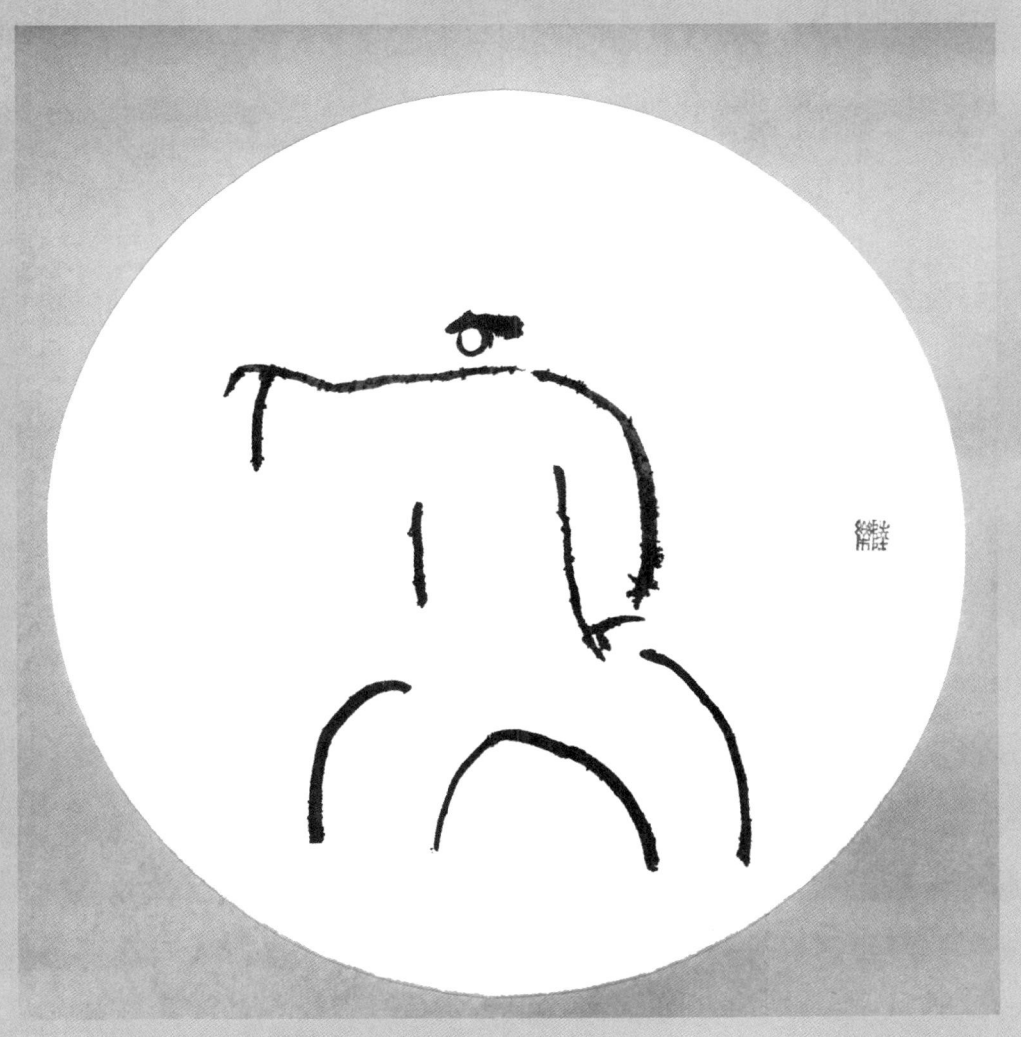

1. 程灵洗：徽州的守护神

《太极功源流支派论》溯及太极功之源流，历史最为悠久的或许就是程灵洗、韩拱月师徒了："程灵洗，字玄涤，江南徽州府休宁人，授业于韩拱月，太极之功成大用矣。侯景之乱，惟歙州保全，皆灵洗力也。梁元帝授以本郡太守，卒谥忠壮。"

程灵洗（514—568年），字玄涤。新安海宁人（今黄山市屯溪区篁墩村）。《陈书》有传称："少以勇力闻，步行日二百馀里，便骑善游。"梁时，拒侯景乱，朝廷深嘉其忠，授谯州刺史。入陈，官兰陵太守，以讨伐战功拜都督、郢州刺史，封重安县公。"灵洗性严急，御下甚苛刻"，号令分明，与士卒同甘苦。"性好播植，躬勤耕稼""虽老农不能及。"光大二年卒，谥忠壮，赠镇西将军，开府仪同三司，配享高祖庙庭。

作为徽州历史上第一位载入史册的人，程灵洗，在他死后，皇帝赐谥号"忠壮"，还封赐其为"镇西将军"。之后历代皇朝多有赐封，且还享高祖庙庭。乡人族人也纷纷结社，或露天筑坛，或建祠构庙。于是乎，程灵洗就开始由凡胎肉体，随着时间的推演和民心的神往，逐渐被演进为一尊守护徽州的神祉。程元谭，三国时的新安太守，也因为他的第十四世裔孙程灵洗成了神灵之后，也被朝廷追封为"忠祐公"。由此，被日后的新安程氏奉为肇始祖先。于是乎，徽州各地的"忠祠庙"如雨后春笋。程灵洗一生，据说生育22个儿子。各地程姓后人，也多有自称是程灵洗的后人。譬如，生活在河南的著名理学家程颢、程颐，他们也自称是忠壮公后裔。

程灵洗，一尊守护徽州的神祉，徽州各地的"忠祠庙"，自然成了后人重大祭祀场所：向忠壮公求雨至灵者，有之；祈忠壮公驱蝗佑民者，有之；请忠壮公呼风唤雨者，有之……有需则求，有求必应，有应辄屡有灵验。这一习俗一直延续至中华人民共和国成立之后。譬如20世纪60年代初，三年自然灾害后，有幸存活者，喜迎1962年的粮食大丰收，绩溪仁里村的村民认为，此系忠壮公的护佑之功。于是村民们省吃俭用，将省下来的余量换了钱物，用以重塑忠壮公像，并开光游行，场面宏大非凡。

2017年，二水在朱瑞辉等拳友的导游下，赴篁墩寻访程灵洗，在程灵洗祠堂旧址附近，拜访程灵洗后人程文俊老先生。在程老先生家中，二水查阅了由他收藏的抄本《新安篁墩古迹总图》和《程氏人物志》。并按图索骥，寻访了由程氏后人于2013年整修的程灵洗墓地。仅以此表达对这位徽州千年守护神的敬意。

2. 程珌和他的"落水"集

吴图南所称的《太极功源流支派论》"清初本"，记载程珌（bì）与他的小九天："至程珌，为绍兴中进士，授昌化主薄，累官权吏部尚书，拜翰林学士，立朝刚正，风裁凛然，进封新安郡侯，以端明殿学士至仕，卒。珌居家，常平粜以济人，凡有利于众者，必尽心焉，所著有《落水集》。珌将太极功拳名，立一名为小九天，盖珌之遗名小九天。书韩传者，不敢忘先师之所传也。"

此节文字，各抄本都大同小异，也都均有错讹。譬如"绍兴中进士"，吴图南"清初本"、梅墨生抄本、许禹生抄本、王新午抄本都出奇相同。其实，"绍兴"，系"绍熙"之误植。程珌（1164—1242年），绍熙四年（1193年）进士。绍熙（1190—1194年）是南宋光宗赵惇唯一的年号。另如吴图南"清初本"、梅墨生抄本皆作"授昌化主薄"。"主薄"，显然是"主簿"的误植。唐宋时，皆以"主簿"为初事之官，主管户籍、文书、印鉴等。史上未见有"主薄"职称。更有意思的是，吴图南"清初本"、梅墨生抄本皆将程珌存世著作唤作《落水集》，许禹生、王新午抄本，则改为《洛水集》。

程珌，字怀古，休宁人（今黄山市休宁县汊口）。绍熙四年进士。授昌化主簿，调建康府教授，改知富阳县，迁主管官告院。历宗正寺主簿、枢密院编修官，权右司郎官、秘书监丞，江东转运判官。淳祐二年以端明殿学士致仕，寻卒，年七十九。程珌因世系河北洺水，自号洺水遗民。洺水，即今洺河，古亦称寝水、千步水、南易水等。所以，所谓的《落水集》《洛水集》，其实皆系《洺水集》之误植。《四库全书》收录《洺水集》三十卷。《四库总目提要》称，珌诗词皆不甚擅场："珌文宗欧、苏，其所作词，亦出入于苏、辛二家之间。中多寿人及自寿之作，颇嫌寡味。至《满庭芳》第二阕之萧、歌通叶，《减字木兰花》后阕之好、坐同韵，皆系乡音，尤不可为训也"云。可见对其文辞评价不高。

吴图南弟子马有清称，程珌的"小九天法"，"在宋版《洺水集》中尚存"云。二水以为，此纯属无稽之谈。存世的《洺水集》，系崇祯己巳年（1629年）由其裔孙至远，取旧本重订。他在序言中说，原先集本六十卷，绍熙开始刻板，只刻了三十卷，不幸在万历戊申年（1608年），山水暴涨，刻板漂失。所以只好取旧本重订，所刻为三十卷云（图75）。意思是说，《洺水集》的宋熙版，虽然刻了三十卷，但尚无刊印，刻板就付之水流。那么哪里来的宋版《洺水集》之说？即便是"原先集本六十卷"里有"小九天法"，万历戊申年的这场山洪，《洺水集》里的大半，由此真的成了"落水集"了。世人连当年的刻板尚不可得窥，刻板中是否刻录"小九天法"，更无从稽考焉。马有清所谓的"宋版《洺水集》"，证据来源于他所称的"《洺水集》"，见

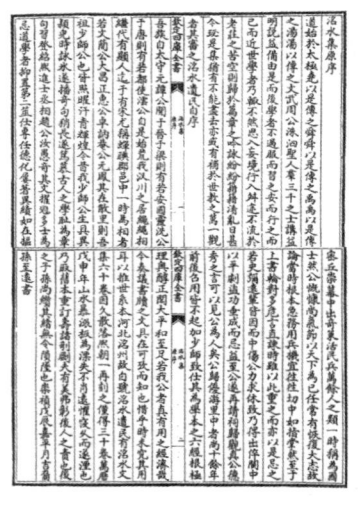

图75　四库全书本《洺水集》序

宋《百家传存》第九"。其实稍懂古籍知识的人都知道，根本不存在宋版《百家传存》一书。清朝康乾年间嘉兴魏塘人曹庭栋，曾经编纂过宋代诗歌百家总集叫《宋百家诗存》，卷十八收录有《洺水集》。马有清先生是真不知道"清《宋百家诗存》"呢？还是有意将"清《宋百家诗存》"混淆成"宋《百家传存》"呢？

唐末，程灵洗的后人程沄，带领其弟程湘、儿子程南节等，招募乡勇，从篁墩迁徙至汉口，筑寨死守，抵御黄巢兵侵。后被封为都知兵马使、东密岩将兼马金岭防拓事等职。从此程氏在汉口一脉，蔓延生息，人丁兴旺。程珌，便是程氏汉口一脉的佼佼者。历史上的程氏汉口一脉，确实涌现了几位杰出的武术大家。譬如出使金国的武状元程若川，编著《少林棍法阐宗》《单刀法选》《长枪法选》《蹶张心法》的程冲斗等。从程珌的这些以武艺见长的后裔著作里，也独独未见"小九天"的传承。（图76）

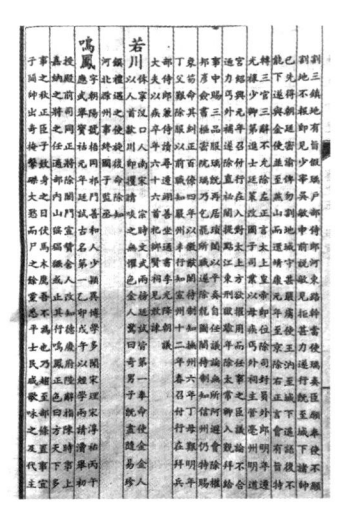

图76　《程氏人物志》之程若川传

此节文字，尚有费解处："珌将太极功拳名，立一名为小九天，盖珌之遗名小九天。书韩传者，不敢忘先师之所传也。"遗名，指乡俗为孩子所取贱名或绰号。曹植《七启》云："予闻君子不遯（dùn）俗而遗名。"古时谦谦君子，亦尚遗名，这很正常。但作为谦谦君子的程珌，竟然将六百多年前先祖程灵洗从其师韩拱月身上学来的太极功，改用自己的小名或绰号"小九天"来命名，并且说这"小九天"就是韩拱月所传授。譬如二水将所练的太极拳，改称为"二水拳"，并且说这"二水拳"就是由杨露禅所传授，以此来表达"不敢忘先师之所传也"。二水以为这样的表达方式，颇为吊诡，绝非谦谦君子如程珌之所为。

《四库总目提要》称程珌诗词"皆不甚擅场""多寿人及自寿之

作"，颇为允当。读其寿李尚书的《水龙吟》一阙，虽有些许仙家气息："道家弱水蓬莱，鲸波万里谁知得。人间自有，南昌居士，仙风道骨。诗似白星，貌如聃（dān）老，风尘挺出。向谪仙家里，滕王阁畔，飘玉佩、下丹阙。黄发四朝元老，又谁知、重生绿发。手提一笔，活人多少，三千功积。已冠文昌，人人瞻望，玉枢躔逼。对新凉、酒颊微红，宛是一星南极。"一个六品的小官，向当朝的尚书献媚之作，堪称是阿谀奉承之经典。

3. 许宣平与李白的仙缘

《太极功源流支派论》中载宋远桥绪记："所谓学者不失其本也。自予而上溯，始得太极之功者，受业于唐于欢之，许宣平也，至予十四代也。有断者，有续者耳。许先师，系江南徽州府歙县人。隐城阳山，即本府城南紫阳。结籚（yán）南阳，避谷。身长七尺六，髯长至脐，发长至足，行及奔马。每负薪卖于市。独曰：负薪朝出卖，日夕沽酒归。借问家何处，穿云入翠微。李白访之不遇，题诗望山桥而返。所传太极功，拳名三十七，因三十七式也。"

各抄本"于欢之"，或作"于欢子"或"于欢"，梅墨生以《道德经》"常无欲以观其妙，常有欲以观其徼"句，释作"于观子"。王新午本谈及许宣平拳功传承时称"其所传之太极拳功，系受业于于欢子"。称"于欢子"另有其人。二水以为，不管是于欢、于欢之、于欢子，抑或于观子，从可稽查的与许宣平相关的古籍中，都找不到与许宣平之间的关联性。

许宣平，唐代著名道学仙尊，歙县人。因李白慕仙而名。《全唐诗》收录其诗作三首：《负薪行》《庵壁题诗》《见李白诗又吟》。《续仙传》《历世真仙体道通鉴》《唐诗纪事》《太平广记》《月旦堂仙佛奇踪》等都有其传。之后多地道观，或流传许宣平仙尊仙迹。2015年，二水于楼观台听老子讲德，赴青羊宫听老子讲道，无意之间，在青羊宫壁画里，邂逅了仙尊许宣平赠予许明恕家婢仙桃事。（图77）

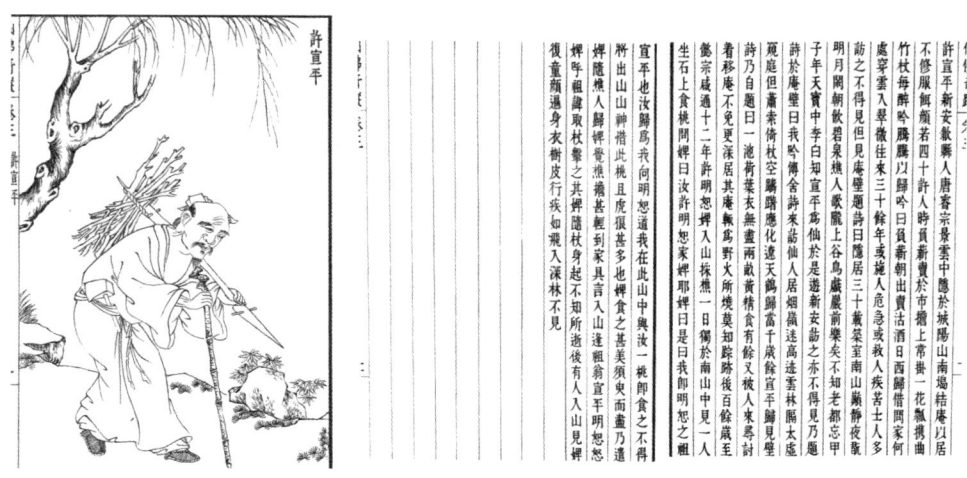

图77　《月旦堂仙佛奇踪》之许宣平传

仙尊之仙迹于《续仙传》所录最为详尽：

许宣平，新安歙县人也。睿宗景云年（710—712年）中，隐于城阳山南坞，结庵以居，不知其服饵，但见不食，颜若四十许人，轻健行疾奔马。时或负薪以卖，薪担常挂一花瓢及曲竹杖，每醉行腾腾以归，吟曰："负薪朝出卖，沽酒日西归，路人莫问我，穿云入翠微。"

迩来三十余年，或施人危急，或救人疾苦。城市之人多访之，不见，但览庵壁题诗云："隐居三十载，筑室南山巅。静夜翫（wán）明月，闲朝饮碧泉。樵人歌垄上，谷鸟戏岩前。乐以不知老，都忘甲子年。"

好事者多诵其诗，有抵长安者，于驿路洛阳同华间传舍，是处题之。天宝（742—756年）中，李白自翰林出，东游经传舍，览诗吟之，叹曰："此仙人诗也。"诘之于人，得宣平之实。白于是游及新安，涉溪登山，累访之不得，乃题诗于庵壁曰："我吟传舍诗，来访仙人居。烟岭迷高迹，云林隔太虚。窥庭但萧索，倚仗空踟蹰。应化辽天鹤，归当千载余。"宣平归庵，见壁诗，又吟曰："一池荷叶衣无尽，两亩黄精食有余。又被人来寻讨着，移庵不免更深居。"其庵后被野火烧之，莫知宣平踪迹。

后百余载，至咸通十二年，郡人许明恕家有婢，常逐伴入山采樵，一日独于南山中，见一人坐于石上，方食桃甚大，问婢曰："汝许明恕家人也？"婢曰："是。"其人曰："我即明恕之祖宣平也。"婢言曰："常闻家内说，祖翁得仙多年，无由寻访。"宣平谓婢曰："汝归为我向明恕道，我在此山中。与汝一桃食之，不得将出，山内虎狼甚多，山神惜此桃。"婢乃食之，甚美，顷之而尽。遣婢随樵人归家言之。婢归觉担樵轻健，到家俱言："入山逢祖宣平。"其明恕嗔婢将上祖之名牵呼，取杖打之。其婢随杖身起，不知所之。

李白自从在洛阳传舍拜读了仙尊的《庵壁题诗》诗，诗里的这份仙道气质深深打动了谪仙。诚如宗玄先生吴筠《步虚词》所云："寥寥大漠上，所遇皆清真。澄莹含元和，气同自相亲。"万物的本原真性，剥离其寥寥氤氲，呈现出来的便是炯炯化机。当人、我、天地一旦具备了相同的本性，就像是阴阳二气相感相应，在寥寥的修真大漠上，所遇皆为清真。天地于我，就有了独得宠幸之感。人我之间，也自然就有了"气同自相亲"的仙道奇缘了。

虽然，李白访仙未遇，却从唐朝开始，徽州人就在歙县的城阳山下构建了醉白楼。诚如醉白楼的题诗所述："凭楼听江流天籁，风晨月夕吊诗仙。"勤劳、古朴、尚武的徽州人，或许对能"桃食成仙"的许宣平未必热衷，也未必痴迷许宣平的仙道传奇。但他们构楼所凭吊的正是诗仙李白身上所散发的迷人的浪漫气度。三十二目老拳论"张三丰承留"中载"授之至予来，字著宣平许"，可见因为诗仙李太白喜欢许宣平诗歌里的神仙气质，晚清太极拳界便以张三丰仙尊的口吻，将太极拳追本溯源到了许宣平仙尊。这其实只是一份文化认同和文化溯源。就像是"张三丰承留"同时还将太极拳溯源至尧舜、姜太公、孔孟一样，与后世太极拳的传承源流无关。至于《太极功源流支派论》所载三十七式太极拳，究竟是传自许宣平，抑或是许明恕家婢，恐怕更加不是徽州世代老百姓所关注的问题了，吃一颗仙桃，就能传承，这也不应该成为当今太极拳界所关心的问题了。

另外，李白自荐文本《与韩荆州书》"虽长不满七尺，而心雄万夫"句中，谈及了他自己身高。日本正仓院藏有唐尺26支，最长一尺，相当于31.7厘米，最短一尺，相当于29.4厘米。2004年，从铜陵发掘的唐墓葬中的铜尺，长29.8厘米。"眸子炯然，哆如饿虎"的李白，他的身上应该有突厥血统，他的身高"虽长不满七尺"，以一尺合29.4厘米计，或合31.7厘米计，李白大凡在205.8~221.9厘米。由此也可证"身长七尺六"的仙尊许宣平绝非俗胎了。

4. 李道子、夫子李与麸子李

《太极功源流支派论》论及"俞家先天拳源流"，天马行空，信马由缰，时空倒错，精彩纷呈。如白云随意飘荡，弥漫着浓郁的道学气息：

> 俞家，江南宁国府泾县人。太极功，名先天拳，亦名长拳。得唐李道子所传。道子，系江南安庆人，至宋时，与之游，酬酢（zuò）莫逆。至明时，李道子尝居武当山南岩宫，不火食，第啖麦麸数合，故名之曰夫子李也。见人不及他语，惟云大造化三字。

> 既云唐人，何以知之至明时之夫子李，即是李道子先师焉？缘予上祖游江南泾县俞家，方知先天拳亦如予之三十七式，太极之别名也。而又知俞家是唐时李道子所传也。俞家代代相承之功，每岁往拜，李道子庐至宋时尚在也，越代不知所往也。

至明时，予同俞莲舟游湖广襄阳府均州武当山，夫子李见之叫曰："徒再孙焉往？"莲舟抬头一看，斯人面垢正厚，发髭（zī）不知如何参地味臭。莲舟怒曰："尔言之太过也。吾观汝一掌必死，尔去罢。"夫子李云："重再孙，我看看你这手。"莲舟上前，连掤带捶，未依身，则起高十丈许，落下，未坏拆筋骨。莲舟曰："你总用过功夫，不然能扔我者鲜矣。"夫子李曰："你与俞清慧、俞一诚认识否？"莲舟闻言之悚然："此皆予上祖之名也。"急跪曰："原来是我之先祖师至也。"夫子李曰："吾在此几十韶光未语，今见你诚哉大造化也，授你如此如此。"莲舟自此不但无敌，而后亦得全体大用矣。予与俞莲舟、俞岱岩、张松溪、张翠山、殷利亨、莫谷声，久相往来金陵之境。夫子李先师授俞莲舟秘歌云："无形无象，全身透空，应物自然，西山悬磬，虎吼猿鸣，泉清河静，翻江播海，尽性立命。"此歌予七人皆知其句，后予七人同往武当山，欲拜夫子李先师，不遂。道经玉虚宫，在太和山元高之地，遇玉虚子张三丰也。

此节文辞最富传奇色彩，也最为金庸所重。涉及的人物，除了"殷利亨"改作"殷梨亭"，其他原封不动地一一"请"进了金庸《倚天屠龙记》，演绎成了名闻遐迩的武当七侠。

此节拳谱的作者将唐朝的"李道子"，穿越时空到了宋朝，还与此节文字的作者"与之游"，且还"酬酢莫逆"。作者显然是采用了魔幻现实主义的写作风格，且将时间演进到明朝，将空间置入在道学圣地武当山。两者时间跨度逾六百余年。

汉朝以来"分寸尺丈引"的换算法则，以十进位，一直沿用至清。明尺大凡有三种，四舍五入，换算成厘米，分别为：营造尺：32厘米；量地尺：32.7厘米；裁衣尺：34厘米。倘若以裁衣尺来换算，十丈就相当于34米。"未依身，则起高十丈许，落下，未坏拆筋骨。"意思是说：俞莲舟冲上去，连掤带捶想捶夫子李，还没有触碰到夫子李身体，就被一股神奇的力量抛高到了12层楼的高度，之后又被轻轻落下，筋骨丝毫无损。这等妙笔生花，恐怕就连金庸也望尘莫及，自叹不如的。

文中"啖麦麸数合"及"惟云大造化三字"，大凡是据陆应阳《广舆记》化出。《广舆记》卷十四云："麸子李，不知何许人。尝居武当山南岩宫，不火食，第啖麦麸数合。故名。见人不及他语，惟云大造化三字。"由此可见，在《太极功源流支派论》的作者眼里，"李道子""夫子李"与"麸子李"系同一人。

据《汉书·律历志》："合龠（yuè）为一合（gě），十合为升，十升为斗，十斗为斛。"斛，民间俗称石。大明朝的一斛米，相当于现在的120斤。那么一合米在今天就是60克，而麦麸较米为轻，一合麦麸估计不到一两（50克）。每天"啖麦麸"数两的"麸子李"，明朝《续文献统考》有详细记载（图78）：

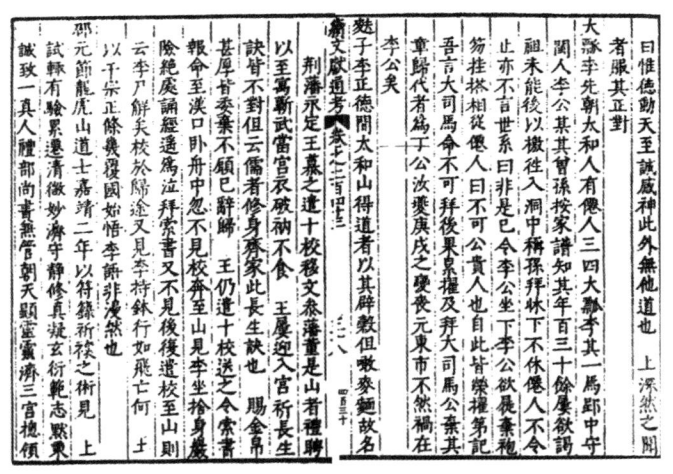

图78 《续文献统考》之麸子李

麸子李，正德间太和山得道者。以其辟谷，但啖麦麵故名。荆藩永定王慕之，遣十校移文恭藩董是山者。礼聘以至，寓蕲武当宫。衣衲破，不食。王屡迎入宫祈长生诀，皆不对，但云儒者修身齐家此长生诀也。赐金帛甚厚，皆委弃不顾矣。辞归，王乃遣十校送之，令索书报命。至汉口，卧舟中，忽不见。校奔至山，见李坐舍身岩险绝处，诵经。遥而泣拜，索书，又不见。后复遣校至山，则云，李尸解矣。校于归途，又见李持钵，行如飞。亡何，王以干宗正条几覆国，始悟李语非漫然也。

《太岳太和山纪略》载："麸子李，在太和山得道，屠大山中丞，奉旨修太和，会访之山中。"

屠大山（1500—1579年），字国望，号竹虚。嘉靖二年进士，知合州，筑屠公堤。巡抚湖广，总督湘鄂川贵军务时，奉旨修太和武当，曾从麸子李游。晚年好黄老学说，著《竹虚集》。与天一阁主人范钦、兵部尚书张东沙并称"东海三司马"。范钦《天一阁集》载竹墟挽词八首，其中有"古今俱逆旅，天地一虚舟。不作仙姑客，还从麸子游"句。范钦注曰："公尝称会仙姑于澧（lǐ）州，麸子李于太和山。"澧州仙姑，苟正觉，号瑞仙。嘉靖庚子食仙草而绝火食，断俗缘，潜修十年，默契玄宗，洞悟内典。能预知未来，名声远播朝野。意思是说，屠大山亲口告诉天一阁主人，他曾经在澧州拜会过仙姑，在武当山拜会过麸子李。

清季李涵虚编纂《三丰全书》，干脆将历经大唐、大宋、大明诸朝的李道子，以麸子李名号收入进了张三丰弟子名录："李夫子者，名性之，楚人也。正德间入太和山，遇张三丰先生。传以丹法，遂得道。平时好端坐，澄静斋庄，人号为李夫子。喜辟谷，日啖麦麸汤，人又号为麸子李。"

一个人能够穿越唐宋，还在明朝拜入张三丰师门，这一点就连坚信"王学定"著《阴符枪谱》《太极拳谱》的李师融父子，也无法理解李道子怎么可能跨越诸多朝代，成为张三丰的弟子。他们著书立说，坚信大唐李道子一定另有其人。于是乎，河南博爱在不断"发现"惊世骇俗的武林秘籍的同时，也横空出世了"大清康熙丙申年"的《千载寺唐僧十力传碑》拓本。称这位"大唐贞观赐李氏名儒子字道武号十力僧游化号道子河内人"的李道子，创立无极养生功。令人不齿的是，博爱唐村的这些造假者太不敬业，拓本的字体，竟然直接取自电脑的华文行楷。碑文内同一字，字迹全然能够吻合。稍稍有字体常识者都知道，电脑的华文行楷是采用著名书法家任政先生的字形规范而成的。任政（1916—1999年），字兰斋，浙江黄岩人。上海市文史馆馆员，上海书法家协会常务理事。另外他们作伪的《千载寺捨善洪洞移民功德碑记》里，"百裹跋涉""以志原因雲"等，也显然都是电脑word文档繁简一键转化时所犯的错误。（图79）

图79　河南唐村《千载寺捨善洪洞移民功德碑记》赝拓本

5. 武当七侠

《太极功源流支派论》中与"宋仲殊"相关的胡镜子，吴图南"清初本"写作"胡境子"，许禹生、王新午、李先五等皆写作"胡镜子"。不管是"胡境子"还是"胡镜子"，生卒名号皆无从稽考。离奇的是，王新午称"宋仲殊，学太极拳于胡镜子……仲殊，安州人，所传之人有殷利亨"。李先五称："殷氏所传太极拳名后天法，传扬州胡镜子，镜子再传安州宋仲殊。"王新午、李先五两人同在许禹生北京体育研究社学拳。他们引用的《太极功源流支派论》，王新午称转抄自许禹生，李先五或许转抄自刘彩臣。但两者都是传抄自宋书铭之手。间隔一代传承，两者在"胡镜子""宋仲殊"与"殷利亨"的传承问题上，截然相反。

金庸在《倚天屠龙记》第三章"宝刀百炼生玄光"篇末注："据

旧籍载，张三丰之七名弟子为宋远桥、俞莲舟、俞岱岩、张松溪、张翠山、殷利亨、莫声谷七人。殷利亨之名当取义于《易经》'元亨利贞'，但与其余六人不类，兹就其形似而改名为'梨亭'。"金庸先生干脆将说不清道不明的"殷利亨"改了名。从此"宋远桥、俞莲舟、俞岱岩、张松溪、张翠山、殷梨亭、莫声谷"武侠七子，经过小说、电视、电影的渲染，铸就了人们心中武当张三丰的七大弟子形象。

明宣德六年（1431年）成书的任自垣撰《磁涧太岳太和山志》，就武当张三丰弟子名录，仅见载：丘玄清、卢秋云、刘古泉、杨善澄、周真德五位。任自垣永乐四年（1406年）被征至金陵参与纂修《永乐大典》，永乐十七年至二十年奉旨纂修《道藏》，且任总裁。以他的博闻广识，似乎都没有听到过"宋远桥、俞莲舟、俞岱岩、张松溪、张翠山、殷梨亭、莫声谷"所谓武侠七子的名号。

张松溪，确有其人。鄞县大梁街人。沉毅寡言，恂恂如儒者，师事孙十三老，嘉靖年间以内家拳名噪一时。有五字诀，曰勤，曰紧，曰径，曰敬，曰切。万历年间首辅，鄞县人沈一贯作《博者张松溪传》。《续修四库全书》之《喙鸣文集》卷十九有收录。

沈一贯作《博者张松溪传》，原本不为人所重。黄宗羲辑编《明文海》卷四百十九收录此文，也还没引起人注目。黄宗羲《南雷文定集》卷八之《王征南墓志铭》，将张松溪始纳入"宋张三峰"一脉的传承，之后分列山西王宗、温州陈州同等南北传承，并详细罗列了张松溪三四徒中四明叶继美（近泉）一脉的支派源流。此文由于黄宗羲之当时文坛上的影响力，开始为世人所重。陆凤藻辑录《小知录》卷七就录《南雷文定集》"拳勇有内家、外家"之论。《聊斋志异》卷五李超篇末的"王阮亭先生云"（王士禛，字子真，号阮亭，又号渔洋山人），所涉王宗、陈州同、王来咸（征南）、僧耳、僧尾等，一一皆从黄宗羲《王征南墓志铭》化出。只是渔洋山人将黄宗羲"宋张三峰"，去掉了"宋"字。而"王阮亭先生云"，又随《聊斋志异》而蹿红一时，以至于被《三丰全书》中，以"拳技派"而收录。只是《三丰全书》将渔洋山人的"张三峰"又改作了"张三丰",并更正黄宗羲"宋张三峰"系"刘宋"时的张三峰,力辟"刘宋张三峰"之阴阳采战邪术。

许禹生之"海盐张松溪"说,尚无从稽考。二水尝读清道光年间海盐籍戏剧家黄燮清的《倚晴楼诗余》,内有数阕与张松溪唱和的词曲。该张松溪,又名茂才,字秦初,一字安甫,钱塘人,少年英俊,于学无所不窥,尤深于词,得出中白云神髓。杜文澜《憩园词话》收录其诗词。"海盐张松溪"说,是否由此附会,待考。

张松溪的内家拳的师承由沈一贯的"孙十三老",被黄宗羲《王征南墓志铭》一文附会作"宋张三峰"一脉,之后被渔洋山人改作"张三峰",于是也被《三丰全集》以"武当张三丰""拳技派"弟子而列入其中。由此,张松溪,被《太极功源流支派论》正式列入张三丰的太极拳嫡派传承里。最终,张松溪又被金庸移入《倚天屠龙记》武当七侠之列。而宋远桥、俞莲舟、俞岱岩、张翠山、殷利亨、莫声谷等,至今依然无从稽考。

6. 苏东坡与"蜜殊"的前世今生

《太极功源流支派论》中,"宋仲殊"是谜一样的存在:"胡境子,其在扬州,自称之名,不知姓氏。此是宋仲殊之师也。仲殊,安州人,尝游姑苏台,柱上倒书一绝云:天长地久任悠悠,你既无心我亦休,浪迹天涯人不管,春风吹笛酒家楼。仲殊所传殷亨利太极拳,名曰后天法。"

"仲殊,安州人",让人联想起来宋诗里"仲殊,名挥,俗姓张,安州人"。然而,一个文弱词僧,据说因被其妻子下毒差点丢了性命,之后终日吃蜂蜜疗毒,出家为僧。浮生于苏杭间,出入于俗尘内。最后竟然还选择了一棵枇杷树,上吊以了结余生。此等身世,如何让人得以与"后天法"太极拳相联系呢?

明正德《姑苏志》载:"姑苏台,一名胥台,在姑苏山。"姑苏台，始于阖闾，成于夫差，几成吴越春秋的缩影。又因为绝代美女西施曾"馆"娃于此，"为长夜之饮"。历代文人骚客，游此台，多有骚赋词作。而在姑苏台，由最后一字、最后一笔起笔，由下往上倒写成联，任性如是者，仅此一位：词僧仲殊！王象之《舆地纪胜》卷第七十七引《郧城志》云："僧仲殊初至吴，姑苏台柱倒书一绝云：'天长地久大悠悠，尔既无心我亦休。浪迹姑苏人不管，春风吹笛酒家楼'。东坡见之，疑神仙所作。是后与坡为莫逆交。"

就是这位"名挥，俗姓张"的安州人僧仲殊，因"此僧胸中无一毫发事，故与之游"，苏东坡喜欢上了他身上的神仙气质，这一年是元祐四年（1089年）三月。东坡以龙图阁学士除知杭州，一路南下，春风得意。过苏州时，东坡也自然去访当年"吴王宫里醉西施"的姑苏台。在姑苏台，东坡见了僧人仲殊"天长地久大悠悠"诗，疑神仙所作。元祐五年（1090年）七月，东坡作《安州老人食蜜歌》，自注云："赠僧仲殊"。从疑神仙之作，到知道此"神仙"竟然就是现世僧人"安州老人"，一年四个月的时间里，东坡与仲殊，两人相互走心，引为知己。他们两人的交往，不可能仅仅是像如今微信朋友圈的微文互动或点赞，应该是线下互有走访，或是聚餐。否则东坡不可能在"食蜜歌"里，把仲殊的习性有如此这般的了解。只可惜没有明确的资料能证明其间两人之间的交游。有资料确载两人第一次见面，应该是元祐六年（1091年）正月，东坡携仲殊雪中游西湖，登宝云寺。仲殊作《雪中游西湖》诗，东坡次韵和诗《次韵仲殊雪中游西湖》一首。之后东坡又作《雪中游宝云寺》诗，仲殊是否次韵相和，已无从考证。（图80）

"夜半幽梦觉，稍闻竹苇声"，

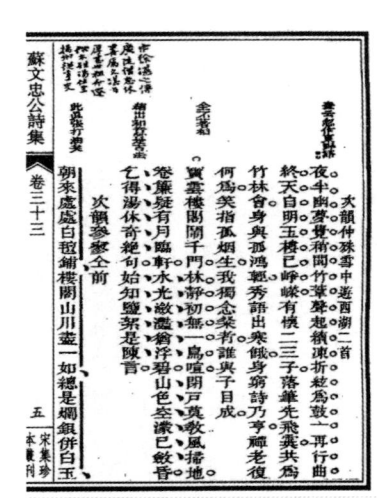

图80 《苏文忠公诗集》卷三十三次韵仲殊雪中游西湖

两人如网友约面，这一夜，僧仲殊一夜无眠，独自在西床抚琴吟曲。夜半，东坡被一种神奇的声音从睡梦里唤醒，他似乎听到了风过竹苇的声响。原来西床上仲殊一直在拨撩琴弦。"起续冻折弦，为鼓一再行"，前句取典贾岛"坐闻西床琴，冻折两三弦"诗，后句东坡竟然暧昧地取典司马相如与卓文君事。夜半西床上传来"蜜殊"的琴声好生熟悉，竟然是司马相如酒后勾引卓文君的《凤求凰》。卓文君就被此琴声撩拨春心，"为鼓一再行"，决意与司马相如私奔。可是东坡不是少女卓文君，"蜜殊"也非帅哥司马相如。那么，"蜜殊"啊，您"禅老复何为"？您是否想用琴声来棒喝自己，即将开启的回京之旅前程之迷惘和悲悯？

联想到前些天，上元节刚过不久，京城里的头号"苏粉"，东坡的"迷姐"，霸道美女总裁高滔滔，当朝哲宗皇帝的年轻貌美的奶奶，位尊太皇太后，她垂帘听政，下旨要求东坡回京做吏部尚书。这一联想，东坡分明是听懂了"蜜殊""为鼓一再行"的弦外之音了。当然了，这层含义，绝非纪晓岚或查慎行辈所能理解的。也难怪纪晓岚读此诗，在"夜半幽梦觉，稍闻竹苇声。起续冻折弦，为鼓一再行。曲终天自明，玉楼已峥嵘"三十字，逐一圈点，然后眉批云："查云，忽作东野语。""查云"，指的自然是查慎行增注东坡诗时说的话。此句眉批，意思其实是纪晓岚借金庸的这位老祖宗查慎行的嘴，轻声骂了东坡一句："查慎行说，东坡忽然变弱智，像乡下人无凭无据乱说话。"

面对这样一位"迷姐"，面对即将到来的朝中风云变幻的局势，素来不善长袖善舞的苏东坡，才真正"被弱智"了。于是，东坡想方设法推托"迷姐"的精心安排，而"迷姐"执意不允其请。二月初，迷姐又下旨，说你既然不要做尚书，好吧，就让你弟弟子由做尚书右丞。你就在京做个闲官吧，翰林学士行不？你写你的诗，你作你的画，你活你的高尚和优雅。这样总行了吧？苏东坡觉得还是"行不得也，哥哥"。于是就举前朝避亲成例，再三请辞。东坡越是推辞，"迷姐"则越是奉诏不允。于是乎，三月寒食日刚过，东坡只能罢免杭守，清明后即离开杭州，北上回京城开封。

这次由杭州回开封的行程，取道湖州过苏州北上。湖州是东坡内心最为柔软之所，十二年前命悬一线的乌台诗案，就突发在湖州任上。王文浩的《苏文忠公诗编注集成总案》，较为详细地提供了这次行程：东坡从拱宸桥下塘栖，从塘栖入德清，过湖州，之后就从湖州入太湖，从太湖过吴淞江。

吴淞江，"晓色兼秋色，蝉声杂鸟声。壮怀销铄尽，回首尚心惊"。十二年前的那个秋夜，虐心的《吴江岸》，应该就写在吴淞江夜航船后的拂晓吧？

十二年后，清明后的一个晚上，元祐六年（1091年）三月十九日，"薰风吹梦听新蝉"，新蝉似乎还早，春夜里草虫开始欢鸣了，蛙声蛤蟆声也呱呱不已。月光下，"好剪吴松半江水"，春江花月的吴淞江，薰风吹梦，足能醉魂的了。东坡这一晚，又将夜宿吴淞江。而就在这一晚上，东坡的破琴梦开演了。（图81）

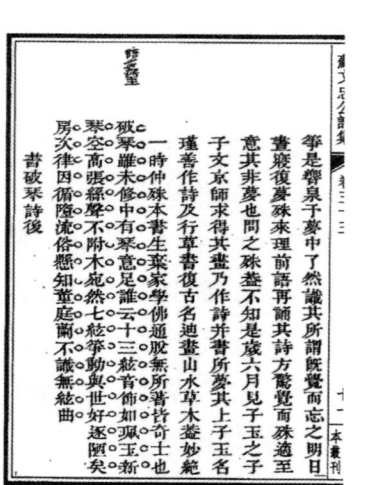

图81　《苏文忠公诗集》卷三十三破琴诗并序

苏东坡梦见仲殊挟琴来访为他弹琴送行。仲殊的琴声似有异样的声响，苏东坡便过去仔细查看，发现仲殊弹奏的竟然是一把破琴！而且原本七弦的琴面，竟然变成了十三弦！东坡叹惜不已。没等苏东坡开口，仲殊极富禅机地说："琴虽破，尚可修。"东坡追问："那十三弦怎么回事呢？"仲殊没有直接回答他，反而唱诵了一诗，说："度数形名本偶然，破琴今有十三弦。此生若遇邢和璞，方信秦筝是响泉。"东坡在梦中了然领悟了仲殊想说的意思，等醒来后，虽然记得他唱的诗句，却已忘记梦授的机宜了。第二天午睡，同样的梦境再次上演：仲殊依然挟琴而至，依然弹奏破琴，依然一模一样地对答，依然再次唱诵同一首诗。同一梦境，同一对话，同一首唱诵……东坡不由得惊觉，不由得头皮发麻。

梦醒之后，尤为惊奇！仲殊竟然就真真切切地坐在他的船舱里！东坡觉得这不会只是简单的一个梦。于是就刚刚的梦境询及仲殊，而仲殊竟然一问三不知！

之后，东坡对这个破琴梦一直耿耿于怀，他始终认为"蜜殊"对他暗藏禅机。

东坡坚信人有前世今生。他母亲程氏怀他时，据说有僧人托宿，"顾然而眇一目"，是位大长腿的独目帅哥和尚前来借宿。上"小学"时，东坡自己也做过一梦，变成了和尚，还在陕西一带行脚云游。《冷斋夜话》记其事，认定东坡便是五戒和尚的转世。东坡确信自己前世便是修行人，经过三世积精修炼，因为一念之差，才来到这个世界上，"受此百年遭"。就像是加缪《西西弗神话》里的西西弗，被遣至人世间，反复不定地重复做一件事。他跟子野先生张三影说过："前生我已到杭州，到处长如到旧游。"他还跟于潜僧参寥说，他上辈子就在西湖寿星院修行。

月光之下，睡梦之中，人的前世今生，或许能显示一些印迹。所以，读东坡的月光诗和他的记梦诗，都会有一些清奇和灵异。这或许正是潜意识和无意识的显现吧。"前梦后梦真是一，彼幻此幻非有二。正好长松水石间，更忆前生后生事"。所以，在他的记梦诗里，这一破琴梦，一再被提起。他还写下《破琴诗》，并作叙说：大唐年间，名相房玄龄的族孙房融，做了宰相，房融之子房琯，后来也做过宰相。叙中说房琯年轻时，因为写了一篇《封禅书》的文字，被宰相张说举荐至秘书省，后考入三门峡下辖的卢氏县做了县令。有一天与道士邢和璞出游，过夏口村，入一处废弃了的佛寺，邢和璞叫人挖地三尺，竟然挖掘出娄师德写给永禅师的一封信。娄师德，也做过大唐宰相，在房琯三岁前就过世了。永禅师，不知何许人，后人多附会作王羲之七世孙智永禅师。一个道士，带着县令，去了一处废弃的寺院，然后掘地，得一卷大唐前宰相写给一个和尚的书信。道士还笑着对县令说，我还依稀记得就在这里啊。当场，这位年轻的县令就蒙圈了，情志迷乱之中，觉着眼前的道士绝非等闲人，似乎领悟到，此道士的前身可能就是永禅师。

这故事显然是为了说明，这位年轻的县令，前身或许就是在房琯三岁前就过世的大唐宰相娄师德。按照四柱八字，每人大运的起运之年，各不相同，有的一两岁，有的三五岁，有的甚至七八岁。起运前，依然有种种夺命转魂的可能。所以，邢和璞、房琯分别就是永禅师与娄师德的转世，这一故事在大唐时就盛行了。甚至有人还以此为题，画制了《邢和璞房次律论前生图》。这层铺垫，足以说明邢和璞与房琯论前生的这一故事以及同题材画对于后世的影响力了。东坡的驸马爷朋友王晋卿也绘制了一幅《邢和璞房次律论前生图》，东坡还作偈题画。东坡居士另有位朋友叫柳子玉，藏有宋代画家宋迪（字复古）临摹的此题材图。柳子玉，名叫柳瑾，善作诗，善行草书。他儿子柳仲远娶了苏东坡的堂妹，传说中的苏小妹。两家于是又多了一层亲戚关系。东坡罢杭州知守回京，还特地向堂妹夫柳仲远借阅此图。

东坡之所以看重这幅画，甚至在《破琴诗》的序言里不厌其烦地提及此画题，原因除了东坡相信前世今生，更重要的是，画中的主角房琯，就是梦中仲殊唱诗里"此生若遇邢和璞"，因为房琯遇见了邢和璞，后来应验了，确实也官至宰相。但房琯的生平，也一如东坡，虽也深受皇帝器重，却又一贬再谪，晚年颠沛，后死于返京途中。另外，房琯有一门客，名叫董庭兰，善抚七弦琴。七弦琴是文王、仲尼旧制，大唐是流行西域音乐的时代，世界各国的乐器也盛极一时，七弦琴反而显得曲高和寡。从大唐皇宫到教坊，从才子到佳人，都流行一种原先由秦人高渐离击筑而歌的十三弦演变而来的古筝，"一双玉手十三弦，移柱高低落鬓边""花脸云鬟坐玉楼，十三弦里一时愁"。十三弦，说到底欣赏的侧重于美人的云鬟和玉手，与七弦琴的高山流水、阳春白雪有天壤之别。由此，仲殊唱诗里"破琴今有十三弦"，似乎也有着落。诗人高适写赠董庭兰诗："莫愁前路无知己，天下谁人不识君。"反过来理解此诗含义：即便是天下无人不识的董庭兰，依然在为找不到知音知己而犯愁。由此可见，人生同声相应难，同气相求难，同心相知，更难！

从苏州姑苏台倾心仲殊的倒书一绝："天长地久大悠悠，你既无心我亦休，浪迹天涯人不管，春风吹笛酒家楼。"到吴淞江船舱破琴一梦，由此别过，两人再无交集。道士邢和璞与房琯、永禅师与娄师德、董庭兰与高适、仲殊与苏东坡，林林总总，就像是弗洛伊德《梦的解释》里的"集锦"人物。一个破琴梦，一首《破琴诗》，让苏东坡依稀看清自己的前世今生，也仿佛看到了即将面临的颠沛流离。同时让苏东坡更为坚信"蜜殊"就是能随机说禅、随缘点化他的神仙中人。

"蜜殊"究竟何许人？

《郧城志》《舆地纪胜》《中吴记闻》《老学庵笔记》等皆有记载。陆游在《老学庵笔记》中，以他族伯父陆彦远的亲历所闻，记录了仲殊的相关言行，颇为可信：

> 少时识仲殊长老，东坡为作《安州老人食蜜歌》者。一日，与数客过之，所食皆蜜也。豆腐、面筋、牛乳之类，皆渍蜜食之。客多不能下箸，惟东坡性亦酷嗜蜜，能与之共饱。

> 崇宁中，忽上堂辞众。是夕，闭方丈门，自缢死。及火化，舍利五色不可胜计。邹忠公为作诗云："逆行天莫测，雉作渎中经。沤灭风前质，莲开火后形。钵盂残蜜白，炉篆冷烟青。空有谁家曲，人间得细听。"殊少为士人，游荡不羁。为妻投毒羹菜（zì）中，几死，啖蜜而解。医言复食肉则毒发，不可复疗，遂弃家为浮屠。邹公所谓"谁家曲"者，谓其雅工于乐府词，犹有不羁之馀习也。

2019年海子自杀纪念日，大约就是东坡破琴梦928年后吧。微信里铺天盖地的"面朝大海，春暖花开"，二水也应景发了一条微信纪念海子：

> 他是一千年前的"海子"。一样的才情，一样的悲催，一样的自杀，一样的被神话为一个符号。他俗姓张，名挥，湖北安陆人。他的妻子与人有私，将砒霜裹在红烧肉里让他吃下，企图杀夫。好在他命大不死，以食蜜解毒，后来出家做了和尚。他法号仲殊，却活成了东坡笔下的"蜜殊"。他曾在姑苏台柱倒书一绝："天长地久大悠悠，尔既无心我亦休"，东坡疑神仙之作。千年之后，又被后世附庸风雅的太极拳界，奉作胡境子"后天法"的传人。

"宋僧仲殊"，被隐去了词僧的身份，以"宋仲殊"之名，从大宋朝穿越到了明朝，并为胡境子与殷利亨之间，搭建了传承"后天法"太极拳的传承之桥。纵观《太极功源流支派论》，从李白见许宣平传舍诗，访之不遇，题诗望仙桥而回，到东坡见仲殊姑苏台绝句，疑神仙所作，"此僧胸中无一毫发事，故与之游"，一显一隐，其弥漫着的仙道气息，同气相求，同声相应，同心相知焉！

7. 信史中的张三丰

大明朝信奉道教，大凡可以从朱元璋初创基业时所结交的几位仙尊说起。

第一位就是大名鼎鼎的周颠。1360年前后，这位疯疯癫癫的仙尊闯入了朱元璋的视野，从此直叫朱元璋"让我欢喜让我忧"。喜的是每次临危，周颠疯疯癫癫的一句"告太平"，总能让朱元璋化险为夷。忧的是他的疯疯癫癫、胡言乱语，或会扰乱军心。有一次周颠自言能入火不热、入水不溺。朱元璋见惯江湖中的套套，不是轻易能被忽悠的。于是他下令把周颠罩在一只大缸里烧烤。加了几次芦苇，缸都烧红了，以为周颠该被烧成烤鸭了吧。翻开大缸，发现缸底有厚厚的一层浓烟，"若张棉状"护着他，而他却端坐凛然。

1393年，朱元璋已经做了二十六年皇帝了。有一天他突然又想起了周颠。他还亲自写了一篇《周颠仙传》，写了《赤脚僧诗》，让工匠把诗文刻在庐山上。

第二位叫张景华。张为人狷（juàn）介，寡与人言，经常带着一顶铁帽子，人们因此叫他"铁冠道人"。宋濂《张中传》曰："张中，字景华，临川人也。少习儒，以春秋应进士举，不中。遂放情山水，历游江右诸郡，遇异人，授以太极、数学，谈祸福多验。"大概也在1360年前后，张景华受知于朱元璋，他的神机妙算，为朱元璋大败陈友谅出谋划策，立下了汗马功劳。大明开国后，他隐居钟山。朱元璋对他敬重有加，令宋濂为之立传。

第三位是冷谦。冷谦与刘伯温友善，经刘伯温引荐，太祖朱元璋在1367年任命冷谦为协律郎。冷谦由此成了大明朝庙堂音乐的奠基人。刘伯温有两首诗写赠冷谦，其一为"旧在杭时，为冷起敬赋泉石歌，乱后失之。今起敬为协律郎，邀予写旧作，已忘，而记其起三句，因更足之"，其二为"秋夜听冷协律弹琴，分韵得夜字"。嘉兴至今尚存冷仙亭。清初诗人钟渊映作《冷协律祠》云："犹忆先朝协律郎，曾将乐府事高皇。几时玉洞成仙隐，不向金门隶太常。"本书卷三"冷面先生"冷谦一节另有介绍。

三位仙尊与朱元璋多有交集。冷谦入洪武朝为官，与朱元璋交集应该最为频繁。只是朱元璋和刘伯温关注他的，也仅仅是他的音乐天赋。其实他的《修龄要指》无论是"长生十六字诀"还是起居调摄法等，至今依然有指导意义。张景华足智多谋，又功成而不居，为朱元璋所敬仰。唯独周颠，似乎没有太多作为。朱元璋甚至还没搞懂他究竟是哪里人，究竟是和尚还是道士，但却惹得他梦萦魂牵。由此可见，距离，是美学的永恒法则。

这三位仙尊的声名远扬，也足能为三丰仙尊日后在朝野的名声鹊起铺实了基础。"潜龙育身躯，跃鳞戏兰池"，神龙见首不见尾的张三丰仙尊，其实根本不屑与朱元璋谋一面。这尊神龙，仅仅是偶或在云端闪烁他的一爪一鳞而已。

《敕建大岳太和山志》载："张全一，字玄玄，号三丰。相传留侯之裔，不知何许人。丰姿魁伟，龟形鹤骨，大耳圆目，须髯如戟。顶中作一髻，中执方尺。身披一衲，自无寒暑。或处穷山，或游闹市，嬉嬉自如，旁若无人。有请益者，终日不答一语。及至议论三教经书，则络绎不绝。但凡吐词发语，专以道德仁义忠孝为本，并无虚诞祸福欺诳于人。所以心与神通，神与道一，事事皆有先见之理。或三五日一餐，或两三月一食。兴来穿山走石，倦时铺云卧雪。行无常行，住无常住。人皆异之，咸以为神仙中人也。洪武初，来入武当，拜玄帝于天柱峰。遍历诸山，搜奇览胜。尝与耆旧语云：'吾山异日与今日大有不同矣。我且将五龙、南岩、紫霄，去荆榛，拾瓦砾，但粗创焉。'命丘玄清住五龙，卢秋云住南岩，刘古泉、杨善澄住紫霄。又寻展旗峰北陲，卜地结草庵，奉高真香火，曰'遇真宫'。黄土城卜地立草庵，曰'会仙馆'。语及弟子周真德：'尔可善守香火，成立自有时来，非在子也。至嘱，至嘱。'洪武二十三年，拂袖长往，不知所止。二十四年，太祖皇帝遣三山高道使于四方，清理道教，'有张玄玄可请来'。永乐初，太宗文皇帝慕其至道，致香书累遣使臣请之，不获。后十年，敕大臣创建宫观一新，玄风大振。自高真升仙之后，未有盛于今日者。师之所言，信不虚矣。"

这节文辞，将仙尊张三丰的丰姿、品行、道德做了具体的刻画。把仙尊在武当山的时间和仙迹作了详尽的交待。1370年前后，张三丰来武当山，预言日后武当山将有大不同。命弟子丘玄清住五龙，弟子卢秋云住南岩，弟子刘古泉、杨善澄住紫霄。让弟子周真德在会仙观留守相火。洪武二十三年（1390年）湘王朱柏拜谒武当天柱峰，寻找张三丰，最后作《赞张真仙诗》："我向空山寻不见，徒凄然。"这一年，张三丰已经拂袖长往，离开武当山，从此不知所踪。

这其间，1381年，有人推荐张三丰的弟子丘玄清有治才，朱元璋任命他为试卿史。1383年，升任太常寺卿。朱元璋曾经赐给他媵女，而他却自阉其身，固辞不受。朱元璋于是就更加器重他，于1385年制昭诰任命丘玄清为嘉议大夫太常寺卿。这其间，朱元璋从与丘玄清的交集中，或许知道了张三丰仙尊。1391年朱元璋“遣三山高道使于四方”，为全国的道教做了一次“人口普查”，旨在：“有张玄玄可请来”。可惜其时张三丰已经离开武当山，迹驻黄鹤了。

其他能够作为信史以传仙尊仙迹的，唯独只有蜀王朱椿了。

据《献园睿制集》载，朱椿先后给仙尊张三丰写过五通书信，时间分别为洪武二十七年（1394年）七月二十七日，洪武二十八年（1395年）八月二十八日，同年十月二十四日（后两封未具时间），从信中可知，蜀王朱椿与仙尊张三丰相处达半年之久。五通书信都是离别后希望能再续前缘。《献园睿制集》另载《张丰仙像赞》和《怀仙赋》，自然是求之不得，寤寐思服后的作品。（图82）

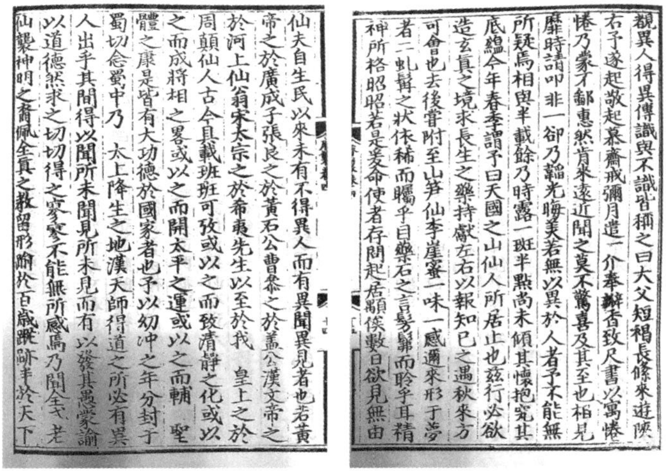
仙夫自生民以來未有不得異人而有異聞異見者也若黃
帝之於廣成子張良之於黃石公曹參之於蓋公漢文帝之
於河上仙翁宋太宗之於希夷先生以至於我　皇上之於
周顛仙人古今具載班班可攷或以之而致清靜之化或以
之而成將相之畧或以之而開太平之運或以之而輔　聖
體之康是皆有大功德於國家者也予以幼沖之年分封于
蜀切念蜀中乃　太上降生之地漢天師得道之所必有異
人出乎其間得以聞所未聞見所未見而有以發其愚蒙諭
以道德然求之切切得之寥寥不能無所感焉乃聞全弌老
仙襲神明之裔佩全真之教留形踰於百歲蹤跡半於天下

覩異人得異傳識與不識皆稱之曰大父短褐長條來遊陝
右予遂起敬起慕齋戒彌月遣一介奉瓣香致尺書以寓惓
惓乃蒙不鄙惠然肯來遠近聞之莫不驚喜及其至也相見
靡時請叩非一卻乃韜光晦美若無以異於人者予不能無
所疑焉相與半載餘乃時露一斑半點尚未傾其懷抱究其
底蘊今年春季謂予曰天國之山仙人所居止也茲行必欲
造玄真之境求長生之藥持獻左右以報知己之遇秋來方
可會也去後嘗附至山笋仙李崖蜜一味一感邇來形于夢
者二虬髯之狀依稀而矚乎目藥石之言髣髴而聆乎耳精
神所格昭昭若是爰命使者存問起居顒俟數日欲見無由

图82　《献园睿制集》朱椿于洪武二十七年七月二十七日致函张全弌

以此推算，张三丰仙尊自洪武二十三年（1390年），“拂袖长往”，离开武当山后，“袭神明之裔，佩全真之教。留形踰于百岁，踪迹半于天下。睹异人得异传，识与不识皆称之曰‘大父'。"可见此时，仙尊的名号已经在大明朝的朝野风生水起了。大约在洪武二十六年（1393年）的年中吧，听说仙尊"短褐长条，来游陕右"，蜀王朱椿于是"起敬起慕，斋戒弥月"，还特地遣使一名使者，"奉瓣香，致尺书"，毕恭毕敬地去邀请仙尊，"以寓惓惓"，以表达他最为深切和诚挚的情感。没想到的是，几个月后，仙尊"乃蒙不鄙，惠然肯来"，这似乎出乎朱椿意料之外的。所以"远近闻之，莫不惊喜"。而且更令人惊喜的是，仙尊张三丰竟然在蜀王府与朱椿"相与半载余""相见靡时，叩请非一"。到了洪武二十七年（1394年）春，仙尊辞别蜀王，去了道教圣地鹤鸣山，说是"天国之山，仙人所居止也。兹行必欲造玄真之境……秋来方可会也"。意思是说，仙尊要去鹤鸣山参加一次神仙会，秋后就能回来。

离开蜀王府后，仙尊还给朱椿寄过快递，送他一些山笋、仙李和崖蜜等土产。朱椿吃了这些土产，梦见过仙尊两次，"虬髯之状依稀而瞩乎目，药石之言仿佛而聆乎耳，精神所格昭昭若是"。于是就派了使者去问仙尊起居。使者到了仙尊住所，听到仙尊呼他从者名号，从者随声呼应，仙尊也答应了。待使者点了灯四处寻找，则"杳乎其无人也"。于是，大家都说"老仙往矣，不知其所之矣"。朱椿则认为他跟仙尊"雅有夙昔之好"，"其秋来之约，何此予心之所以悬悬而不置也"。于是又派了成都左护卫千户姜福，携释道弟子原杰、吴潜中等，"奉书虔请，以达衷情"，希望仙尊"速驾云軿（píng），早班鹤驭，复予以前言，告予以奇遇"。后续四封信，"春以为别，秋以为期"，大凡也是表述他的思念之情。

蜀王朱椿听说仙尊"短褐长条，来游陕右"的这段时间，仙尊的弟子丘玄清沐浴更衣，端坐而逝。洪武二十六年（1393年）二月十五，朱元璋遣礼部右侍郎张智谕拜祭太常卿丘玄清之灵。

洪武二十七年（1394年）冬，朱元璋因梦遣使奉请道士孙碧云赴来南京。洪武二十八年（1395年）正月十四日，朱元璋宣孙碧云至英武殿，与语论道，自辰至申。朱元璋说："虽然时代不同了，其实朕就是轩辕，你就是广成子。"

永乐六年（1418年）十月初七，朱棣敕真人张宇初，发去请张真仙书一通，香一柱，命邀真仙张三丰。永乐七年（1419年）朱棣再敕真人张宇初，再命寻访张真仙。

永乐十年（1422年）二月初十，朱棣御制书奉请真仙张三丰先生足下：真仙道德崇高，超乎万有，体合自然，神妙莫测。谨致香奉书，拱俟云车凤驾惠然降临。三月初六，敕孙碧云，说朕敬慕真仙张三丰道德崇高，灵化玄妙，超越万有，冠绝古今。武当山是真仙老师鹤驭所游之处，不可以不加敬。今欲建道场，以伸景仰钦慕之诚。让孙碧云前往武当山"审度其地，相其广狭，定其规制"（图83）。同日另诗赐孙碧云："若遇真仙张有道，为言伫俟长相思。"七月发皇榜谕官员军民夫匠人等：武当天下名山。特命隆平侯张信、驸马都尉沐昕等把总提调，兴工创造宫观。

图83 永乐十年三月初六皇帝敬奉真仙张三丰书

永乐十一年（1423年）八月二十五日，敕正一真人张守清：武当天下名山。今宫观告成，神明屡显休应，观者数十万人，已赐名曰玄天玉虚宫、太玄紫霄宫、兴圣五龙宫、大圣南岩宫。大圣南岩宫，已尝命孙碧云为住持外，其三处你即选有道行者各二人为住持。

天顺三年（1459年）四月十三日，英宗朱祁镇制《御赐张三丰铜碑》：尔真仙张三丰芳姿颖异，雅思孤高，存想专精，炼修坚定。兹特赠尔为通微显化真人，锡之诰命。

从洪武二十六年（1393年）丘玄清仙逝，朱元璋派礼部侍郎拜祭丘玄清，一直到永乐六年（1418年）朱棣敕命张宇初邀真仙张三丰，中间二十五年，没有资料显示建文帝对仙尊张三丰有过特别兴趣。而朱棣却在永乐十年的皇榜里，为他自己之所以迟迟才来朝圣真武大帝给出了十分合理的解释："我自奉天靖难之初，神明显助威灵，感应至多，言说不尽。那时节已发诚心。要就北京建立宫观，因为内难未平，未曾满我心愿。及即位之初，思想武当正是真武显化去处，即欲兴工创造，缘军民方得休息，是以延缓到今。"理由充足，也十分诚恳。

永乐篡夺了侄子建文帝位后，发愿创建武当山宫观，他的冠冕堂皇的理由是："上以资荐皇考、皇妣，下为天下生灵祈福。"倘若纯粹是"以资荐皇考"，"皇考"朱元璋最喜欢的神仙应该是庐山的周颠。所以朱棣在武当山建宫观，其真正的目的，旨在寻找仙尊张三丰。原因是，靖难之初，建文帝一把火烧了南京宫殿之后，朱棣没能找到建文帝的尸骸。外界纷纷传说是仙尊张三丰将建文帝救走了。所以朱棣希望通过武当山创建宫观或者郑和下南洋等地毯式地搜寻张三丰仙尊，以此来搜寻建文帝。之于宫观建成之后，确定找不到仙尊张三丰后，朱棣以及永乐皇朝对武当山的"真武崇拜"的确立，则更多的是来自朱棣内心所蕴含的"五行生克"里，水能克火的心理因素。燕王朱棣，北方属水，真武大帝是北方之神。建文帝建都南京，南方属火，建文帝又能从火里逃生，自然是火神在庇佑着。如何动用水的神力来克制火的威力，如何在南京的上游寻找水神，遏制南京之火威，于是乎，在武当山构建宫观，祭拜真武水神，阴阳颠倒，水火既济，成了护佑永乐皇朝国家安全的头等大事。

另外，靖难之初，与张三丰仙尊有关的，除了建文帝的传说外，还有就是仙尊与李文忠父子的关系了。

据朱启钦捐赠故宫的"歧阳世家文物"第十种"张三丰仙尊自画像"（图84），及李氏十四世孙李德燿所撰跋文，称张三丰仙尊"与先歧阳王友善，尝舍之。劝王循留侯故事，从赤松子游"。歧阳王李文忠是朱元璋的亲外甥，另外歧阳王功冠诸侯王，所以朱元璋不肯放李文忠离开朝廷跟仙尊走。仙尊辞行时，手绘了自画像，并送一个葫芦给李文忠，说："慎藏之，后世子孙当大厄不可得生，乃启。"靖难之变，李文忠的儿子李景隆，曾拜大将军讨伐燕王朱棣，兵败失利后，坐罪夺职。后打开金川门迎拥燕军，致使南京失守。朱棣即位后，李景隆"默相事机之功"，进广禄大夫，遭诸靖难诸功臣嫉愤，遂遭谤禁锢。朱棣削其勋爵，一家数十人被软禁在家，"烟火几绝。发葫芦得蓑笠谷种。晨艺夕获。水有毒，投蓑即解。如是者五载，闻于朝，上为之动，诏廪（lǐn）饩（xì）之。继袭金吾，继侯。其绵如瓜瓞（dié），皆先赐也。"

图84 故宫"歧阳世家文物"第十种之"张三丰仙尊自画像"

李文忠与仙尊张三丰的交集，或者李景隆与仙尊的交集，一直是歧阳王世家代代相传的传奇。瞿兑之编撰《李景隆集传》，说仙尊张三丰见李景隆"君侯面似桃花，异日必罹大祸。若与我为赤松游，则飞升可至也"。李景隆不相信这一套，仙尊于是就走了。辞行时"自写一像，并葫芦一枚，木盒一门贻公。曰：'善藏之，日后有大难可救'"。

由此看来，李氏世代供奉的这尊仙尊自画像，究竟是仙尊赠予李文忠还是赠予李景隆，是个问题。另外，到了李氏十四世孙李德燿的父亲李祖述时，遭逢朝代鼎革，举家南迁。顺治二年清兵南下时，李祖述举家降清。李德燿跋文称："迨先大人北徙，像沦入宗人家，不复得。"顺治二年，即1645年，仙尊自画像离开了李家。又说："乙卯，长兄统帅来京口，重赀购之，已寸裂，得良工始完如旧观。"李祖述长子李德灿，康熙中统兵镇京口，赴滇中讨吴三桂有战功。此乙卯年，盖系康熙乙卯年，即1675年。从1645年仙尊自画像离开李氏世家，到1675年整整三十年。他们的"先大人"李祖述，在顺治八年时，"年方二十有六"，以此推算，李祖述长子李德灿，次子李德燿，在顺治二年（1645年），仙尊自画像离开李氏世家，他们或许皆未出生。而今收藏在故宫博物院的这帧仙尊自画像，李德灿"重赀购之"，究竟是不是原先的仙尊自画像，这自然也是一个问题。所以，有关仙尊与歧阳王世家的交集，姑妄听之，不能作为信史。

8. 太极拳界的张三丰

徐哲东先生在《太极拳谱辨伪》中辨杨本附注时说，太极拳论"此论句句切要"之后，有"右系武当山张三丰老师遗论"，他认为李亦畬手写本、廉让堂本等武式谱中均无此附注，"其为杨门学人所加无疑"。他认为"谓太极拳原于张三丰自此始"，李亦畬作太极拳小序时的光绪七年，还是说"太极拳，不知始自何人"，可见把张三丰请到太极拳界，是杨氏太极拳"杨门学人"所为。而且时间上最早也"不过在光绪间也"。

唐豪不认同徐哲东的观点，他认为最早把张三丰请到太极拳界的，应该是武禹襄。

唐豪从李亦畬的姨甥马印书手里，抄得"李亦畬小序"，内载之"李亦畬小序"云："太极拳始自宋张三丰，其精微巧妙，王宗岳论详且尽矣。"武莱绪《先王父廉泉府君行略》说："太极拳自武当张三丰后，虽善者代不乏人。"武延绪撰《李公兄弟家传》亦谓"先是河南陈某善是术，得宋张三丰之传"。武禹襄的孙子武莱绪、武延绪弟兄两人，他们小时候都受读于武禹襄，他们两人又与"马印书本"的"李亦畬小序"观点不约而同。"予推定亦畬、莱绪、延绪三人同说，皆闻自禹襄。"唐豪说，武禹襄虽然没有高中进士，但毕竟还是廪贡生，他博览书史。倘若不是他把太极拳创始人附会成张三丰，杨露禅、李亦畬、武莱绪、武延绪四个人怎么会异口同声，如出一辙呢。所以，唐豪认为，后来"老三本"中"李亦畬小序"，是李亦畬一开始听信了母舅武禹襄张三丰附会之说，而最终改成太极拳"不知始自何人"。这也能解释，武禹襄赠送给杨露禅的太极拳谱里至今依然保留有"武当张三丰老师遗论，欲天下豪杰延年养生，不徒作技艺之末也"。

《太极功源流支派论》中"予与俞莲舟、俞岱岩、张松溪、张翠山、殷利亨、莫谷声""七人同往武当山，欲拜夫子李先师，不遂。道经玉虚宫，在太和山元高之地，遇玉虚子张三丰也"，张三丰传张松溪、张翠山，"拳名十三势，亦太极之别名也。又名长拳"。此节文字又经过金庸武侠小说的演绎，将这七人都当成是仙尊张三丰的弟子，成了名闻遐迩的"武当七侠"。

清季李涵虚编纂《三丰全书》，干脆将历经大唐、大宋、大明诸朝的李道子，以麸子李名号，收入进了张三丰弟子名录。"拳技派"所列张三丰弟子张松溪等，把张三丰演绎成内家拳的创派宗师。

成稿于1868—1892年的三十二目杨家太极拳老拳谱，以"张三丰承留""口授张三丰老师所言""张三丰以武事得道论"三篇为总纲，借张三丰之言，宣三教合一之理，以此创立了经典的太极拳理论：以假修真，以武事入道。"能如是，表里精粗无不到，豁然贯通，希贤希圣之功，自臻于曰睿曰智，乃圣乃神。所谓尽性立命，穷神达化在兹矣。"将太极拳演进为一门性命践行的哲学。

最早公开刊行的太极拳谱，是1912年11月关葆谦百益氏刊行的《太极拳经》。关百益在后附授受源流，把张三丰列为祖师爷，称："祖师张真人三丰传王先生宗岳，王先生传河南豆腐房江先生（佚其名），江先生传排王老（未详），排王老传杨无敌，所称杨六先生者是也。"杨无敌"杨六"先生，显然是"杨禄躔"的音讹，"排王老传杨无敌"的排王老，抑或是"牌位先生"陈长兴的讹传，"豆腐房江先生"，江、蒋同音，或许就是指开过豆腐坊的"蒋把拾"了。关百益还附录《张三丰列传》，分别抄录《明史》《征异录》《七修类稿》《淮海杂记》，以及汪锡龄《三丰先生本传》、圆峤外史《三丰先生传》、佚名《三丰先生传》和《无有先生传》八篇传记。以此确立了张三丰仙尊在太极拳界的地位。

1929年，有好事者以三丰仙尊的别名"张通"的名号，编撰了《张三丰太极炼丹秘诀》，由中西书局发行，称系墨井书屋藏版，事实上是铅字竖排本。全书一册六卷，卷一系张三丰传记，卷二为太极长生诀，除了收录各派太极养生等文论外，还以着道袍的形象绘制了太极拳七十二图势，从拳势形态来看，盖依杨澄甫老师杨式大架子的定式拳架绘制而成。卷三修道篇，卷四炼丹篇，卷五炼丹歌诀，卷六水石闲谈，大多抄录自《三丰全集》。1932年，中西书局以编辑者"勾章徐雍"为名，又出版了《张三丰道术武术汇宗》。表面上看来，此两书的编撰者敬仰三丰仙尊，似乎在为仙尊创立太极拳编织证据，而事实上其目的仅仅只为阿睹物。

陈微明先生于1925年在上海创立致柔拳社，叶大密先生于1926年在沪上创立武当太极拳社。都是以武当山和张三丰为号召，树立起传授太极拳的大旗。致柔拳社每年的周年纪念，都会挑选农历四月初九张三丰仙尊圣诞日前后，邀请沪上太极拳界同仁，公祝张三丰祖师圣诞。时人或有质疑此举系迷信活动，微明则说："有人言此科学时代，不宜有此迷信举动，鄙人亦自信为迷信。惟此迷信，乃是不忘本源，比不迷信而忘本者，在道德上为较好"。

仙尊张三丰之于太极拳，抑或是鲁班之于木作百工，唐明皇之于梨园，关羽关老爷之于典当、卜卦、丝纺、糕作百工业，抑或炎黄始祖之于每一位黄皮肤、黑眼珠的华夏子子孙孙，这是一份文化的积淀与精神慰藉。张三丰之于太极拳习练者，始终有一份挥之不去的情结。我们知道河姆渡文明，就已经有了经典的木作构件，远在唐明皇之前，夏商周时期，我们的舞蹈艺术已经达到非常高的水平，关羽关老爷也未必是典当、卜卦、丝纺、糕作业的创始人，炎黄始祖，未必与我们每个人的基因有关联性。但是，这一切，不影响我们对于鲁班，对于唐明皇，对于关老爷，对于炎黄始祖的精神皈依。

9. 重修丰真殿记碑

重修丰真殿记（图85）：

北平西便门外里许白云观[①]，有丰真殿[②]焉。殿奉三丰祖师塑像。祖师姓张氏，名君实，一名全一，三丰其号也。相传为宋时人，或曰元末人。尝游武当，结草庐以居，创内家拳，凡十三式，世所传太极拳者也。本社同志，景行私淑[③]，亦既有年，每以殿庑失修，风雨剥蚀，深虑日就颓圮（pǐ）。乃请诸本社导师浙江国术馆教务长杨澄甫先生为之计。澄师毅然以募捐自任，醵（jù）有成数[④]，遂鸠工庀（pǐ）材[⑤]，旧者新之，缺者补之，神灵之所凭依者，整饰之。庙貌（mào）

图85　1932年5月
北平太极拳研究社敬立
白云观丰真殿碑

嵯峨[⑥]，欻（xū）还旧观[⑦]。其对宇儒仙殿[⑧]，设沈万三[⑨]像，以其尝受度于祖师，故并修之。昌黎[⑩]有言："莫为之前，虽美弗彰；莫为之后，虽盛弗传。"[⑪]我三丰祖师手创太极拳，递相传授，以迄我澄甫导师，大河南北，学者宗之。则斯殿复兴，盖犹木本水源[⑫]之意也。工既成，爰[⑬]记其缘起与捐资姓名，并刻于石。

中华民国二十有一年五月 北平太极拳研究社敬立

严春堂⑭ 捐银三十圆

杨澄甫 胡朴安⑮ 刘高荣 各捐银二十圆

致柔拳社 捐银十二圆

刘泉孙 刘听孙 何瑞国 应厚伦 吕瑞庭 徐梅卿

余 克 徐文甫 陆书城 鹿葱芜馆 波罗轩主 勉行子

杨佑之 顾证心 陈微明 甲寅人 周孝芬 董栽生

叶大密 徐岱山 吴丹成 吴信三 各捐银十圆

金锡五 捐银六圆

沈浚文 刘少记 武汇川 金养田 张士德 王廉方

翁壮明 陈铎民 徐 侃 许持平 邓袭明 郁敬德 孙洁人

浚 卿 从 芳 何卓良 谭厉厂 陈志进 陈光恺 郑文礼

何创夏 吴蕴初 田兆麟 叶惟宏 王兰夫 竺鸣涛 张南琛

张介堂 濮冰如 董梅芳 阎岳川 王旭东 崔毅士 李德坊

沈寿伯 王锡侯 无名氏 各捐银五圆

孙劲夫 牛镜轩 李椿年 郑 畋 宋孟年 沈尔乔

张毅夫 许绍棣 黄文叔 沈陈榮 林镜平 各捐银三圆

朱星江 巩晋孚 杨元康 赵祥卿 杨达平 吴肇源

卢太育 颜萼生 王镜清 金文谔 高义泰 孙仲英 方 素

徐子勉 滕南璇 傅 君 康健男 刘剑青 刘盖臣 李子英

王芝卿 魏心唐 蒯立诚 张聘卿 宋茂林 王怡轩 各捐银
二圆

陈卓生 王汝霖 沈清源 傅 琳 赵士英 林镜明

楼铿声 范剑斋 邵香林 李维庭 朱伯勤 史丹 无名氏
各捐一圆

监修人：阎岳川 王旭东 崔毅士 吴丹成

蓬莱范鸿宾字剑斋 撰文 金山吴修源字信三 敬书

①白云观：白云观位于北京西便门外一里左右，始建于唐，
系唐玄宗奉祀老子之圣地，名天长观。金世宗时扩建为十方大

天长观。金末金章宗重建，更名太极宫。成吉思汗二十二年（1227年）赐丘处机住持，掌管全国道教教务，以丘处机道号"长春子"，将太极宫改名长春宫。洪武二十七年（1394年）燕王朱棣扩建宫观，更名白云观。永乐迁都北京后，扩建三门帘的山门，构筑五重宫殿的白云观中轴，祭祀真武大帝。设钟、鼓二楼，东西两庑。东庑为丰真殿，西庑为儒仙殿。宣德十年（1435年）白云观兴建玉皇阁、衍庆殿、四帅殿等，景泰年间，修七真殿、十八宗师殿等。顺治年间，道士王常月在白云观三次登坛说戒，度弟子千余人。1920年日本学者常盘大定第一次访白云观，测绘《白云观鸟瞰图》，白云观的中轴，在道观的中路，依次有灵官殿、玉皇殿、老律堂、邱祖殿和三清阁、四御殿五重正殿及钟、鼓二楼；东西两庑，东为丰真殿、戒堂、斗府宫，西为儒仙殿。

②丰真殿：东庑为丰真殿，20世纪90年代重修后改为三官殿。

③景行私淑：景行，典出《诗经》："高山仰止，景行行止。"慕仰高道之意。私淑，仰慕君子之道，而私善之。

④醵有成数：醵，凑钱、集资。意思是筹集款项到了一定的数额。

⑤鸠工庀材：召集工匠，准备材料。

⑥庙皃嵯峨：皃，同貌。嵯峨：山势高峻。譬如殿堂气势雄伟。

⑦欻还旧观：欻，忽也，疾也。意思是很快就恢复到原来的模样了。

⑧儒仙殿：西庑为儒仙殿，现为财神殿。

⑨沈万三：名沈富或者沈秀（1330—1379年），字仲荣，号万山，浙江南浔人。元末随父迁徙到周庄，以躬耕起家，从事商贸理财，成为资产巨万、田产逾吴下的富豪。洪武初年，捐资重修长城和南京城。受到明太祖猜忌，充军发配云南。《三丰全集》将其列入张三丰弟子名录，号三山道士。

⑩昌黎：韩愈（768—824年），字退之，河阳（今河南省孟

州市）人，自称"郡望昌黎"，世称"韩昌黎""昌黎先生"。唐宋八大家之首。

⑪莫为之前，虽美弗彰；莫为之后，虽盛弗传：语出韩愈于801年写给节度使于顿的一封信《与于襄阳书》。补充上文："士之能享大名显当世者，莫不有先达之士，负天下之望者为之前焉。士之能垂休光照后世者，亦莫不有后进之士，负天下之望者为之后焉。莫为之前，虽美而不彰；莫为之后，虽盛而不传。"意思是说：能够享有美誉显扬于当世的读书人，没有一个不是依靠名负重望的先达前辈替他引荐的。能够把他的美德勋业传承下去，照耀后世的读书人，也没有一个不是依靠名负重望的后辈学生为他做传承的。没有人替他引荐，即便才华横溢也不会显扬；没有人来承继，即便再伟大的功业德行也不能流传。

⑫木本水源：树木的根本，水流的源头。追本溯源之意。

⑬爰：于是。

⑭严春堂：又名严春棠（1885—1949年），黄金荣十三太保之首，负责烟土贩运。与查瑞龙一起师从叶大密老师学习太极拳。1932年成立艺华影业有限公司，邀叶大密老师联络田汉、阳翰笙、夏衍等组建创作部，由此艺华影业成为左翼电影的一块主要阵地。

⑮胡朴安：原名有忭（1878—1947年），学名韫（yùn）玉，字仲明、仲民、颂明，号朴安、半边翁。以号行世。安徽泾县人。曾先后任教于上海大学、持志大学、国民大学和群治大学等。出任过《民国日报》社社长、江苏省民政厅长等职。师从陈微明先生学习太极拳。

二水案：北京西直门外的白云观有东西两庑，东庑为丰真殿，供奉着太极拳祖师爷张三丰真人，西庑的儒仙殿供奉着张三丰弟子沈万三。东西两庑的宫观因年久失修，遭受风雨剥蚀，随时有倒塌的危险。1932年，北平太极拳研究社阎岳川、王旭东、崔毅士、吴丹成等人合计后，就写信与他们的导师，时任浙江国术馆教务长的杨澄甫老师商量。杨澄甫老师不但自己带头募捐了二十圆大洋，还毅然肩负重任，发动在北平、南京、上海、杭州的太极拳弟子和学生一百一十余人，合计募集了六百一十余圆大洋。于是召集工匠、购置材料，将丰真殿、儒仙殿修缮一新。这在当时全国的太极拳界是一件壮举，也是太极拳界公祭张三丰祖师爷的一次重大仪式。他们认为，自从张三丰祖师爷之后，经过几代人传承，到了杨澄甫老师，大河南北学习太极拳的人都奉他为导师。正像韩昌黎所说，能够享有美誉显扬于当世的士子，没有一个不是依靠名负重望的先达前辈替他引荐的。能够把美德勋业传承下去，照耀后世的士子，也没有一个不是依靠名负重望的后辈学生为他做传承的。太极拳也一样，倘若没有人替引荐，即便才华横溢也不会显扬；倘若没有人来承继，即便再伟大的功业德行也不可能流传。所以，丰真殿的重修，就是为了表达追本溯源之意。

宫观修缮后，北平太极拳研究社为表彰武当太极拳社所做出的贡献，赠予叶大密老师《重修丰真殿记碑》拓本一件、1932年6月12日重修白云观丰真殿开光摄影照片一帧（图86）。此《重修丰真殿记碑》拓本一直保留至今，后由叶大密老师的太太金琳女士捐赠给温州武术博物馆。而重修白云观丰真殿开光摄影照片一帧，叶大密老师转赠给田兆麟老师，今保存在田兆麟老师嫡孙田秉渊之手。

图86　1932年6月12日重修白云观丰真殿开光照

10.张三丰究竟承留了什么秘籍

张三丰承留

天地即乾坤，伏羲为人祖。

画卦道有名，尧舜十六母。

微危允厥中，精一及孔孟。

神化性命功，七二乃文武。

授之至予来，字著宣平许。

延年药在身，元善从复始。

虚灵能德明，理令气形具。

万载咏长春，心兮诚真迹。

三教无两家，统言皆太极。

浩然塞而冲，方正千年立。

继往圣永绵，开来学常续。

水火既济焉，愿至戌毕字。

"张三丰承留"，五言二十四句，计百二十字，假借仙尊张三丰之名号，将太极拳的文化溯源，上承至先天地而生的"易理"。且由此往下，天地乾坤、伏羲人祖、尧舜禅让，代代相承，到姜子牙七十二岁，知遇文王，辅佐武王。再到孔孟微显阐幽，创立天地位、万物育的致中和之道。最后经过许宣平仙尊，"授之至予来"，到了"予"张三丰身上，开始倡导"延年药在身，元善从复始"的性命之学。这其中还吸取了朱熹"理令气形具"的思想和王阳明"心兮诚真迹"的心学理念。儒释道三家，究其实，都是性命之学，统而言之就是太极拳学。秉承孟子"我善养吾浩然之气"，修炼者通过太极拳的行拳走架来体悟一气之流行，通过两人推手训练，来感悟阴阳二气之对待。从命功入手，来践行性命，让浩然正气冲塞于天地之间。以此立天地之心，继往圣之绝学，开万世之太平。进而达到修炼者自身的尽性立命，水火既济。

这是一篇太极拳的主旨宣言。

天地即乾坤：日月为易。易理，独立而不改，周行而不殆。先天地而生，为天地母。由是赋予了天地以乾坤的属性：乾为天，天行刚健，自强不息。坤为地，地势柔顺，厚德载物。"张三丰以武事得道论"篇也同样表达了这一观点："盖未有天地，先有理。理为气之阴阳主宰。主宰理以有天下，道在其中。"

伏羲为人祖：伏羲氏，中华文化最早有文献记载的创世之神，历来被奉作人文先祖。

画卦道有名：伏羲氏仰观天象，俯察地理，近取诸身，远取诸物，绘制了八卦图，由此揭示了天体宇宙、世事万物原本无法用语言表达，却又生生不息的"道"。

尧舜十六母：舜将帝位禅让给禹，同时也将天下苍生重托于禹时，耳提面命的几句话，像是传统文化的火种盒，从此孕育了华夏文明的历程。舜帝说：

过来，禹！当洪水警戒我们的时候，能兑现信诺，成功治理水患，只有你贤！勤劳于国，节俭于家，又不自满不自大，只有你贤！你不自夸不自大，所以天下没有人与你争能。你不自吹不自擂，所以天下没有人与你争功。我赞美你的德行，嘉许你的功绩，天将降大任于你身上了，你终将成为群后（四方诸侯及九州牧伯）之首，苍生之父母。"人心惟危，道心惟微，惟精惟一，允执厥中"。无稽之言不能听信，独断谋划不擅用。不要宠爱群后君子，不用害怕苍生万民。苍生万民不会成为群后之首，何以被人拥戴？群后君子不可能像苍生万民，不会参与守邦！你要钦崇恭敬！慎重对待你的大位，敬行处理苍生万民所愿之事。倘若四海困穷，上天赐予你的福命就将永远终止了。我好话坏话都说给你听了，禅让给你的成命也就不改了。

其中"人心惟危，道心惟微。惟精惟一，允执厥中"这十六字，儒家誉为"十六字心法"。道家也重视这十六字。"前天地者曰理，后天地者曰母""有名，万物之母"，道家因此誉之为"尧舜十六母"。这十六字，仿佛是中华传统文明的"先天至精"，刹那点亮了华夏大地的"原始真如"。这十六字，是传统文化之"母"，是传统文化的火种盒，是华夏先辈的集体智慧，是历代圣贤承留在"云端"的文化积淀，是中华文明的"集体潜意识"，是中华民族继往开来、常续永绵的核心价值观。

人心惟危，揭示了普天之下，黎民百姓生生不息的向善之心，同时也揭示了人心好立危墙、涉身犯险、贪得无厌的吊诡心里。人心，喜好向上。所谓人往高处走，水往低处流，这是人类得以发展的原动力。人心之危，趋高涉险，在高而惧，惧而逾贪，贪欲无厌。

道心惟微，微者，妙也。微者，隐形也。这天地乾坤之"道"，日升月沉，潮起潮落，春夏秋冬，生老病死，或者是股票的牛涨熊跌，正因为习以为常，微乎其微，人们往往对此熟视而无睹，甚至以侥幸待之。

人心的吊诡在于，明明知道盛极而衰，否极泰来，还一味地去趋高涉险，贪欲无厌，而且越高越趋，越险越涉，越贪越婪，越索越勒。舜将天下苍生重托于禹，耳提面命意义在于，作为管理普天皇土的"CEO"，必须清晰地知道人心是怎么回事，道心又是怎么回事。作为管理普天皇土的"CEO"，必须"惟精惟一"，集中精力，把一件事做精做好做透做到极致，从中去发现规律，去找寻"道"的法则。在不断"理会"和"践行"的内修历程中，将自己对世事万物的认识能力，不断由"精爽"提高到"神明"境界。

"危微之机，惟明君子而后能知之"，危与微，风险的把控，须在世事万物将发而未发、预动而未动的端倪中，去观照和感触阴阳消长的机，这样才能"允执厥中"。

微危允厥中，精一及孔孟。神化性命功，七二乃文武。这四句，因为遣词或韵脚所需要，依行文逻辑文辞应该调整为：七二乃文武，神化性命功。精一及孔孟，微危允厥中。

姜子牙承继了"尧舜十六母"这一华夏文明的火种盒后，他体仁行义，将性命之学推向了极致。他到七十二岁修成允文允武之功，受知于文王，辅佐周武王伐纣，一匡天下。后来，经由孔子、孟子等儒学圣人，加以微显阐幽，"尧舜十六母"，得以在《尚书·虞书·大禹谟》记载下来，业已成为历代圣贤治国安邦的方略和他们修身养性，性命践行的圭臬。

授之至予来，字著宣平许：因为遣词或韵脚所需要，依行文逻辑文辞应该调整为：字著宣平许，授之至予来。这一文明的火种盒，到了唐朝，仙尊许宣平曾以诗文名世，一直"授之至予来"，传承到了仙尊张三丰身上。仙尊张三丰以第一人称来叙述自上而下的"承"，之后经由他的承载，"留"与后世他的理解的心得。这是传统文化"承留"的意义之所在。

延年药在身，元善从复始：因为遣词或韵脚所需要，依行文逻辑文辞应该调整为：元善从复始，延年药在身。

天地乾坤为大父母，伏羲为人祖，尧舜禅让，灯火相继，华夏文明的社会价值体系，其实是建立在"直面生死"的前提之下的。《左传·襄公二十四年》载鲁国叔孙豹如晋，向范宣子宣教"大上有立德，其次有立功，其次有立言"这"三不朽"。"死而不朽"俨然是中华文明数千年生生不息最为核心的价值观念。华夏先祖之所以能直面生死，在于他们内心深处另有"延年药在身"，在于他们内心深谙"死而不朽"，"元善从复始"之道。这是性命践行哲学的核心价值体系。

元善从复始：假借张三丰仙尊之名，将道家南宗性命双修中"以命入性"的理论嫁接在其中，遵循易理"地雷为复"，来践行君子体仁修身之道。复者，䷗下震上坤，地雷为复，雷动于地，寓动于顺，一阳真气自海底而生，自复卦而临卦而泰卦，再由泰卦而观卦而剥卦，逆行而上，阳气至剥卦，一阳在上，阴盛阳孤，䷗䷒䷊䷓䷖，这是生命现象的一种往复规律。就像是由种子而发芽而茁壮而开花而结果，果实而剥落，脱离原先的生命体，以新生命的形式，得以延续。"元善从复始"，这是道家性命双修中"以命入性"的关键，也是以仙尊张三丰的口吻，从刘宋三峰御房采战中，借用采战概念，推陈出新。倡导太极拳在阴阳二气的流行对待中，践行阴阳采战之理。

延年药在身：仙尊张三丰侧重和强调的是自己身上的"延年

药"。这"延年药"在"口授张三丰老师之言"里有详尽的阐述："前辈大成文武圣神，授人以体育修身，进之不以武事修身。传之至予，得之手舞足蹈之採战，借其身之阴，以补助身之阳""身之阳，男也。身之阴，女也。然皆于身中矣。男之身，只一阳，男全体皆阴女。以一阳採战全体之阴女，故云一阳复始""男子之身皆属阴，而採自身之阴，战己身之女，不如两男之阴阳对待，修身速也"。仙尊主张在行拳走架时，以自身的一阳真气与自己身中的七十二阴，互作採补。而在推手对待时，两人之间则能互作阴阳採补，且修身体仁的效果愈加高效迅速。

虚灵能德明，理令气形具：因为遣词或韵脚所需要，依行文逻辑文辞应该调整为：理令气形具，虚灵能德明。

理令气形具，虚灵能德明：心与物之间的关系，一直是宋明理学争论不休的大问题。朱熹认为"人心惟危，道心惟微，论来只是一个心，那得有两样？只就他所主而言，那个唤作人心，那个唤作道心"，天人同体，在天谓之天心，在地则为地心，在人便是人心。就像是树木的"纹理"，在树木的果实之时，已经天赋在胚芽之中了。人心，是"气质之性"，是秉受天地而成者也。先天地而生的"理"，已经在人心"气形"形成时，就烙了"纹理"。只是人心，"生于形气之私"，难免就会受制于心本身的物欲之贪（心的本体，依然是物），诱之以利则偏，晓之以性命天理则正。所以，人心在秉受天地之气质时，只有明德，才是人心得诸天性的唯一途径。性本惟危的人心，只能通过道心和性理的教化，才能"气形具"，才能确保"原于性命之正"。被私欲蒙蔽的人心，只能晓之以性命天理，才能安详不危，才能洞明道心微微，才能察危微之机，洞彻世事万物之性理。

万载咏长春，心兮诚真迹：因为遣词或韵脚所需要，依行文逻辑文辞应该调整为：心兮诚真迹，万载咏长春。

心兮诚真迹，万载咏长春：王阳明以为，心之本体就一"诚"字，心诚则元善生，诚失则诸恶生。他说："一念发动处，便即是行了。发动处有不善，就将这不善的念克倒了，须要彻根彻底不使那一念不善潜伏在胸中"。心，这个纯净的本体，杂念不生，邪念不长，恶念不滋，心之为净，此乃"心兮诚"也。所以"圣人之学，只是一诚而已"，心兮诚，则率性率真，善恶不生也。人心就像是天渊。心之本体，无所不包，原本就是一个天。自然是千秋万载，永葆长春的。

三教无两家：陶宗仪《辍耕录》载"三教"云："上问曰：三教何者为贵。对曰：释如黄金，道如白璧，儒如五谷。上曰：若然，则儒贱邪。对曰：黄金白璧，无亦何妨；五谷于世，岂可一日阙哉。"诚然，儒释道三教都是传统文化的组成部分，特别是儒学的仁义，道家的思辨以及释家的因果，几已渗透到每一位炎黄子孙的血液里，构成了华夏文明的"集体潜意识"，就像是黄金、白璧以及五谷杂粮一样，滋养着我们的人格结构。

统言皆太极：无论是儒家的"存心养性"、道家的"修心炼性"，还是释家的"明心见性"其实都是在强调本体之"中"的重要性。儒家"人心惟危，道心惟微，惟精惟一，允执厥中"，强调的就是"执中"；道家从老子《道德经》的"天地之间，其犹橐籥乎？虚而不屈，动而俞出。多言数穷，不如守中"，到《庄子·齐物论》的"是亦彼也，彼亦是也……枢始得其环中，以应无穷"，侧重的是"守中"；而释家的"色即是空，空即是色""五蕴皆空"，强调的是本体之"中"，洞然而空的"空中"。本体之"中"，只有在明确了命门与三焦一原一委、一体一用之后，明确了人身的太极究竟在哪里，才能将"执中""守中""空中"一一落到本体的实处，而非仅仅只是理论层面的说辞。太极拳，也由此成为以身体力行的方式，来承载三教无二义的中华传统文明的载体。

浩然塞而冲，方正千年立：《孟子·公孙丑上》曰，"我善养吾浩然之气……其为气也，至大至刚，以直养而无害，则塞于天地之间"，孟子的"浩然之气"，为后世儒学者构建人格自我完善体系，成为儒者两千余年来的立身准则。

继往圣永绵，开来学常续：太极拳，作为一门性命践行的哲学，以"浩然之气"立天地之心，继往圣之绝学，开万世之太平。修炼者通过身体力行，尽性立命，常续而永绵。

水火既济焉，愿至戌毕字：因为遣词或韵脚所需要，依行文逻辑文辞应该调整为：愿至戌毕字，水火既济焉。

最后，仙尊张三丰以"愿至戌毕字，水火既济焉"句，为每一位太极拳习练者，呈现了最为美好的愿景：希望到了"戌毕字"之时，能够水火既济焉。夏正建寅，正月为寅，九月为戌。夏戌九月，"毕入于戌"，万物敛华就实，是个丰收的季节。人生的修炼，历经周天火候，也已心肾相交，戌己合圭了。就像是到了时序深秋，生命之树也已结了果实。果实，是大自然炼就的"仙丹"。人作为生命体，炼就"仙丹"之时，聚精会神，性命合一。一者，有物混成也，像是将修炼者的"精气神"人格结构，打包成一个"人格软件压缩包"，上传到了网络云端了。种子，一种新的生命体形式，得以继往开来，常续永绵。这便是性命践行，这便是尽性立命。

粗略解读完"张三丰承留"，其实我们还能发现蕴含在文字背后的另一层面的一些"秘籍"：

其一，"张三丰承留"由易理开启天地乾坤，伏羲人祖，自上而下列数至"尧舜十六母"、姜子牙辅佐周武王"神化性命功，七二乃文武"，"精一及孔孟"，乃至唐朝许宣平，最后到"授之至予来"的仙尊张三丰，为了诗句遣词或韵脚所需，前后序列稍有颠倒，但不影响文意。此节含义与《太极功源流支派论》中"自上至先师，而上溯其根原，东方先生，再上而溯始孟子，当列国纷纷，固将立命之功，所谓养吾浩然之气，塞于天地之间"一节，系由"先师"张三丰出发，由下而上，逆流追溯源流。两个阶段的太极拳老拳谱在这两节文字上，文辞各异，却义理相同。只是《太极功源流支派论》将太极拳由此上溯到东方先生，其实是误解了东方朔《答客难》一文所言"体行仁义，七十有二，乃设用于文武"的这位圣贤，并非指东方先生自己，而是指"神化性命功，七二乃文武"的姜子牙姜太公。此等错讹，可证《太极功源流支派论》成稿，或应在"张三丰承留"之后。由此也可证，在"张三丰承留"成文之时1868—1892年，北京杨家的太极拳从学者，已经将太极拳的文化溯源与仙尊许宣平相联系了。

其二，佛教输入中土之后，本土的道教在不同的历史阶段，或称老子化胡，或称三教合一，始终处在相对主动的态度来应对文化的冲突。而儒学者，始终处在入世辅佐君王的正统地位，对于老佛之说，颇多排斥。朱熹《中庸章句》序云："吾道之所寄，不越乎言语文字之闲，而异端之说，日新月盛，以至于老佛之徒出，则弥近理，而大乱真矣。"一些在仕途不得意的儒学者，往往会游历于山水间，游离于佛道之间，或跳出三界外，或游戏于红尘间，多率性率真之论。这些言辞，动辄直指人心，"则弥近理，而大乱真矣"，成了朱熹心头之患。元明之后，程朱格物诸说显露支离破碎之流弊，陆象山的"切已自反""发明本心""天之所以予我者，非由外铄我"的思想开始直接触动儒学者的内心。做人治学，无须向外四处寻觅，最根本的是发明人人固有之"本心"，这为阳明心学的兴起，铺垫了基石。阳明先生以"良知"来包装陆象山的"心"，并藉此来构筑他的"心学"大厦。他在《答陆原静书》中说："良知之体暾（tūn）如明镜，略无纤翳，妍媸（chī）之来，随物见形……佛氏曾有是言，未为非也……不思善不思恶时，认本来面目，此佛氏为未识本来面目者设此方便。本来面目，即吾圣门所谓良知。"他的"明心反本"，直接让儒学者走入了佛学的"明心见性"之路上来。明季腐儒崇尚心学，或作"无善无恶"的"良知"说，或作"事事无碍"的"率性"说，或作"无所不为""随类现身"的"方便"说……王船山、顾炎武等人于是直接将明亡之责，归咎为阳明心学。尽管朱熹力辟老佛之说，在戴东原看来，他的观点依然是脱离不了老庄佛学的影子，他批驳朱熹"老庄释氏尊其神为超乎阴阳气化"，而朱熹则是"尊理为超乎阴阳气化"，朱熹"以理为气之主宰，如彼以神为气之主宰也，以理能生气，如彼以神能生气也"。"张三丰承留"中，"三教无两家"，以及"口授张三丰老师之言"里的"予知三教归一之理，皆性命学也""三教三乘之原，不出一太极。愿后学，以易理格致于身中，留于后世也可"等，显然已经没有了清初王船山、顾炎武辈的亡国之痛，且已糅合了程朱理学与陆王心学，也糅合了力驳朱熹的戴东原的"知觉运动"理论。此谱理学理论的此般斑驳错综，又以仙尊张三丰为"形象代言人"，文辞处处所透出的复兴儒学价值观及礼制纲常制度的伟大理想，显然是儒学者在面对传统文化遭受西方文明的蹂躏时所做的激励抗争，反映了清末社会转型时期、西学东渐、东学式微时的无奈。

其三，"水火既济焉，愿至戌毕字"句，其中"戌毕字"三字，典出班固《汉书·律历志》："孳萌于子，纽牙于丑，引达于寅，冒茆于卯，振美于辰，已盛于巳，咢布于午，昧暧于未，申坚于申，留孰于酉，毕入于戌，该阂于亥。"（图87）夏正建寅，九月为戌。时序九月，春华秋实，"戌毕字"，指的是"毕入于戌"的季节，万物敛华就实，时物毕成，一个丰收的季节。

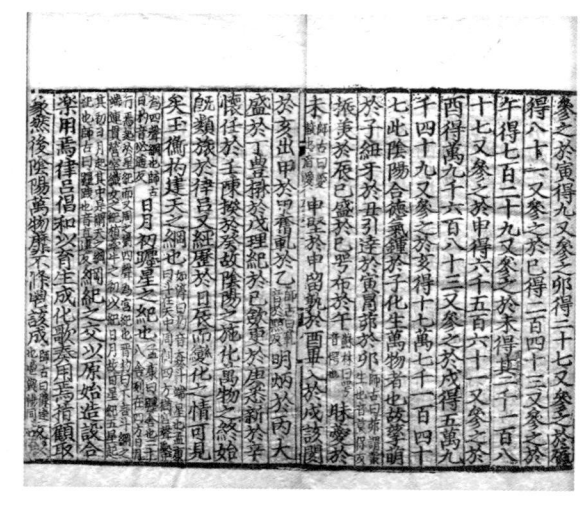

图87　景祐刊本《汉书·律历志》

11. 宇宙

1916年，爱因斯坦基于广义的相对论预言了引力波的存在。100年后，2015年9月14日，格林尼治标准时间9点50分45秒，LIGO位于美国利文斯顿与汉福德的两台探测器，同时观测到了GW150914信号，经推算，这是13亿光年之外的一个36倍太阳质量的黑洞和一个

29倍太阳质量的黑洞碰撞并合后，形成了一个62倍太阳质量的新黑洞。简单地说，人类发明了一对高大上的“顺风耳”，听到了来自13亿光年之外“玉皇大帝”的一次烟花礼炮声。那次烟花礼炮，其实是由分别为29倍太阳质量和36倍太阳质量的两个超恒黑洞，相互吸引，相互碰撞，相互融合，合并成了一个62倍太阳质量的超级大黑洞，并损失了3个太阳的质量。

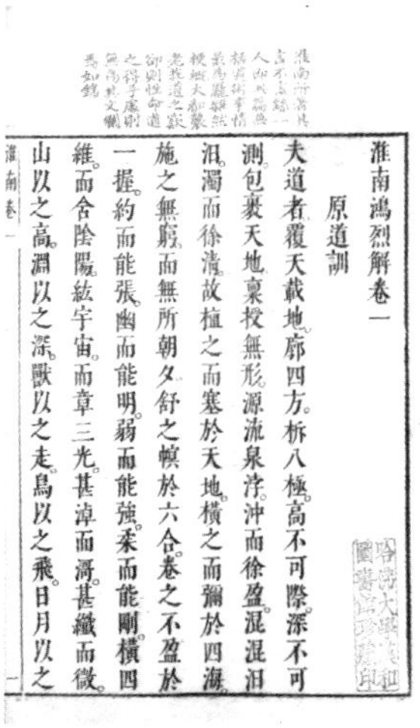
淮南鴻烈解卷一
原道訓
夫道者覆天載地廓四方柝八極高不可際深不可
測包裹天地稟授無形源流泉浡沖而徐盈混混汩
汩濁而徐清故植之而塞於天地橫之而彌於四海
施之無窮而無所朝夕舒之幎於六合卷之不盈於
一握約而能張幽而能明弱而能強柔而能剛橫四
維而含陰陽紘宇宙而章三光甚淖而滒甚纖而微
山以之高淵以之深獸以之走鳥以之飛日月以之
淮南卷一 一

图88 明茅坤、茅一桂辑评明刊朱墨套印本《淮南鸿烈解·原道》

1800余年前，高诱注解《淮南子·原道》“横四维而含阴阳，纮（宏）宇宙而章三光”句，当他慢条斯理地写下“四方上下曰宇，古往今来曰宙”时，这种由“四方上下”所构建的“三维空间”，与“古往今来”的历史长河的涟漪相结合，从而构建了人类赖以生存的独特的“四维空间”。（图88）

“四方上下曰宇，古往今来曰宙”，仅此“宇宙”二字，足以再次打开1800年后今人的脑洞：“横四维而含阴阳，纮宇宙而章三光”所散发出来的“四维”“宇宙”“阴阳”“三光”，能否让不明觉厉的“引力波”有了浓浓的中国特色？！

12. 性命

“张三丰以武事得道论”，虽托伪张三丰之论，实则采信了“来瞿唐先生圆图”所附之释义“流行者气，主宰者理，对待者数”，从理、气、数角度来阐述天道人事，之后，直接将话题指向了最为本源的哲学命题：“我是谁？我从哪里来？我到哪里去？”

“张三丰以武事得道论”云：“故乾坤为大父母，先天也；爹娘为小父母，后天也。得阴阳先后天之气，以降生身，则为人之初也""前天地者，曰理；后天地者，曰母""理，化先天阴阳气数，母，生后天胎卵湿化"。生命，就像是一颗豆豆，后天的胎卵湿化，譬如十月怀胎，瓜熟蒂落，孩子呱呱坠地之时，就开始禀受了天地大父母的"命性赋理"，就像是豆皮里的豆瓣与胚芽，开始萌发新生命之芽了。《黄帝内经》认为，肾藏精。人的两肾就像是两瓣豆瓣，先天至精，一炁氤氲，谓之命。而"命门"，乃人身之君，乃一身之太极，两肾之中是其安宅。就像是萌动新芽的豆苗，元始真如，一灵炯炯，谓之性。一炁氤氲，得一灵炯炯，仿佛性命之灯，刹那间被点亮了。

明白了人之生，"张三丰以武事得道论"也非常智慧地直面了人之死："夫欲寻去处，先知来处。来有门，去有路，良有以也。"人死后去了哪里吗？那得先知道您是从哪里来的；既然知道是从那扇门进来的，也自然应该知道，得从那扇门出去么！"良有以也"，世事万物，大凡就是这种原委啊。接下来，又强调说："可知来处之源，必能去处之委。来源去处既知，能必明身不（之）修。"既然知道了死生原委，那么一定也该明白"修身"之要了。人人都惧怕死亡，几乎所有宗教，都是以众生得离死亡的巨大威胁为感召。

"张三丰承留"所倡导的"人心惟危，道心惟微，惟精惟一，允执厥中"十六字心法，仿佛华夏文明的炯炯灵性，像是点亮华夏文明的火种盒，是中华民族继往开来、常续永绵的核心价值观。以天地乾坤为大父母，以伏羲为人祖，尧舜禅让，灯火相继，华夏文明的社会价值体系，其实是建立在直面生死的前提之下的。我们的先祖之所以能直面生死，在于他们内心深处另有"延年药在身"，在于他们内心深谙"死而不朽""元善从复始"之道。

《左传·襄公二十四年》载鲁国叔孙豹如晋，晋国执掌国政的中军将范宣子向叔孙豹请教"死而不朽"事。叔孙豹说："大上有立德，其次有立功，其次有立言。虽久不废，此之谓

不朽。"（图89）

"口授张三丰老师之言"称，只有"大而化之者，圣神也""大成文武圣神""圣神之境"者，才能死而不朽。而"先觉者得其环中，超乎象外，后学者以效先觉者所知能""以体育修身进之"，以"手舞足蹈"的採战之术，结合自身拳架套路训练的阴阳採战与两人推手训练的两男对待採战（此可证其时尚未出现男女之间的推手训练），"自天子至于庶人，壹是皆以修身为本"，"能如是，表里精粗无不到，豁然贯通，希贤希圣之功，自臻于曰睿曰智，乃圣乃神，所谓尽性立命，穷神达化在兹矣"。此时，太极拳正为凡

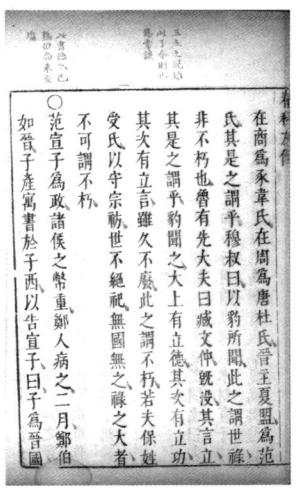

图89 万历闵齐伋朱墨套印本《春秋左传·襄公二十四年》

夫俗胎指明了一条，人人皆能希贤希圣，人人皆能曰睿曰智，进而尽性立命、阶及神明之路。"无论智愚贤否，固有知能，皆可以之进道"。

"命性赋理"，命是一种赋，性是一种理。生命就像是一棵树，从种子的发芽，长叶子，茁壮成长，开花结果，到新的生命种子的成熟，叶落归根，这是命。《说文解字》曰"口令为命"，生老病死，春夏秋冬，日升月落，这都是"命"。动植物，所有的"生命"体，也一样无法抗拒这个"命"。我们的命，我们来到这个世界上，不是我想来就能来的。老天爷说，你来吧，我们的父母说，我们要个孩子吧，于是我们就来到了这个世界上。"张三丰以武事得道论"说，人来到这个世界上，是接受了两层口令，一是天地，天地是大父母；二是爹娘，爹娘是小父母。这两层口令，决定了我们来到这个世界上。

树本身具有的纹理、油脂，以及生命历程中所经历过的风霜雪雨，都烙印在树的纹理之中。这表面看不见的"理"，便是"性"。这"性"，承载着树的阅历、历练与生命历程，也决定

着树本身的材质、功用与价值。人，除了"命"之外，还有"性"。性者，生心，明心见性。性，是人本身所具有的一种向善的阳气。中国传统文化里，"性"字是竖心旁的，性由心生，看不见的，明心才能见性。

动物具有生命属性。而人除了生命属性，还具有性命属性。生命，是无法超越生老病死这一时间维度的。而性命，则能超越时空的局限。

西方文化现在也有人在研究这个问题，他们从中国传统文化里汲取营养，他们认为人与动物之间确实存在着巨大的区别，那就是人类有文化的积淀。弗洛伊德派学说里，弗洛姆认为人类有"集体潜意识"的存在。

人，生活在独特的四维空间之中，所以，人除了活在当下，过往的一步一个脚印，都将构成自己的生命历程。人的过去，过往的一点一滴，影响着现在。人的现在，当下的一举一动、一言一行，也改变着未来。人，生活在独特的四维空间之中，所以人除了知道父母，还能"慎终追远"，了解先祖历宗。个体的生命历程，都将融入和影响到家族的历史进程，甚至是关系着民族国家利益。人，生活在独特的四维空间之中，前辈、先人的一举一动，会在特殊的时间轴上，来影响当下人的生活状态。

人，生活在独特的四维空间之中，就像是具有Wi-Fi功能的手机，人类这台智能手机，自从呱呱坠地，就已经将人类文明的各类软件下载在手机上了，而且具备Wi-Fi功能，随时能够更新千万年来的文明积淀。

人的心，由心而生的"性"，具备了超越时空的可能。我们传统文化认为，当一个人，他生命的长度，他生命的广度，他生命的纵深度，达到了某个G点，他的生命体量就会发生质变。三不朽指的是立德、立功、立言。一个人，为推动整个社会，推动整个国家，或为整个民族做出了举世瞩目的大贡献，或建立了丰功伟业，或他的言行足以启迪后世千百年，这样的人，才有可能成为"三不朽"。

13. 精气神

1901年的私塾蒙学教材《澄衷蒙学堂字课图说》，是这样解释人的（图90）：

"身者，神之舍"，意思是说，人的身体是"神"居住的殿堂。"神"居住的殿堂是由"精"这种特殊的原材料组成。"精"凝结成"珠"，"精珠"的外面包裹美丽的衣服，里面是半流质的，叫元质，元质内有泡，叫核，核内有仁。"仁者，从人，从二"，说的是人与人的相处之道。所以古人说："仁者，爱人。"没有了"仁"，没有了爱人之心，人身体内所有的构造，就无从谈起了。因为人的血、肉、发、肤、筋、络，都是由精珠胶结而成的。精珠的核心，就是仁爱。仁爱，是人类生生不息之源。

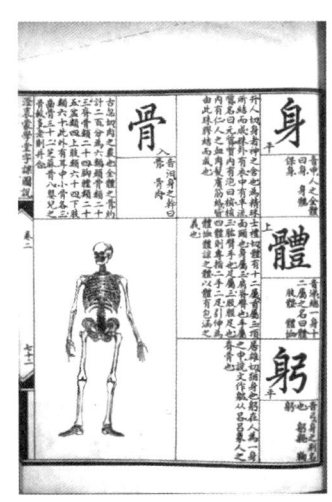

图90 《澄衷蒙学堂字课图说》之身字解

"肌者，丽于骨"。骨骼，是身体这座房子中的框架结构。全身的框架结构，由两百多根骨头组成。精血凝结成精珠，再构成肌丝。肌丝搓合后，变成了肌线，肌线再组合成肌肉。"肌者，丽于骨"，意思是说，人的肌肤，就是依附于每一根骨头上的内外修饰材料。

人，作为"神"居住的殿堂，是智能化程度极高的殿堂。人身体，除了骨肉搭建的框架之外，还具备两套系统，用以满足"神"的各项所需。其一是脏腑系统，其二是经络系统。脏腑系统与经络系统，都与精气神的"气"相关。古人把"气"写作"炁"，上面的"无"，意思是无形的，下面的"灬"，其实是"火"，是一种能量。脏腑系统像是"炁"这种能量的生产流水线，是各类能量的转化枢纽。人，从天地间汲取各类生物能量，通过口腔、肠胃、脏腑各个器官的转化，让由生物能量转化成的"水谷之气"，生化为诸类生理能量、心理能量。五脏六腑，便是一条自动化的流水线。经络系统就是"氶"这种能量的供应链。营气与卫气，在身体内外周行的通道，叫作经络。经络其实是肌肉、肌腱、神经末梢、骨骼、血管等之间的空间。当身体处在舒展状态时，经络就畅通。

《黄帝内经·灵枢》说：上焦如雾，中焦如沤，下焦如渎。三焦，其实是脏腑这条流水线生产出来的三类产品，是能量转化的三种状态的描述。下焦如渎，大凡与七情六欲相关的，是汲取五谷之气转化为"精"的过程。中焦如沤，指的是中医所讲的"血气"，包括血与气。这里的气，古人又分成两类，滋养脏腑运行所需要的能量，叫作"营气"。另一类比较强悍，由内而外，敷于体表，像是电脑的防火墙，防卫外邪入侵，叫作"卫气"。中焦如沤，是以精化气的过程。上焦如雾，是以气化神的阶段，是身体的主人"神"所需求的各类能量。

精气神，构成了传统语境下人特有的人格结构。精能化气，气能化神，神又反过来能作用精与气。《黄帝内经》认为："两精相搏谓之神""与精出入者谓之魄""与神往来者谓之魂"。

古人认为人有三魂七魄。精，在人格结构中以七魄的形象出现。神，在人格结构中以三魂的形象出现。明朝嘉兴有位博学家叫周履靖，他在《夷门广牍》中为三魂七魄画了卡通形象（图91）。七魄主管人的喜、怒、忧、思、悲、恐、惊七种情志。

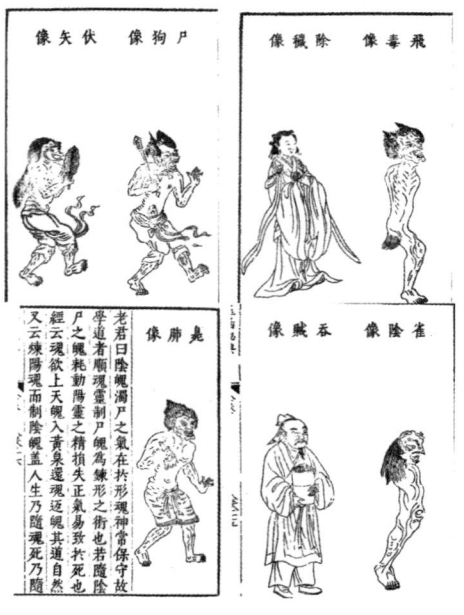

图91 《夷门广牍》之七魄图

"精"力旺盛的人，荷尔蒙一定旺盛，人的魅力十足，情商也应该会很高。但"过犹不及"，过分的精力旺盛，人的动物性就会很强大，往往会以魄拘魂。所以太极拳的修炼过程，就是练精化气，练气化神，摄魂制魄。三魂之中，"幽精"的作用，就是把过分旺盛的精隐藏起来。人一旦任由精泛滥，就会以精拘魄。

14. "神" 的工作模式

"神"在我们身体这座殿堂中，以三个卡通形象出现："幽精""爽灵"与"胎光"，称为三魂。三魂之中，"幽精"的作用是无意识的，"胎光"则时显时隐，像是潜意识的，而"爽灵"的作用则是有意识的。《黄帝内经》认为，爽灵这个有意识的神灵，住在"心"中。"任物者谓之心。心有所忆，谓之意；意之所存，谓之志；因志而存变，谓之思；因思而远慕，谓之虑；因虑而处物，谓之智"。（图92）

"物"，相对于"心"而言，包括作为脏腑的"心"本身，世事万物所有，都是"物"。曾国藩云："物者何？即所谓本末之物也。身、心、意、知、家、国、天下，皆物也。天地万物，皆物也。日用常行之事，皆物也。"

"神"的工作模式，从"任物"到"处

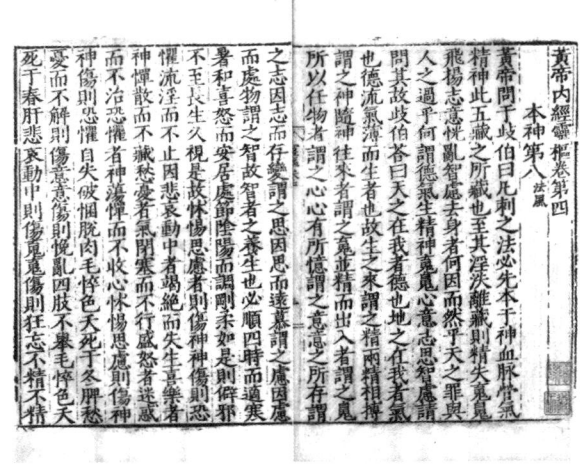

图92　至元五年胡氏古林书堂新刊《黄帝内经·灵枢》本神第八

物"，乃至到"应物"，是一个逐渐完善、逐渐递进的过程。太极拳的至高境界"应物自然"，不可能是一蹴而就的。而是在不断地拳架、推手训练过程中，心由被动的"任物"，由"忆"及"存"，因志而存变，因思而远慕，由深思处物以臻随感而应，应物无方。这一过程中，"心"这款软件的升级，又必须是在"身"的不断地修炼中得以完成。精能化气，气能化神，神能还虚，三者又相互制约、相互提升，由此散发出"精气神"特有的人格魅力。

优秀的人格结构，应该是炼魂制魄，惩忿窒欲，降龙伏虎，戒嗔戒色，炼情归性，是故，圣人，以魂运魄。而常人的人格结构中，烦恼妄想，扰苦身心，流浪生死，常沉苦海，永失真道，是故，众人，以魄摄魂。三十二目老拳论"人生太极解"云："此言口、目、鼻、舌、神、意使之六合，以破六慾也，此内也；手、足、肩、膝、肘、胯亦使六合，以正六道也，此外也。"太极拳解决了通过"心"的内六合，"以破六慾"；"身"的外六合，"以正六道"，这样一种身心合练的方式，旨在完善人格结构中以魂运魄的功能。

15. 搭建间架结构

身躯是"神之舍"，是"神"居住的殿堂。浮生如寄，舍，作"寄居"解，或许更加准确。但不管是殿堂还是客舍，首先得知道怎样来搭建间架结构，得让"舍"建得坚固，不能风一吹就倒了。我们说，身体得强壮，身体得健康，身体得长寿，那么，我们首先就得把这个"神之舍"的间架结构搭建得牢固，内外装修得非常精美，这样才能安"神"。否则我们的"神"就会心猿意马，会流离在我们身体之外，或者魂不守"舍"，甚至魂飞魄散。这是"以命入性"的前提。

古人认为构成身体最基本的元素是精，精最核心的内核，则是仁。这仁，里面有两瓣豆瓣，中间有胚芽。这胚芽，蕴含生生不息的生机，能够落地生根，随处发芽。仁者，从二从人。精，也是因为有了仁，才具备了生生不息的动能。这生生不息的仁，才是元善之始。人是群居动物，仁者爱人，居仁由义，都是这仁本身的属性所决定的。有了仁，精就具备了生生不息的旺盛的生命力。所以《黄帝内经》才说："两精相搏谓之神。"人的肌肤、骨骼、脏腑、毛发、神经末梢等，都是由精生发出来的。

人这座房屋，其框架是由骨骼搭建。肌肤、毛发，"丽于骨"，相当于房屋内外的装修材料。我们不妨先用骨骼来搭建框架。人身206块骨头，手掌、脚掌合计106块骨头，余下100块。我们来分享如何安顿自身余下的这100块骨头。我们每天找时间站桩，静下心来，把这一百块骨头去想一遍，拳艺一定会有大提高的。大脑对于自己身体的调控，也会越来越细腻和准确，这是传统文化的初步内证。

完成了100块骨头的梳理，同时也重新将自身的骨头安顿了一番。连接每块骨头的是肌腱。中医传统叫"筋"。伸筋拔骨，将每一根肌腱对拉拔长，才能将每块独立的骨头所搭建的这座房子，变得更加坚固稳定。太极拳论中"节节贯穿"四个字，其实说的就是先要梳理每一块骨头，让每一块骨头之间节节拔伸，再节节对拉拔长。只有这样，才能真正做到节节贯穿，才能让每一块独立的骨头，搭建成一个非常稳固又非常灵便自在的间架结构。

一个合理稳固的间架结构，必须具备一定的承载力。譬如两人推手，就像是两辆汽车相遇，通常会产生两种力量的作用形式，一是对抗，一是承载。两人角力、顶牛，就像是两辆车相撞，这就是对抗。还有一种情况，一接对手，你觉得无从着手，不得力，不得劲，像是被架空了。就像是处理交通事故，将事故车拖离事故现场时，处理事故的拖车与事故车之间的感觉，这就是承载与被承载。一个合理稳固的间架结构，就是将自己当作是处理事故车的拖车，将对手当作是事故车。

太极拳行拳走架，一依易经天地人三才，将己身三大节手、身躯、脚，构成了天地人三盘。三十二目老拳论云："能如水磨催急缓，云龙风虎象周旋。要用天盘从此觅，久而久之出天然""四手上下分天地，採挒肘靠由有去""此说亦明天地盘，进用肘挒归人字""太极人盘八字歌"等，都是旨在用周易的八卦象数来说明太极拳行功走架之理。天地人三盘构成的己身"卦象"，倘若将与之相关联的无形的周遭空气幻想成假想敌，那么这一假想敌，同样也有他的天地人三盘。己身天地人三盘在运行变化时，处处设想着假想敌天地人三盘的变化，倘若如是，那么在拳势一气流行之中，也能"其象数必对待而不移"，也能在行功走架中借己身之阴以补己身之阳，实现己身之採战，也能在一招一式、一举一动里去体悟推手中尺寸分毫的阴阳变化。老辈拳家要求在行拳走架中"无人若有人"，讲的就是这个理。

天地人三盘所构成的身形间架，在进退顾盼的一气流行之中，气之流行，不可能像少林拳的跳窜雀跃。三盘之中，身躯的齐头并进，平送身躯，成为最重要的运动法则。"以身分步，五行在焉，支撑八面""以中土为枢机之轴。怀藏八卦，脚跐五行"，在这种运动法则之下，躯体的运动变化，并不能靠两脚的屈伸蹬撑来带动，而是需要依靠"枢机之轴"，像是圆规的实脚，以带动身形的弧线变化。所以"身形腰顶"成了太极拳最为基本的身法要领。

"太极平准腰顶解"以及第七、八、九目所涉及的"身形腰顶"，其实都是对王宗岳《太极拳论》中"立如平准，活似车轮"的翔实诠释。老拳论一而再，再而三地解释"立如平准，活似车轮"，可见，此八字构成了太极拳的行功走架的核心内容："身形腰顶岂可无，缺一何必费功夫。腰顶穷研生不已，身形顺我自伸舒""退圈容易进圈难，不离腰顶后与前""顶如准，故云顶头悬也。两手，即平左右之盘也。腰，即平之根株也。立如平准，所谓轻重沉浮、分厘毫丝，则偏显然矣。有准，顶头悬，腰之根下株，尾闾至囟门

也，上下一条线，全凭两平转变换取，分毫尺寸，自己辨。"（图93）

"腰顶"与"身形"是一组相对应的概念。腰顶的运动要领是"穷研"，身形的要领是顺着腰顶的穷研而"伸舒"。所以，这里的腰顶，其实是泛指由尾闾内敛、虚领顶劲之后所形成的"轴"，就像是研磨的杵。身形则是顺随着"轴"的研磨而

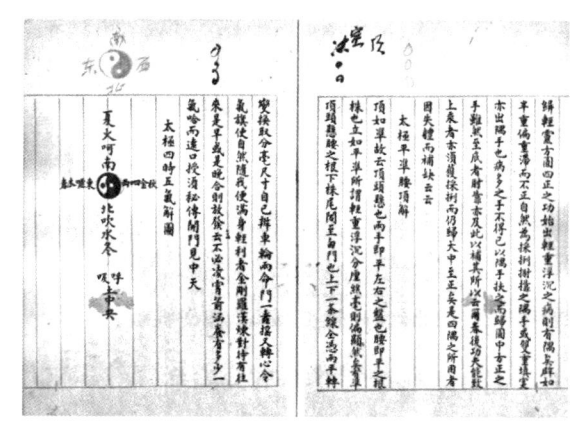

图93　三十二目老拳谱《太极法说》之太极平准腰顶解

形成的"圜（huán）"，只有身形舒展了，"圜"才得以舒展。命门所在处的腰背肌上下前后的对拉拔长，胸腹如橐籥（tuó yuè）般吸呼内动、抽靠贴沉，练的是肩胯之两"轴"。橐籥，一半竹片木板，一半牛皮，胸腹贴腰背时，能让脊椎节节舒展、对拉拔长，而不至于让腰背变弯曲变驼背，这是用以训练腰顶功夫。腰顶穷研的"研"，首先得能让腰顶可以成为研磨之研杵，如此方能如孙禄堂所说："在各式圜研相合之中，得其妙用矣。"虚实分明，讲的就是要求肩胯两边轴，像是圆规两脚一样，分清虚实。拳势在进退顾盼之中，前后的肩胯构成两边轴，可以相互变换虚实。"退圈容易进圈难，不离腰顶后与前"，讲的就是前后边轴"腰顶"的变化法则。实轴是研，是天平的根株也。虚轴在实轴"研"动下，构成了气如车轮的"圜"。所以，当拳势向右运转时，必定以右侧的肩胯边轴为"研"，以带动左侧身形气如车轮的"圜"；当拳势向左运转时，必定以左侧的肩胯边轴为"研"，以带动右侧身形气如车轮的"圜"。两"圜"就像是两个大车轮，带动身形的进退顾盼。虽然有两个车轮，但是在拳势运行中，始终只是或左或右、或虚或实，像是左右变换车轮的独轮车，其实始终只有一个车轮在发挥效用。

"车轮两，命门一，蠹（dào）摇又转，心令气旗，使自然，随我便"，两车轮在虚实变化时，作为指挥两车轮变化的"枢机之轴"，就像是军营中指挥作战的大旗（蠹），在"不离腰顶后与前"时，一定会有些许的"摇又转"。这一现象，倘若体现在推手之中，就会出现"断接俯仰"的现象。解决"断接俯仰"处的细微变化，就成了推手中真假懂劲的关键之处。所以"太极字字解"中说："求其断接之能，非见隐显微不可。隐微似断而未断，见显似接而未接。接接断断，断断接接，其意心身体神气极于隐显，又何虑不粘连随哉。"

手，是天平的托盘，拳者，权也。就太极拳的运动形式而论，两轴互为虚实，研圜（huán）相生，圜研相合，身形随着两轴互换的"摇又转"中，极其舒展之能，两手如天平的托盘一般，尺寸分毫，感知运动变化之妙，成了推手中最重要的身形法则。

16. 调动脏腑器官的合理运动

我们的"神之舍"，是全智能化的房子。它能提供"神"安适的在房子里面工作、生活所需要的所有能量。提供这些能量的有两大体系，一个叫五脏，一个叫六腑。

西医有一个概念，说人身上分成两大部分器官，一部分是由动物性神经所调控的器官，譬如我们的四肢百骸，我们的大脑能够调控他们的运动；另一部分叫植物性神经调控的器官，它们虽然有自身的运动规律，但我们的大脑调控不了它们。五脏六腑就是属于植物性神经调控的。人类发明的很多运动形式，譬如竞技体育的各类项目，都是动物性神经所调控的，运动的是四肢百骸，也就是训练肢体百骸。这些运动，都没有谈及如何让我们的五脏六腑也运动起来。

让脏腑器官适度地运动起来，并不是动物性神经调控的，对于不听大脑指令的脏腑器官，如何让其适度地运动？这就涉及太极拳非常重要的一个训练体系：怎样通过胸肋骨的运动，来带动脏腑器官的运动。这是太极拳需要解决的问题，也是太极拳非常重要的一个训练法则：含胸拔背。那么如何正确来理解含胸拔背？

李时珍在《本草纲目》卷三十四辛夷中说："鼻气通于天。天者，头也、肺也……脑为元神之府，而鼻为命门之窍。"（图94）他认为，命门在两肾之间，它的窍位是鼻子。传统中医认为：目为肝窍，口为脾窍，耳为肾窍，舌为心窍，鼻为肺窍。李时珍将两鼻孔，看作是命门之窍。

窍者，空也，这为"命门三焦"这个能量转换系统找到了关键的出口，就像是锅炉的烟囱一样。人在呼吸之时，鼻窦为命门之窍，显然比鼻为肺之窍对膈膜的沉降要求要更高。而这一要求，也决定了只有逆腹式呼吸，才能让呼吸更为深入绵长。

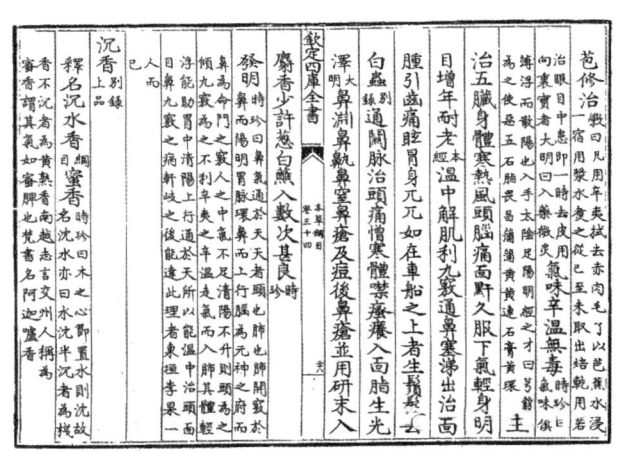

图94　钦定四库全书本《本草纲目》卷三十四

另外，三十二目老拳论把道家南宗的先修命功、后修性功，由命入性的学说，嫁接在太极拳的训练体系里。命门，便是由命入性的方便之门。那么命门又在哪里？人身的太极又在哪里？太极拳如何来修炼命门，进而步入性命践行之路？

李时珍《本草纲目》卷三十之胡桃云："三焦者，元气之别使；命门者，三焦之本原。盖一原一委也。命门指所居之府而名，为藏精系胞之物。三焦指分治之部而名，为出纳腐熟之司。盖一以体名，一以用名。其体非脂非肉，白膜裹之，在七节之旁，两肾之间，二系著脊，下通二肾，上通心肺，贯属于脑，为生命之原，相火之主，精气之府。人物皆有之，生人生物，皆由此出。《灵枢·本脏论》已著其厚薄缓结之状。”（图95）从《黄帝内经》一直到后世的《类经附翼》，命门所指，没有定论。传统中医限于解剖学的落后，李时珍说命门“其体非脂非肉，白膜裹之”云云，自然不足采信。但李时珍将三焦与命门合二为一，一原一委，一体一用，上通心肺，下通二肾，“藏精系胞”“出纳腐熟”“为生命之原，相火之主，精气之府”等概念，对后期赵献可、张景岳创立“命门学说”影响巨大。赵献可《医贯》认为：“命门在两肾中。命门左旁小黑圈是真水之穴，右旁小白圈是相火之穴。此一水一火俱无形。日夜潜行不息。两肾在人身中合成一太极。自上数下十四节。自下数上七节。”（图96）

細臟諕見下 方 治損傷石淋同破故紙蜜丸服補下焦
頌 補氣養血潤燥化痰益命門利三焦溫肺潤腸治
虛寒喘嗽腰脚重痛心腹疝痛血痢腸風散腫毒發
痘瘡制銅毒 時珍
油胡桃氣味辛熱有毒主治殺蟲攻毒治癰腫癘風
疥癬楊梅白禿諸瘡潤鬚髮 時珍
發明 韓丞曰破故紙屬火能使心包與命門之火相
通胡桃屬水主潤血養血血屬陰陰惡燥故油
以潤之佐破故紙有木火相生之妙故古有云黃蘗
無知母破故紙無胡桃猶水母之無蝦也 時珍曰三

欽定四庫全書 卷三十 本草綱目

焦者元氣之別使命門者三焦之本原蓋一原一委
也命門指所居之府而名為藏精係胞之物三焦指
分治之部而名為出納腐熟之司蓋一以體名一以
用名其體非脂非肉白膜裹之在七節之旁兩腎之
間二系著脊下通二腎上通心肺貫屬於腦為生命
之原相火之主精氣之府人物皆有之生人生物皆
由此出靈樞本臟論已著其厚薄緩結之狀而扁鵲
難經不知原委體用之分以右腎為命門謂三焦有
名無狀而高陽生偽撰脈訣承其謬說以誤後人至
朱肱南陽活人書陳言三因方論戴起宗脈訣刊誤
始著說闢之而知之者尚尠胡桃仁頗其狀而外
皮水汁皆青黑故能入北方通命門利三焦益氣養
血與破故紙同為補下焦腎命之藥夫命門氣與腎
通藏精血而惡燥若腎命不燥精氣內充則飲食自
健肌膚光澤腸腑潤而血脈通此胡桃佐補藥有令
人肥健能食潤肌黑鬚固精治燥調血之功也命門

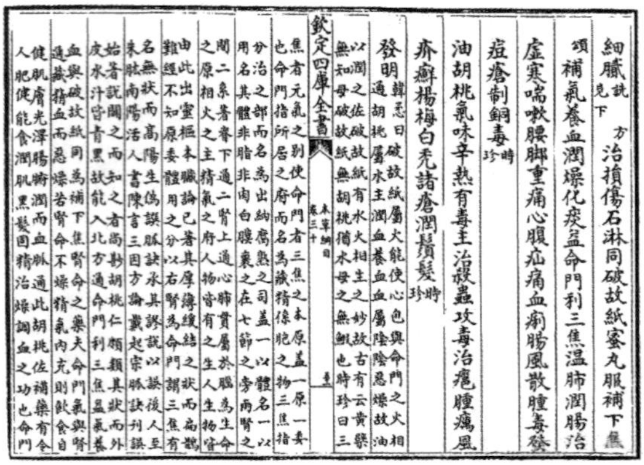

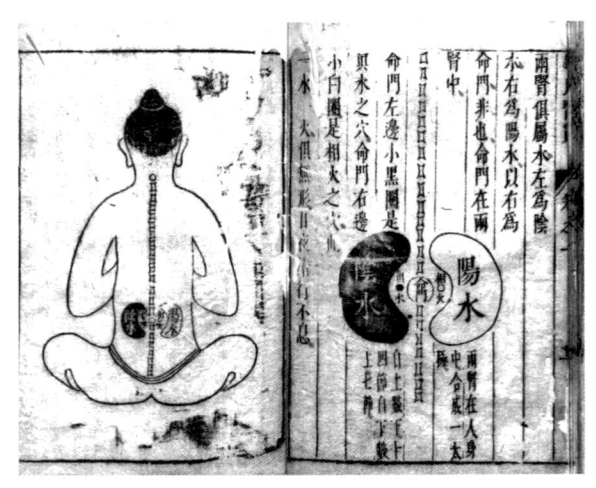

图95　钦定四库全书本《本草纲目》卷三十

图96　赵献可《医贯》

五脏六腑，六腑像是一条生产流水线，有着自动化的生产工序和流程。人从口中摄入五谷杂粮，通过食道、胃、胆汁的分泌、大小肠的吸收和膀胱的排泄，那么六腑之中，三焦是什么？三焦在哪里？李时珍明确地告诉我们，三焦，就是命门。命门就是三焦。命门是三焦的体，三焦是命门的用。这一体一用，为太极拳找到了脏腑器官适度运动的理论基石：六腑，属于植物性神经调控的，大脑调控不了，但是可以通过调控命门，调控脊背自上数下十四节、自下数上七节的位置，让两肾中间人身的太极运作起来，这样就能调控三焦的功效，使其得到更好地发挥。李时珍的这一理论，为我们太极拳如何通过命门的修炼，找到了可稽之凭据，为我们如何来调控五脏六腑的适度运动，找到了契机。

另外，李时珍的鼻子是命门之窍位，这一理论，又为太极拳怎样通过命门的运动，来配合呼吸，进而调到脏腑的适量运动，找到了最为合理的运动方式。设想：倘若鼻子是肺的窍位，我们的呼吸方式一定是，吸气时，扩胸，呼气时，放松复原。倘若鼻子是命门的窍位呢？我们的一呼一吸，通过命门来调控的话，那么我们的呼吸就深沉了。而且我们的呼吸，一定是采用逆腹式呼吸的。吸气的时候，命门所在位置的背脊处，上下左右对拉扩张，胸腹同时内陷与腰背贴紧，呼气时，放松复原。只有当极度逆腹式呼吸的时候，腰背部尽量不动，而胸腹部极力往内与腰背贴紧，两肾之中，人身太极之真水与相火交互作用，整个胸肋骨才能带动五脏六腑相应地运动起来。所以，怎样通过五脏六腑的适度运动，怎样通过一种运动形式，让五脏六腑得到梳理，这是两肾之中人身太极之所在的真正目的，也是这套运动形式之所以称为"太极拳"的意义之所在。

五脏的脏，原本作"臧"，后人加了草字头作"藏"，后又加肉月旁作"臟"，是仓储的意思。加了肉月旁，意思简单了，肉做的仓库。五脏，人身内五个收藏各类能量的车间，有成品车间或半成品车间。这些车间所储存的各类能量，就是"神"所需要的能量。这些能量来自六腑。六腑的腑，原本就作"府"，府史胥徒之府，政府行政办公处理各类政务民生之所在。后来加了肉月旁，肉做的自动化生产流水线。像是一间工厂，从原材料进去，半成品、成品出来，半成品又能根据需求，随时进入流水线中。五脏与六腑由此构建了非常有机、非常智能的全自动生产流水线。六腑生产的能量，储藏在五脏之内，五脏储藏的能量，又能按需回到流水线中去。

三焦。焦字下面"灬"，原本为"火"，古人将精气神的气，也写作"炁"，也是灬字底，热和烈、煎和熬也是，这些都代表一种能量。《黄帝内经》描述三焦：下焦如渎，中焦如沤，上焦如雾。

下焦如渎。渎，是小河沟的意思。中医普遍认为指的是大小便。个人以为，还不只是大小便，应该包括眼泪、鼻涕、耳屎、汗液等，由内而外的排泄物。这些都是五脏六腑这一生产流水线在生产过程中排泄出来的。一个人大小便不通畅，会生病，一个人不出汗，也会生病。

中焦如沤。沤，原本指的是土灶烧饭，饭烧开时，锅盖与锅体之间泛扑出来的，既有水泡又有蒸气的状态。中焦在中医里，指的是血气，或叫气血，分成两个部分，带有水泡属性的，指的是全身运行的血液；带有蒸腾向上气态属性的，是"炁"。血和炁，都是五脏六腑生产流水线产出的重要的成品，同时又为五脏六腑的运行提供能量。这个炁，中医又分成两个部分，一部分流行于脏腑之间，充盈在肢体百骸之内，泌津化血，用来奉养生身的，叫作营气。当营气充沛后，由内而外，霸气侧漏到了皮肤之中，分肉之外，肥腠理，司开合，用以充任周身，免遭外邪侵入的护卫工作的，叫作卫气。就像是电脑的"防火墙"，防止病毒侵入。卫气充盈了，稍稍的受寒淋雨，也不会生病。

上焦如雾，雾气的雾。从下焦如渎，水性的，到中焦如沤，水泡与蒸气双重属性的，再到上焦如雾，纯粹的气态的，看不见了。如雾的上焦，这也是五脏六腑生产流水线所产出的产品。人的一言一行，讲的每一句话，写的每一行字，或者脑子闪现的每一个念想，或者是做梦，甚至是无意识的林林总总，其实都是需要能量的。这些能量，都是从嘴巴里吃进去的每一粒米，每一滴水，每一份饕餮（tāo tiè）美食转化的。由此可见，五脏六腑，是一条非常神奇的生产流水线。从吃进去的五谷杂粮，我们称为生物能量，经过五脏六腑之后，变成了一种生理能量，营气卫气。这些生理能量，到了上焦，就成了人的所意所志，所思所虑，甚至是人的情感，人的心性气质，这就成了心理能量。所以，五脏六腑，是一座由生物能量转化为生理能量，再转化为心理能量的自动化能量转换枢纽。

那么，如何让生物能量、生理能量、心理能量，能量转化的每个环节，转换效率提高，能耗减少呢？赵献可认为，命门是人一身之太极，是一身之主宰。那么，如何调动命门的运动，来达到五脏六腑能量转换的效能，无疑是太极拳最为核心的内容了。

一直以来，我们都在争论什么叫内家拳，什么叫外家拳，或者什么叫太极拳，什么叫太极操、太极舞蹈。其实很简单，太极拳是内家拳。所谓的内家拳，就得调动五脏六腑的运动，让身体各类能量转化更为合理。不管陈式、杨式、孙式、武式、吴式，倘若你练的拳，无法通过命门的调控，来让脏腑器官适度合理的运动，那就不叫太极拳。三十二目的《人身太极解》详尽地分析了人身的太极、两仪、三才、四象、内外五行、内外六合、外七窍内七情、内外八卦、内九宫、十天干、十二地支之后，作者语重心长地说道："明斯理，则可与言修身之道矣！"

17. 疏通经络

经络要解决的问题是：五脏六腑所产生和转化的生理能量、心理能量，如何通过经络的传导，通过肢体百骸，再转化为各类肢体运动，从而转化为机械能量。

西方医学对中医诟病最多的就是"经络"，认为中医经不起实证。一刀下去，解剖开来，骨骼、肌肤、脏腑、血管、神经末梢都有了，就是没有经络。所以，西医认为中医不科学。很多年来，我们自己也对中医越来越不自信。虽然也在想尽办法，通过各类西方"科学"仪器来检测经络的存在，却往往不尽人意。于是乎，我们自己也开始怀疑起经络来。事实上，这是一个非常大的误解！

早在两三千年前，《黄帝内经》就已经将经络和经络的通道讲得清清楚楚，明明白白。只是我们后人已经听不懂我们的老祖宗在讲什么话了。《黄帝内经·灵枢》对身体能量的供应链有详细地阐述：“五脏五腧（shù），五五二十五腧，六腑六腧，六六三十六腧。经脉十二，络脉十五，凡二十七气，以上下。所出为井，所溜为荥，所注为输，所行为经，所入为合，二十七气所行，皆在五腧也。节之交，三百六十五会。知其要者，一言而终，不知其要，流散无穷。所言节者，神气之所游行出入也，非皮肉筋骨也。”（图97）腧者，古作俞。俞者，空中木为舟。意思是说，人身体里的各类“腧”，像是挖空木头，用作交通工具的独木舟。在五脏六腑这套肉做的自动化生产流水线中，腧，像是独木舟一样，川流在脏腑之间，用来输送脏腑这条流水线所产生的种种能量。五脏体系中，分别有五条叫作腧的独木舟，共有五五二十五条独木舟。六腑之中，各有六条叫作腧的独木舟，共有六六三十六条独木舟。《黄帝内经》还将这些叫作腧的独木舟，根据其在能量输送过程中的不同作用，分成以下几大类：所出为井，所溜为荥，所注为输，所行为经，所入为合。

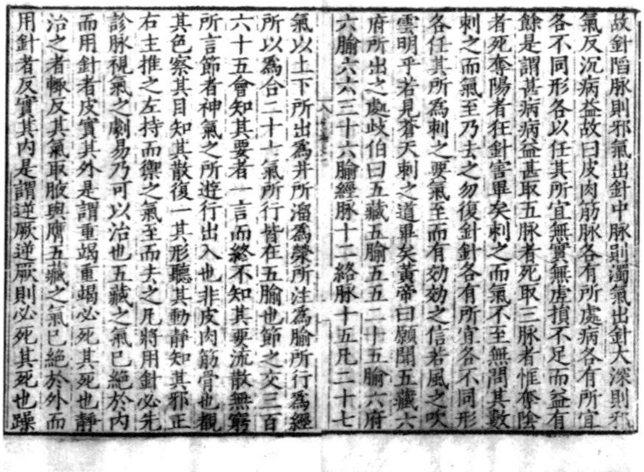
故針陷脉則邪氣出針中脉則濁氣出針大深則邪
氣反沉病益故曰皮肉筋脉各有所處病各有所宜
各不同形各以任其所宜無實無虚損不足而益有
餘是謂甚病病益甚取五脉者死取三脉者恇奪陰
者死奪陽者狂針害畢矣刺之而氣不至無問其數
刺之而氣至乃去之勿復針針各有所宜各不同形
各任其所爲刺之要氣至而有効効之信若風之吹
雲明乎若見蒼天刺之道畢矣黄帝曰願聞五藏六
府所出之處岐伯曰五藏五腧五五二十五腧六府
六腧六六三十六腧經脉十二絡脉十五凡二十七
氣以上下所出爲井所溜爲滎所注爲腧所行爲經
所以爲合二十七氣所行皆在五腧也節之交三百
六十五會知其要者一言而終不知其要流散無窮
所言節者神氣之所遊行出入也非皮肉筋骨也覩
其色察其目知其散復一其形聽其動静知其邪正
右主推之左持而禦之氣至而去之凡將用針必先
診脉視氣之劇易乃可以治也五藏之氣已絶於内
而用針者反實其外是謂重竭重竭必死其死也静
治之者輙反其氣取腋與膺五藏之氣已絶於外而
用針者反實其内是謂逆厥逆厥則必死其死也躁

图97　至元五年胡氏古林书堂新刊《黄帝内经·灵枢》九针十二原第一

这些川流不息的独木舟究竟在哪里？西方的解剖学为什么无法找到？“所言节者，神气之所游行出入也，非皮肉筋骨也。”这句话，像是一声棒喝，足以敲醒一直以来孜孜以西方式实证思辨来找寻经络者的木瓜脑袋！《黄帝内经》明明白白、清清楚楚地告诉我们：所有的经络，所有的井、荥、输、经、合，或365会的节之交，所有整套的供应链，其实都不是由皮、肉、筋、骨等器质性的器官所组成的，而是皮、肉、筋、骨等器质性的器官，它们相互之间的"空间"，构成了能量的通衢。知道身体内的这些"空间"，由此才能真切地理解"俞者，空中木为舟"的意义所在。

营气充盈、霸气侧漏时，才能由内而外变成卫气。营气不充沛，卫气也就不足，那么人抵御外邪的能力也就减弱了，就容易生病。那么怎么样让身体内的营气卫气遍布我们身体各个部位，让我们身体始终处于暖和的状态呢？

中医把经络分成两大部分。一部分是正经，通常称为十二正经。另一部分是奇经，就是常常听到的奇经八脉。其实，十二正经，每个人都是通畅的，人呱呱落地到生老病死，走完一程，十二正经始终是通畅的。十二正经指的是：手三阴、手三阳、足三阴、足三阳。手足与五脏之间的能量通道，五脏属阴，所以叫手三阴、足三阴。手足与六腑之间的能量通道，因为六腑属阳，所以叫手三阳、足三阳。手与五脏、手与六腑、足与五脏、足与六腑，各有三根脉络。事实上，传统文化里的三，往往是指示性的泛数。人身上，纵向的能量通道谓之经，横向与之关联的能量通道谓之络。数以万计，纵横交错的经脉、络脉，构成了全身能量上下、内外的交互输送和传导。中医的十二正经，只是从阴阳属性角度，便于我们的了解和掌握。

补泻，是中医非常重要的理论。泻有余以补不足。如何通过食药的补泻，来达到身体能量的均衡，这是中医的补泻。通过自身十二正经所传导的能量，相互之间予以补泻，来达到自身能量的均衡，就得需要疏通奇经八脉。人的奇经八脉一旦畅通，五脏六腑之间所产生的能量，在通过十二正经传导输送过程中，就能随时随处的相互补济。这是智能化程度极高的补泻，远比食药的补泻高效、便捷。

奇经八脉，在历代的中医图集里都有所涉及。到了李时珍的《奇经八脉考》中，他在辨析古代医学和仙道丹书的论述之后，才为奇经八脉找到了相对明确的理论依据。李时珍几乎成了明朝中医药界的一个里程碑式的人物，也为我们内家拳的修炼找到了切实可行的理论依据，尤其是为太极拳理论的奠定，找到了必备的中医理论铺垫。

李时珍《奇经八脉考》云："凡人一身，有经脉、络脉。直行曰经，旁支曰络。经凡十二：手之三阴三阳，足之三阴三阳是也。络凡十五：乃十二经各有一别络，而脾又有一大络，并任、督二络，总为十五。"二十七类经络，相随上下，如泉之流，如日月之行，川流不息。"阴脉营于五脏，阳脉营于六腑。阴阳相贯，如环无端，莫知其纪，终而复始"。十二正经像是沟渠，这些沟渠所流溢出来的能量，就会渗漏到奇经中。所以，奇经八脉更像是湖泽与运河，让十二正经的能量相互补济，转相灌溉，"内温脏腑，外濡腠理"。（图98）

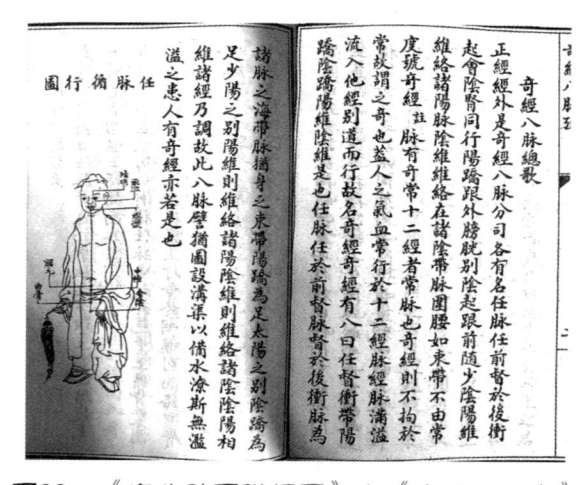

图98　《内外功图说辑要》本《奇经八脉考》

"奇经八脉者，阴维也，阳维也，阴跷（qiāo）也，阳跷也，冲也，任也，督也，带也。""阳维起于诸阳之会，由外踝而上行于卫分；阴维起于诸阴之交，由内踝而上行于营分；所以为一身之刚维也。阳跷起于跟中，循外踝上行于身之左右；阴跷起于跟中，循内踝上行于身之左右；所以使机关之跷捷也。督脉起于会阴，循背而行于身之后，为阳脉之总督，故曰阳脉之海。任督起于会阴，循腹而行于身之前，为阴脉之承任，故曰阴脉之海。冲脉起于会阴，夹脐而行，直冲于上，为诸脉之冲要，故曰十二经脉之海。带脉则横围于腰，状如束带，所以总约诸脉者也。"

李时珍还引用道家南宗张紫阳真人的《八脉经》云："八脉者，先天大道之根，一炁之祖，采之惟在阴跷为先。此脉才动，诸脉皆通。次督、任、冲三脉，总为经脉造化之源。"阴跷一脉，"上通泥丸，下透涌泉，倘能知此，使真炁聚散，皆从此关窍，则天门常开，地户永闭，尻脉周流于一身，贯通上下，和炁自然上朝，阳长阴消，水中火发，雪里花开。所谓'天根月窟闲来往，三十六宫都是春'，得之者，身体轻健，容衰返壮，昏昏默默，如醉如痴，此其验也"。

奇经八脉中，首先是督脉。督脉，督者，以中道察视之，监督管理之意。督脉，于人一身之中，总督全身之阳气。手三阳是手与六腑之间的关系，足三阳是脚与六腑之间的关系。但是，手三阳与足三阳之间各自为政，就得依靠督脉来察视管理。梳理督脉，24根脊椎骨如何节节对拉拔长，孙禄堂老先生只用一个"塌"字诀：塌，肩背下塌，督脉之理也！顶头悬，头顶部位先领着，肩背下塌了，收腹敛臀，督脉就疏通了。学拳，不要去看武侠小说，以为打通任督二脉，就是如何了得了。顶头悬的前提下，腰背一下塌，稍稍地收腹敛臀，你会发现手脚四肢自然就相连了，与人推手，劲力也就整了。

其次是任脉。任，儋何谓之任。肩负重任的原意，就是这一概念。《黄帝内经》有"任物者为心"，心，担负着处理世事万物的重任。任脉，总任一身之阴脉。任脉疏通的关键是要平心静气，让原本上浮的心火降下来。做到了真正的含胸，就能疏通任脉。孙禄堂老先生也非常简洁扼要地用了一个字："扣"。家师慰苍先生曾经给我解释这一"扣"字诀。他说，"梅菜扣肉"的扣，用一只碗，倒扣着，把自己的胸腹挖空了，任脉也就疏通了。所以孙老先生讲，扣，任脉之理也。

督脉起于长强，上至百会，过头顶下落至人中。任脉起于承浆，下落至会阴。我平时喜欢跟大家分享："掌根向前，虎口撑圆，头后靠，腰背下塌，锁骨撑开，两肘后开后合前合。"其实做到位后，任督两脉就疏通了。而且手三阴，由胸走手，由内而外，手三阳，由手走肩胛，经过腰背下塌，入胸。手三阴与手三阳，无论气血、劲路也完成了一个小循环。

但是，任督两脉相互之间怎么沟通？任脉与督脉在嘴巴与肛门之间是不联通的，像是隔了两条河。所以仙道修真认为，在口腔里，要舌抵上腭，搭建上鹊桥；在肛门处，要谷道上提，搭建下鹊桥。怎么样才是舌抵上腭的状态呢？很简单，只要咽一口口水下去，此时正好是舌抵上腭的状态。倘若你舌尖没碰到上腭，是咽不下口水的。练拳修真，始终保持这个状态，满口唾液，仙道谓之金精玉液，或称"自家水"。下鹊桥的要领，主要就是提肛，或说谷道上提。老辈拳家讲得通俗，称"忍大便状"。古人读书"头悬梁锥刺股"，头部似乎有根辫子从梁上挂下来，屁股虽然是坐在椅子上，但屁股下面似乎有锥刺，如坐针毡的感觉。平时生活状态，随时随地，行立坐卧，须保持这个状态。

上下两座鹊桥搭建好了，虽然表面上任督两脉形成了循坏，其实还是缺少周流不息的势能。古人说三桥，夹脊处还需要搭建一座。其实搭建夹脊的目的，是为疏通带脉作铺垫的。带脉，就像是一根腰带，李时珍说："围身一周，如束带然。"这根束带就像是古人的"玉带"。如果我们练拳，也感觉像是有这么一根玉带在腰胯上，就能将命门所在的区域适当地向外凸显，与腰背齐平。这样，夹脊似乎也像是造了一座桥梁。然后，微微凸显的命门部位，就能找到与两肘、两膝盖之间的对应关系了。孙禄堂先生在肘部位置，用了两个字叫"裹""垂"，无论是裹还是垂，其实都需要"玉带"来束展的。有了玉带，纵向的脉络也自然受到了约束，任督二脉也有了周流不息的动能。

任督两脉与带脉通畅之后，还需要疏通阴跷、阳跷、阴维、阳维这四条脉络。跷脉的跷，像是牛筋一样，肌腱类的连接方式，带有一定的坚韧劲。维脉的维，像是蚕宝宝吐丝，柔软的、纤维状的连接方式。这纯粹属于个人的想象，目的是找到手脚之间或劲韧或绵柔的连接方式。孙禄堂老先生在肩胯处，分别用了"松""缩"两字，好好去领悟，就会对老拳论"上下相随""左右相连"有更深的理解。

冲脉起于胞中，下出会阴，一直下到脚踝内侧之后，分成几个路径，或循脊里，或循腹腔，一直上到咽喉唇口。像是小时候放二踢脚的焰火鞭炮，下落后，复又腾起，往周遭扩散开来。瑜伽有"中脉"一说，上炎的能量如蛇吐信，也非常形象。

家师慰苍先生《"里开外合"试译》一文，从他个人七十年的太极拳学践行体验出发，其描述的内气运行的线路，其实正是循足少阴肾经，以疏通阴跷一脉为契机，通过旋踝、合膝、裹裆、抽胯、收臀、敛腹（抱起丹田）、护肫、含胸，以及撑（送）腿、丹田落位（放开尾闾）、拔背顶劲、沉肩垂肘、坐腕伸（舒）指等的身法要领，旨在让身体阴侧肌肉由下而上、由内而外地舒展开来，从而到达由下而上、由后而前、由内而外的"节节贯串"与"完整一气"，使得内气与劲力上下相随，左右相连，周身一家，以此来完成督、任、冲及其他诸脉的畅通，进而完成内气"大周天"的循环。奇经八脉疏通后，不但十二正经的能量能够相互之间得以补济，更为重要的是，我们在推手实践中，手脚劲力更为通透和锐利。

18. 提高五官工作效率

《说文解字》曰："吏以事君者为官。"官，是直接为皇帝做事情的人。见不到皇帝的，叫吏。身体的五官，是直接效忠于"神"，直接为"神"服务的。相学里说，眼睛是督察官，耳朵是采听官，鼻子是审辨官，口舌是出纳官。除此四官，"眼耳鼻舌身"，还少了非常重要的一位官"身"。"身"，指的是周身皮肤的触觉。"眼耳鼻舌身"五官，是授命于"神"，来负责处理世事万物的"色声香味触"。意思是说，五官是"神"任命他们分别来负责采集世事万物中的五光十色、五声十二律、五味杂陈和各种各样的奇芳异香，以及虚实沉浮、迟速洪滑等触觉反应。

五官采集各类信息之后，交由心来处物。中医的"望闻问切"，就是通过五官来采集病人的外界信息，交由心来处理这些信息，心从这些外界信息里，综合判断病人内在脏腑或经络的健康状态。《黄帝内经》把心处理世事万物的过程说得非常详细和精彩。"所以任物者谓之心"，五官采取的各类信息，全部交给了心来儋何。"心有所忆谓之意"，五官采集的信息，在心里留下记忆时，这叫作"意"。"意之所存谓之志"，留在心镜里的镜像，印象深刻，留下了印迹，这叫作"志"。这是心以"任物"的阶段，是一种意志力。从"知觉运动"而论，这是"觉物"，是世事万物在大脑皮质留下了种种信息。"因志而存变谓之思"，对于原先留下来的"志"，事后会再从不同方式、不同侧面进一步去处理那个信息，这才叫"思"。这思考的思，从此开始步入"知觉运动"的"知物"过程。知觉，觉与知不同。觉，大梦初醒，是大脑皮质的刺激印迹。而知，则是深思熟虑后，对于外界事物的一种判断和处理。接下来，《黄帝内经》还将进一步处理来自五官所采集的信息。"因思而远慕谓之虑"，思虑，思与虑也不同。虑，是一种长期规划。当一个人对于世事万物的信息处理，具备了长远规划的时候，才叫虑。谋思，谓之虑，可谓"深谋远虑"者也。"因虑而处物谓之智"。我们两三千年前的古人，将心以处物的过程，非常有条理，非常有谋划。能够深谋远虑来处物，处理外界信息的，才称得上是"智"。

从"所以任物者谓之心"的任物，到"因虑而处物谓之智"，就像是"知觉运动"，由觉而知一样，由任物到处物，是渐进的历程，而太极拳所要求的还远远不够。太极拳《授秘歌》要达到的境界叫"应物自然"。应物，二气感应以相与，就像是一束光投射在镜面上，光线反射，这是应物自然。空谷回响，这是应物自然。太极拳是一种有为法，不是无为法。太极拳的"应物自然"，不是一蹴而就的。从简单的信息处理到复杂的深谋远虑，从觉动到觉运，从知己到知人，通过一招一式、一步一脚印的学习过程，才可能

"渐至物来顺应"。

太极拳的这一学习过程，就像是宋明理学里的"知觉运动"体系。所以三十二目老拳谱多次反复地将"知觉运动"理念引入到了太极拳的理论体系中来："知觉运动得之后，而后方能懂劲，由懂劲后，自能阶及神明矣""非乃武无以寻运动之根由，非乃文无以得知觉之本原。是乃运动而知觉也""先求自己知觉运动，得之於身，自能知人""要知人之知觉运动，非明粘黏连随不可""运动知觉来相应，神是君位骨肉臣。分明火候七十二，天然乃武並（bìng）乃文""补自己者，知觉功亏则补，运动功过则泻，所以求诸己不易也。"

知觉运动，作为逻辑概念，最早是朱熹注释《孟子·告子》时所提出来的，戴东原批驳朱熹的观点，他在《绪言》中以答问形式，首次为"知觉运动"做了逻辑上严密的判定。他说："知觉运动者……此生生之机原于天地者也，而其本受之气，与所资以养者之气则不同。所资以养者之气，虽由外而入，大致以本受之气召之……气运而形不动者，卉木是也；凡有血气者，皆形能动者也。由其成性各殊，故形质各殊，则其形质之动，而为百体之用者，利用不利用亦殊。知觉云者，如寐而寤曰觉，心之所通曰知，百体皆能觉，而心之知觉为大。凡相忘于习则不觉，见异焉乃觉。鱼相忘于水，其非生于水者，不能相忘于水也，则觉不觉亦有殊致矣。"（图99）

三十二目"固有分明法"云："盖人降生之初，目能视，耳能听，

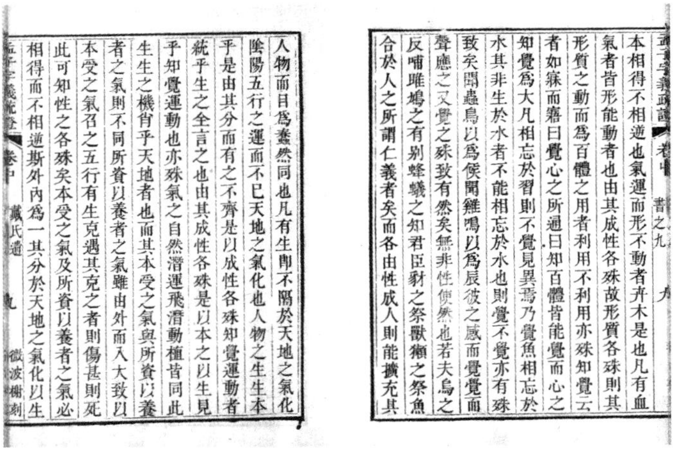

图99　微波榭戴氏遗书本《孟子字义疏证》

鼻能闻，口能食。颜色声音香臭五味，皆天然知觉固有之良；其手舞足蹈，於四肢之能，皆天然运动之良。"虽然是固有之良，但往往相忘于习，则不觉，见异焉，乃觉。就像是鱼一样，悠游在水里，它就无法感知水的存在，人生活在空气之中，也感受不到来自空气的浮力与阻力一样。"固有分明法"接着分析道："思及此，是人孰无。人性近习远，失迷固有。要想还我固有，非乃武无以寻运动之根由，非乃文无以得知觉之本原。是乃运动而知觉也。"戴东原认为："血气心知有自具之能：口能辨味，耳能辨声，目能辨色，心能辨夫理义。""心之神明，于事物成足以知其不易之则，譬有光皆能照。而中理者，乃其光盛，其照不谬也！"他认为，人的认识是一个不断由"精爽"进到"神明"的过程，"精爽"的过程，先自知，后知人，尺寸分毫，由尺及寸，由寸及分及毫，允文允武、允圣允神，当阶入"聪明睿圣"时，"心之精爽，有思则通……精爽有蔽隔而不能通之时，及其无蔽隔，无弗通，乃以神明称之"。三十二目老拳论自始至终贯穿了戴东原的知觉运动理念。

另外，三十二目老拳谱将"推手"称为"对待"。对待一词，源自易学。来知德云："主宰者理，流行者气，对待者数。"对，是主动的；待，是被动的。对待的概念最为原本的含义，来自河图洛书的洛书。1与9相互对待，9为主动，为对，1为被动，为待。2与8、3与7、4与6等，都是相互对待。与人接手，就得先去感知对手出了几分力，倘若对方是7分力对我，我就得以3分力待他，不即不离。倘若我用了4分以上力了，我就犯了顶，倘若我只花了2分以下力，我就犯了丢。三十二目老拳谱讲到推手四病"顶匾丢抗"。顶与匾，是主动一方的过和不及；抗与丢，是被动一方的过与不及。所以三十二目老拳谱一再强调："顶匾丢抗，失于对待也。所以为之病者，既失粘黏连随，又何以获知觉运动？既不知己，焉能知人？所谓对待者，不以顶匾丢抗相对于人也，要以粘黏连随等待于人也。能如是，不但无对待之病，知觉运动自然得矣。可以进于懂劲之功矣。"

太极拳对于眼睛与耳朵的要领：太极十三势"掤捋挤按採挒肘靠进退顾盼中"之"顾盼"二字，字面上虽只是对眼神的描述，其实全在耳朵与眼睛的相互转化之间。顾盼在上下相随、左右折叠、前进后退间，顾盼在每一动的转换间，顾盼在每一式的变化间，顾盼在动静之间，顾盼在劲断意连间。有顾盼，拳始有灵性；有顾盼，拳便生发气势。

太极拳对于舌的要求，与仙道之学要领相同。任督二脉，上交会于口腔，下交会于会阴。舌尖轻抵上腭，谷道微敛，鹊桥相连，阴阳交泰，津液自生，此为"金津玉液"。舌抵上腭，要轻，如开关，两端轻轻一碰，电流就能贯通。津液下咽，舌尖自然呈抵腭态。津液内含消化酶、溶菌酶，有助消化，宜分口咽下。否则，"鼎内若无真种子，犹将水火煮空铛"，口干舌燥，有害身心。

眼耳鼻舌身，"五官"的工作能力提高之后，身躯的主人"神"，才真正阶及戴东原所说的"无蔽隔，无弗通，乃以神明称之"的神明境界。那么，我们的推手，就不是以颠顸逞强为能，更非呈角力相扑之技。而是在相互的粘黏连随之中，克服顶匾丢抗之病，去觉知对手劲力的大小、方向、目标，甚至在对手劲力之将发而未发、预动而未动的端倪，去把握对手的运与动。作为"对待"的太极推手，本身就成了两人相互用身体来践行儒家"知觉运动"的训练体系。在这一训练体系里，一接手，就得先去感觉对手的是否有动，所以三十二目老拳谱讲："觉动易，知运难。"因为对方的手动与不动，只要一接手，一触摸就能知道。对方虽然动了，是否真的打你，还是使个虚招，劲力的方向怎样？劲力的目标是什么？劲力整还是散，大还是小，等等，这些就是"知运"的过程了，这比单纯的"觉动"难了，因为还得须"知"对方的"动"。知其然，知其所以然。而"知运"的运，是表面不觉其动，内在却在运行变化。一接手，对方的天赋异禀，对方的恻隐羞恶，对方的恭谦礼让，皆能一一悉知，且由此而能触及对方的仁义礼智等。所以，作为"对待"的推手，已经成了人与人之间相互心性的修炼过程。这便是太极拳这一门"性命践行哲学"的根本意义之所在。

19. 开发奇恒之腑的效能

《黄帝内经》有奇恒之腑的描述，但是中医界却讳莫如深。他们把《黄帝内经》只是当作一本中医书。事实上，《黄帝内经》原本就不是一部中医书。《黄帝内经》是黄帝向歧伯求教如何炼己修真的一部著作。虽然是托伪黄帝之名，但是相关内容陆续从春秋战国开始，一直延续到汉朝。意思是说，二三千年前的古人，就开始给我们的身体编写"人体使用说明书"了。他们开始关注我们自身的人体结构，他们开始关注如何来炼己修真。所以，《黄帝内经》是与修炼丹道相关的。

我们只能准确了解我们自身，我们只能从自己的身体入手，由命功入手，才能一步步地修炼，由命入性，最后以期性命践行。所以，奇恒之腑，事实上涉及了"性"功的概念。

《黄帝内经·素问》五藏别论篇云："脑、髓、骨、脉、胆、女子胞，此六者，地气之所生，皆藏于阴而象于地，故藏而不泻，名曰奇恒之府。"（图100）

历来医家对于奇恒之府中，只列"女子胞"，而不列男子精室，颇多异议。"口授张三丰老师之言"正好对此疑惑做了详尽的解答："身之阳，男也。身之阴，女也。然皆于身中矣。男之身，祗一阳，男全体皆阴女。以一阳，採战全体之阴女，故云一阳复始。"从丹道的角度而论，人的身体中，无论男女，除了一阳真

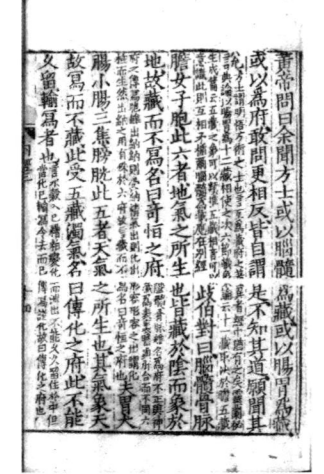

图100　四部丛刊《重广补注黄帝内经·素问》五脏别论

气，属阳，称之为"男"之外，身上其他所有部位都属阴，称之为"女"。一阳真气，在身体之中，阴阳交融，相互作用，谓之"採战"。云房先生钟离权云："四大一身皆属阴，不知何物是阳精。"这一阳，仙道或称黄芽，或呼玄珠，或名真铅，或唤阳精，列代仙道图集，都作隐语，邱长春曾说，此阳"虽是房中得之，而非御女之术……但着在形体上摸索皆不是，亦不可离形体而向外寻求。"

此阳在武术图集中，也鲜有论及，而孙禄堂前辈在《拳意述真》第八章练拳经验及三派之精意中，却详尽地描述了真阳萌动时，他个人的体验与感悟，异常珍贵，可供习练者参考：

> 余练化劲所经者，每日练一形之式，到停式时，立正，心中神气一定，每觉下部海底处（即阴穴处）如有物萌动。初不甚着意。每日练之有动之时，亦有不动之时，日久亦有动之甚久之时，亦有不动之时，渐渐练于停式，心中一定，如欲泄漏者，想丹书坐功，有真阳发动之语，可以采取。彼是静中动，练静坐者，知者亦颇多。乃彼是静中求动也。此是拳术，动中求静，不知能消化否？又想拳经亦有"处处行持不可移"之言，每日功夫总不间断。以后练至一停式，周身就有发空之景象，真阳亦发动而欲泄。此情形似柳华阳先生所云"复觉真元"之意思也。自觉身子一毫亦不敢动，动即要泄矣。心想，仍用拳术之法以化之。内中之意，虚灵下沉，注于丹田，下边用虚灵之意，提住谷道，内外之意思，仍如练拳趟子一般。意注于丹田片时，阳即收缩，萌动者上移于丹田矣。此时，周身融和，绵绵不断。当时尚不知采取转法轮之理，而丹田内，如同两物相争之状况。四五小时，方渐渐安静。心想，不动之理，是余练拳术之时，呼吸二息仍在丹田之中，至于不练之时，虽言谈呼吸，并不妨碍内中之真息，并非有意存照，是无时不然也。庄子云"真人呼吸以踵"，大约即此意也。因有不息而息之火，将此动物消化，畅达于周身也。以后又如前动作，仍提在丹田，仍是练拳趟子，内外总是一气，缓缓悠悠练之，不敢有一毫之不平稳处，动作练时，内中四肢融

融，绵绵虚空，与前站着之景况无异。亦有练一趟而不动者，亦有练二趟而不动者。嗣后亦有动时，仍是提至丹田，而动练拳之内呼吸，转法轮用意之用于丹田，以神转息而转之，从尾闾至夹脊、至玉枕、至天顶而下，与静坐功夫相同，下至丹田。亦有二三转而不动者，亦有三四转而不动者，所转者，与所练趟子消化之意相同。以后有不练之时，或坐立，或行动，内中仍以用练拳之呼吸，身子行路亦可以消化矣。以后甚至于睡熟，内中忽动，动而即醒，仍以用练拳之呼吸而消化之，以后睡熟而内中不动，内外周身四肢，忽然似空，周身融融和和，如沐如浴之景况。睡时亦有如此情形，而梦中亦能。用神意呼吸而化之。因醒后，已知梦中之情形而化之也。以后练拳术睡熟时，内中即不动矣。后只有睡熟时，内外忽然有虚空之时，白天行止坐卧，四肢亦有发空之时，身中之情意，异常舒畅。每逢晚上，练过拳术，夜间睡熟时，身中发虚空之时多。晚上要不练拳术，睡时发虚空之时较少。以后知丹道有气消之弊病。自己体察内外之情形，人道缩至甚小，消除百病，精神有增无减。以后静坐亦如此，练拳亦如此。到此方知拳术与丹道是一理也。

前些年，二水在协助家师整理他的拳学札记中，见有《化劲的高阶阶段，情绪对人体生理机能的影响》一则，家师完整地手抄了孙禄堂前辈上述文辞，且在文后加以案语云："此则显然是因为练拳而提高了情绪，而情绪的推高，又能活跃人体各项生理功能，如内分泌系统，包括脑垂体性腺的分泌，因而出现了性兴奋。当意注到行转法轮（佛家语，也即道家所谓的小周天）引导内气沉纳于丹田后，性兴奋受到抑制，因而阳即收缩。"二水对此也深有感触，就此体验，曾与家师作过详谈，家师静静地听完二水的述说，始解颐，后首肯说："这才叫气沉丹田！坊间把丹田功夫，误解为挺着一个大肚子了。练拳到真阳发动，仙道称作灵丹入鼎，才开始能结胎育婴了。练到这里，才可以说有一点以假修真，以拳入道的意思了！""一粒灵丹吞入腹，始知我命不由天。"仙道隐语，诚真实不虚矣！于是，二水在辑录家师《雪泞廔（lóu）太极传心录》时，也完整地将孙老前辈的原文及家师的案语，一并编入在"札记"一节中。

人体全身皆阴，因此，仙道的"周天火候"，以"八"为阴之大数，身中脊椎，各以天地人划分成三块，每块"八"数，合为二十四椎，以应二十四节气，每节气三候，合计七十二候，以应天象在人体内的运用。火者，心火降服之后，集于会阴，以应七十二候之"冬至三候"。此时，阴尽而一阳初生，此初生之"阳"，谓之真阳，此火，乃是真火。此阳，沿着二十四椎，逆行而上，或羊车，或鹿车，或牛车，日夜不分，天机不动，过三关，经九转，完成一个循环，以合天象一年七十二候之数，是谓之"周天火候"。"对待用功法守中土"的"中土"，其实便是一味真火赖以筑基的丹炉，便是一阳真气得以採战、赖以结胎的"女子胞"。《黄庭经》所说的"黄庭"，黄，五行土色，土，位于东南西北、上下左右之"中央"。庭，宫中也。身，是"神之舍"，黄庭，顾名思义，就是我们身躯的主宰之"神"，所居住的宫殿。

倘若说人身的五脏六腑，是人体能量的生产流水线和能量的转化枢纽，那么由脑、髓、骨、脉、胆、女子胞六者组成的奇恒之腑，便是人体精气神的精加工车间。先天之精与后天之精，结胎于女子胞中，谓之"元精"。通过一阳真气，两精与之相博，生化为"元气"。此元气，非营卫之气，而是通过胆、脉，沿着二十四椎，顺应二十四节气，周天火候，逆行而上，布及周身。此或孟子所谓"至大至刚"的浩然之气。《洗髓经》通关诀有云："通关一法，非驾阴阳二跷不行。阴阳二跷，乃水之河车，火之轮车，一身气道之枢纽""坐定之际，检点鼻息。一吸入底，一呼即起。呼吸一周，流通灌溉。如波急流，如泉喷吸。上下回环，周流不已。"由此浩然之气，方能结胎为"元神"。吕祖秘注《道德经释义》在注解"谷神不死，是谓玄牝（pìn）。玄牝之门，是谓天地根。绵绵若存，用之不勤"节时，说："一个幻身，只有中之内一点灵气，四肢百骸，皆是无用……神灵所居，上不在天，中不在人，下不在地，只在虚灵不昧一点真性之中……空谷之处，在于幻身之中。幻身常无，神乃纯一。神一，而性命方来朝宗。性命合，而魂魄潜迹，收来入神，方能灵光。灵光一现，便是慧照。慧照无间，才是绵绵若存，使之不穷，用之不竭。"

"太极阴阳颠倒解"更是从阴阳、乾坤、天地、日月、水火、坎离、卷放、出入、蓄发、对待、开合、君臣、骨肉、体用、理气、身心、文武、尽性立命、方圆、呼吸、上下、进退、正隅等层面，多角度、多层次地分析了太极阴阳颠倒之理。条分缕析，曲陈天人同体之理。文中还详实地描述了太极拳学应天地之道，颠倒阴阳、降龙伏虎的修炼过程："如火炎上，水润下者，水能使火在下，而用水在上，则为颠倒。然非有法治之，则不得矣。譬如水入鼎内，而置火之上，鼎中之水，得火以燃之，不但水不能下润，藉火气，水必有温时。火虽炎上，得鼎以隔之，是为有极之地，不使炎上之火无止息，亦不使润下之水永渗漏。此所为水火既济之理也，颠倒之理也。"

《性命圭旨》的"火候崇正图"注："真橐籥，真鼎炉。无中有，有中无。火候足，莫伤丹。天地灵，造化慳。"丘处机云："真火者，我之神也。而与天地之神，虚空之神，同其神也。真候者，我之息也。而与天地之息，虚空之息，同其息也。"

吸气时腰背拔伸而不变形，而胸腹内陷，呼气时复原，此时的一吸一呼，犹如一只一半由木板、一半由牛皮制成的风箱。"天地之间，其犹橐籥乎？虚而不屈，动而俞出"。只有当口鼻之息，渐深渐长，渐匀渐绵，海底真阳萌动引发两脚底、两掌心的虚实转化与吸提呼放之后，孙老前辈所言"余练拳术之时，呼吸二息仍在丹田之中，至于不练之时，虽言谈呼吸，并不妨碍内中之真息，并非有意存照，是无时不然也"。此时，口鼻之息，逐渐替之以"踵息"，人生的小天地，所谓的橐籥，所谓的鼎炉，所谓的火候，一一皆与天地宇宙同呼同吸，所谓的刀圭金丹，也无非只是在太极拳践行过程中，掌握命门三焦一体一用，鼻子与命门一张一弛之后，通过调息，锻炼与神往来的魂，与精出入的魄。而当以魂摄魄，聚精会神，火候神息之后，"元神"，或许就像是电脑的软件，才能将原本随时有可能魂飞魄散的"心"打包，上传在云端。之后，当"身"这台电脑硬件彻底坏了，躯体腐朽之后，新的电脑硬件能够因缘际会，再从云端下载那颗不朽的"心"。这才能与天地、与虚空同神同息了。这或许就是叔孙豹所谓的"死而不朽"；这或许就是孟子所谓的冲塞天地的浩然之气；这或许便是仙道的本体虚空，超出三界；这或许便是佛学的不垢不净、不生不灭。这才是"执中""守中""空中"！

20. 以拳入道的必由路径

三十二目"八门五步"开篇就说："方位八门，乃为阴阳颠倒之理，周而复始，随其所行也。"文中将王宗岳拳论中"掤、捋、挤、按、採、挒、肘、靠相对应的文王八卦"坎、离、震、兑、乾、坤、艮、巽"，修正为"坎、离、兑、震、巽、乾、坤、艮"。于此同时，将拳势所对应的方位与文王八卦的方位，作上下相综的逆应，首先从行拳走架的势态和拳势的方位出发，开宗明旨宣示了太极拳的"阴阳颠倒之理"。

文王八卦之方位依次为：坎北、离南、兑西、震东、巽东南、乾西北、坤西南、艮东北。其中，坎离兑震，所对应的是北南西东四个正向方位，谓之四正。巽乾坤艮，所对应的分别是东南、西北、西南、东北四个斜角向方位，四隅角也，谓之四隅。四正之中，从后文"太极进退不已功"之"掤进捋退自然理，阴阳水火相既济"推断，拳势之中，效法圣人，南面而立，掤进时，拳势为离南，捋退时，拳势为坎北。挤势则震东，按势则兑西。从后文"太极上下名天地"之"若使挒肘习远离，迷了乾坤遗叹息"句推断，拳势之中，挒势为乾西北，肘势向坤西南。从"採天靠地相应求，何患上下不既济"句推断，採势西北而顺乾天，靠势西南而应坤地。所以，正确的方位八门，应该更正为：

文王八卦之方位：坎北　离南　兑西　震东　巽东南　乾西北　坤西南　艮东北

上下相综后方位：掤南　捋北　挤东　按西　採西北　挒东南　肘东北　靠西南

以文王八卦之方位，与拳势掤、捋、挤、按、採、挒、肘、靠的四正、四隅八个劲别，作一上一下的阴阳相综，并进一步用阴阳流行之气的五行生克属性，来分析进、退、顾、盼、定的手眼身法步变化，立意高远，将简单的呈一拳一脚之能的武术形式，上升到了一门营魄抱一、返本归元的性命学问。行拳走架，拳势之中，"掤捋化按挤"，循环往复，势势相承，由此来体察身体与周遭空间之间的一气之流行。两人推手，相对相待，你掤我按，你捋我挤，我挤你化。你按我掤，我捋你挤，你挤我化……或你进步按，我退步採捋，你进步靠挤，我转腰化，我并步闪挒，你并步提掤，我进步按，你退步採捋……两人各自流行之气，相互摩荡、相互践行来知德所谓"有对待，其气运必流行不已；有流行，其象数必对待而不移"之理。从此，这套来自山野的拳技，不再只是简单的肢体运动了。

"口授张三丰老师之言"对八门五步有进一步的阐述："于人对战，坎离之阴阳兑震，阳战阴也，为之四正。乾坤之阴阳艮巽，阴採阳也，为之四隅。此八卦也，为之八门。身足位列中土，进步之阳以战之，退步之阴以採之，左顾之阳以採之，右盼之阴以战之。此五行也，为之五步，共为八门五步也。"此节文字，正隅卦象的阴阳採战之间，因骈俪藻饰所需，以前后句互参其义。完整的表达方式为：与人对待之时，效法圣人，南面而立，前曰广明谓之阳，后曰太冲谓之阴。坎掤至离位，兑挤至震位，乾挒至坤位，艮靠至巽位，阳战阴也；离捋至坎位，震按至兑位，坤肘至乾位，巽採至艮位，阴採阳也。而坎掤战离捋，兑挤至震按，离捋採坎掤，震按採兑挤，以文王八卦方位论之，谓之四正；乾挒战坤肘，艮靠战巽採，坤肘採乾挒，巽採採艮靠，谓之四隅。坎北、离南、兑西、震东、巽东南、乾西北、坤西南、艮东北，文王之易，易之气也，流行不已也，与掤南、捋北、挤东、按西、採西北、挒东南、肘东北、靠西南八法，在卦象方位作一上一下之相综，其气运必流行而不已，其象数必对待而不移也，阴阳之气，刚柔相摩，一如男女之气息，相与摩荡，相与採战。在易谓之八卦，在拳谓之八门。身足位列中土，进步之阳以战之，退步之阴以採之，左顾之阳以採之，右盼之阴以战之。此五行也，为之五步，共为八门五步也。

"太极懂劲解"接着以易理来阐述阴阳颠倒之理："自己懂劲，接及神明，为之文成，而后採战，身中之阴，七十有二，无时不然，阳得其阴，水火既济，乾坤交泰，性命葆真矣。"《易经》既济卦，下离☲上坎☵，异卦相叠䷾。水在上，火在下。《易经》未济卦，下坎☵上离☲，异卦相叠䷿，水在下，火在上。未济与既济，关键在于水火阴阳，是否上下颠倒。水润下，火炎上，此为顺，让润下之水，逆运而上，不至于漏尽，让炎上之火，有降服之意，不至于"猛火煮空铛"，此即道学"颠倒之术"的修身法则。《易经》泰卦，下乾☰上坤☷，异卦相叠䷊，乾为天，坤位地，天地相交，阴阳交融，万事亨通之象。《易经》否卦，下坤☷上乾☰，异卦相叠䷋，天地没有交融。天地不交，而万物不通也，上下不交，而天下无邦也。成语"否极泰来"源出于此。

之后，三十二目单列一目，以"太极阴阳颠倒解"为题，分别从阴阳、乾坤、天地、日月、水火、坎离、卷放、出入、蓄发、对待、开合、君臣、骨肉、体用、理气、身心、文武、尽性立命、方圆、呼吸、上下、进退、正隅等层面，多角度，多层次地分析了太极阴阳颠倒之理。条分缕析，曲陈天人同体之理。从此将阴阳颠倒作为太极拳修为的重要法则。文中以水火两字来详解颠倒之理，云："火炎上，水润下，水能使火在下，而用水在上，则为颠倒。譬如水入鼎内，而置火之上，鼎中之水，得火以燃之，不但水不能下润，藉火气，水必有温时。火虽炎上，得鼎以隔之，是为有极之地，不使炎上，炎火无止息，亦不使润下之水永渗漏。此所谓水火既济之理也，颠倒之理也。若使任其火炎上，水润下，必至水火必分为二，则为水火未济也。""明此阴阳颠倒之理，则可与言道。知'道，不可须臾离'，则可与言人。能以人弘道，知'道不远人'，则可与言天地同体。"

"明此阴阳颠倒之理，则可与言道"，自此，三十二目高调地将阴阳颠倒之理视作太极拳"可与言道"的前提和必由之路径。那么为什么必须阴阳颠倒？如何在太极拳中践行阴阳颠倒之理呢？

战国时期的《行气铭》有云："行气，深则蓄，蓄则伸，伸则下，下则定，定则固，固则萌，萌则长，长则退，退则天。天几春在上。地几春在下。顺则生，逆则死。"摄生养生，"顺则生，逆则死"，几成定律。然而，随着人们对"身心"的进一步了解，汉朝以来，逐渐以《道德经》"反者道之动，弱者道之用"为号召，盛行以逆腹式呼吸以推行逆行周天的诸类养生方式，譬喻河车逆运等，逐渐被业内认可与接纳。明清间，诸类养生功法里，"阴阳颠倒之理"已被推崇到了极致。陈士铎《外经微言》阴阳颠倒篇云："阴阳之道，不外顺逆。顺则生，逆则死也。阴阳之原，即颠倒之术也。世人皆顺生，不知顺之有死；皆逆死，不知逆之有生，故未老先衰矣。广成子之教，示帝行颠倒之术也""颠倒之术，即探阴阳之原乎。窈冥之中有神也，昏默之中有神也，视听之中有神也。探其原而守神，精不摇矣。探其原而保精，神不驰矣。精固神全，形安能敝乎。"《洗髓经》通关诀有云："通关一法，非驾阴阳二跷不行。阴阳二跷，乃水之河车，火之轮车，一身气道之枢纽""坐定之际，检点鼻息。一吸入底，一呼即起。呼吸一周，流通灌溉。如波急流，如泉喷吸。上下回环，周流不已。"

"口授张三丰老师之言"对于太极拳行拳走架与推手对待中，如何阴阳采战作了详尽的介绍："身之阳，男也。身之阴，女也。然皆于身中矣。男之身，祗一阳，男全体皆阴女。以一阳，采战全体之阴女，故云一阳复始。斯身之阴女，不独七二，以一姹女，配婴儿之名，变化千万姹女，采战之可也，亦安有男女后天之身以补之者。所谓自身之天地，以扶助之，是为阴阳采战也。如此者，是男子之身，皆属阴，而采自身之阴，战己身之女，不如两男之阴阳对待，修身速也。予及此，传于武事，然不可以末技视。依然体育之学，修身之道，性命之功，圣神之境也。今夫两男之对待採战，于己身之採战，其理不二。己身亦遇对待之数，则为採战也，是为汞铅也。于人对战，坎离之阴阳兑震，阳战阴也，为之四正。乾坤之阴阳艮巽，阴採阳也，为之四隅。此八卦也，为之八门。身足位列中土，进步之阳以战之，退步之阴以採之，左顾之阳以採之，右盼之阴以战之。此五行也，为之五步，共为八门五步也。"

道学"周天火候"，以"八"为阴之大数，身中脊椎，以天地人划分成三块，每块"八"数，合为二十四椎，以应二十四节气，每节气三候，合计七十二候，以应天象在人体内的运用。火者，心火降服之后，集于会阴，以应七十二候之"冬至三候"。此时，阴尽而一阳初生，此初生之"阳"，谓之真阳，此火，乃是真火。此阳，沿着二十四椎，逆行而上，或羊车，或鹿车，或牛车，日夜不分，天机不动，过三关，经九转，完成一个循环，以合天象一年七十二候之数，是谓之"周天火候"。复者，☳下震上坤，地雷为复，雷动于地，一阳真气自海底而生也。此卦象和应人体"周天火候"：心火降服之后，集于会阴，全体七十二阴，一如七十二节气之"冬至三候"，阴尽而一阳初生。此阳，便是"以一阳，採战全体之阴女"之真阳。此真阳之气沿着二十四椎，逆行而上，此乃一阳复始也。

两人相对，四手相待，互相以粘黏连随，去知觉阴阳之气的消长变化，或主动或被动，不偏不倚、不将不迎地去处理其间的劲力意气的变化，克服顶匾丢抗之病，对世事万物的感知觉察能力，由粗入细，逐渐精爽，乃至神明。这种修身方式，较之独自"以一阳，採战全体之阴女"，历经周天七十二候，待一阳初生，沿着二十四椎，逆行而上，或羊车，或鹿车，或牛车，日夜不分，天机不动，过三关，经九转的内丹修炼法，更为便捷与高效。

"口授张三丰老师之言"的这一理论，极具智慧地将推手（对待者数）与行拳走架（流行者气）融合在尽性立命的修身之上（主宰者理），藉此以审视太极拳的核心价值之所在。由此进一步去理解下文："予及此，传于武事，然不可以末技视。依然体育之学，修身之道，性命之功，圣神之境也。"通过习练太极拳的行拳走架和推手对待，以自己的身体去践行阴阳颠倒之理，这样的话，就不会将这套太极拳仅仅当作是武事末技，而是一门体育之学，一门修身之道，更是一门能将习练者渐入圣神之境的性命之功。"口授张三丰老师之言"，拳拳之忠，苦口婆心可鉴。

最后，"懂劲先后论"在谈到太极拳阶及神明时又重申了这一观点："及神明，自攸往有由矣……行坐卧走，饮食溺溷（hùn）之功，是所为及中成大成也哉。"太极拳练到了神明境界，参赞天地之华育，得知觉运动之动，自然就可以安然永久的往道的方向前行了。有了进道之途，自然能在一屈一伸、一动一静中，去体悟道的奥妙……从此行坐卧走，饮食溺溷，生活日常，处处留意，刻刻在心，戒慎乎其所不睹，恐惧乎其所不闻，由此才能臻入活泼泼地、灵炯炯然的大乘之境，由此才能阶及鸢飞戾天、鱼跃于渊的圣明境地。

后　记

　　2000年前后，我开始在网上写一些有关太极拳的体悟文字。2001年应邀充任万维武术网太极拳版版主，在回复拳友帖子的同时，也陆续发帖，写一些对老拳论的解读。卷一、卷二，大凡就是这一时期的网络文字。"二水居士"，从此驰骋于网络，似乎成了网络江湖里的"腕儿"，每年都有各地拳友慕名而来，一试身手。期间也陆续有一些网友开始跟我学拳。2002年，新加坡有不少拳友跟我学拳，他们为我开设了"武当太极拳社"论坛，由此吸引了世界各地更多太极拳爱好者的关注。之后每年，二水都会赴新加坡一两次，跟拳友们分享杨式叶派太极拳的拳技风格，一直延续到2008年。

　　2002年年底，因网文结缘范笑我先生。由他引荐，二水结识了金仁霖老师。自2003年1月始，二水系统地从金仁霖老师学习杨式叶派太极拳的拳技、拳理、拳史和教学法，直至金仁霖老师谢世。十五年里，二水几乎每周都往返于嘉兴与上海间，风雨无阻。

　　2003年12月，"武当太极拳社"论坛因故关闭。二水开始在天涯论坛开设博客"一多庐"。从此，"一多庐"开始吸引各地拳友的关注。一多庐博客，除了整理卷一、卷二内容外，也开始撰写卷三、卷四的内容。其中卷四"调控身心"相关的部分内容，系由二水在新加坡的讲稿改写而成。同期，"二水居士的拳痴朋友"QQ群聊也颇常活跃，将每天群聊中拳技含量较高的文字稍作修饰，也会发布在一多庐博客里。天涯一多庐博客的点击率一直位居天涯体育类博客的前列，独占武术类博客的首位。

　　2008年开始，马来西亚拳友锺德灵为我创建了万国武术网，其中专设了"金仁霖太极拳学论坛"和"一多庐太极河蟹会论坛"等。有感于网上一些拳友，常常争得不可开交，意气之外，甚至约架。现实生活中也一样，太极拳界充斥着你是我非的江湖气息。这不是二水所喜欢的太极拳氛围。早年网上流行一则寓言：一天，老虎出来散步，见到一只螃蟹，想过去看个究竟，不料被螃蟹钳了一下，老虎痛得直跳。等老虎回神过来，发现螃蟹拔腿跑远了，于是老虎就紧追螃蟹。追到树丛，螃蟹就不见了。这时，老虎抬头看见一只蜘蛛，挂在树上正在织网。老虎以为这只蜘蛛就是刚才钳他的那只螃蟹，就对着蜘蛛来气了："好你个螃蟹！你以为你上了网，我就不认得你了！"成天喜欢挂在网上，编织江湖是非的太极"蜘蛛"，一旦从网上爬下来，手把手地与拳友交流太极拳，互作"螃蟹合甲"，相互推手切磋，或许就能成为一只快乐的太极河蟹。这是二水所要创导的"一多庐太极河蟹会"精神。这种精神，有着一份平和的心态，一种和谐的氛围，人人怀有一颗"享受太极拳，享受生活"的心。一多庐所倡导的太极拳，无门派之争，无输赢计较。一多庐的太极拳友圈，无论年龄，无论性别，无论地位，无论贫富，无论雅俗，大家聚在一起，都会像幼稚园里的小朋友一样，没有一点点的功利私心，正像老子所说"含德之厚，比于赤子"。于是乎，上海、苏州、杭州、嘉兴、湖州、金华、台州、温州、舟山、黄山、三明、南通、宁波等地，以及周边拳友，开始不定期地举行线下交流活动；北京、上海、广州、成都、长沙、西安、洛阳、郑州、济南、沧州、大连、齐齐哈尔、福建、宁夏、甘肃、新疆等地拳友也时有来访；新加坡、马来西亚、美国、法国、德国、加拿大、芬兰等国，以及我国台湾地区拳友，不远万里也偶或参加交流。活动的图文同时刊发在一多庐太极河蟹论坛上。

与此同时，在"金仁霖太极拳学论坛"，二水开始为金仁霖老师整理《雪涔廎传心录》。另开专帖撰写《二水居士拳学札记》，该贴点击率高达35万多人次，跟帖与回帖文字高达八十余万字，居武术类网文全网之冠。一些拳友甚至整本地打印了二水的网文，专程从各地跑来与二水印证拳学。翟金录老师，资深的太极拳活动家，中国永年太极拳联谊会创会会长，他也是带着二水的网文资料，按图索骥找到了二水。国家武协秘书长康戈武先生有次见到二水，他说，他虽然不能说是看完二水所有网文，也起码看了百分之七八十。有拳友建议二水将散落于网络中的一多庐体悟文字付梓刊行。翟金录老师洋洋洒洒为二水写了长序。这是台湾逸文武学书店初版《一多庐太极体悟录》的由始。2012年，由邯郸孟祥先生引荐，《一多庐太极体悟录》交由台湾出版，版权协议截止2017年年底。

2008年开始，一些痴迷杨式叶派太极拳的拳友中，有想拜师学艺的，二水便一一引荐给金仁霖老师。一多庐陆续六次为金仁霖老师举行授徒仪式。为便于拳友学习交流，线下的一多庐开始先后在嘉兴市越秀北路、永联大厦、百墅路等地设立场馆，义务为周边拳友传授杨式叶派太极拳。二水也先后现身于诸如上海世博会其间的武博会论坛、台湾郑子一百周年论坛、武当山论坛、北戴河吴式太极拳峰会、大理罗荃太极拳论坛、昆明太极思享会、闵行两岸太极拳交流会、台湾南北太极拳之旅、邯郸杨式太极拳文化节等一系列太极拳活动中。各地一多庐河蟹会也成了常态。从此，网上的"一多庐"的博客版本，走至线下，网民"二水居士"，也开始显露踪迹。2009年年底，在万国武术论坛结识马来西亚游志伦。2010年应游志伦之邀赴吉隆坡，从此开启了一多庐马来西亚的河蟹会。2013年马来西亚槟城创立槟城一多庐太极拳协会之后，先后又创立了马来西亚雪隆一多庐拳艺工作坊、马来西亚砂拉越古晋一多庐太极拳协会、雪隆一多庐太极拳协会。二水担纲总顾问暨总教练，致力于杨式叶派太极拳的推广和一多庐太极文化的传播。2016年应北京科技出版社之邀，校注《王宗岳太极拳论》《太极功源流支派论》《太极法说》，以及《陈微明武学辑注》（包括陈微明《太极拳术》《太极剑》《太极答问》三书的校注）。以上书的出版，促进了一多庐相关图集的热销。

此次结缘人民体育出版社，将原先的《一多庐太极体悟录》四卷本增订至六卷本。增订的卷五和卷六，都是校对三个阶段太极拳老拳谱的心得，以及近年太极拳教学的体悟。其中卷六"性命践行"的相关内容，则是由马来西亚槟城的讲稿改写而成。附图增至100

幅，且每幅皆注明了来源和出处，以此作为引文之索引。翟金录老师将原先的长序作了大幅度修订，唐才良老师、刘嗣传道长热情洋溢地为增订后的《太极拳心传与体悟》撰写了序言。原"代后记"的《完全生活手册》采访稿《二水：享受光阴往来的愉悦》，现代之以黄学海的《二水老师印象记》。

黄学海先生，马来西亚的一多庐拳友，执业中医师。他早年学习内外家各派传统武术，后师从黄性贤老师学习黄氏太极拳。他曾成立十方出版社和白屋书坊，主编马来西亚《学报半月刊》《少年乐园》杂志，受邀为王植伦、黄铮生撰写的《黄性贤传》做文稿校对工作。两年前他结识二水，开始接触杨式叶派太极拳和一多庐的太极文化。他撰写的《二水印象记》，文字精炼，笔力老道，虽近乎白描的风格，但颇能传二水些许拳技和心性。

二水老师印象记

黄学海

在太极拳界，二水老师的所学、所行、所证，都别有一番风范。他重史，以史为鉴，让武林的流言绯闻在史实之前不辩自明；他重拳论经典，除王宗岳的老拳论之外，更据杨家三十二目拳谱，建构了太极拳的性命双修，由拳入理、道的身心体系与境界次第，把太极拳重新定位为"一门调控身心的学问"。

老师对拳史、拳论与拳艺并重，彼此又能相互结合、辉映，身体力行，数十年如一日，笃行不倦，传道授艺，诲人不倦，实属罕见。尤其近代人心虚浮，急功好利者多，能够坚守初心者少。"人心惟危，道心惟微；惟精惟一，允执厥中。"老师常提此段古诀，当是深有会心。太极拳的诀窍在于守中用中，老师的拳馆命名一多庐。一即是多，多即是一。实具华严深意。老师自号二水居士，二水云云，佛前礼供，一灯二水，心诚则灵。

二水老师是法学系毕业，曾任法官职，但他在大学期间就酷爱文史，以此扎下了深厚的基础。从老师注解的《王宗岳太极拳论》《太极功源流支派论》《太极法说》（杨家三十二目老拳谱），以及三册的《陈微明武学辑注》，其古文功底之深，便可见一斑。我读老师的注释，深感不止以文注文，而常能深契拳境。老师娓娓道来，常能令我对拳理及应用有所触发，别有会心之处。

在太极拳的实践上，二水老师于1987年开始从王清发老师学拳，2003年师从金仁霖老师直至金老师于2018年病逝。金老师师承叶大密老师。叶老师家传小八卦，拜师剑仙李景林，先后从学太极拳于田兆麟与杨澄甫老师，与孙存周结拜兄弟，深得孙家拳功的密奥。叶大密老师是个传奇性的人物，一生经历如此，在武术的传承上也不例外。他晚年以杨式大架为基柱，把自己的所学都附建于其上，诚如金仁霖老师所述："叶家太极拳是在原杨家太极拳大架基础上，于原架子极大多数式势之上下衔接处，求其极自然地介入了原杨家中、小架子并孙家、吴家、陈家等诸家太极拳架中，拳技作用肯定而清彻之动作，以及八卦掌中之斜开掌转身法、武当对剑中之反臂（倒捶）捷用法等，用以帮助学员对原来杨家大架太极拳之所以姿势洒脱、气势磅礴加深认识，换言之，迺是一种实作注解法。"在武林中，在太极拳流派中，这就形成了别具一格的太极拳教学体系——杨式叶派太极拳；拳中有拳，如把附加的注解招式去除，则恢复杨式大架的本来面目。

二水老师得名师指教，金老师又是那种凡言必有出处的严谨作风，在教拳时，"能清晰地将叶大密老师拳艺中，哪些是杨式大、中、小架，哪些是陈、孙、吴式，哪些是形意、八卦、武当对剑等，条陈缕析。并且能以传统太极拳五行八法来解释每一招式、每一动作的含义。他如此清清楚楚地学，他也如是清清楚楚地教。"（引二水老师言）这样的教学风格，熏陶了二水老师，是以他也延续了这一脉的传统，言必有据，每一招式的来龙去脉，劲路的变化，都清清楚楚地教。老师数十年踏实苦练，对太极拳不止确有体会，亦有自己的心得，而且不吝公开，许多诀窍，都在其著作中一一说明了。

我从二水老师学拳不到两年，仅在集训课程见过老师两次面，但从老师的言行、著作及视频，深感有得。二水老师的拳架，乍看起来偏阳刚，但如能细看，便会发觉式式贯串紧凑，意气充盈，劲路纵横往来，却又不失松沉，令人目不暇给，美不胜收。叶大密老师由剑悟拳，"拳从剑出"，二水老师从刀背劲悟得拳劲。是以他的拳架与一般专求松、柔、慢的打法不同。老师说过："太极拳是个大熔炉，手中无刀，无刀胜有刀；手中无剑，无剑胜有剑；手中无棍棒枪杆，而身上无处不显见棍棒枪杆。个中奇妙，只有习练者细细揣摩，方能一一得来。""习练太极拳者，只有领略了拳中的刀剑枪棒味后，才称得上懂劲。"

老师提过，拳架有三种练法：一是要求式式贯串，劲路不断，速度不宜太慢；二是练气，速度宜适中；三是炼神，老师说，炼神的练法，要义在于"挂"字，把自己身躯当作是"乾三连""坤六断"的"丰"字狼毫（老师曾经打趣说，张三丰的三，就是乾三连；丰，一竖旨在断开，俨然是坤六断），行拳走架，这根"丰"字狼毫，交由头顶三尺的"神"，由其领着在空间里作率性书写，张扬个性。中轴如蟒涌动，气象顿生。

老师还说过几种为了纠偏而设的练法：

甲：纠正手舞足蹈的练法，一是，原步不开步打拳；二是，开步不动手打拳；三是，不动手，不动脚，用意念将一套拳顺利想一遍。

乙：纠正前俯后仰的练法，一是，像木偶人的练拳法；二是，重新回到老师身边，重头开始学拳（二水老师自述"常常推倒重来，重起炉灶，先后跟着金老师学练拳架不下八次"）；三是，每一式单练动作，让拳友按住你的双手，看看能否顺利地行拳走架。

丙：纠正顾此失彼及神不守舍的练法，前者已到中级阶段，毛病出在意念上，从眼耳的应用对治；后者也是意念上的对治，反敛眼神，头顶三尺有青天，便能做到"劲断意不断，意断神可接"。

　　引述了这么多，只是想说明老师对拳架所下的功夫和体会绝非一般。而且老师从不藏私，经常在不同的场合公开演示拳架。但真看得懂的知音可能不多，刚过世不久的梅墨生老师便是其中一人。二水老师说："欣赏我们的拳架，确实需要缘份的。就像是美食，有些人喜欢咖喱，有些人就喜欢肉骨茶，口味各有不同的。"这一点拨，令我明白了太极圆融之道理。内家三拳都能相融，二水老师常说，拳架是指月之手。太极拳的心法只要本于老拳谱，即使入手不同，传承各异，架子有出入，又有何碍呢？

　　以我的理解，二水老师是传道之人，只怕你学不会，不怕你学多了，因为他自己始终不断前行，不断有新的体会与境界。这样的老师，是难得遇见的。我有机缘能遇上，非常感恩，虽然错过了练拳的最佳时机，但能见到老师的风范，窥见太极拳的真正理法境界，无憾矣。

　　　　　　　　　　　　　　　　　二水居士　于一多庐
　　　　　　　　　　　　　　　　　2020年11月8日

图书在版编目（CIP）数据

太极拳心传与体悟 / 二水居士著. -- 北京：人民
体育出版社, 2021
　　（经典拳论解读丛书）
　　ISBN 978-7-5009-6034-8

　　Ⅰ.①太… Ⅱ.①二… Ⅲ.①太极拳－文化研究
Ⅳ.①G852.11

中国版本图书馆CIP数据核字(2021)第068290号

*

人民体育出版社出版发行
国铁印务有限公司印刷
新　华　书　店　经　销

*

710×1000　16开本　23.5 印张　346千字
2021年9月第1版　　2021年9月第1次印刷
印数：1—3,000册

*

ISBN 978-7-5009-6034-8
定价：79.00元

社址：北京市东城区体育馆路8号（天坛公园东门）
电话：67151482（发行部）　　邮编：100061
传真：67151483　　　　　　　邮购：67118491
网址：www.sportspublish.cn
（购买本社图书，如遇有缺损页可与邮购部联系）